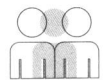

人格心理研究丛书
Series on
Personality Psychology

主编 郭永玉

自我

凌辉 著

总　　序

《人格心理学：人性及其差异的研究》（中国社会科学出版社2005年版）一书出版后，我就开始酝酿一个计划，就是以此书的体系为框架，编写一套人格研究丛书。就是说此书尽管很厚，但就人格心理学这一丰富而宽泛的领域而言，仍然是概略性的。如果将每一章扩展成一本书，就可以讲得更明白而翔实一些。但这个计划从酝酿到现在实现，已经十几年过去了。之所以如此"难产"，原因当然很多，其中最主要的是中青年作者队伍的形成。因为人格心理学虽然在西方是心理学的一个基础性领域，已经有了深厚的积累，但在中国，由于历史的原因，人格心理学一直是一个薄弱的分支。

在那个心理学即使被允许存在的年代，"人格"一词在相当长的时间里也是避免使用的。在普通心理学课程中，有关人格的内容讲的是气质和性格，更奇怪的是，把气质又归结为巴甫洛夫的神经活动类型，把性格归结为对人、对己、对集体、对社会的态度。这些内容与西方的普通心理学或心理学导论课程中的人格章节的内容几乎没有相同之处，是另外一套说辞。总之就是回避"人格"一词。直到现在，我也很难解释这件事，只能笼统地理解为"人格"大概属于"资产阶级的东西，姓资不姓社"。这种情况是"冷战"时代意识形态指导学术的一个很小的例证。20世纪80年代初期，由北京大学周先庚先生组织全国同行协作翻译的克雷奇（David Krech）等人编著的《心理学纲要》（文化教育出版社1981年版），涉及人格和心理健康的部分是没有被译出的，也就是说该书只是个节译本。这种情况直到80年代后期才有所改变，周先庚先生主持翻译的希尔加德（E. R. Hilgard）等人编著的《心理学导论》（北京大学出版社

1987年版),就没有整章缺漏的情况了。

人格心理学在中国被视为一个独立的分支,具体而言就是在心理学专业课程体系中被作为一门课程,要比其他基础性分支晚得多。就教科书而言,高玉祥的《个性心理学》(北京师范大学出版社1989年版)和叶奕乾、孔克勤的《个性心理学》(华东师范大学出版社1993年版),是将动机和价值观,以及气质、性格和能力(智力)等都归在"个性"概念之下,将西方心理学中有关人格的知识纳入其中,将人格说成个性或者性格,总之是在"苏联心理学"的概念框架下吸收西方的人格心理学知识,但仍然尽量避免使用"人格"一词。

难能可贵的是,同样在那种背景之下,陈仲庚、张雨新的《人格心理学》(辽宁人民出版社1986年版)和叶奕乾的《人格心理学》(青海人民出版社1990年版)则是采用西方心理学的体系,以各大派别的人格理论为主线。黄希庭的《人格心理学》(台湾东华书局1998年版,浙江教育出版社2002年版)将这种体系加以整合完善。至此,人格心理学教材在体系和内容上才与国际接轨。而此时,"冷战"早已结束,作为特殊话语体系的所谓"苏联心理学"也早就寿终正寝了。当然,单从学术本身而言,人格心理学是具有社会性和文化性的学科,不同国家、地区乃至学术机构和具体学者都可能有不同的理论或体系,但这与"冷战"背景下形成的美苏两大学术壁垒或阵营是两回事。

进入21世纪,人格心理学的教学和研究也发展到更高的水平。在黄希庭等教授的倡导下,2005年10月中国心理学会第九届第一次常务理事会决定成立人格心理学专业委员会。从此,人格心理学的发展进入新的阶段。在教育部颁布的《高等学校本科专业类教学质量国家标准》的心理学部分,人格心理学被规定为心理学类专业的核心知识领域。我有幸作为这些事件的参与者,见证了这一学科发展的若干个里程碑时刻。

尽管如此,整体而言,人格心理学的教学和研究人员一直很少,招收人格研究方向研究生的导师屈指可数。因此,某种意义上,我是在等待愿意并能够承担这套丛书写作任务的中青年学者队伍的形成。直到近五年,时机逐渐成熟了。一批以人格为研究方向的年轻学者成长起来,他们大体在2010年前后五年内获得博士学位并成为教学科研骨干。2015年,我觉得丛书编写的计划可以付诸实施了,于是在上海教育出版社谢冬华先生的积极推动下,丛书写作任务开始落实。

丛书的选题依据基本上是以我在本文开始所言的那本书为蓝本,每一章扩展成一本书。为此,这里简要回顾一下那本书的框架。我当年在自序中说:

> 本书试图较系统地总结人格心理学的主要理论和研究成果,特别是体现这一领域从理论流派的纷争到深入的问题研究这一重大转向。我将主要以1990年代以来的文献为依据,以人格心理学的理论和实证研究成果为基础,整合人格心理学领域的最新研究成果,进而打通各理论派别间的界限,沟通各个研究主题间的联系,将已有的理论和实证研究成果整合到一种新的架构中,使人格心理学的知识体系接近历史与逻辑相统一的标准。

那本书包括六部分:第一部分探讨人格的概念及人格心理学的对象、任务、方法和历史,回顾传统的人格理论。在本丛书中,《人格理论》和《人格研究方法》就属于这一部分。

第二部分探讨人格的形成与发展,分别探讨生物学条件(生理、遗传、进化)和社会文化条件,以及发展历程(年龄阶段)和机制(天性与教养的相互作用)。在本丛书中,包括《人格的生理基础》《人格的遗传学解释》《进化人格心理学》《人格与社会》《人格与文化》和《人格的毕生发展》。

第三部分是人格的整体功能研究,包括认知、情绪、动机和自我,即信息的获取与处理、情绪的反应与适应、行为的动力与目标,以及自我的统合与完善。在本丛书中,包括《认知风格与生活》《人格与情绪》《动机与目标》《自我调节》和《自我》。

第四部分是人格的具体功能研究,分别探讨潜意识、攻击、利他、人格与健康。在本丛书中,包括《人格与健康》《人格障碍》《人格中的恶》《利他主义》《人格与道德》和《人格与创造》。这部分与那本书的章目不完全对应,其间虽有内容上的重叠交叉,但每本书都围绕一个专题展开,各自有其独立成篇的合理性。

第五部分是人格的群体差异研究,包括性别差异和文化差异这两个最大的群体差异。在本丛书中,包括《性别与人格》和《中国人的人格》。

第六部分是总结性的,探讨人格测评的理论和方法,并在最后一章探讨人格理论中的人性观、人格理论分歧的维度、人格研究的方法论问题,以及人格心理学的未来走向。在本丛书中,有《人格评鉴》。

这里列的书目是迄今为止已经明确任务的,随着工作的进展,可能会有个别变动,有的可能因为各种原因不能如期完成,有的专题这里没有提及,但内容很好又有合适的作者,可能会新加入进来。但这些变动不会改变这个大的框架。定稿后的书名可能有变化,但内容基本就是这些。

人格心理学是一个丰富、有趣又富于挑战性的领域。我们期待这套丛书能够较完整地展现这一学科的面貌,也期待有更多的年轻人进入这一研究行列。当然,也期待着读者坦率地指出丛书编撰中存在的问题甚至错误。

郭永玉
2019 年 2 月
于金陵随心斋

序

自我是世界上最复杂的、多重结构的系统,可以从各种不同的维度对自我进行分析。比如说,从心物关系来看,自我可分为心理自我和物质自我。从人的基本属性来看,自我可分为生理自我、心理自我和社会自我。从人工智能的维度来看,自我可分为生态自我、人际自我、记忆自我、隐秘自我和概念自我。还有,我们中国人特别讲究大我、小我和个我,还有关系自我、集体自我,等等。还可以从不同的层次来分析。例如,就觉知的层面,有自我觉知到的和自我不能觉知到的,弗洛伊德从这个维度出发,把人格结构分为本我、自我和超我。从关系自我这个维度来看,有亲亲自我和尊贤自我,亲亲自我又可分为各种不同亲属关系的自我,尊贤自我可以分为不同贤者关系的自我。从发展的维度来看,自我可以分为过去自我、现在自我和将来自我,还可以分为儿童自我、少年自我、青年自我等。还可以从不同系统的关系来看待自我,比如说从心理与生理之间的关系来看,个体的心理是脑的机能,是脑活动的主观反映;它们的性质不同,但又是交互作用的。因此,要整合各种维度来分析自我是很困难的。

凌辉教授在跟我攻读博士学位期间,曾作过童年期自立发展方面的研究;现在她写了一本书,叫作《自我》。这是从她自己理解的角度来阐述自我是什么,值得向大家推荐。看看她讲的是否有道理,哪些地方有道理,哪些地方需要进一步深入思考。这就是我对这本书的推荐意见。希望这本书能够对研究中国人的自我有所启发,这很重要,因为我们研究中国人的自我必须实事求是,即从中国的历史和现实出发来研究中国人的自我,不能套用外国的概念、理论、方法。研究中国人的自我,在概念、理论和研究方法上都要有创新。中国人自我研究的中国化,任重道远,让我们一起努力吧!

2022 年 10 月 26 日

自　　序

2013年,郭永玉教授应"当代中国心理科学文库"总主编杨玉芳教授之邀,主持编写一部反映当代人格心理学研究成果的专著《人格研究》。感谢郭永玉教授的信任,我有幸受邀承担了《人格研究》中"自我"一章的写作。2014年,我再次受邀承担郭永玉教授主编的"人格心理研究丛书"中《自我》一书的写作。

我是谁？我从哪里来？我将去往何处？在西方,对自我的探索源远流长。两千年前,古希腊德尔菲阿波罗神庙前的石碑上镌刻着神谕:认识你自己！中国的先贤也为此而感慨:"不知周之梦为胡蝶与,胡蝶之梦为周与？"(《庄子·齐物论》)自我不仅是哲学、社会学、文学和伦理学等多学科的研究对象,而且是人格心理学中最有魅力的研究领域之一。当前,自我更成为人格研究的热点。人格心理学重视自我的研究,是因为"自我"这个概念能用于解释人格的组织和综合的功能,是人格结构的重要组成部分,在人格中处于核心地位。如果没有"自我"这个概念,心理学家将无法解释人格的综合性、组织性和统一性。例如,行为主义心理学家否认自我,因而他们无法将人作为一个整体来研究。现在,西方心理学家大多认为,自我是一个多维度、多层次、有组织的人格结构。我国心理学家黄希庭教授也从中国传统文化特别重视的自我维度系统分析了中国人的人格。

因此,本书将结合中外人格心理学的最新研究,从自我出发,解析关于自我概念、中国人的自我、自尊、自我同一性的研究及其最新发现。

我的研究生皮丹丹、李光程、刘佳怡、彭松黎、甘义、林红、彭双、申改华、洪栖林、黎任水、刘雯瑜在我的指导下参与了本书的资料收集与写作，我的工作室的研究生们均通读了书稿并提出宝贵意见。本书责任编辑谢冬华先生和徐凤娇女士为本书的出版付出了辛苦的劳动。本书引用了许多研究者的成果。在此一并致以衷心的感谢！本书写作经历两年多时间，虽然数易其稿，但仍然难免有疏漏甚至错误，敬请大家指教。

凌　辉

2021 年 6 月

于湖南师范大学

目录 Contents

前言 1

第一篇 自我概念

1 自我概念的含义、结构和功能 4

1.1 自我概念的含义 4
1.1.1 国外学者对自我概念的界定 4
1.1.2 国内学者对自我概念的界定 5
1.2 自我概念的结构 5
1.2.1 自我概念的单维结构 6
1.2.2 自我概念的多维度多层次结构模型 7
1.3 自我概念的功能 10
1.3.1 保持内在一致性 11
1.3.2 决定个体怎样解释经验 11
1.3.3 决定人们的期望 12

2 自我概念的理论 14

2.1 詹姆斯的自我概念理论 14
2.2 库利的自我概念理论 15
2.3 米德的自我概念理论 16

2.4 罗杰斯的自我概念理论 17
2.5 马库斯的自我概念理论 18
2.6 默瑟的自我概念理论 19

3 自我概念的研究方法 21
3.1 评估和测量 21
3.1.1 开放性或自发性测量法 22
3.1.2 形容词检核表法 23
3.1.3 语义分析法 24
3.1.4 Q 分类法 24
3.2 研究取向 26

4 自我概念的发展 29
4.1 自我概念发展的一般趋势 29
4.2 自我概念发展的具体阶段 30
4.2.1 婴幼儿期 30
4.2.2 学龄前期 31
4.2.3 学龄期 32
4.2.4 青春期 33
4.2.5 成年期 34
4.3 自我概念发展的性别差异 35
4.4 自我概念发展的影响因素 37
4.4.1 社会互动 37
4.4.2 内部因素 41
4.4.3 文化 43

第二篇　中国人的自我

5　中国人自我概念的内涵 ……47
5.1　中国人的自我概念 ……47
5.2　中庸自我 ……49
5.2.1　中庸自我的概念与提出 ……49
5.2.2　中国人自我的中庸实践思维体系构念 ……52
5.3　社会取向自我 ……56
5.3.1　社会取向自我的提出 ……56
5.3.2　中国人社会取向自我的特征 ……58
5.3.3　中国人社会取向自我的来源 ……60

6　中国人自我的实证研究 ……63
6.1　中庸自我的实证研究 ……63
6.1.1　中庸生活哲学的实证研究 ……64
6.1.2　中庸生活哲学在处理具体事件时的运作 ……67
6.1.3　事后反思作用的研究 ……68
6.1.4　中庸思维的异化研究 ……68
6.2　中国人社会取向自我的实证研究 ……69
6.2.1　中国人社会取向成就动机的实证研究 ……69
6.2.2　中国人社会取向自我评价的实证研究 ……70
6.2.3　中国人社会取向自我实现的实证研究 ……70
6.2.4　中国人社会取向自尊的实证研究 ……71
6.2.5　中国人集体主义自我的实证研究 ……72

7 中国人自我的组成成分 74

7.1 自立 74
7.1.1 自立的概念 75
7.1.2 自立的结构与测评 76
7.1.3 自立的影响因素 83
7.1.4 我国自立人格与西方独立人格的区分 86

7.2 自强 88
7.2.1 自强的概念 88
7.2.2 自强的类型 89
7.2.3 自强的人格特征 90
7.2.4 自强意识的测评 92
7.2.5 自强意识的影响因素 93
7.2.6 自立与自强的对比 96

7.3 自信 97
7.3.1 自信的概念 97
7.3.2 自信的结构与测评 98
7.3.3 自信的影响因素 100
7.3.4 东西方自信的差异 103

7.4 自尊 104
7.4.1 自尊的概念 104
7.4.2 自尊的结构与测评 105
7.4.3 自尊的影响因素 107

第三篇 自尊

8 自尊的含义 117
8.1 自尊的定义 117

8.1.1 国外的定义 ……118

8.1.2 国内的定义 ……119

8.2 自尊的理论 ……120

8.2.1 文化学视角下的自尊研究 ……121

8.2.2 社会学视角下的自尊研究 ……122

8.2.3 心理学视角下的自尊研究 ……125

8.3 自尊的结构 ……133

8.3.1 自尊的单维结构 ……134

8.3.2 自尊的二维结构 ……134

8.3.3 自尊的三因素结构 ……134

8.3.4 自尊的四因素结构 ……135

8.3.5 自尊的六因素与八因素结构 ……135

8.3.6 自尊的内隐和外显双重结构 ……135

8.3.7 自尊的多层次多维度结构模型 ……136

8.3.8 自尊的倒金字塔结构 ……136

8.4 自尊的测评 ……137

8.4.1 四种测量技术 ……137

8.4.2 自尊量表 ……141

9 自尊的影响因素 ……150

9.1 内在因素 ……150

9.1.1 身体外貌 ……150

9.1.2 年龄 ……152

9.1.3 性别 ……156

9.1.4 能力 ……157

9.1.5 内在需求 ……158

9.1.6 归因 ……158

9.2 外在因素 160
  9.2.1 家庭因素 160
  9.2.2 学校因素 164
  9.2.3 社会文化因素 167

10 自尊的异质性 171
10.1 防御自尊 172
  10.1.1 定义 172
  10.1.2 特点 173
  10.1.3 测量 174

10.2 条件自尊 176
  10.2.1 定义 176
  10.2.2 特点 177
  10.2.3 测量 178

10.3 不稳定自尊 181
  10.3.1 定义 181
  10.3.2 特点 181
  10.3.3 测量 183

10.4 不一致自尊 184
  10.4.1 定义 184
  10.4.2 特点 185
  10.4.3 测量 186

11 自尊与心理健康 193
11.1 自尊与心理病理 193
  11.1.1 自尊与内化问题行为 193
  11.1.2 自尊与外化问题行为 198

11.1.3　自尊与学习相关的问题行为 200
11.1.4　自尊与网络成瘾 203
11.1.5　自尊与人格障碍 204
11.1.6　自尊与神经症 205
11.1.7　自尊与精神分裂症 206
11.2　自尊与适应 208
11.2.1　自尊与学校适应 208
11.2.2　自尊与社会适应 209
11.3　自尊与主观幸福感 210
11.3.1　自尊与积极情绪 210
11.3.2　低自尊、高自尊与主观幸福感 211
11.3.3　外显自尊、内隐自尊与主观幸福感 212

第四篇　自我同一性

12　自我同一性的含义 218
12.1　理论与概念 218
12.1.1　埃里克森的自我同一性 219
12.1.2　克罗格的自我同一性 221
12.1.3　莫什曼的自我同一性 223
12.2　自我同一性的结构与评估 225
12.2.1　玛西亚自我同一性的结构与评估 226
12.2.2　沃特曼自我同一性的结构与评估 228
12.2.3　加藤厚自我同一性的结构与评估 229

13　自我同一性的发展 233
13.1　自我同一性发展状态 233

13.1.1 玛西亚的同一性状态模型 233
13.1.2 自我同一性发展状态实证研究 234
13.2 自我同一性发展过程 237
13.2.1 建构主义取向的自我同一性发展过程研究 237
13.2.2 社会文化取向的自我同一性发展过程研究 240
13.2.3 克罗切蒂的三维度模型 241
13.2.4 路克斯的双环模型 242
13.3 自我同一性危机 244
13.3.1 自我同一性危机的表现 244
13.3.2 自我同一性危机的风险因素 245
13.3.3 自我同一性危机的干预 247

14 自我同一性的影响因素 250
14.1 内在因素 250
14.1.1 人格特质 250
14.1.2 认知因素 252
14.2 外在因素 254
14.2.1 家庭因素 254
14.2.2 同伴群体 257
14.2.3 学校因素 259
14.2.4 社会因素 261
14.3 内外因的多重交互作用：影响同一性发展的模型 264
14.3.1 同一性资本模型 264
14.3.2 同一性发展的因素模型 265

参考文献 267

前　　言

我们常常调侃每一个门卫或保安都是哲学家,他们每天都在反复追问三个哲学上的终极问题:"你是谁?""你从哪里来?""你要到哪里去?"这是哲学家穷极一生都想弄明白的问题,也是心理学家一直念念不忘的"爱人"。在过去的一个世纪里,心理学与自我经历了太多悲欢离合。最初,美国心理学家詹姆斯(William James)把自我推到心理学的顶峰,让心理学和自我相识、相知、相爱。但是,随着行为主义的兴起,行为研究者因为无法得到易于观察的反应而摒弃了这类模糊的研究主题,于是心理学狠心抛弃了自我。幸运的是,心理学的认知革命促使一些人格和社会心理学家重新关注人类心灵的内部过程,故而近年来自我这位伤痕累累但又不知疲倦的"恋人"终于与心理学重逢,一起搭上了开往幸福的列车。本书将结合中外人格心理学的最新研究,从自我出发,解析关于自我概念、中国人的自我、自尊和自我同一性的研究及其最新发现。

全书共四篇十四章:第一篇为第1~4章,探讨了自我概念的含义、结构和功能,自我概念的理论,自我概念的研究方法,自我概念的发展;第二篇为第5~7章,介绍了中国人格心理学家对中国人自我的研究发现和研究成果,探讨了中国人自我的概念内涵、实证研究,以及中国人自我的组成成分,着重分析了中国传统文化背景下中国人自我的心理和行为特点与结构;第三篇为第8~11章,探讨了自尊在自我中的特殊地位,主要从自尊的含义、自尊的影响因素、自尊的异质性,以及自尊与心理健康的关系这四个方面展开介绍;第四篇为第12~14章,探讨了自我同一性的含义、自我同一性的发展,以及自我同一性的影响因素。本书从自我概念、中国人的自我、自尊和自我同一性四个篇章详细回顾了人格心理学中自我的研究历程和研究成果。

  人类活动的方方面面都与自我有关,如果我们无法透彻地了解自我,就无法全面而深刻地理解自己的行为。不论读者的知识背景和专业方向如何,都能从本书中找到与自己共鸣的地方,获取有用的信息。本书供心理学、社会学、哲学和文学等学科的本科生和研究生学习使用,也可以作为心理学专业学生自我专题学习的辅助教材。普通读者阅读本书也会对自我有更深层的认识,从而可以接受不完美的自己,使自我得以成长。

第一篇

自我概念

自我概念(self-concept)是人格心理学研究的一个重要概念,是个体对自己的主观知觉和判断,这种知觉和判断包括对自己的生理状态、人格、态度、社会角色、过去经验等方面的认知,是由一系列态度、信念和价值标准组成的有组织的认知结构。自1890年詹姆斯提出自我概念以来,自我概念的研究虽几经波折,但仍是心理学界经久不衰的研究主题。

本篇将深入探讨自我概念的含义、结构和功能,自我概念的理论,自我概念的研究方法,以及自我概念的发展。

不同心理学家、不同流派因所持理论观点、研究取向和侧重点不同,对自我概念的界定也不完全相同。美国心理学家詹姆斯(William James)在《心理学原理》一书中系统阐述了自我概念,提出自我往往会以两种形式出现:一种是"主我";另一种是"宾我"。也就是"纯粹自我"和"经验自我"。他将自我的研究从单一的生理自我扩展到个体的非生理层面,引发了后面有关非生理自我的一系列理论和研究。美国社会心理学家库利(Charles Cooley)提出的"镜像自我"理论,强调自我概念的社会性,激发人们在自我研究中关注社会作用。与此同时,同为美国社会心理学家的米德(George Mead)发展了库利的观点,他强调社会经验在自我概念形成中的作用,提出了符号互动理论。库利和米德从人的社会性的角度来界定自我概念,进一步充实了自我概念的内涵,推动了自我理论的发展。20世纪上半叶,随着行为主义的兴起,对自我概念的研究陷入了低潮。20世纪60年代,美国心理学家罗杰斯(Carl Rogers)试图从临床和实证角度探索自我概念,为自我概念的研究和测量提供了新的思路和方向。随后,随着认知心理学的不断发展和壮大,认知革命使心理学家对自我研究的兴趣得到进一步恢复。近年来,默瑟(Sarah

Mercer)等人在应用语言学研究领域深入探索了外语自我概念的建构及其特征,弥补了自我概念研究在应用语言学和外语教学研究领域的缺乏。

同时,自我概念的结构一直是自我概念研究中的一个重要主题。自我概念从詹姆斯的单维度多层次结构到哈特(Susan Harter)的多维度多层次结构,再到沙维尔森(Richard J. Shavelson)的多维度多层次理论模型。随着对自我概念结构认识的不断深入,关于自我概念的实证研究也逐渐深化。

自我概念的评估和测量方法大致可归纳为两种形式:一是让被试描述自己某些方面的特征。由于这种形式没有客观的评价指标,因此只限于个案研究。二是使用标准化量表。本篇将介绍几种关于自我概念的经典测量方法。

当前,对自我概念的研究已从早期对理论及模型建构的关注,转变为偏向具体的应用研究。例如,旨在促进学生形成积极的自我概念的研究。沙维尔森认为,积极的自我概念不仅是获得教育希望获得的结果的保证,更值得注意的是,它也是教育的目标。因此,了解自我概念发生和发展的一般规律及特点,并从社会互动、内部因素和文化背景等方面探讨自我概念发展的影响因素显得尤为重要。自我概念的研究趋势将朝着研究方法综合化、研究问题具体化与应用化的方向发展。中国心理学家早已开启一系列实证研究,试图建立适用于中国文化背景的自我概念的理论体系。

1　自我概念的含义、结构和功能

我们能轻易地从客观物质层面辨认自己的容貌等身体特征,那么在社会属性层面,我们又是怎样理解"我是谁?"这一人类从古至今都在探索的问题的呢?作为个体对自己各方面认识和观念的总和,自我概念可以被理解为个体在成长经验中形成的自我觉知,其在个体的成长历程中发挥着重要功能。人们对自我概念的探究由来已久,其结构有单维和多维的不同划分。本章将介绍自我概念的含义、结构和功能,掌握上述内容不仅可以帮助个体更为清晰地了解"自我",而且可以促进个体的发展和成熟。

1.1　自我概念的含义

自我概念是心理学领域的一个重要概念,也是人格结构的重要组成部分。自美国心理学家詹姆斯(James,1890)提出自我概念后,对自我概念的研究经历了从理论到实证的过程。由于所持理论观点的差异、研究取向的不同,以及侧重点的区别,不同心理学家、不同流派对自我概念的界定也不完全相同。

1.1.1　国外学者对自我概念的界定

首先明确提出自我概念定义的是罗杰斯(Rogers,1959),他认为自我概念是个人现象场中与自身有关的内容,是个人自我知觉的组织系统和看待自身的方式。罗森伯格(Rosenberg,1986)认为,自我概念是个体对自我客体的思想和情感的总和,包括个体对自己的生理和身体、社会结构、能力与潜能、兴趣、内在思想、情感与态度等许多方面的看法。沙维尔森等人(Shavelson et al., 1976)则认为,自我概念是通过经验和对经验的理解而形成的自我知觉。

1.1.2 国内学者对自我概念的界定

国内学者亦对自我概念给出了不同的定义。朱智贤认为,自我概念是一个人对自己的个性进行自我调节的心理系统(朱智贤,1989)。它包括认知成分、情感成分、意志成分,是基于自我意识的知、情、意的统一,是个性心理面貌的重要成分。张春兴认为,自我概念是个体对自己各方面的知觉,它是一个多维度、有层次、有组织的结构(张春兴,1992)。乐国安、崔芳认为,自我概念是个体对自己的生理状况、心理特征、社会属性等方面的比较稳定的认识,这种认识是个体通过自我观察,分析外部活动和情境,以及进行社会比较等途径获得的(乐国安,崔芳,1996)。黄希庭则认为,自我概念是个人对自己所有方面的知觉,是一个具有评价性,可以与他人区分开来的多维度、多层次、有组织的结构(黄希庭,2002)。

尽管对自我概念的界定不同,但国内外研究者都认为自我概念是个体对自己的主观知觉和判断,这种知觉和判断包括对自己的生理状态、人格、态度、社会角色、过去经验等方面的认知,是由一系列态度、信念和价值标准组成的有组织的认知结构。

1.2 自我概念的结构

自我概念的结构一直是自我概念研究的一个重要主题,自我概念结构的研究大致可分为两种取向:一是理论建构取向;二是心理测量学的研究取向。早期的理论建构主要源于心理学家对自我理论的研究,随着统计分析方法和各种研究手段的不断进步、创新,不少心理学家开始探索自我概念的结构模型,而且取得了突破性的成果,将自我概念的单维结构模型发展到多维度多层次结构模型。

1.2.1 自我概念的单维结构

在早期研究中,对自我概念的认识与测量是单维的、笼统的、整体的。詹姆斯对自我概念的具体成分分析开启了自我概念元素分析的先河。他将自我分为物质自我、社会自我、精神自我和纯粹自我四种成分(James,1890)。哈蒂认为,"这些成分在层次上是有顺序的,各种成分的总和构成总体自我概念"(Hattie,1992)。但在西方,早期对自我概念的认识,无论是詹姆斯的认识,还是罗杰斯、库利、米德等人的认识,都是单维的、笼统的、整体的。对自我概念的测量作出重要贡献的库珀史密斯(Coopersmith,1967)认为,自我概念是个体对自己的总体评价。在此理论基础上,库珀史密斯编制了自尊测量问卷(Self-Esteem Inventory,SEI),并用该问卷的单项成绩来评价个体的自我概念水平。但该问卷没有内部结构维度,是一种单维建构的测量问卷(Trent & Cooney,1994)。另外,皮尔斯和哈里斯编制的自我概念量表也是单维的,没有内部结构维度(Piers & Harris,1964)。

与詹姆斯不同,罗森伯格非常重视自我概念各成分要素之间的关系。他认为,现实自我不是各种成分要素的集合,而是只有一种成分处于中心位置,有些成分处于边缘位置,有些成分可以组成一个大的单元部分,各个单元部分又构成一个整体。同时,他指出自我概念的一般水平与具体水平不可互换,不能把一般自我概念与等价的自我概念的具体侧面混同(Rosenberg,1986)。但是,罗森伯格没有对自我概念的成分要素作出明确的界定,进行的实证测量研究没为其理论提供有力支持,因此他提出的仍是一种单维结构。

埃里克森在《童年与社会》一书中提出了著名的人生八阶段理论(Erikson,1963)。他认为,个体自我概念的发展是一个逐步的过程,而且一定要经过几个顺序不变的阶段,每个阶段都有一个特定的心理发展任务。如果个体解决了冲突,完成本阶段的任务,就能形成积极的自我概念,否则就会形成消极的自我概念。每个个体完成任务的程度各不相同,一般都位于积极和消极两个极端之间的某点上,健康的自我概念应倾向于积极的那一端。埃里克森(Erikson,1968)认为,在这八个阶段中,青春期是自我概念发展的关键期,并提出了"自我同一性"的概念。他认为,自我同一性是个体健康人格和道德品质的基础,而且形成自我同一性是个体发展的最终任务,这对后来的研究很有指导意义。但是,埃里克森片面强调线性的发展阶段,过分夸大社会文化因素的重要性,这是埃里克森理论的主要缺陷之一。

1.2.2 自我概念的多维度多层次结构模型

随着研究的深入,对自我概念的认知和测量逐渐多元化、系统化。作为多维度理论模型的代表人物之一,哈特(Harter,1985)认为"随着年龄的增长,自我概念的成分要素不断增加,要想评价个体的自我概念水平,必须考虑个体心理发展的年龄特征"。哈特先后提出了不同年龄阶段的儿童自我概念的不同成分要素,并编制出针对学龄前儿童、学龄儿童、青春期学生、大学生、成人的五种测量问卷(Harter,1986)。

目前,在国外自我概念的研究中,比较有影响力的是沙维尔森等人提出的自我概念的多维度多层次理论模型。沙维尔森等人(Shavelson et al.,1976)认为,自我概念是通过经验和对经验的理解而形成的自我知觉,个体的自我知觉是源于人际互动、自我属性和社会环境的经验体验。经验体验是多维度的,按照一定的层次组织成一个整体,构成个体的自我概念,它是一个有层次的多维度的结构。在这一模型中,一般自我概念位于最顶层,指对自我的高度完整和概括的理解,它可以分为学业自我概念和非学业自我概念。学业自我概念又可以分为具体学科的自我概念,如英语、历史、数学和科学等学科的自我概念;非学业自我概念又可以分为社会自我概念、情绪自我概念、身体自我概念。社会自我概念可以细分为同伴关系和重要他人,情绪自我概念则主要指特定的情绪状态,身体自我概念主要指身体技能和外表。在自我概念的等级结构中,一般自我概念位于最高点且相对稳定,随着等级的降低,自我概念与特定情境的关系越来越密切,其稳定性也随之逐渐减弱。同时,随着个体的成熟,自我概念变得越来越复杂,即维度区分越来越多。此外,该模型还具有一定的层级顺序,表现为由下至上的方向性。具体来说,就是某个自我概念的具体表现通过层层作用,最终对自我认知的一般性理解产生影响。

尽管沙维尔森提出了自我概念的多维度多层次理论模型,而且该模型带有层级顺序的结构特点,但是仍停留在假设阶段。沙维尔森和博卢斯于1982年最早正式试验该模型的特性。通过对七年级和八年级的中学生的研究,该模型的多维度多层次和层级顺序皆得到证实(Shavelson & Bolus, 1982)。在后来的研究中,该模型的多维度多层次和层级顺序在九年级到十二年级的学生中也得到证实(Byrne, 1986)。针对在1982年的实验中存在的样本容量和指标变量有限的问题,伯恩和沙维尔森在1986年的实验中扩大了样本容量,并检测了学业自我概念多维度多层次的有效性(Byrne & Shavelson, 1986)。通过对十一年级和十二年级的中学生的研究,多维度多层次的特性再一次得到证实。除了上述实验之外,还有许多实验针对学业自我概念某一组成部分的多维度多层次特性进行有效性测试,例如年龄(Marsh, 1990c;Marsh, 1993a;Wigfield & Karpathian, 1991)、性别(Byrne & Shavelson, 1987;Marsh, 1993b)和文化(Song & Hattie, 1984;Watkins et al., 1989)。多维度多层次的有效性较为一致地得到证实,但是层级顺序还存在争议(Marsh, 1990c)。

1984年,宋忍燮和哈蒂对沙维尔森等人的自我概念的多维度多层次理论模型提出了修订。一是在学业自我概念方面,提出由三个一阶因素限定的二阶学业因素:成就自我概念、能力自我概念、班级自我概念。同时,将能力自我概念和成就自我概念细分为语文、数学、自然科学研究和社会科学研究四个领域。二是在非学业自我概念方面,提出两个二阶因素:社会自我概念和自我表象自我概念。同时,将社会自我概念分为家庭和同伴自我概念,将自我表象自我概念分为身体自我概念和自信限定(Song & Hattie, 1984)。

几乎同一时期,马什及其同事从测量学的角度对沙维尔森等人的自我概念的多维度多层次理论模型进行实证研究,并加以修订(Marsh & Shavelson, 1985)。马什及其同事修订的自我概念的结构模型不仅对原有模型进行了精简,提出了道德自我概念,而且进一步分析了自我概念的内部成分,细致思考和研究了自我概念各成分之间的关联,使得自我概念的结构研究向前迈进了一大步。但值得一提的是,模型的层级顺序这一特性并未得到证实。1995年,维斯波尔等人研究了个体的艺术自我概念,发现艺术自我知觉也是自我概念的一个重要方面(Vispoel, 1995)。

除了沙维尔森的自我概念的多维度多层次理论模型及其一系列修订模型,菲茨建立了田纳西自我概念多维度理论模型(Fitts, 1965)。菲茨认为,在评价个体的自我概念时,不仅要考虑自我概念的多维性,而且应考虑个体的综合状况。他把自我概念分为两大部分。第一部分为个体的综合状况,即自我总分与自我批评。第二部分可分为两大维度:一是自我概念的结构维度,从认知、情感和行为三方面来分析,可分为自我认同、自我满意、自我行为等;二是自我概念的内容维度,可分为生理自我、道德自我、心理自我、家庭自我、社会自我等。在开发模型大纲时,菲茨采用5(外部参照系)×3(内部参照系)×2(积极 vs. 消极的问卷项目)的因素分析方法(Fitts, 1965)。其中,外部参照系(external frame of reference)囊括了生理自我、道德自我、心理自我、家庭自我、社会自我,内部参照系(internal frame of reference)囊括了自我认同(identity,即我是谁)、自我行为(behavior,即我做了什么、我如何做)、自我满意(satisfaction,即我对自我的感觉)。菲茨认为,每个自我概念的特性都可以通过这三个内部参照系表现出来:自我认同是隐私的、内化的自我概念,与"主体我"这一观点类似;自我行为是一种外界可观察到的自我,与"客体我"这一观点类似;自我满意则反映了理想自我与现实自我之间的差异。积极 vs. 消极的问卷项目(positively vs. negatively worded items)控制了项目回答可能造成的偏差。

学术界对菲茨的理论模型的评论出现了较大的分歧。拥护者认为，菲茨的理论模型对自我概念有着清晰而明确的界定，对自我概念的结构划分全面而不烦琐，结构层次清晰，每个具体的维度都有准确的含义和测量的标准(万德智,2007)。批评者则指出，模型中因素的建构及其有效性缺乏实际信息和证据(Bentler, 1972; Wylie, 1974)。

国内学者对自我概念结构的研究相对较少。张春兴在《张氏心理学辞典》中提出，自我概念由学业自我概念（与学业成就有关的自我概念）和非学业自我概念（与学业成就无关的自我概念）组成。其中，学业自我概念由一般学业成就、主要学科成就和特殊学科成就组成，非学业自我概念由同伴关系、亲子关系、师生关系、容貌、健康组成(张春兴,1992)。郑涌、黄希庭等人的研究则发现，我国大学生的自我概念呈现出一个以自我统合为核心，交际、偏好、性情、身份等多方面与外界相互作用的结构，各方面的相对重要性在总体上不明显(郑涌,黄希庭,1997)。他们通过因素分析的方法提出我国大学生自我概念的多层次结构模型，该模型把大学生的自我概念分为交际、友善、信义、容貌、学业、志向、家庭、成熟和自我接纳等维度，并据此设计编制了较适合我国大学生的自我概念问卷(郑涌,黄希庭,1998)。这对于进一步研究我国大学生自我概念的结构具有开创性意义。

从自我概念结构模型的发展变化可以看出，自我概念的结构模型经历了从单维结构到多维度多层次结构，从单一的顶层结构到内部结构内容的建构，从单纯的理论建构到理论与实证相结合，从静态观点到动态观点的发展历程，这使自我概念的结构模型得以逐渐完整和丰满，关于自我概念的实证研究也得以逐渐深化。

1.3 自我概念的功能

伯恩斯在《自我概念发展与教育》(Burns, 1982)一书中系统论述了自我概念的心理作用，提出自我概念具有三种功能：保持内在一致性，决定个人怎样解释经验,决定人们的期望。

1.3.1 保持内在一致性

个人怎样理解自己是其内在一致性的关键部分,因此个人需要按照保持自我看法一致性的方式行动。最初,弗洛伊德(Sigmund Freud)把自我看作本能冲动和超我需求之间的传递者,强调自我在调控、保护本能的同时现实地适应社会的功能。后来的精神分析学者虽然批判弗洛伊德的理论,研究的焦点也有转移,但也大致延续了精神分析的内部精髓,认为自我的主体调控作用是与自我对自身的认识相关联的,而且体现在人际作用之中,保持个体内在的一致性和连续性。

自我概念是相对稳定并一致的,当现实有悖于个体的主观愿望时,自我概念就会通过维持内在一致性的机制引导个人的行为。对品德不良学生的研究也证明,学生有关自己声名和品德状况的自我概念直接与其行为的自律特征有关。当学生认为自己声名不佳,在别人看来品德不良时,他们也会放松对行为的自我约束。很显然,通过维持内在一致性的机制,自我概念实际上起着引导个人行为的作用。从这个意义上来说,在儿童与青少年的发展过程中,引导他们形成积极的自我概念有着非常重要的意义(金盛华,1996)。

1.3.2 决定个体怎样解释经验

罗杰斯认为,自我的功能在于既反映经验又影响经验,个体可通过自我概念评价和调整各种经验,使个体具有自我导向和自我抉择的能力。经验对于个人具有怎样的意义,取决于个人在怎样的自我概念背景下作出评价。面对相同的情境,不同的个体有不同的心理反应,行为也带有浓郁的个人色彩,这是由于人们有着不同的自我概念。每种经验对于特定的个人具有特定的含义,不同的人可能会获得完全相同的经验,但他们对这种经验的解释可能是高度不同的。自我概念就像过滤器,对任何新经验、新事物都具有经验解释作用,根据已有的经验赋予新经验特定的意义。赋予意义的性质和高度则取决于个人已经形成的自我概念,如果个人已有的自我概念是消极的,则每种经验都会与消极的自我评定联系在一起;如果自我概念是积极的,则每种经验都可能被赋予积极的含义。詹姆斯在其有关自我的论述中提出过一个经典的自尊公式:自尊=成功(success)/抱负(pretensions)(James,1890)。人们强烈倾向于按照与自我概念相一致的方式来理解自己的行为。由于这一倾向,改变人们已经形成并正在发挥作用的自我概念是一个极其困难的工作。

1.3.3 决定人们的期望

个体对自己的期望建立在自我概念的基础上,并与自我概念相一致。在各种不同的情境中,人们对事情是否发生的期待,对情境中其他人行为的解释,以及自己在情境中如何行为,都高度取决于自我概念。

伯恩斯指出,儿童对自己的期望是在自我概念的基础上发展起来的,与自我概念相一致,儿童后续的行为也取决于自我概念的性质(Burns,1982)。金盛华(1982,1993)有关儿童自我概念的实验研究很好地证明了这一点,研究发现学生成绩落后并不是独立存在的,而是整个行为动力系统出现角色偏常(role deviance)的结果。

以调皮行为为例,调皮行为的主要特点是:上课不安分,多动,与其他同学窃窃私语甚至打闹;爱出风头,渴望引起他人注意;叛逆心理,爱和教师顶嘴;注意力不集中;好奇心强烈,容易开小差;无视课堂纪律,精力过剩,顽劣成性(卜婧,2014)。可以假设,学生的调皮行为并不是独立存在的,而是整个行为动力系统都出现角色偏常的结果。在调皮的学生消极自我概念的基础上,他们的自我期望、学习动机、外部评价等都偏离了原本的角色。经常性的调皮行为对普通学生来说是不正常的,但对于这些调皮的学生,由于他们的整个行为动力系统都出现了偏离,并在偏离的状况下形成了一个新的与自我相一致的系统,因而在系统内部一切都很正常。调皮捣蛋就是这类学生自己期望得到的结果,教师、家长和同学也认为这是他们应该表现出的行为。消极的自我概念不仅引发消极的自我期望,而且决定人们只能期待外部社会的消极评价与对待,决定人们对消极的行为后果作好接受的准备。

自我概念的这些功能在客观上决定了它对行为的调节与导向作用。一切外部影响因素只有经过自我价值系统的审定才能被纳入自我概念的结构,成为自我概念的有机构成部分,从而才有可能真正转化为内在的个性品质。

2 自我概念的理论

自从美国心理学家詹姆斯(James,1890)首次系统地阐述了自我概念,提出"主我""宾我"两种形式,不同流派的心理学家依据各自的研究取向、理论观点,对自我概念进行了不同的界定和探讨。目前,自我概念的理论观点、研究侧重点虽有所争议,但差异化的解读也使理论探究更有生命力。本章将重点探讨詹姆斯、库利、米德、罗杰斯、马库斯和默瑟的自我概念理论研究成果。

2.1 詹姆斯的自我概念理论

1890年,詹姆斯在其《心理学原理》一书中系统阐述了自我概念。他提出,自我往往会以两种形式出现:一种是"主我";另一种是"宾我"。"主我"是个体对于自己正在思考或正在知觉的意识,因此也称为"纯粹自我"。"宾我"是个体对于自己是谁,以及自己是什么样的人的想法,即个体对于自己的各种各样的看法,是个体经验的内容,因此也称为"经验自我"(James,1890)。经验自我包括物质自我、社会自我和精神自我三个组成部分。其中,物质自我分为躯体自我和躯体外自我。詹姆斯认为,除了自己的身体之外,个体对于自我的感知还包括其所有物,以及与自身有关系的事物,如归自己所有的房子、车子,自己的父母、孩子,以及生活的城市等都是物质自我的内容。这些躯体外自我是通过个体与这些物品以及其他个体之间的心理关系而联系在一起的,个体与这些物品之间都有某种情感联系。他还指出,"个体可以通过考察对某一实体投入的情感来判断该实体是否属于自我的一部分"。如果某一实体被表扬或攻击时个体表现出情绪反应,则该实体就是自我的一部分。另一种判断某实体是否属于自我的一部分的方法是看个体对该实体的反应方式。"如果个体非常关注它,并花很大力气去提高和得到它,那么也能确定该实体是延伸自我的一部分。"(Jonathan,2004)社会自我是指他人如何看待和承认自己,是来自他人的认可。个体拥有的社会地位和扮演的各种社会角色是社会自我的重要内容。他人对个体的评价是社会自我的重要组成部分,但社会自我最本质、最核心的内容是个体如何看待他人对自己的这些评价和看法。精神自我是个体的内部自我或心理自我,个体的感知觉能力、思维、记忆、想象、情绪、情感、态度、兴趣、动机、特质、愿望等都是精神自我的组成部分,它是个体对于自己的一种主观感受和体验。詹姆斯指出,经验自我的三个组成部分可以根据价值观分为不同的层次。位于最底层的是物质自我中的躯体自我,躯体外自我和各种社会自我处在中间位置,处在最顶端的是精神自我。他还指出,"对个体而言,精神自我方面的内容要比社会自我方面的内容更为重要"(周晓虹,1996)。

詹姆斯将自我的研究从单一的生理自我扩展到个体的非生理方面,引发了后面有关非生理自我的一系列理论和研究。他将自我概念分为不同的成分,开了自我概念成分分析的先河,为从测量学角度研究自我概念提供了一定的理论基础。同时,他将自我概念按层级组成一个自我系统,也为后来研究自我概念的结构模型提供了理论参考。

2.2 库利的自我概念理论

19世纪末20世纪初,美国社会心理学家库利(Cooley,1902)提出,自我是个体在社会交往活动中根据他人对自己的反应和评价建立起来的,它不仅是一个个人实体,更是社会的产物。库利提出"镜像自我"的概念,即当我们与他人交谈时反射给我们的自我视像。他认为,个体可以通过感知他人对自己的感知来获得对自我的认识,从而形成自我概念。个体通过镜像自我获得自我概念有三个步骤:首先,个体想象自己在他人眼中的形象;其次,个体想象他人眼中对他们看到的形象的反应和评价;最后,个体判断自己想象的他人对自己的反应和评价。库利的镜像自我理论强调自我概念的社会性,在自我研究中引发了人们对社会作用的关注。

2.3 米德的自我概念理论

美国社会心理学家米德发展了库利的观点,他强调社会经验在自我概念形成中的作用,提出了符号互动理论。他认为,主我是有机体对他人态度的反应,客我是有机体采取的一组有组织的他人态度,他人态度构成了有组织的客我,然后有机体作为一个主我对客我作出反应(Mead, 1934)。在米德的自我概念中,主我和客我都与社会经验紧密联系,强调在自我概念形成的过程中他人和社会的重要作用。米德的自我概念理论强调个体自我概念的获得是一个社会化的过程,个体必须和他人发生互动,意识到自己成为他人的知觉对象,才能从他人对自己行为的反应中形成关于自己的一般概念,并逐渐将自己作为客体来对待。在这个过程中,个体通过观察他人对自己的反应来适当地调整自己的行为,没有在互动中形成的社会经验,自我便不能产生(Mead, 1934)。对于米德的这一观点,沙利文也作出了呼应,他强调自我发展的社会和人际基础,强调社会关系互动中家庭成员特别是母亲在儿童自我形成中的作用(Sullivan, 1953)。

对比米德和库利的理论,他们都认同自我概念源于社会我,都认为自我由主我和客我(詹姆斯所说的宾我)两方面构成。而且,米德扩展了库利的镜像自我,认为个体不仅仅通过自我在他人眼中的形象来获得自我概念,个体所在的社会群体也是个体获得自我概念的"镜子"。米德强调,自我不是被动的,而是在社会环境中积极地与他人和社会发生互动从而形成的。在这个前提下,自我概念是一种动态的社会关系的结果,即自我概念一方面具有自我的主观能动性、创造性和实践性,另一方面受自我形成以及社会和他人的影响,同时它又会影响并改变环境和社会。另外,米德和库利从人的社会性的角度来界定自我概念,进一步充实了自我概念的内涵,推动了自我理论的发展。

2.4 罗杰斯的自我概念理论

20世纪上半叶,随着行为主义的兴起,对自我概念的研究陷入了低潮。20世纪60年代,罗杰斯运用人本主义理论对来访者进行咨询时发现,来访者在谈论自己的问题和态度时,倾向于用自我来谈论,自此他开始关注自我概念,强调自我概念是人格的一部分,并试图从临床和实证角度探索自我。罗杰斯从现象学意义上诠释了自我概念。他指出,每个人都以自己独特的方式来看待世界,个体通过对世界进行知觉以体验到自己,并为这些经历过的事物赋予意义,由此构成了个体的整个经验系统,即个体的现象场(Rogers,1959)。罗杰斯认为,"自我概念包括具有'我'之特性的一切想法、知觉及其价值,是个体现象场中与自身相联系的那部分知觉及其附着的意义,是一个有组织的、一致的感知模式"(沈梅,2008)。他强调,"自我概念是个体对有关自我或宾我的特征的知觉,对自我或宾我与他人和生活的各个方面的关系的知觉,以及与这些知觉有关的价值观念"(刘化英,2000)。由此可以看出,罗杰斯也认为自我的组成包括主我和宾我两方面。主我是自我的动力部分,是自我活动的过程,具有一定的主观能动性,使个体可以超越当前宾我的范围限制,从而使行为具有一定的自由性、新异性和创造性;宾我既是自我意识的本体,也是自我意识的对象,它通过接受别人和社会对自我的有组织的态度而逐渐形成和发展。综上所述,罗杰斯通过对主我和宾我的理解,将米德和库利有关自我的概念统合了起来,使得自我概念兼具对象和作用两个方面。

更重要的是,罗杰斯提出了理想自我的概念。理想自我是与现实自我相对而言的。罗杰斯认为,"现实自我是个体对自己与环境相互作用中表现出来的现实状况和实际行动的意识和看法,即个体认为自己是什么样的人。理想自我是个体为满足内心的需要,在意识中建立起来的认为自己应该成为或期望成为的那个自我,是个体希望拥有的他人或自身为自己设定的特征,是个体希望成为什么样的人"(贾谊峰,李素娟,李红,2008)。现实自我和理想自我都是个体能意识到的自我的组成部分。此外,罗杰斯在临床研究中发现,现实自我与理想自我是否一致影响着个体的心理健康。当个体的现实自我与理想自我一致时,个体就会感到和谐、幸福和满足;两者差异过大,就会造成不愉快和不满足,从而导致心理疾病。罗杰斯从临床上重视自我概念,给心理健康的评估、自我概念的测量提供了新的思路和方向。

2.5 马库斯的自我概念理论

20世纪六七十年代,认知心理学得以发展和壮大,认知革命使得心理学家对自我研究的兴趣进一步恢复。自我的社会认知观正是以认知心理学信息加工的思想和研究方法为基础。马库斯认为,个体形成自我概念的方式与形成其他认知结构的方式一样,自我也应该被看作一种认知结构或图式。这种自我图式代表个体对经历过的自我的概括和类化,是个体头脑中有关自我的信念,与自我有关的信息的加工过程都受它的组织和指导。自我概念可以被视为关于一个人特征的所有特殊图式的集合体(Markus,1977)。20世纪80年代,马库斯进一步提出可能自我与动态自我两个概念。"可能自我是个体觉得自己某一方面有潜力的自我构想,是自我意识系统中有关未来取向的成分,它既包括梦想成为的自我,也包括害怕成为的自我。这些可能自我具有强大的动机作用,以具体的目标形式对个体产生激励,引导个体的行为。动态自我则是个体在某一特定时刻的自我概念。"(金盛华,2010)马库斯认为,自我概念并不是一个被动接受的过程,而是一种主动变化的动态结构。他的这一动态自我概念在本质上与詹姆斯、米德和罗杰斯等人所说的"主我"是一致的。

随后,马库斯等人(Markus & Kitayama,1991,2010)进一步提出文化与自我概念的理论。他们认为,强调自我认同的西方文化观促使"独立型自我"的产生,这种自我具有自我倾注的特点,对自己的注意多过对他人(包括亲密他人,如母亲)的注意。相比之下,东方文化对基本社会联结的重视则更容易促进"互依型自我"的产生,此类自我对重要他人的信息更为敏感。另外,不同自我概念对涉及自我的一切认知加工过程都会产生影响(Markus & Kitayama,2003)。马库斯等人的理论推动了考察不同文化背景下认知差异的行为研究,也激发了越来越多的探索社会认知(如自我概念表征)神经机制存在的文化差异的脑成像研究(Han et al.,2010,2011;Sui,Liu,& Han,2009;Wang et al.,2012;Chiao et al.,2009,2010)。

2.6 默瑟的自我概念理论

近年来,默瑟在应用语言学研究领域,深入探索了外语自我概念的建构及其特征。默瑟将自我概念定义为"一种内在的心理构造,包含个体对自身在具体领域的能力的自我感知以及相关自我评价"(Mercer,2011)。默瑟在其著作《探索语言自我概念》中展示了乔安娜的自我概念网络,包括学术自我概念、一般语言自我概念、母语自我概念、外语自我概念、英语作为外语的自我概念、意大利语作为外语的自我概念,并提出乔安娜自我概念网络模型理论,认为该模型中的各种自我概念之间并不具有层级性特征,而是以复杂且经常不可预料的方式互相关联;相关自我概念在网络模型中的重要性体现为概念节点的大小,与其他自我概念的联系强度用节点之间连线的虚实及粗细来表示。总之,默瑟扎根于自我概念的基础理论,采用质化研究方法,尤其是个案研究方法,对研究对象进行较长时间的追踪,运用观察、访谈、问卷等多种方法收集研究数据,基于对数据的多重解读,捕捉自我概念的建构过程及其特征,弥补了自我概念研究在应用语言学和外语教学研究领域的严重不足(章柏成,2012)。

3 自我概念的研究方法

自从詹姆斯 1890 年将自我概念引入心理学,自我概念的研究经历几度兴衰。自我概念的结构经历了从单维度到多维度多层次的变化,从刚开始的重视人文研究发展到重视实证研究,从理论研究发展到应用研究,这些都见证了自我研究的发展。本章将着眼于自我概念的评估和测量,解析自我概念的四种研究方法,即开放性或自发性测量法、形容词检核表法、语义分析法、Q 分类法。此外,还将介绍实验社会心理学、精神分析—心理动力学、人本主义心理学以及社会建构论四种自我概念的研究取向。

3.1 评估和测量

关于自我的测量随着自我概念的含义和构成理论的发展而发展。在自我概念是一种单维建构的理论基础上编制的量表多为自尊量表。库珀史密斯(Coopersmith,1967)将自我概念理解为个体对自己的总体评价,编制了自尊测量问卷,对自我概念的测量作出了重要贡献,但这种自尊测量问卷对自我概念的很多特殊方面的测量效度很低。1984 年,宋忍燮和哈蒂对自我描述的开放式问卷获得的题目进行因素分析,最后抽取七个因素构成宋—哈蒂自我概念模型。这种多侧面自我概念量表不同于一般的自我概念量表,它开始对构成自我概念的许多方面进行单项测量。近十几年来,多侧面等级自我概念量表逐渐表现出自身的优势,有理论上的支持、效度高、结果易于统计和解释、全面、具体,尤其在探讨自我概念与其他变量之间的关系时,特殊侧面的自我概念比一般的自我概念更有意义。这也是自我概念测量发展的主要方向。

随着这些测量方法的兴起,20世纪后期的项目反应理论和概化理论等测量理论,以及元分析法和结构方程模型的应用和推广,为自我概念的研究提供了方法论和统计技术上的支持,使自我概念的研究得以深入。自我概念的测量大致可归纳为两种方式:一是让被试描述自己某些方面的特征,由于这种形式没有客观的评价指标,因此只限于个案研究;二是使用一些标准化量表,这种方法虽也有缺陷,但它是目前了解个体自我概念的主要方式,不仅有科学的量化指标,而且对测量过程、评分及解释等进行了标准化,因而所得结论比较客观。多数研究者都使用量表的方法,而且主要集中于自陈式量表。下面介绍几种关于自我概念测量的经典方法。

3.1.1 开放性或自发性测量法

大多数(约95%)自我概念研究与其说是自发的不如说是反应的(胡维芳,2003)。因此,研究者通过让被试回答开放性问题的方式测量自我概念。

最具代表性的测量方法是"20问"法(Twenty Statement Test),抑或"我是谁"(Who Am I)法,简称"WAI"法(具体见表3-1)。这种测量方法是由库恩和麦克帕特兰(Kuhn & McPartland,1954)对自我态度(self-attitude)的研究导出的,其基本特点是对"我是谁"这样的问题自问自答。与国外研究自我概念的其他常用方法如量表法、SD法、Q分类法相比,"WAI"法不受文化因素的影响,而且能得到被试自发的反应。传统的"WAI"法主要是对被试陈述的内容进行分类计数,然后通过各类别的反应频数分析被试的自我概念,有时也测定"WAI"反应的重要性和好恶度等心理负荷,涉及被试对自我形象的态度和情感。"WAI"法的这种自由回答问题的模式,使采集到的与研究主题有关的信息不仅能通过数量衡量,而且能分类整合(Kuhn,1960)。由此可见,"WAI"法具有三点优势:第一,对于被试,该方法的使用使实验变得快速、简单和易懂;第二,这种开放式的回答把被试的思维从实验者的设计意图中解放出来,不受固定选项限制,从而更贴切地反映实验被试的真实状态;第三,"WAI"法既能揭示人多方面的特性(Carpenter & Meade-Pruitt, 2008),也能捕捉到不同的问法对表现自己的方式的影响(Somech, 2000; Gardener et al., 1999)。随着计算机技术在心理学领域的逐步应用,我国学者郑涌、黄希庭(1997)率先把因素分析和聚类分析用于改造后的"WAI"程序,通过深层次的内容分析,探讨自我概念的结构特点。首先对被试的"WAI"反应进行类别分析,然后在此基础上,对被试对自己反应的分类重要性排序作进一步的因素分析和聚类分析。

表 3-1 "WAI"法(来源:金盛华, 2010)

现在请试着回答以下这些问题。请在下面的横线上写出 20 个句子,它们必须以"我"字为主语,同时这些句子必须包含你觉得最能代表你作为一个独立个体的那些特征。

1. _____
2. _____
3. _____
4. _____
5. _____
......
15. _____
16. _____
17. _____
18. _____
19. _____
20. _____

3.1.2 形容词检核表法

西方较常使用的形容词检核表由高夫和海尔布伦编制。形容词检核表法是按英文字母顺序罗列出 300 个形容词,如"忠诚的、幽默的、热情的"等,要求被试选出符合自己的形容词来描述自己(Gough & Heilbrun, 1965)。在我国,较常使用的则是以杨国枢(1974)为代表编制的自我接受量表(Self-Acceptance Scale)。自我接受量表由两部分组成:一部分是要求被试在 142 个描述自己特性的正性和负性形容词旁边填写这些形容词是否贴切地描述了自己;另一部分则是要求被试在58个类似的正性和负性形容词之后注明自己是否"已有"或"没有"这些形容词描述的特性。

3.1.3 语义分析法

语义分析法(method of semantic differential)是运用语义区分量尺来研究事物意义的一种方法,最早由奥斯古德等人(Osgood, Suci, & Tannenbaum, 1957)创造。这种方法以纸笔形式进行,要求被试在若干个七点等级的语义量尺上对某一事物或概念进行评价,以了解该事物或概念在各评量维度上的意义和强度。一个量尺等级序列的两个端点通常是意义相反的形容词,例如,"聪明的—愚笨的""健壮的—衰弱的""吵闹的—安静的"等。在测试中,被试并不能确定回答会被如何评判,这样一来就减少了回答存在偏差或者欺骗的可能性,体现了语义分析法的半投射式(semi-projective)特点(Piotrowski & Guyette, 2010)。除此之外,用语义分析法来研究自我,设计简单、操作方便。在许多后续研究中,通过不同主题,以及两极量尺和目标人群的因素分析,语义分析法的有效性、可靠性和实用性得到证据支持(Piotrowski, 1983; Snider & Osgood, 1969)。尽管语义分析法容易建构、操作简单,而且很流行,但也有人指出它容易导致研究者忽视少量心理条件,如确保可接受的信度、因素结构及其适合性,而且会受社会赞许效应和自我防御机制的影响(胡维芳,2003)。

3.1.4 Q分类法

20世纪50年代初,当史蒂文森(Stephenson, 1953)倡导将Q分类法用于自比性研究(即对单个被试的前后测验结果作相关分析)或两个被试测验结果的相关分析研究时,罗杰斯及其同事很快便意识到这种方法特别适合自我概念的研究,于是很快发展出一种由史蒂文森方法改造而成的Q分类(Q-sort)法。

Q分类法是一种自我评定测验的实施方法,要求被试在写有描述自我特征的语句的一系列卡片中,根据卡片上的描述符合自己的程度,按等级将卡片分为事先定好分类的若干类;然后研究者按照被试分类的结果进行分析,以了解被试的自我特征。使用 Q 分类法研究个体行为改变情形的技术,称为 Q 技术(Q-technique)。每张卡片上写有描述自我特征的一个语句,如"我是一个快乐的人""我常感到害怕""我通常会先想到自己""我常因愤懑而招致麻烦""我喜欢人际交往"等。这些语句是从个人中心治疗的大量谈话录音中选出的患者对自我体验的代表性陈述。这种卡片一般较多,通常为 60~140 张,多数研究采用 100 张。要求被试阅读每张卡片上的语句,考虑这些语句是否符合自己,然后将卡片分配到从"正是我的特征"到"一点也不像我的特征"的九个等级上;在分配这些卡片时,还要求被试按正态分布的原则确定各等级应分配到的卡片数量,即中间等级分配到的卡片最多,两端的等级分配到的卡片最少。要求被试按正态分布的原则分配卡片的目的是防止被试的反应定势(response set),也有助于资料的处理。但是,由于它是一种自比性研究,因此难免会引起被试的防御反应。此外,运用强迫性分配方式,容易引起被试的反感,要求被试检视 100 张或 100 张以上的卡片,也容易影响被试的注意力和合作精神。

  Q 分类法的数据处理一般包含四个步骤:第一步,将所有与实验主题相关的讨论量化,然后汇总组成资料数据库;第二步,筛选出最贴近实验目的的回答,汇总形成样本(Q-sample);第三步,将样本中的回答进行分类,然后归纳进预先设定好的金字塔形的数据分布中,值得注意的是,如果实验中有非常详尽的实验步骤,或者实验由一名协作者(即非实验设计者)操作,那么这一步的数据处理可以做到完全独立;第四步,用因素分析方法分析数据,然后由实验人员解读数据。

  通过 Q 分类法的内容和步骤介绍可知,它在一定程度上克服了以往测试主要依赖被试的自我报告的这一缺点,使用 Q 分类法不仅能得出被试自我报告的数据(self-report data),而且能展现实验者对数据的评定和理解,在临床和非临床领域具有较强的适用性(Reise & Wink, 1995)。

虽然上述测量方法都是国际上承认且通用的,具有较高的信效度,但是采用量表评定法,其结果难以摆脱个人主义倾向的影响,而且研究方法显得单一,过分依赖结构性问卷。心理学研究表明,综合访谈法、问卷法、观察法和实验法等方法各自的长处和特点,可以取得更好的效果。

3.2 研究取向

近百年来,在心理学家有关自我研究的一系列重大事件中,我们可以看到自我研究本身有其发展过程和规律,它从静态研究过渡到动态研究。自我概念的结构经历了从单维度到多维度多层次的变化,从刚开始的重视人文研究发展到重视实证研究,从理论到应用,这些都见证了自我研究的发展。但总体来看,自我的研究取向无外乎实验社会心理学研究取向、精神分析—心理动力学研究取向、人本主义心理学研究取向以及社会建构论研究取向。

奥尔波特(Allport,1924)把社会心理学引向了实验的发展之路,他对社会心理学的对象侧重于"个人的社会行为与社会意识"的描述,对自我的研究具有明显的积极作用,强调分析人类行为的生理基础,并重视通过实验测量的方法进行研究。但是,自我研究并未因此迅速走进实验室,原因在于实验法的本质特点就是控制因素,而影响自我的因素很多,控制起来非常困难。不过,这仍为自我研究指明了未来的一个发展方向。实验社会心理学研究的过程往往是,先让被试经历某种实验处理,然后进行自我报告。这种研究方式与行为主义有着逻辑上的关联,遵循实证主义原则,受到在实验室严格控制条件下检验假设的科学规范的影响。正因为如此,实验中被试的报告仅仅停留在作为实在自我的镜子而使用的阶段,难以进入个人的、情感的、精神的过程,而这恰恰是自我最丰富的内容。在实验室环境下,采用内省的方法,虽然有严格的步骤,但是回忆过程本身就带有错误的可能性。不过,实验社会心理学新近的一些研究课题,如自我情景记忆实验、自传体记忆功能研究等注重自我的功能性与建构性。

精神分析—心理动力学研究取向假定有一个先在的自我、一个精神实体,等待人们去发现和认识。"心理动力"的概念暗示,行为的内在原因是人格的作用力,因而精神分析学说从精神病患者的临床研究入手,关注外部行为内在的、潜意识的自我的原因,如弗洛伊德把人格分为本我(id)、自我(ego)和超我(superego)三个部分。自我是人格的执行者,协调代表原始欲望的本我和代表道德的超我。如果自我的力量不够强大,则会导致本我、自我和超我三者失调,进而出现心理疾病。

人本主义心理学研究取向认为,人具有自我意识和各种潜能,并具有利用这些潜能以达到自我实现的倾向,关注如何促进自我实现。人本主义心理学的研究基于现象学理论,如罗杰斯(Rogers,1959)认为,现实自我与理想自我任何一方遇到困难都可能导致心理问题。特别是当两者出现严重偏差时,更容易激发心理障碍。人本主义心理学领域的另外一个代表人物马斯洛提出了一个影响心理学界的重要理论——需要层次理论(马斯洛,2010)。马斯洛的自我实现(self-actualization)的观点把自我的研究推向了一个新阶段。他认为,人拥有一种成长、改进并充分发挥潜能的内在驱力。自我实现者就是达到个人发展的最高水平并充分实现潜能的人。不过,这样的人很少,要达到自我实现,必须先满足各种低层次的需要。马斯洛认为,在个人的高层次需要和低层次需要之间,真实存在着心理和操作的不同(Maslow,1970);此外,各种需要背后的动机也存在明显区别(Maslow,1943)。尽管每个人的需求形式不尽相同,但自我实现从根本上是超越各种需求的,是对人类认知能力的好奇和对知识、真理的追寻。要做到这一点,就需要跳出自己的安全范围,搜寻各种新的可能(Maslow,1962)。这除了需要具备勇气、奉献精神和创新性之外,还需要承受风险的能力。通过一系列观察,马斯洛总结出,自我实现者往往比常人拥有更深厚、更健康的人际关系;这样的人充分尊重他人的自主性和个体差异,并与他人有真诚的共鸣。自我实现是一个自然、动态且持续终身的过程,因此如果一个人按照自身的需要层次发展得不是很顺利,也别失望,因为自我实现往往出现在毕生发展过程的最后。人本主义心理学理论使我们看到了产生心理疾病的部分原因，研究者运用质化的研究方法，如访谈、临床分析、自传及个案研究等，在自我与健康之间架起了一座桥梁。

　　以上三种研究取向基于一种现实主义，自我作为实体存在于某处，要么外在于行为的某种形式，要么内在于内部自我。社会建构论则从外部自我进行思考，认为自我是社会生活中人际互动的结果，是话语建构的产物。自我的研究应该采取释义学的方式，把自我的研究放在社会背景中，找出自我建构的文化历史原因。因此，支持社会建构论的学者认为，人们一直在尝试整合自己的过去，同时又在不断改写现在以便更好地迎接未来。从这个角度来说，自我意识的发展不仅是对过去的"我"的总结和内化，而且是对未来的"我"的预判和期望（Polkinghorne，1988；Ricoeur，1984）。强调的重点是，生命之所以连贯和存在意义，并不是由先天的个人特质确定的，而是在某一时刻，人们会用怎样的社会认知来支配自己的行为。关注的问题是，人们如何谈论自己与世界，如何通过谈话把自己的想法传递给别人，而这些反过来又如何塑造自己与现实（Ville & Khlat，2007）。自我的连贯性和意义得以在一个个叙事中体现出来。通过叙事取向的自我研究，研究者发现，自我的意义与连贯性并不是其内在倾向性，而是社会认知的结果，可以研究组成叙事因素之间因果关系的强度和基础，不同事件和不同时期生活叙事的整合等特性，以此分析自我的连贯性和意义。有了一系列叙事方式、自我视角、不同人称叙事等与自我发展有关的研究，进一步探讨研究结论的应用，产生叙事治疗，有关研究确实发现叙事模式和自我发展对心理治疗效果有着显著影响（Zinbarg，Uliaszek，& Adler，2008）。未来自我研究的热点或趋势主要表现为自我的跨文化研究和脑科学研究，而叙事自我为这两种研究提供了具体的实施角度（汪新建，朱艳丽，2010）。叙事研究将实验操纵、调查问卷和个案访谈相结合，具有质化研究和量化研究的优越性。

4 自我概念的发展

从个体的生长规律和直观体验可知,自我并不是与生俱来的,婴儿对自我的理解始于生命的第二年,从对身体的识别到自我的社会认知,最终发展出对自我特征和能力的丰富且全面的认识,形成心理自我概念。国内外已有研究结果表明,即便不同社会文化背景下的个体,其自我概念的发展也都具有一定的趋势,依照年龄段可划分为婴幼儿期、学龄前期、学龄期、青春期和成年期等多个阶段,且呈现显著的性别差异。围绕个体如何实现自我概念的发展这一议题,本章将详细介绍自我概念发展的一般趋势、具体阶段、性别差异及影响因素。

4.1 自我概念发展的一般趋势

自我概念的发展有非常明显的年龄特征,其发展轨迹并不是呈直线上升的,而是呈"U"形曲线。自我概念的发展从幼儿期到青年早期呈下降趋势,11~14 岁是自我概念发展曲线的最低点,随后趋于平缓,接着不断上升直到成年早期(Marsh, 1989)。对此,国内的一些研究也得出相似的结果。周国韬和贺岭峰(1996)研究证实,除身体自我外,11~15岁学生的各项自我概念基本上表现出"U"形发展趋势。初一(13 岁)是自我概念发展的最低点。

自我概念发展的年龄差异也体现出结构上的差异。哈特(Harter, 1985)研究发现,构成儿童各个发展阶段的自我概念的成分是不同的,随着年龄的增长、经验的累积,以及生活范围的扩大,个体自我概念的维度也日趋复杂和分化,儿童的自我概念逐步变得更为抽象,从早期对行为的具体描述,发展到儿童中期对心理结构的特征性描述,青少年期则转变为更抽象的心理结构。哈特的自我概念维度模型(见表 4-1)及相关具体研究,在国外自我概念的研究中占据相当重要的地位。

表 4-1　哈特的自我概念维度模型

学龄前儿童自我知觉侧面（4～7岁）	学龄儿童自我知觉侧面（8～12岁）	青春期学生自我知觉侧面（13～18岁）	大学生自我知觉侧面（19～24岁）	成人自我知觉侧面（25～55岁）
认知能力	学术能力	学术能力	学术能力	学术能力
身体状况	艺术能力	艺术能力	智力	幽默感
同伴认同	同伴社会认同	社会认同	创造性	工作能力
行为结果	行为结果	行为结果	工作能力	道德
	身体状况	身体状况	艺术能力	艺术能力
		朋友关系	身体状况	身体状况
		魅力	同伴社会认同	社会性
		工作能力	朋友关系	亲密能力
			幽默感	供给者的适当性
			道德	家务管理
			一般自我价值	一般自我价值

4.2　自我概念发展的具体阶段

4.2.1　婴幼儿期

自我识别是指,认识到自己是独立于环境中其他客体的个体。儿童在 2 岁左右基本获得稳定的自我识别能力,开始发展各种情感和社交技能,出现攻击和亲社会行为(Bullock, 1990)。

在婴儿把自我看作客体的我(Me)之前,他们首先认识到自我是主体的我(I),或者说是使物体发生运动的主导者(Harter, 1983)。一旦他们意识到,自己的行为能使客体以某种可预料的方式发生反应,并察觉到区分自己和外界的体验时(大约12~15个月大),他们与包括父母在内的重要他人之间的社会互动,便开始帮助他们迅速建构起独立于外部世界的自我表象。自我表象是自我评估和自我调控的先决条件,是稳定且一致的,不随情境和时间的变化而改变。15~24个月大时,婴儿自我表象的发展刚刚起步,这时自我表象的内容为关于自身生理特征的内在意象(Lewis et al.,1989)。社会互动是自我概念发生的基本机制。近年来,越来越多的家长请日托机构照看孩子,孩子更多时间是与日托机构里的照看者一同活动。研究表明,照看者和儿童之间的良好关系与儿童的乐观心态、智慧和社交性密切相关(MacKinnon & King, 1988)。

4.2.2 学龄前期

学龄前期是儿童社会化发展的重要时期,积极自我概念的形成在儿童社会化目标中有特殊地位。2~4岁时,儿童迅速发展的认知能力使他们能通过符号性的词语了解物体的持久性,而且能把自己看成一个客体。皮亚杰(Piaget, 1962)把这一阶段称为前运算阶段。处于该阶段的儿童认为,他人知道自己内心的所思所想,此时他们还不具备观点采择能力,因此还不能把他人的所思所想与自己的所思所想区分开来。学龄前儿童自我的萌芽里并不包含稳定的自我感受和自我态度,他们对自我的理解仅仅局限于某人的名字、性别、年龄、体形或拥有的物品(Keller et al.,1978)。然而,这种绝对的自我描述并不是恒定的,而是随着情境的不同而发生变化。以性别认知为例,2岁的儿童在描述自己时会使用"男孩"或"女孩"的标签;4岁的儿童能把他人准确地归类为"男孩"或"女孩"。5~6岁以前,儿童并不认为性别是恒定的、不可改变的(Lewis & Brooks-Gunn, 1979)。因此,在自我发展的各个阶段,学龄前儿童自我概念的内容和结构是变化的。这一时期的重要特征是自尊感的出现,自尊感是指个体对自身价值作出的判断,以及与此相关的情感。哈特认为,学龄前儿童能够根据自己各方面的表现列出各种不同评价的自尊清单,但还无法将这些评价整合为总体观念,而且自尊水平大多偏高,与客观现实及他人的评价不太相符。

与婴儿相似,学步儿童的生活环境同样很单纯,他们的社会互动仅仅局限在与有限的几个重要他人之间,加上他们正处于自我中心主义的阶段,因此无法充分地与他人进行社会比较。社会比较能力是指,个体在头脑中将自己的观点与他人的观点,或自我的特征与他人的特征联系起来,并加以对比的能力。人们每天都在进行着各种各样的社会比较。从一定意义上讲,自我概念与社会比较是不可分割的。而且,社会比较对儿童自我概念发展的影响随着儿童年龄的增长逐渐增大(Suls & Mullen, 1982)。鲁布尔(Ruble, 1980)及其同事研究表明,7岁以下儿童的自我概念较少受到与他人的社会比较的影响,9岁儿童的自我概念则受社会比较的影响较大。外貌是社会比较的一个重要方面,认为自己外貌不好的儿童,往往拥有较低的自我价值感。儿童很早就可以通过与现实的或理想的社会标准进行比较,形成关于外貌的自我意象,而且在社会交往的过程中,这种自我意象不断得到验证和强化,并对自我价值感产生长期的、持续的影响,使得较为表面的自我认识(如外貌)相比于实质性的特征(如能力、行为),对一般自我概念产生的影响越来越大(Harter, 1982)。

4.2.3 学龄期

学龄期儿童的协调、推理和综合能力都迅速发展,随着对他人态度的理解,儿童发展出组织良好的心理自我。到五六岁时,儿童进入具体运算阶段,他们更频繁地审视自己的优点和缺点,用社会比较的结果来定义和评价自己,而且发展出相对稳定的和结构性的自我概念。进入小学后,儿童的社交环境有了巨大的扩展,他们得以与大量同龄人及教师进行社会互动,加上日益发展的社会认知功能和观点采择能力,学龄儿童越来越多地把自己同他人进行比较。但这时的社会比较仍有局限性,苏尔斯等人(Suls & Mullen, 1982)发现,童年中期的社会比较是不加区分的,也就是说,儿童无法把相似的他人(同学)与不相似的他人(父母)区分开来。此外,儿童也很难认识到由于特征涉及的维度不同,因此相似或不相似的情况也会不一样。以父母为例,他们在认知能力和生理特征(身高、体重)上与儿童不相似,但他们的社会经济地位、种族、肤色等与儿童相似。童年中期,有限的认知能力使儿童很难理解这些区别。因此,在七八岁以前,儿童社会比较的有效性非常有限(Buunk et al.,2013)。值得一提的是,儿童可以把自己最近的表现、能力、特质和身体特征与更早的自己作比较。这意味着,他们能通过与自己进行比较而对自己的行动作出评判,而这种有效的自我评价对自我概念的发展有重要作用(Gecas & Schwalbe,1983)。

童年后期(9~11岁),逐步发展的归纳推理能力和分类能力使儿童更深刻地理解自己和他人行为背后的多重原因。这一时期,儿童的社会比较能力有明显进步。有研究表明,与刚进入小学的儿童相比,童年后期的儿童的自我认识更消极,他们更多地进行自我批评和自我怀疑。这是因为,童年后期的儿童非常看重自己的能力和成就,并以此作为评价自己的指标。此外,儿童的参照群体此时也有所变化,同伴的影响力逐步增大,而父母的影响力逐步减小。来自同龄人的评价对自我概念的影响巨大,而他人的评价并不总是积极的,这激发了儿童的自我怀疑。因此,自尊在童年中期到童年晚期呈现出逐渐下降的趋势(Damon & Hart,1982;Trautwein et al.,2009)。

4.2.4 青春期

青春期是人的身体发育完成的时期。在这一时期,青少年的生理、心理和社会化过程都产生了巨大的变化。青春期早期(12~15岁)的青少年已进入形式运算阶段,表现为逻辑抽象思维开始占主导地位,反省思维出现,思维的独立性和批判性增强。青少年自我概念中的生理成分越来越少,心理成分逐渐增多,如思想、情感、态度、欲望、信仰、恐惧和期望等逐渐丰富,自我认识更准确,发展出对自己和他人的看法、新的认知能力和情感,描绘出更加整合一致的自我形象(Damon & Hart,1982)。但青春期同样危机重重,青少年逐渐脱离家庭,与父母的关系逐渐变得疏远,亲子矛盾增加,他们在学校中面对更多挑战,如适应新教师、交新朋友,以及处理朋友间的冲突带来的烦恼等,这些都强烈地冲击着12~

13岁青少年的自我概念。大量研究显示,愉快、自豪等积极情绪与自我概念呈正相关,而焦虑、愤怒等消极情绪与自我概念呈负相关(Shell & Husman, 2008; Goetz et al., 2010)。这一阶段的青少年关注自己的内心世界,能从多个角度客观地评价自己,并关心他人对自己的看法,使童年期形成的那种"自吹自擂""夸大其词"的自我概念从理想回到现实,造成自我概念水平的降低。

随着心理的逐渐成熟和对新社会角色的适应,青少年重新界定了自我,重建自我认知,自我概念的水平又开始回升,自我同一性的问题在青春期后期得以解决(Erikson, 1956)。青少年度过该发展阶段后,自我概念和自尊的稳定性逐渐增强,此时自我概念的水平即使与童年期持平,但内容和实质已发生根本性的变化(周国韬,贺岭峰,1996)。

4.2.5　成年期

个体发展到成年期时,辩证思维能力和问题解决能力有了显著提高,智力水平和记忆力达到顶峰。这些新技能为成年人提供了条件,以便发展更广阔、更复杂的自我认知和更强的自我价值感。虽然与参照群体的社会比较仍是自我评价的基本机制,但这时的社会比较对自我概念的冲击不像青春期那么强烈。这一时期的核心任务是建立成人同一性。原先的角色(如学生、儿子、女儿)逐步转变为配偶、父母、工人等新的社会角色(Gecas & Mortimer, 1987)。

中年时期(40～65岁),个体的智力和记忆力有所下降,但是日常生活中的问题解决能力有了显著提高。伴随着一系列社会和个人重大事件的发生,中年人会对自我进行重新评估,更多地思考关于死亡、亲子关系、年老的父母、离婚、再婚等人生问题。研究发现,工作投入和工作满意度在中年时期达到顶峰(Hakanen & Roodt, 2010; Bray & Howard, 1983),而工作中的表现和社会经济地位与个体的自我效能感和自尊有紧密的关系。有研究者(Herzog et al., 1982)指出,生活质量各方面(房子、人际关系、工作)的提高与年龄增长有关,而且这可以解释随着年龄而增强的主观幸福感。社会比较在中年时期也会发生变化。与相似群体的社会比较对中年人来说虽然仍占重要地位,但与不相似群体(特别是年轻同事)进行社会比较变得十分重要。这可能有两个原因:(1)中年人重新评估自我时,与不相似的他人进行比较可以满足独特感的需要;(2)工作中产生的竞争激起了中年人与那些更年轻、更强壮、受教育程度更高的同事进行比较的欲望(Suls & Mullen, 1982)。这种社会比较带来的结果是有益的。中年人的应对技能、自我修养,以及对社会和工作的适应能力是年轻人望尘莫及的(Gove, 1989),中年人通过社会比较也意识到了这一点。这有益于自我价值感和自尊的提高(Judge, 2009)。

关于成年晚期(≥65岁)自我概念的理论和研究并不多,因此很难描述在生命最后一段时间里个体的自我是如何发展的。但是,我们仍然可以看到,到成年晚期,个体的流体智力和记忆力开始衰退,问题解决能力也开始下降,但这些变化是渐进而平缓的(Evans et al. , 1984)。更巨大的变化发生在社会关系领域,退休和朋友的去世使社交网络发生变化。失去老朋友却结交了新朋友,业余活动占生活的比例越来越大,成年晚期人们更多地投身于社会活动或成为志愿者,这些都有利于老年人自我主动感的提升(Palmore et al. , 1984)。

4.3 自我概念发展的性别差异

自我概念发展的性别差异也引起了研究者的广泛关注。从总体上来说,儿童的自我概念与其性别角色密不可分。关于中小学生学业自我概念的研究表明,自我概念的发展呈现出明显的性别特点。大量研究表明,从自我评估的角度出发,女生一般对数学、科学方面能力的自我认识低于男生对自己的评估(Sullivan, 2009; Fredericks & Eccles, 2002; Marsh & Yeung, 1998);男生一般对语言方面能力的自我认识低于女生对自己的评估(Sullivan, 2009; Skaalvik & Skaalvik, 2004)。从外界评估(如教师评估)的角度出发,7岁的男孩对数字更有概念,但是随着年龄的增长,性别差异慢慢缩小。除此之外,男生的综合知识水平高于女生;女生在阅读能力、书本知识运用、创造能力上则高于男生(Sullivan,2009)。在小学高年级,男生的整体自尊水平显著高于女生(Belfi et al.,2012;Sullivan, 2009)。对中国儿童所做的研究同样证实了自我概念发展的性别差异。研究发现,女生在学习成绩、同伴关系、行为表现、与成人交往、集体关系、自我控制等方面的得分显著高于男生(王维,等,2008)。

有研究者探索了儿童自我概念性别差异的来源。首先,父母与教师是非常重要的环境影响因素。弗罗姆等人的研究表明,儿童自我概念形成中的性别差异在一定程度上与儿童成长的社会环境有密切的联系,比如母亲对儿童能力的评价对儿童自我概念的形成有显著影响(Frome & Eccles, 1998)。母亲倾向于较高地评价女孩在英语学习方面的能力,以及男孩在数学学习方面的能力,这使得女孩的英语学业自我概念水平高于男孩,而男孩的数学学业自我概念水平高于女孩。冈德森及其同事对大量现有研究进行综述后发现,父母和教师对孩子数学能力的评估是有性别差异的,而这种差异会影响孩子的数学态度和能力(Gundeson et al., 2012; Jacobs et al., 2005)。从父母的角度出发,有男孩的父母会认为自己的孩子在数学上的天赋和能力高于女孩(Gundeson et al., 2012; Eccles et al., 1990; Yee & Eccles, 1988),这一观点与弗罗姆等人的观点不谋而合。从教师的角度出发,如果教师对数学持有消极态度,那么有且只有女生的数学态度和能力受到影响(Beilock et al., 2010)。在身体自我上,对青春期女生而言,她们开始关注自己的身体和相貌,同时性成熟使相貌和身材成为女生之间比较的重要内容,她们注重自己在他人眼中的形象和表现,开始对身体的许多方面不甚满意。男生的身体迅速发育,运动能力增强,性别魅力的出现则无疑会提高他们的身体自我概念。因此,男生的身体自我概念明显高于女生(Jackson et al., 2010)。

从性别与自尊的关系中,我们也可以发现自我概念性别差异的来源。男性的自尊强调个人成就的个性化过程;女性的自尊强调与重要他人的联系和依恋过程。约瑟夫斯等人通过实验证明,男性和女性的自尊来源于不同的渠道。男性的自尊来源于个体的进步,即看重取得的成就;女性的自尊则依赖与他人的联系。这说明,自尊来源于与之相匹配的文化和社会规范(Josephs et al.,1992)。

4.4 自我概念发展的影响因素

心理学家对影响自我概念形成和发展的因素进行了大量研究。库利(Cooley,1902)的镜像自我理论解释了自我概念的形成。库利认为,一个人的自我是通过人际交往产生的,儿童通过与周围的人进行人际交往而发展自己的人格与自我。尽管交往手段不同,但塑造自我的机制大体上是一样的。一个人的自我概念是意识到的他人对自己看法的反映。米德则发展了库利的镜像自我理论,强调自我是以社会作为镜子而发展的。他认为,自我的形成至少包括模仿他人、游戏角色、概化他人三个阶段。库利和米德强调了他人与社会对自我形成的作用,只看到个体的外在因素,而且他们的理论都是一般化理论。哈特提出,自我概念受认知发展的制约,这是从个体内部认知的角度进行考察。个体的主观能动性决定自我概念的形成和发展并不是完全被动的,而应该是逆反性的、主动的、综合的过程。霍尔穆特(Hormuth,1990)在前人研究的基础上提出自我生态系统观,从系统的角度考虑自我概念及其诸多影响因素,把他人、客体和环境整合为一个自我生态系统。他认为,自我概念与自我生态系统相互依存、相互影响,在互动的基础上实现一种动态平衡。

4.4.1 社会互动

人是社会性的存在,自出生起,社会化是人面临的主要任务。社会互动是儿童自我概念发展的根本动力和核心机制。自我概念的发展除了依赖自身内部条件,更重要的是,它是在与社会的相互作用中形成和发展起来的。在社会交往中,个体通过他人的评价逐渐认识自己,从而使自我概念不断发展。张文新(1999)指出,儿童自我认知能力的发展是一个从低到高、从简单到复杂的过程。在发展中,难免出现自我评价与自我表现的不一致和行为反应的无所适从。正是在社会交往中通过人际交流,个体才能不断校正、调节对自己的认识,使自我概念达到整合。在个体自我概念形成和发展的过程中,影响儿童个性社会化的动因主要是家庭、学校和同伴。在个体与环境相互作用,自我概念不断发展和成熟的过程中,不同年龄阶段的重要他人也有所不同。

重要他人(significant others)在个体的社会互动中占有举足轻重的地位。重要他人是指,在个体社会化和心理人格形成过程中具有重要影响的具体人物。在不同的发展阶段,重要他人的构成也会有所不同。对儿童而言,重要他人依次为父母、教师和同伴。在青少年期,同伴则起着更为重要的影响作用。有研究者提出,从小学到大学,学生主要的重要他人依次是父母、教师、朋友和恋人(引自,唐彬,2010)。哈蒂(Hattie,1992)指出,重要他人对个体自我概念的形成和发展有很大影响。自我概念部分取决于个体与重要他人的关系,这种关系的好坏影响个体对自身能力、特质等方面的不同感知和评价。值得注意的是,社会交往对自我概念的发展也会产生消极影响。一方面,社会各方面对个体评价的标准不同,这可能导致个体的自我评价和行为反应无所适从,表现为自我的不确定性;另一方面,同伴是青少年进行社会比较的对象,他们发现同伴各方面的能力都在不断发展,但往往感觉不到自己的进步,这类比较往往影响他们的自我评价。

在个体自我概念的发展过程中,儿童早期尤其是学龄前期,家庭因素(如父母婚姻状况、父母心理与行为特征、亲子关系等)对儿童人格的发展和自我概念的形成具有重要作用。通过不同的教养方式,父母有选择地把社会价值观念、社会化目标传递给儿童,并有选择地强化不同的行为方式,实现儿童的社会化。这种影响的作用是长期的,会成为个体自我概念的有机组成部分,制约个体的心理和行为并体现在个体的心理和行为中。

鲁萨等人(Roosa et al., 1984)发现,父母对婴儿的行为信号作出持续、敏感的反应,可以帮助婴儿发展出安全的依恋关系,更好地理解自我与社会环境之间的关系,特征识别能力也较强。温暖、积极的教养方式让儿童感到自己值得被爱,合理的期望帮助儿童明确行为准则,根据理性标准评价行为,形成较高的自我概念;粗暴的惩罚具有消极作用,低自尊的儿童在生活中常有被拒绝、不确定和无助的感觉,易出现各种行为问题。在青春期,既依恋父母又能在家庭中自由发表观点的青少年可以顺利地获得自我同一性。赫茨和古洛内(Herz & Gullone,1999)发现,个体自我概念的形成和发展与对父母的满意度、教育方式,以及父母在家庭中对教育活动的参与状况有密切关系。如果父母在生活中更多地运用关怀、鼓励、赞许等方式对待孩子,而且能让孩子感觉到他们的这种态度,那么这对孩子自我概念的发展是相当有益的。兰伯恩等人(Lamborn et al.,1991)曾以14～18岁的青少年为对象,研究父母教养方式对儿童自我概念形成的影响。结果发现,采取民主型教养方式的家庭,儿童心理能力测试得分较高,较少表现出心理和行为问题,采取忽视型教养方式的家庭的儿童则正好相反。采取权威型教养方式的家庭,儿童表现出较高水平的服从性和较低水平的自我概念。安德森等人(Anderson et al.,1989)发现,再婚家庭的儿童在社会性行为、情绪、学习等方面都显著地比正常完整家庭的儿童差。国内大量研究也发现了父母教养方式与儿童自我发展之间的关系。父母的情感温暖和理解与儿童的自我意识水平呈显著正相关,父母的严厉惩罚和情感疏远则与儿童的自我意识水平呈负相关(王中会,等,2005;张晓洁,等,2007)。程学超等人(2001)考察了父母行为与儿童自我概念的关系,结果发现,母亲的支持行为和不支持行为对儿童学业自我概念、非学业自我概念、一般自我概念和总体自我概念均有显著的影响。董奇等人(1993)探讨了再婚家庭儿童自我概念发展的特点,结果表明,再婚家庭儿童总体自我概念的发展明显差于正常完整家庭的儿童,父母再婚可能会影响儿童自我概念的发展。

儿童发展的不同阶段对其产生重大影响的重要他人有所不同。父母对个体一生的发展有着不可磨灭的作用,但对学龄前儿童影响最大。

进入小学后,学校成为儿童生活的主要舞台,儿童从教师的言谈举止、态度和评价中认识和理解自己,教师的影响力开始超越父母。随着个体独立意识的增强,进入中学后,同伴群体对儿童的影响力显著提升。毋庸置疑,在学校环境下,教师和同伴的对待方式、态度和评价是影响学生学业自我概念的重要因素。

教师在儿童自我概念的发展过程中有长期、重要和持续的影响,而且这种影响很难为其他影响源所替代。师生关系与小学生自我概念的发展密切相关,亲密型师生关系比冲突型和冷漠型师生关系更有利于学生自我概念的发展。教师对待学生的方式和态度会影响学生的实际自我状况及整个人生道路。6~8岁儿童的道德认知发展处于权威阶段,教师具有很强的权威性,同时儿童的可塑性和模仿性很强,师生交往中教师对学生的评价、情绪反应和行为表现直接影响学生的自我概念(金盛华,1996)。教师对学生能力的评价是其自我概念的预测因素。教师和学生接触时表现出的一般人际行为特点和态度(即教师互动行为),是影响学生学业成绩和学业自我概念的重要变量。教师自身的心理问题会不可避免地被带入教学风格,以及与学生的互动关系中,由此对学生的心理健康产生影响。在学校课堂教学中,学生知觉到的教师的积极情感行为与学生的自我概念有显著相关。除运动能力和身体外貌,其他指标与教师的消极情感行为也有显著相关(Cole,1991)。

儿童寻求更多他人对自己的看法,外界评价与自身体验相结合形成不同水平的自我概念。随着年龄的增长,同伴发挥了比父母和教师更为重要的作用。到中学阶段,同伴的影响已远远超过父母和教师的影响。这一方面是因为,青少年面临着相同的问题,而且彼此地位平等,因而有共同的语言;另一方面是因为,青少年想从同伴和集体对自己的反应中发现自己、认识自己,进而完善自己。因此,青少年期的同伴作用显得极为重要。哈图普(Hartup,1996)强调同伴交往经验对自我概念和人格发展的重要性,他认为人有被同类赞赏的本能倾向,如果个体没有得到足够的关注,就可能对自我价值产生怀疑。同伴关系为儿童和青少年进一步理解社会规则和社会角色建构了基本框架。被同伴接纳会产生归属感和胜任感，并有较高的自尊，较少产生敌意、焦虑和抑郁；被同伴孤立将导致青少年产生自卑感，被同伴拒绝的儿童和青少年由于与同伴积极交往的机会有限，因此发展受到明显影响（Parkhurst，1992）。研究表明，学校中遭受同伴欺负的次数与儿童的自我概念水平呈显著负相关，而遭受欺负的儿童的低自尊无形中加固了这种恶性循环（Salmon，1998）。

4.4.2 内部因素

成年人常用语言来清晰地描述自我概念，例如经常谈论自己，出现自我独白或者不可抑制地产生一些内部语言，这些都是把自我当成听众或观众的表现。自我概念在语言习得的早期便开始产生，婴儿 18 个月时开始用语言体现自身和他人的区别。自我概念的萌芽被证实与镜像自我同步产生。通过镜像实验，这一观点得到大量研究的证实。在实验中，研究者先偷偷地将一个红色记号贴在婴儿的鼻子上，然后观察婴儿照镜子时的反应。大部分 12 个月大的婴儿会触碰镜子里的红色记号，约 15 个月大的婴儿则会触碰自己的鼻子，这体现出他们区分镜像自我与实际自我的能力（Bullock & Luetkenhaus，1990；Lewis & Brooks-Gunn，1979）。这一结果有没有可能受到接触镜子的体验的影响呢？有研究者对从未使用过镜子的婴儿开展实验，发现一部分 13～19 个月大的婴儿会触碰自己的鼻子，而几乎所有 20～26 个月大的婴儿都会触碰自己的鼻子（Priel & De Schonen，1986）。综合来看，当儿童开始准确地使用其所在群体通用的词语表达自己时（大约 21 个月大时），他们也开始对镜子中的自己或照片中的自己表现出明显的自我认知（Tomasello，1995）。自我概念的萌芽可能是日益成熟的语言能力的附属产物。1～4岁的儿童开始慢慢用年龄、性别、外表特征（如"我很高"）、性格特点（如"我是乖女孩"）来归类自己（Stipek et al.，1990）。大多数 3～8 岁的儿童都能用切实的、可观察到的特征（如外表特征、典型的行为爱好）来归类自己（Keller et al.，1978）。语言可以用来指代自己和命名物品，这使儿童按照自己的需要（如"糖"）、信念（如"他是好人"）、情绪（如"高兴"）

清晰而明确地表达自己。既然儿童有语言交流的需要,就必然要建构起牢固的自我和他人概念,并准确地意识到自己是行动、目的和信念的主体。

社会认知能力影响和制约自我概念的发展。塞尔曼(Selman,1980)认为,儿童最初的自我概念是物理概念,儿童对内在的心理体验和外在的物理体验不加区分。随着儿童不断社会化,儿童认识到内部状态与外部状态的区别,逐渐懂得根据自身的内部心理状态来定义真正的自我。同时,儿童在不断学习将自我内心的想法与他人的观点进行交流,想象、体验他人的观点,并将自我的观点与他人的观点进行比较,进而发展采纳他人观点的能力,不断提高自我认知的客观化程度。自我概念随着认知水平的发展而不断完善,认知水平的发展使儿童具备了发展成熟的自我概念的可能性。自我识别能力为自我概念的形成奠定了基础。希尔等人(Hill & Tomlin,1981)研究发现,心理发育迟缓的儿童只有心理年龄达到18～20个月时,才能发展出自我识别能力。学龄期儿童的认知能力已经比较完善,能从自己的行为规律中总结出一些恒定的特质,考虑人与环境之间复杂的互动关系,基本形成多维度、多层次的自我概念;青春期个体的社会认知不断增加,逐渐达到理解的元认知水平,即个体通过调节与反馈自身认知活动的过程和结果,不断自我分析和自我调整形成的认知水平,发展出成熟的自我概念。个体的观点采择能力也制约个体对他人信息的理解和接纳程度,从而影响个体自我认知的客观性。社会比较能力直接影响儿童对自我的认识,随着年龄的增长,社会比较的作用也在增强。哈特(Harter,1985)研究发现,随着年龄的增长,儿童的自我概念变得更为抽象,从早期对行为的具体描述,发展到儿童中期对心理结构的特征性描述(如"受欢迎的""聪明的""美丽的"),青少年期之后,个体对自我概念的描述具有多变性、内化性和不可观察性(Harter,1999)。

外貌或外表作为个体特征是自我认识的重要成分。青少年对自己的评价首先表现在外貌上。个体对自己的外貌是否满意,以及在此基础上自我感觉如何,这些都会对个体自尊产生直接影响。哈特(Harter,

1983)及其同事在对自尊的研究中得出,自尊水平与外貌的相关系数高达 0.70~0.80,甚至在智力超常者和学习困难者等特殊群体中也如此,外貌在很大程度上影响他们的自尊水平。对青年女性的调查结果似乎也说明了这一点。她们报告,外貌决定她们的价值感,如果感觉自己外貌很差就会产生低水平的自尊。这些研究结果说明,个体的外貌或外表吸引力是影响自尊发展的重要因素之一。除了吸引力这一指标,体重和身高也是外表的两个重要指标。有研究者(Ali, 2010)对体重与自尊的关系进行研究,结果发现,个体的自尊并不受体重本身的影响,而受自己对体重的感受的影响,那些对自己的外表有积极感受,而且重视他人对自己外表评价的人通常具有较高水平的自尊。

和外貌一样,体形同样是影响自我概念形成的重要因素。小学儿童已经开始关注自己的体重、体形和饮食。女孩比男孩更关注食物、体重和体形,这些性别差异一般在 10 岁左右就明显地表现出来,女孩比男孩更多表现出对瘦弱、单薄体形的关注倾向。相比于男性,女性更频繁地监控自己的体重,更倾向于与其他女性比较体重,以及更容易产生饮食失调问题(Tylka & Sabik, 2010)。

4.4.3 文化

人是在一定的社会文化历史条件下生存和发展的,特定的社会文化背景制约个体自我概念的发展。在社会交往的过程中,社会文化赞许的内容会对自我概念产生潜移默化的影响。不同的文化类型及其相应的价值观念影响个体自我概念的内容和维度。跨文化研究表明,不同社会环境下自我概念的发展并不遵循统一的规律。在个人主义社会,个人更倾向于从独立、自主和创造的角度建构自我概念,强调自我价值的实现,重视独立和自我满足,强调"私我";在集体主义社会,个人更倾向于从人际关系和联系的角度建构自我概念,而且成人鼓励儿童遵守群体规范,重视一致和遵从,强调"公我"(Bleidorn & Ködding, 2013; English & Chen, 2011; Church et al., 2008)。杨中芳认为,中国人"不好表现""不出风头"等观念会影响自我评价。一项跨文化研究发现,中国儿童和荷兰儿童在学业自我概念(言语、数学、一般学校情况)、非学业自我概念(体能、外貌、诚实/可信赖、情绪稳定性、与父母的关系、与同性的关系、与异性的关系)、一般自我概念和自我概念总分上都存在显著差异(陈国鹏,Peters,& Moenks,1997)。对阿拉伯裔美国学生和阿拉伯国家学生自我概念的研究发现,在田纳西自我概念量表的10个项目中,阿拉伯裔美国学生在7个项目(涉及体能、道德、学业自我等)上的得分明显高于阿拉伯国家学生。

另外,社会经济地位也会影响个体自我概念的形成。弱势群体的儿童往往自我概念水平低,除了父母直接传递给儿童自卑的信息外,儿童看到周围的成人没有因努力而获得相应成就,他们会对自己的未来采取放弃的态度(Fazel & Stein,2003)。社会风尚也会对自我概念产生影响。比如,现代人以瘦为美,体形与个人魅力有直接的关系。苗条的女士和健美的男士在身体自尊方面要比大腹便便的人高得多。

第二篇

中国人的自我

自美国心理学家詹姆斯提出自我概念以来(James,1890),西方心理学家针对自我开展了大量研究,并提出了许多相关理论。本书第一篇已经对此进行了详细介绍。西方心理学家提出的自我理论是否适用于理解中国人的自我?中国人的自我是否有其特殊性?本篇将探讨这些问题。

西方心理学传入中国后,中国心理学家逐渐发现,西方的人格理论不能很好地解释中国人特有的心理和行为。因此,在中国以杨国枢、杨中芳为代表的港台心理学家和以黄希庭为代表的大陆心理学家开始探索心理学研究特别是人格研究的本土化。随着越来越多的学者加入人格研究本土化阵营,再加上研究日益丰富,许多解释中国人心理和行为的本土化自我理论得以建构,为心理学本土化研究奠定了基础。例如,杨国枢提出的社会取向自我、杨中芳提出的中庸自我,都是具有开拓性和代表性的理论。本篇也将着重介绍这两个理论,包括理论建构和实证研究两个方面。以黄希庭为代表的心理学家还从中国传统文化中发掘中国人独特的自我组成部分——自立、自强、自信和自尊,并深入探索中国人自我的内涵和特征,以与西方类似概念相区别,这更加凸显了心理学研究本土化的重要意义。因此,中国人自我的组成也是本篇重点探讨的内容之一。

综上所述,本篇将介绍中国人自我的特征和理论,解释在中国传统文化背景下形成的中国人自我的心理结构和行为特点。

5 中国人自我概念的内涵

自古以来,人类对于"自我"的理解都会打上显著的文化烙印。由于文化差异,中国与西方有着不同的心理学传统。中国传统包含神秘主义、整体论、无意志的宇宙有机论等思想;西方传统注重一元论、决定论、机械主义和操作主义等思想(翟学伟,2014)。因此,在基于实证主义哲学而建立起来的科学心理学领域,西方心理学一直占据主流地位。西方心理学家采用他们的方法和思路研究人类心理和行为现象。在中国,改革开放以后,中国心理学家的文化自我意识逐渐增强,开始意识到不能套用和照搬西方学者的概念、工具、方法等来研究中国人的心理。西方心理学的人性观是分裂的,主体我与客体我割裂开来,主观世界与客观世界相分离,中国文化蕴含的丰富的人性论有助于纠正西方心理学对人性的误解(郭斯萍,2000),在中国文化视域下开展本土化的自我研究,无疑是对自我概念理论体系的极大丰富。本章介绍中国人自我概念的内涵。

5.1 中国人的自我概念

20 世纪 70 年代中期,台湾心理学界掀起了由杨国枢领衔的心理学研究本土化运动(杨国枢,2008a),此后越来越多的港台和大陆学者,如杨中芳、黄光国、朱滢等人先后加入心理学本土化阵营。1992 年,在中国现代化建设的时代背景下,武斌强调民族自我认识的重要性,提出要建立"中国人论"这样一门学科来帮助国民对自我达到学理上的深层认识(武斌,1992),这也体现了中国学者对中国本土心理学建设的重视。在心理学本土化进程中,中国人的自我是重要的突破口,也是研究的重点。研究者针对中国人的自我进行了大量研究,从概念界定、理论建构到测量工具的编制、实证研究等,在各个方面和层次都取得成就。在理论建构方面,杨中芳和杨国枢两位心理学家提出的理论最具代表性。

杨中芳认为,"自己"(后改为"自我")是中西方文化差异最根本的渊源,她把对中国人的自我的研究视为摆脱过分依赖西方理论的重要突破口(杨中芳,2009a)。杨中芳在对自我研究的回顾中提出,华人社会对自我的研究过于依赖西方的理论、概念、方法和工具,她认为应该依据本土的素材,提出解释中国人自己的行为的假设,并发展自己的研究工具,以系统验证假设(杨中芳,2009b)。在这种思路的指引下,杨中芳开启了她的心理学研究本土化之路。她强调要从自身文化出发,观察和提炼中国人自己的心理和行为体系,用符合中国人思维习惯的方式来建构理论;对于西方已有的研究成果,要采取"相同之点不强求其异,相异之点不强求其同"的态度(杨中芳,2009c)。最终,杨中芳从中国人的实际日常生活出发,依据中国的文化/社会/历史脉络,提出一套本土化的理论构念——中庸实践思维体系和中庸自我,以解释中国人的心理和行为(杨中芳,2009d)。

杨国枢则依据匈牙利心理学家安雅尔(Andras Angyal)的机体论,从人与环境的互动方式出发来探讨中国人的自我。依据安雅尔的理论,生活圈是一个不可分割的整体,每个生活圈都由个体(person,也称为有机体)及其相关生活环境组成。人是主体,环境是客体,两者构成圈中的两极,虽然在结构上互相分化,但是在功能上密切互依。在生活圈中,处于两极的人和环境各具相反方向的趋势,从而导致人与环境之间的紧张,形成两者之间的动力关系。生活圈中的动力趋势有两种:自主性趋势(autonomous trend)和融合性趋势(homonomous trend)。杨国枢(1993)曾根据安雅尔的理论描述了上述两种趋势。自主性趋势主要是一种扩展性趋势,人通过同化(assimilating)和宰制(mastering)环境从而得以扩展,在此趋势下,人努力征服和支配环境以满足自己的欲望与兴趣。融合性趋势则是一种相反的适应趋势,在此趋势下,人努力使自己配合或顺从环境(杨国枢,2008b)。杨国枢将社会取向(social-orientation)界定为高融合性趋势与低自主性趋势的组合,将个人取向(individual-orientation)界定为高自主性趋势与低融合性趋势的组合,并认为华人(特别是传统的华人)与其生活环境的互动方式主要是社会取向,西方人与其生活环境的互动方式主要是个人取向,由此形成了他的华人自我是社会取向的自我的观点,并进一步形成其华人自我四元论。

在对中国人自我的研究中,杨中芳和杨国枢分别采用了两种不同的研究思路。杨中芳强调从中国人日常生活中的具体心理和行为来探索中国人心理和行为的释义系统。杨国枢则强调从文化对个体行为的影响的角度来研究中国人在特定社会环境中的自我。接下来将着重介绍这两种取向的研究及其成果,并回顾其他学者对中国人自我概念内涵的理解。

5.2 中庸自我

5.2.1 中庸自我的概念与提出

中庸是中华民族的古典哲学,曾广泛而深刻地影响中国历史的发展。《中庸》原本是《小戴礼记》中的一篇,相传作者为孔子后裔子思,在宋代被学者提到突出的地位,成为科举考试的重要内容。朱熹把《中庸》《大学》《论语》《孟子》合称为"四书",《中庸》遂正式升格为独立的儒家经典。在《论语》中,孔子把中庸看作最高的道德标准,其含义大致有三:执中守正、折中致和、因时制宜。综合起来就是恪守中道,不偏不倚,无过无不及。《尚书·皋陶谟》中列举出九德:"宽而栗,柔而立,愿而恭,乱而敬,扰而毅,直而温,简而廉,刚而塞,强而义。"这里面的九个"而"字将两个极端连接在一起,体现了"中"的思想,中庸对平衡的追求在这里得到了很好的体现。中庸本是中华民族经过历史积淀而形成的一种道德信念和精神追求,但是经过近代被西方列强侵略的历史,一些学者开始把中庸误解为"折中""平均主义""不彻底主义""庸碌主义""随大流的庸俗主义""妥协主义""投降主义"(冯友兰,1940)。林安梧(2010)认为,中庸可分为"理想层""常人层""俗流层"三个层次,《中庸》中的理念是理想层,中国人身上存在的某些缺点则为俗流层。大多数华人信奉中庸,处于常人层,它要么上升为理想层,要么坠入俗流层。因此,从理想层出发来理解和研究中庸非常有必要。中庸是中华优秀传统精神文化的代表,还原它的本源精神和内涵,对于理解中国人的自我,重塑文化自信有重要作用。

杨中芳(2009a)在总结港台地区的自我研究时提出,要从中国人的现实生活中去寻找和分辨中国人自己能感受和理解的心理现象,并将中国的文化/社会/历史脉络放到研究思考架构之中。她认为,文化/社会是个体必须随时处理和应对的环境,个体会主动解决问题以改变或适应环境,而历史表现为文化/社会环境与个体行为相互影响的成长过程(杨中芳,1993)。可以看出,杨中芳的这种研究思路特别强调个体在具体的、现实的社会文化环境中的心理和行为表现,注重个体与环境的互动。在这样的研究取向下,她与合作者通过观察和思考中国人日常生活中的行为表现,结合中国传统文化的核心思想——中庸,来探寻和揭示中国人心理和行为的释义系统。她认为,中庸的思想最能融合中国传统文化的儒、释、道思想,是影响中国人至深的一套思想观念(杨中芳,2009e)。经过不断改进,杨中芳等人提出一套较为完善的中庸实践思维体系来解释中国人的心理和行为,并开展了系列研究(杨中芳,2010)。"中庸自我"这一概念第一次被明确提出是在林升栋和杨中芳2007年发表的一篇论文中:"中庸被构念化为一种元认知思维,中庸自我即行动者用这一元认知架构来看待'自我'。"(林升栋,杨中芳,2007)结合自我的定义和杨中芳提出的中庸实践思维体系,可以推断出她提出的"中庸自我"的概念:在日常生活中,行动者用中庸实践思维体系这一元认知架构来看待自我、指导自我。

其他学者也从中国人的实际社会生活中抽取概念和理论来理解中

国人的心理和行为，提炼出一些不同的但也有相通点的与中国人自我有关的概念。黄光国(1985)提出独具中国社会特点的"人情"和"面子"这两个概念，并以此为基础，形成了儒家关系主义的研究取向。人情是指人们进行社会交易时，用来馈赠对方的一种资源。面子是指个人在社会上有所成就从而获得的社会地位或声望。黄光国分析中国社会关系，将其分为情感性关系、工具性关系和混合性关系三种类型。情感性关系一般指与亲朋好友之间的关系，彼此按照需求法则相处，坦诚相待。工具性关系一般指与社会上有所接触或交易的陌生人之间的关系，彼此按照公平法则相处。混合性关系一般指掺杂着情感性和工具性的人际关系，人情法则是混合性关系的基本法则。人情法则意味着关系网中的人彼此都预期将来还会继续交往。在预期继续交往的基础上，形成了"报"（报恩、报答、报仇）的预期，黄光国称之为"报之规范"。人情与面子成为中国人在社会交往中的重要社会资源，也体现了关系在中国人自我中的重要性。

杨宜音(1999)在研究中国人的信任机制时提出了"自己人"的概念，并通过日常生活中"外人"变成"自己人"的过程，探讨中国人人与人之间建构信任的逻辑。"自己人"这一概念形象地表达了中国人自我界限的可伸缩性，外人与自己人之间可以相互转化，在不同的情境中也有不同的区分标准。她认为，"自己人"这种信任建构是从传统的"自家人"信任建构发展而来的，是一种关系性信任，这也体现了中国人在认识自我时总是以关系为导向。

沈毅(2005)在前人研究的基础上探讨中国人的社会行为取向模式时提出了人缘取向的中庸之道，他认为，在与他人的直接交往和间接交往的具体情境中，中国人倾向于采取中庸之道的人际实践，以建立、维持、发展或改善自身在某群体或社交圈中的人缘状况。人缘取向的中庸之道糅合了中庸自我、社会取向自我和关系性自我等中国人自我概念的内涵。中庸之道是实现良好人缘的途径，而人缘取向更是把中国人自我的关系性取向推及中国人自身所在的群体或社交圈，不再局限于自己人、重要他人等。

除上述学者外,台湾地区心理学者从中国人的社会实际行为出发探索得到的中国人自我的内涵还有缘的心理、忍的心理、报的心理、义的心理、孝道的心理等。这些心理都具有鲜明的中国特色,其中最普遍、最明显的特点之一就是对关系的重视。这一特点在中庸实践思维体系中表现为顾全大局、以和为贵等处世原则,也就是说中庸实践思维体系包含了这些特征,这也是众多学者观点的一种集中体现。

5.2.2 中国人自我的中庸实践思维体系构念

林升栋和杨中芳在重复马库斯的自我研究范式时发现,那些在自评式两级量表上"既此又彼"的被试不是为了获得社会赞许,而是因为他们拥有辩证思维,能看到对立两极之间的转换关系,验证了中国人中庸自我的存在(林升栋,杨中芳,2006,2007)。由于目前心理学界对中庸的概念没有达成共识,因此杨中芳使用"构念"一词代替"概念",先给中庸下一个操作性定义,然后通过实证研究让数据说明问题,从而引发对原有想法及定义的修订。面对其他学者对中庸构念化的质疑、批判或不同解读(黄光国,2010;李美枝,2010;林安梧,2010;张仁和,2010;赵志裕,2010),杨中芳用"一个中庸,各自表述"来回应(杨中芳,2010b)。她认为,不同的人对中庸有不同的理解,但大家可以暂时搁置不同的意见,先来研究它,用研究结果说话,这也表明了她采用"构念"一词的用意。接下来介绍杨中芳中庸实践思维体系的构念、特点、测量和最新的研究进展。

心理学意义上的中庸构念化最早由杨中芳和赵志裕于1997年进行,他们认为中庸是一个元认知层次的实践思维体系,即如何处理日常生活事件的监控系统(杨中芳,2010a)。当时,这个体系在其他学者看来非常庞杂,因为它包含世界观和价值体系、行动的终极目标、行动方案、具体行动的技巧等不同层面,以及静观其变、以和为贵、两极思维、大局为重、合情合理、以退为进、注重后果和不走极端8个子构念。根据这个构念体系,他们编制了包含16个迫选题的中庸实践思维量表。但是,之后一直没有人采用这个量表进行研究并取得重大成果,可能是因为这个构念体系无所不包,预测的又是各种各样的具体行为,所以量表的效力较低。

郑思雅、李秀丽和赵志裕(1999)在早期构念化的基础之上重新思考,认为中庸思维是一种中国式的辩证思维。鉴于之前的中庸实践思维体系过于庞杂,为了使其更简洁、实用,他们将早期的构念化体系简化为只关注处理具体事件的层面,包括人们如何行动的三个方面:(1)行动目标——中和;(2)感知方式——顾全大局及认清复杂的互动关系;(3)执行行动——执中(谦让、避免偏激)。此后,吴佳辉和林以正(2005)在批判前人成果的基础上,提出他们自己对中庸的构念。他们以"权"与"和"为核心概念,将中庸视为在团体中大家有不同意见时,个体从多个角度思考同一件事情,详细考虑不同看法之后,选择顾全自我与大局的行为方式。他们还根据上述构念编制了一个包含多面性、整合性与和谐性三个维度的自陈式量表。但是,在实际使用过程中该量表同样出现了一些问题,三个维度并没有很强的异质性,无法有效地区分开来,更像一个单维度量表。李华香(2005)在自己的研究中根据人际冲突的情境编写中庸行动问卷,主要内容是考察被试认为在人际冲突中,什么样的行为才具有中庸特色。该问卷有12道题目,包含3个分量表,测量人们在化解人际冲突时,具有中庸特色的行动表现出的特性——圆滑性、克己性和自我(主)性。由于杨中芳和赵志裕最初编制的量表存在明显的问题,因此黄金兰、林以正和杨中芳在2012年对其进行了修订。但是,随着中庸实践思维体系的日益完善(杨中芳,2010a),量表的内容已经无法完全覆盖中庸思维,因此他们将新修订的量表命名为"中庸信念—价值观量表",只用于测量中庸思维中哲学层次的相关部分(黄金兰,林以正,杨中芳,2012)。

实际上,以上构念都是对杨中芳和赵志裕最先提出的构念的缩减和精细化。郑思雅等人(1999)的构念聚焦于处理具体事件的层面,同时对这一层面进行细分;吴佳辉和林以正(2005)的构念主要集中于个体个别的处事经验及思考习惯,而不是中庸价值观;在李华香(2005)的问卷中,中庸则被构念化为人际冲突中的行动特色。但是,杨中芳认为,在对中庸进行构念化时,即使在个体处理生活事件的具体层次,也要注意价值观与个人经验,两者不能混为一谈。很多时候,人们都知道不走极端的重要性,但是情绪激动时,往往控制不住自己,从而表现出过激行为。因此,杨中芳(2010a)在其他学者对中庸思维初始构念的批判、修订中受到启发,逐步完善最初提出的构念,描绘出中庸实践思维体系构念图(见图5-1)。

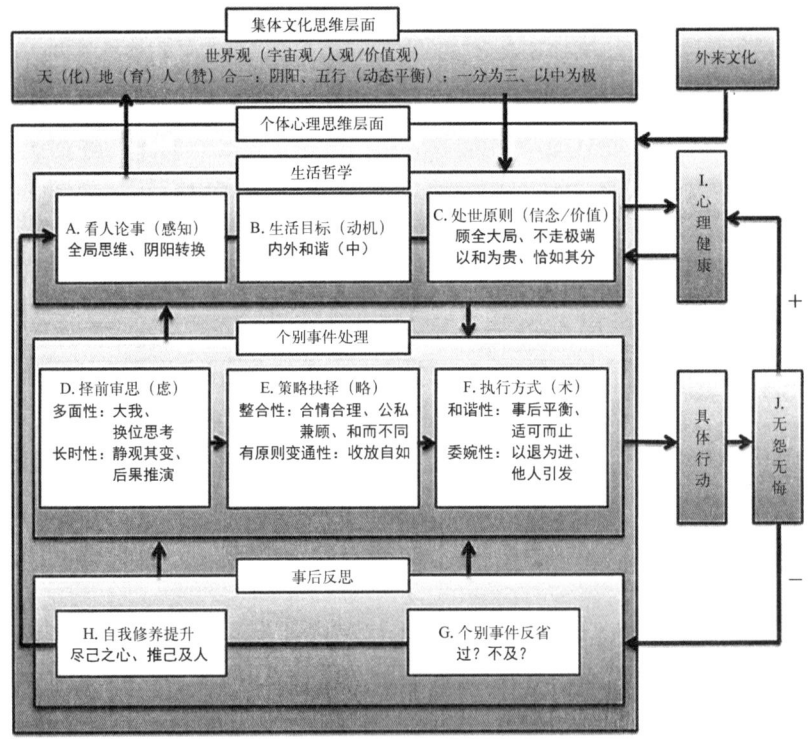

图5-1 中庸实践思维体系构念图(来源:杨中芳,2010a)

在中庸实践思维体系构念图中,中庸实践思维体系被分为集体文化思维、生活哲学、个别事件处理、事后反思和心理健康五个层面。其中,生活哲学、个别事件处理和事后反思属于个体心理思维层面。从图5-1可以看出,中庸实践思维体系是一个从思维到具体行为,再到事后反思(其实也是一种思维)的循环过程。如果个体按照自己的中庸思维行事,在事后反思中觉得无怨无悔,那么会提高心理健康水平;反之,如果在事后反思中觉得自己有些地方做得还不够好,没有达到中庸思维的要求,那么会反思,改正自己的行为,直到自己觉得无怨无悔。杨中芳(2010a)认为,中国人以"中"为美的生活实践原则源自中华民族在集体文化层面持有的世界观,这种世界观深刻影响个体,主要体现在个体心理思维层面的三个特定模式上:(1)看人论事、生活目标以及处世原则(信念/价值)等生活哲学层面;(2)处理日常生活具体事件时,择前审思、策略抉择和执行方式;(3)个别事件反省、自我修养提升。这套个体心理思维模式影响了人们的生活满意度和幸福感等与心理健康状况相关的方面。杨中芳主要针对个体心理思维层面探究中庸思维,并将与心理健康有关的指标作为研究个体生活哲学、个别事件处理和事后反思模式的效标。个体心理思维层面包含八组主要的构念,在图5-1中分别用从"A"到"H"的字母来标识,图中也简要概括了这些构念的中庸特色。

提出中庸实践思维体系后,杨中芳根据构念图开展实证研究以验证构念的效度,研究结果显示,除了转换感知外,其他关键构念之间的相关形态大致与构念图中的构想吻合,说明中庸实践思维体系的构念有较好的效度(杨中芳,2012)。之后,其他学者也对中庸自我进行了相关研究。王轶楠在对比东西方文化差异及其自我研究的差异后,提出用"适合"替代"最高",用"二元"超越"一元"等来修正西方心理学中自我研究的个人主义倾向,通过中庸之道在东西方文化差异和研究倾向中找到平衡(王轶楠,2010)。随后,越来越多的学者对中庸思维进行研究,如李启明(2011),徐圆圆(2012),阳中华(2012),陈艳露(2014),胡舒乐(2014),吕美祯、潘家玮、郑淇、薛花和邓铸(2015)等人将中庸自我或中庸实践思维作为研究主题,考察中庸实践思维与其他心理变量,如心理弹性、社会适应、家庭功能、自我监控、认知风格等的关系。这些学者针对中庸实践思维开展相关研究,并编制相应的问卷,这说明中庸自我这一概念已经日渐被心理学界认可和接受。这些研究也为中庸自我提供了实证基础,但中庸自我内涵的确认及研究工具的统一还需要更多研究证据作为支撑。

5.3 社会取向自我

5.3.1 社会取向自我的提出

1977年前后,杨国枢首次提出"社会取向"一词。当时,他认为社会取向主要是一种行为倾向,使人表现出顺从他人、不得罪他人、符合社会规范,以及考虑他人意见的行为。此外,社会取向还包含团体(家族)取向与他人取向,是传统农业社会的产物,现代工商业社会对应的则是个人取向和自我取向,合称个人取向(杨国枢,1981)。之后,他又将社会取向的概念加以扩充,包含集体(团体)取向、他人取向、关系取向和权威取向(Yang,1986)。在后续研究中,杨国枢认为可以从社会互动的观点和性格特质的观点出发,来分析中国人的社会取向。

如前所述,杨国枢依据安雅尔的机体论中提到的人与环境的两种基本适应趋势——自主性趋势和融合性趋势,进一步将社会取向界定为一种高融合性趋势与低自主性趋势的组合;将个人取向界定为一种高自主性趋势与低融合性趋势的组合。不同社会由于生产方式不一样,其经济形态也会不一样,而不同的经济形态对文化类型的需求也不一样,不同类型的文化最终塑造不同类型的自我(杨国枢,刘奕兰,张淑慧,王琳,2010)。因此,在不同的社会中会产生不同的自我,杨国枢(1993)根据两种趋势的强弱划分出四种可能的组合(见表5-1)。

表5-1 自主性趋势与融合性趋势在不同社会中可能的组合
(来源:杨国枢,2008b)

		自主性趋势	
		强	弱
融合性趋势	强	强势均衡型	人境融合型 (社会取向)
	弱	个体支配型 (个人取向)	弱势均衡型

杨国枢认为,世界上不同社会的实际类型大都是人境融合型或个体支配型,社会取向的人境融合型强调个体如何顺从和融入自然环境及社会环境,并与环境保持和谐关系;个人取向的个体支配型则强调个体如何支配、控制、改变和利用自然环境及社会环境(杨国枢,2008b)。杨国枢认为,他提出的这两种类型与之前很多学者提出的人类适应环境的不同方式类似,例如特纳(Turner,1976)讨论自我与社会秩序的关系时提出的欲望或冲动(impulse)界定自我与组织或机构(institution)界定自我,苏(Hsu,1981)在比较美国人和中国人的生活方式时提出的个人中心(individual-centeredness)与情境中心(situation-centeredness),马库斯等人(Markus & Kitayama,1991)在讨论文化与自我的关系时提出的独立我(independent view of the self)与互依我(interdependent view of the self)。杨国枢(2008b)认为,以上这些概念只是强调的方面有所不同,实际上它们的核心意义都被涵盖在社会取向(social-orientation)与个人取向(individual-orientation)的范围之内。

此外,大量学者从文化差异的视角,探讨中国文化背景下中国人自我的特征或中国文化对中国人自我的影响。张志学(1995)认为,中国独特的地理环境造就了中国独特的传统文化,中国人的自我建立在以下两个文化构想之上:第一,社会中的个人并不是独立的;第二,强调道德伦理。因此,他提出中国人的自我具有界限可伸缩、注重道德修养、注重关系和谐的特征。在中西方自我的差异上,童辉杰(2000)认为西方人"重我",而中国人"抑我",并从中国传统文化来验证自己的观点。道家认为人与宇宙是一个和谐的整体,儒家讲究"仁者以天地为一体",释家强调"无念、无作"。此外,童辉杰认为,日常生活中融情于自然风景的体验也支持中国人自我的"抑我"特征。彭彦琴等人也认为,西方人的自我观是"唯我"的,中国人的自我观是"无我"的。这种差异在自我研究方法上体现为,西方注重采用实证方法来寻找自我的实体,而中国倾向于采用禅定式的方法来深入探寻自我的本源(彭彦琴,杨宪敏,2009;彭彦琴,江波,杨宪敏,2011)。汪凤炎和郑红(2007)认为,中国人是"无我"的,而西方人是"重我"的。他们也从中国传统文化的影响来解释这种差异:

传统儒家文化是一种社会本位文化,个人一般不具备独立性;道家追求"柔",通过将有形之我化为无形之我来实现"柔我",这都体现了中国人"无我"的特征。姜永志和张海钟(2010a,2010b)通过对中国传统文化的思考,提出"忍我"的观点。"忍我"是指通过克制自己的欲望,以达成自我和谐、关系自我和谐的自我,他们认为"忍我"是以中国人的关系自我为核心来建构的。当个人与他人、个人与群体存在冲突时,"忍我"的存在深刻地体现了关系自我的特点。郭斯萍等人(郭斯萍,陈四光,党彩萍,2012)在探究自我时认为,中国人的自我具有伦理的、关系的、无我的特点,经历了"从个我到群我、从私我到公我、从有我到无我"的发展修炼历程,并提出了自我发展的逻辑:天地之生→人性之善→圣人之仁→宇宙之情→自我之隐。这样一种修炼历程和发展逻辑,无不体现着中国人自我的"无我"特点。

这些学者都强调中国传统文化对中国人自我的影响,而且基本上都认为中国人的自我是压抑的、克制的,其最高状态甚至是"无我"的。在中国传统文化背景下,这种克制倾向是为了更好地维持与他人关系的和谐性,甚至是与天地万物、宇宙的和谐性,这实际上与杨国枢提出的社会取向自我的人境融合观点相契合,进一步支持了中国人社会取向自我理论的合理性。侯玉波和张梦(2009)也认为,杨国枢等人的理论能够较好地解释中国人的自我。

虽然就人与自然环境及社会环境的互动方式和关系而言,个人取向与社会取向是不同社会中最常见的两种形态,但即使相同的取向,其具体内涵也会因社会的不同而存在差异。比如,同样是儒家传统文化圈中的中国与韩国,虽然都是社会取向,但其具体的内涵肯定会有所差异。在中国人的传统社会中,人与环境的互动方式是社会取向的,这种互动取向有特别的内涵。

5.3.2 中国人社会取向自我的特征

中国人自我的社会取向在生活的不同方面或层次会表现出不同的特征与内涵,杨国枢(1993)认为,中国人自我的社会取向主要有四类特征与内涵：家族（团体）取向（familistic orientation）、关系取向（relationship orientation）、权威取向（authoritarian orientation）和他人取向（other orientation）。这四类特征与内涵彼此关联，分别代表中国人自我社会取向的四种次级取向，代表中国人在四种社会生活场域中与他人的互动方式，而这些互动方式体现了中国人的自我。我们可以通过表5-2来初步了解这四种次级取向的特征与内涵。

表5-2 中国人自我社会取向的四种次级取向的主要特征与内涵
（来源：杨国枢，2008b）

社会取向的四种次级取向	特征与内涵	
家族（团体）取向	家族延续	家族富足
	家族和谐	家族荣誉
	家族团结	泛家族化
关系取向	关系形式化（角色化）	关系和谐化
	关系互依化（回报化）	关系宿命论
		关系决定论
权威取向	权威敏感	权威依赖
	权威崇拜	权威畏惧
他人取向	顾虑他人	关注规范
	顺从他人	重视名誉

从上述的"和谐""互依""崇拜""依赖""顺从"等特征，可以看出中国人社会取向自我的基本面貌。在提出社会取向自我的概念及特征之后，杨国枢等人（Yang，2006；Sun，2017）对此进行了系列验证，结果都支持中国人社会取向自我的有效性与合理性。其他学者的研究也印证或补充描绘了中国人自我的社会取向。有研究表明，在神经水平上，中国人的集体主义自我包含母亲这一成分，比西方人的自我外延更广（张力，等，2005；贺熙，朱滢，2010），从神经心理学的角度证明了中国人自我的包容性和互依性。王浩斌（2006）从中国乡土社会的差序格局来探讨乡土中国的自我概念，认为"伦理本位""情境中心""关系本位"分别从时间、空间和社会维度奠定了乡土中国自我概念的本体论基础，具有乡土

性、内向性、两面性和真诚性的特征。这些特征正是中国人社会取向自我的生动体现。杨红升和黄希庭(2007)研究中国人的群体参照记忆效应,结果显示,参照自己人群体的再认成绩好于参照他人群体的再认成绩,再次从神经心理学角度验证了中国人的集体主义自我或者互依型自我。郭斯萍和林蓉(2012)从儒家伦理文化的视角分析中国人的自我,认为儒家伦理主义的自我观是一种以情境和关系为基础的概念,在不同情境和不同关系状态下差异较大,但总体上以克己让人为基本处世原则,呈现出无我论倾向。以上这些研究在不同方面验证并支持了杨国枢提出的中国人的社会取向自我。

5.3.3 中国人社会取向自我的来源

杨国枢等人(2010)认为,对人类而言,不同的生态环境产生不同的生计经济(subsistence economy)形态(包括生产方式、生产工具、生产技术和人口特征),后者又产生不同的社会文化形态(包括社会结构、文化内涵、思想传统和历史经验)。因此,将儒家思想视为中国人的心理结构、性格特征、思维方式、审美情趣和风俗习惯的总根源的看法(李颖科,1989)过于简单化。杨国枢认为,儒学可能只是中国知识分子建构的一套思想,一方面可能是反映中国人心理结构、行为意向和生活方式的产物,另一方面则可能维持或巩固中国人的心理结构、行为意向和生活方式。传统中国人采取社会取向的根源,应是中国传统社会具有的某些经济的和社会的特征。

精耕农业

中国封建社会的经济形态主要是自给自足的小农经济,是由家庭农业和家庭手工业组合而成的自然经济。在传统农业经济下,工作繁重、物质匮乏、固守土地等特征,对社会取向的形成具有相当重要的作用。

家族共产

在中国传统社会的家族里,全部财产实质上由家人共有、共享。家族共产使得个体在经济上缺乏独立性,连带也在社会上缺乏自主性,个体只是一个"家人",必须依附家族,融于家族。这使得人们不容易有个人的独特意见及坚定立场,自然以他人的意见为自己的意见,以既有的社会规范与习俗为自己的行为准则。

父系传承

自秦汉以来,父系家长制一直是控制中国社会的主要基础(冯天瑜,何晓明,周积明,1990;费孝通,1948)。在父系家长制之下,家族中的主要对偶人伦关系是父子关系,父子关系构成家族代代传承的主轴。父系传承对社会取向的四种次级取向的形成可能都有影响。

阶序结构

在中国传统社会,不但在家族以内将各种角色或身份全部排列成上下高低,在家族以外也将各种角色或身份全部排列成上下高低,使整个社会组织形成一种阶序式的结构(杨国枢,1981)。家族以内的阶序结构将所有家人之间的关系都纳入单一体系,这对家族取向中的家族团结有很大助益。同时,身份高低的确定对权威取向的运作相当有利。

本章系统介绍了杨中芳与杨国枢两者的研究团队对中国人自我的不同研究思路和成果,以及其他学者对中国人自我的研究。杨中芳从实际生活中去了解和发现中国人心理和行为的释义系统,杨国枢则从文化差异的视角出发,尝试建构一套适合中国人自己的理论来解释中国人的行为。虽然思路和方法不一样,但两位学者对自我的理解是一致的。从他们的研究结果和论述可以看出,他们都认为人们在日常场景中的自我呈现本身就是自我(林升栋,杨中芳,2007),中庸实践思维体系和社会取向自我是中国人在实际生活中的一种呈现,而不是一种先于行为的心理概念。此外,他们的研究目的相同,都致力于心理学的本土化。本书只介绍了传统中国人的自我研究部分,其实在现代社会,随着东西方文化的交融,完全传统意义上的中国人自我已经很少存在。因此,杨国枢的华人自我理论其实已经更新为华人自我四元论、华人双文化自我(杨国枢,2008b;杨国枢,等,2010;Lu,2008;谭旭运,杨昭宁,顾子贝,2017)。其他学者提出的折中自我(陆洛,2003)也都是在现代社会,对中国人自我传统性与现代性共存、共融的一种关注。在中国心理学本土化过程中,除了中国人自我的心理和行为模式,研究者还探讨了中国人的个性心理,即人格特征。21世纪初开始,黄希庭及其研究团队从中国传统文化中挖掘中国人传统的人格特征,并相继提出具有中国人特点的自立(夏凌翔,黄希庭,2006b)、自信(毕重增,黄希庭,2007)、自强(郑剑虹,黄希庭,2007)、自尊(黄希庭,尹天子,2012)等人格特征,开辟了一个新的研究领域,本书后面将专门介绍。

6 中国人自我的实证研究

多年来,我国学者一直致力于本土心理学哲学层面的反思,试图为心理学本土化提供理论指导(黄光国,2010)。黄光国提出,本土心理学的发展必须实现哲学反思、理论建构和实证研究三个层次的突破。在中国人自我的理论建构方面,杨中芳建构的中庸实践思维体系和杨国枢提出的中国人社会取向自我影响最为深远,两者的研究路线均符合黄光国提出的三个层次的突破,即从理论建构开始,展开针对自身理论的实证研究,以验证和完善本土心理学理论。本章将通过中庸自我和中国人社会取向自我两个视角,来介绍中国人自我的实证研究。

6.1 中庸自我的实证研究

前面已经提到,杨中芳等人并未明确提出中庸自我的概念,只是在一篇论文中提到"中庸被构念化为一种元认知思维,中庸自我即行动者用这一元认知架构来看待'自我'"(林升栋,杨中芳,2007)。结合杨中芳提出的中庸实践思维体系,可以推断出她提出的中庸自我的概念:在日常生活中,行动者用中庸实践思维体系这一元认知架构来看待自我、指导自我。因此,实际上中庸自我的实证研究就是中庸实践思维体系的实证研究。杨中芳(2010a)曾根据中庸实践思维体系构念图(见图5-1)提出以下四条研究路线。

路线一:中庸生活哲学的实证研究。该路线主要确证中庸生活哲学的存在,中庸生活哲学具体内容之间的相关关系,以及中庸生活哲学与心理健康状态之间正向的相关关系。

路线二:中庸生活哲学在处理具体事件时的运作。该路线主要回答人们在处理日常生活事件时,是否有一套具备中庸特色的方法,中庸生活哲学是否与中庸处事方法存在正相关,采用中庸处事方法的人,其心理健康水平是否更高。

路线三:事后反思作用的研究。该路线主要回答事后应该反思什么,以及如何反思才能有助于处理类似的事件,并提出产生良性循环的反省机制和过程。

路线四:中庸思维的异化研究。该路线主要探讨中庸思维运作失常会产生什么问题,以及为什么会产生这些问题。

本部分内容从这四条路线出发,结合杨中芳(2010a)的总结以及新近的研究进展,介绍中庸实践思维体系已有的实证研究。

6.1.1　中庸生活哲学的实证研究

中庸生活哲学主要包含看人论事、生活目标和处世原则三个基本构念。在看人论事方面,主要有全局思维和阴阳转换两个子范畴。为了考察阴阳转换,林升栋(2005)编制了阴阳自我特质勾选法量表,将"内向"与"外向"这样看似对立的30对人格特质词充分混合后,让被试选择符合自己的特质词。如果被试先后选择了对立的人格特质词,则认为被试拥有阴阳自我,此外还有非此即彼和非此非彼之分。通过这样的方式测量被试是否存在阴阳感知(能同时看到事物的对立面)。王为蒨和林以正(2006)在他们的研究中要求被试在一对看似相反的自我形容词中评定词语符合自己的程度,采用比较复杂的方式计分。研究发现,比较均衡的自我观会在自我结构一致性与主观幸福感之间起调节作用。除此之外,林升栋和杨中芳(2006)还编制了阴阳转换量表,用于测量被试能否看到两个对立的词之间的转换关系。研究发现,通过阴阳自我特质勾选法确定的既此又彼组在阴阳转换量表上的得分较高。孙蒨茹(2008)认为,阴阳思维应该是一种动态思维,而不仅仅是能看到阴阳两端,因此她编制了未完成故事作业这一测量工具来测量人们阴阳思维中的动态转换倾向。该量表主要让被试完成一个未讲完的故事,看被试是否会给出与原来故事的结果相比出现逆转的结果。研究发现,被试给出的故事结尾正转负(由正向事件转为负向发展)的频率显著高于负转正(由负向事件转为正向发展)的频率。林升栋(2008a)还编制了特质—行为预测量表,让被试设想自己正面对一个具有某一正向(或负向)特质的人,并预测这个人未来表现出某些正向(或负向)行为的可能性,结果发现,该量表得分与阴阳转换量表得分有显著的正相关。以上这些研究均发现并证实了中国人的阴阳思维(辩证思维),能够看到事物的对立面,但在研究方法上都局限于自我报告法,研究结果只能推及外显层面。柏阳、彭凯平和喻丰(2014)采用内隐联想测验,测量朴素辩证概念与自我及其相近概念在中国人认知中的联结,结果发现中国人将"我"、朋友与辩证思维联结起来的速度更快,从内隐层面证实了中国人的自我是辩证思维式的。

作为看人论事的另一个子范畴,全局思维是指在审视问题或事件时,能把眼光或角度拉高、拉远,并在时间维度上拉长,令自己不只是通过当下自身的直接经验、感受来理解和判断正在发生的事情(杨中芳,2010a)。关于全局思维的研究,主要集中在场依存性研究、整体性研究和整体—局部转换能力研究三个方面。由于场依存性属于基本的认知能力,不太受文化的影响,因此研究工具主要是西方的一些研究工具,如镶嵌图形测验(Embedded Figure Test)、框线测验(Framed-Line Test)、认知偏差任务(Cognitive Bias Task)等。大量研究发现,场依存性与中庸思维有着密切的关系,个体中庸思维水平越高,越倾向于场依存性的认知风格(林升栋,杨中芳,2006;黄金兰,林以正,杨中芳,2008;胡舒乐,2014)。对整体性的研究则主要采用西方的注意范围的整体—局部感知方式图形测验。黄金兰、林以正和钟育军(2009a)研究发现,持有中庸信念的被试比较偏好整体反应。黄金兰、林以正和钟育军(2009b)的另一项研究则发现,被试的整体—局部转换正确率与中庸思维呈显著正相关。侯玉波、彭凯平和朱滢(2008)以辩证思维为理论基础,结合理论与实际,深入考察中国人的思维方式和结构,并编制中国人整体思维方式量表,该量表包含联系性、变化性和矛盾性三个维度。这些研究都表明,阴阳思维、全局思维是中庸思维的重要特征。

中庸生活哲学的第二个基本构念是生活目标。杨中芳和赵志裕(1997)在最开始对中庸思维进行构念化时就确立了生活目标,但目前这一方面还没有与中庸思维明确有关的实证研究。

中庸生活哲学的第三个基本构念是处世原则。关于这方面的实证研究主要集中在测量工具的编制上,杨中芳和赵志裕(1997)编制了中庸实践思维量表,该量表先后经过两次修改,主要是精简内容,降低社会赞许效应的影响(黄金兰,等,2008)。

除了证明中庸生活哲学的具体构念真实存在于中国人的日常生活中,近年来随着研究的深入,越来越多的学者也证实了中庸思维方式能促进心理健康,提高幸福水平。吴佳辉(2006a)通过研究发现,中庸思维使我们考虑问题更加全面,引导我们在不同情境中表现出适当的行为,通过社交自信的中介作用,有效提高心理幸福水平。邓传忠(2008)研究发现,只有具备中庸思维,拿捏行为才能对心理适应产生积极影响。阳中华(2012)研究发现,中庸实践思维对家庭功能和心理健康有着积极的影响。高旭繁(2013)在考察华人幸福感的本土影响因素时也发现,中庸思维能显著正向预测华人的幸福感,中庸思维水平越高,越可能有较高的幸福感。还有研究发现,中庸思维的自我收敛价值观能够帮助抑郁症患者更加和谐地应对各种问题,使他们的思想、行为与情绪表达不会过于偏激,避免陷入人际困境,从而减轻他们的抑郁程度(高瞻,蔡华玲,唐滢琦,许律琴,2013)。孙旭、严鸣和储小平(2014)的研究结果表明,中庸思维能调节心情与行为之间的联系,中庸思维水平高的人善于用辩证思维将坏心情传递的负面信息建构为具有积极意义的警示性信息,因此坏心情对行为的影响相对较小。毕重增(2016)认为,中庸的灵活性有利于摆脱自信发展的规则藩篱,从而使人们在日常生活、文化交往和文化转换进程中能够做到真正自信。这些研究结果和发现充分说明,中庸生活哲学与心理健康水平有一定的正向关系。

6.1.2 中庸生活哲学在处理具体事件时的运作

个别事件处理包括择前审思、策略抉择和执行方式三个构念。

择前审思的中庸特色包括谨言慎行、长程思考、多方考量、换位思考和后果思考等。杨中芳和赵志裕(1997)研究发现,在处理日常生活事件时,具有中庸生活哲学的人一般比较谨慎。余思贤、林以正、黄金兰、黄光国和张仁和(2010)将长程思考定义为,个体从广阔时间视域中诠释当下经验的倾向,并编制了长程思考取向量表,他们发现长程思考与中庸信念/价值有显著的正相关关系。吴佳辉和林以正(2005)编制的中庸思维量表专门用于考察人们在遇到意见分歧时如何处理,这正是多方考量的体现,他们发现多方考量的中庸思维对整体生活品质具有显著的正向预测作用。针对择前审思,一些研究考察了它与中庸思维的关系,但换位思考、后果思考等方面还需要进一步研究。

用李美枝(2009)提出的"拿捏"二字来描述策略抉择的中庸特色再合适不过了,她认为拿捏是针对失衡问题反复思考解决方式并付诸行动的一个循环反应过程。在日常生活中,我们经常遇到左右为难、"里外不是人"的困境。刘胜(2006)在对冒犯行为的社会判断研究中,考察了中庸的合情合理感知特性,结果发现在人际冒犯行为判断中,被试的中庸分数越高,越会综合考虑关系和大小我因素,从而更加合情合理地进行人际冒犯行为判断。王飞雪(2009)研究发现,在评判两个矛盾的观点时,中庸的被试更容易受到人际关系的影响。有研究(Yao, Yang, Dong, & Wang, 2010)考察员工的中庸思维在创造力与拓新行为关系中的作用,结果发现只有中庸思维得分低的人,创造力与拓新行为之间才有显著的正相关关系。李华香(2005)研究发现,相比于关系疏远的对手,被试倾向于对与自己关系密切的对手表现出更高水平的中庸行动。吴佳辉(2006a)研究了自我拿捏,结果发现自我拿捏与中庸思维有显著的正相关关系。邓传忠(2008)采用类似的研究工具,结果发现台湾大学生的中庸信念/价值得分在拿捏情绪表达与心理适应得分之间起调节作用。林玮芳、邓传忠、林以正和黄金兰(2013)的研究也发现,中庸思维在拿捏行为(表达情绪或忍让、满足自己或满足他人)与心理适应之间起调节作用。王轶楠(2014)发现,在面对与上级的冲突时,中国人的化解之道会综合考虑外部客观条件与自我的内在需要,并以情绪适度作为行为的衡量标准。这些考察不同情境下中国人行动策略的研究都表明,拿捏是中庸思维指导下行动策略的重要特征,而且对个体的创新精神、人际关系、心理适应都有积极作用。

执行方式是思维特征的鲜活体现,已有研究结果显示,中庸思维的执行方式具有信任、合作、重视大局的特征。黄金兰、林以正和余思贤(2009)考察发现,资源分配者的中庸思维会影响其对内团体和外团体游戏玩伴的信任、互惠与宽容行为。王飞雪、伍秋萍、梁凯怡和陈俊(2006)研究了中庸思维与人际冲突解决策略之间的关系,结果发现,高中庸特质的大学生更倾向于使用合作性的策略,低中庸特质的大学生则更倾向于使用妥协性的策略。胡舒乐(2014)的研究也发现,中庸思维水平高的人更可能采取合作行为。段金云和凌斌(2012)针对员工的建言行为开展研究,结果发现,中庸思维水平高的员工,更倾向于提出顾全大局的建议,更少提出自我冒进的建议。从这些研究结果可以看出,中庸思维的执行方式也对个体的心理健康有积极影响。

6.1.3 事后反思作用的研究

虽然杨中芳对中庸实践思维体系进行构念化时认为,反省/纠正是一个非常重要的心理过程,但是这方面的研究尚未开发,还有待补充。

6.1.4 中庸思维的异化研究

杨中芳(2010a)认为,研究异化问题首先要针对中庸生活目标,找到恰当的心理指标来反映什么是健康的、正常的。李怡真(2009)编制的安适幸福感量表将东方文化重视的舒适、平静情绪纳入幸福感的测量,补充西方文化偏重成就、刺激的幸福感面向,使之成为适合中国人的研究工具。虽然已有恰当的心理健康指标,但异化的原因、机制等还缺乏足够的研究。

从前面的介绍中不难看出,已有的中庸思维研究主要集中于中庸生活哲学和处理具体事件,有关事后反思和中庸思维的异化的研究较少。杨中芳和林升栋(2012)对整个中庸实践思维体系开展了一个整体性的验证研究,结果发现,除了转换感知外,其他关键构念之间的相关形态大致与构念图中的构想吻合。但关于中庸实践思维体系的各研究路线,各构念之间的关联机制,以及事后反思和中庸思维异化还有待更多实证研究的验证和补充。目前,相关研究的实证思路虽然局限于自我报告法、行为实验法等,但已有学者提出对未来研究方向的展望。2014年,罗劲和刘玉提出从脑认知神经科学的视角研究中庸思维的思路,并归纳出基本神经科学角度的三个研究课题:中庸者的脑默认网络、中庸者的神经结构特点,以及中庸思维的脑可塑性。这种思路提示研究者,认知神经科学研究是未来中庸实践思维实证研究的深化方向。

6.2 中国人社会取向自我的实证研究

不同于中庸自我本身有着清晰的构念和研究路线,社会取向自我的实证研究主要蕴含在中国人自我概念具体内容的相关实证研究中。接下来主要从成就动机、自我评价、自我实现和自尊四个部分介绍中国人社会取向自我的实证研究。此外,由于中国人社会取向自我与集体主义自我类似(杨国枢,2008),因此本部分内容也将介绍集体主义自我的实证研究。

6.2.1 中国人社会取向成就动机的实证研究

余安邦和杨国枢(1987)最早研究了社会取向成就动机,他们从主观文化的角度出发,以社会经济形态、结构为经度,以父母教养方式为纬度,建立了一个成就动机概念模型,他们区分出社会取向成就动机与个人取向成就动机两种类型,证明了两者在动机性质、成就目标、成就行为和后果评价四个方面有显著差异,并编制了相应的测量工具。随后,余安邦从成就动机与行为的关系出发,进一步探讨社会取向成就动机与个人取向成就动机的差异,研究结果部分支持了社会取向成就动机与个人取向成就动机是两种不同性质的建构的说法。

6.2.2 中国人社会取向自我评价的实证研究

孙蒨茹(2002)设计了两个实验,从个人取向与社会取向的观点探讨自我评价、自我提升和自我保护等问题。实验一检验华人在个人取向自我和社会取向自我的评价上是否会出现自我提升、自我保护或自谦的效果,结果发现,被试在正向个人取向特质和正负社会取向特质上,均出现明显高估自己的情形。实验二探讨以情境中的线索分别激发华人的个人取向自我和社会取向自我后,是否会出现自我设限行为及其背后的动机,结果发现,当被试接受正向回馈,但被告知必须与他人互动时(激发社会取向自我),自我设限的情形明显比激发个人取向自我时减少。孙蒨茹和王崇信(2003)通过实验研究发现,即使是以社会取向自我为主的华人,在个人取向自我受到冲击而激发起个人取向自我时,也会出现自我保护动机,试图维持正向的自我评价。他们开展的第二项实验研究发现,以社会取向自我为主的华人不仅会尝试维持社会取向自我层面的评价,而且自我肯定历程的运作确实存在,不同的自我功能会彼此影响,使社会取向自我层面的正向自我评价得以维持。陆洛、张婷婷和张妤玥(2012)通过对被试进行访谈,展现了被试社会取向自我和个人取向自我在职业和家庭冲突中的具体表现。

6.2.3 中国人社会取向自我实现的实证研究

杨国枢和陆洛(2004)比较了社会取向自我实现者与个人取向自我实现者的心理特征,为了更好地区分两者,他们建立了针对两者的两套不同的心理特征。杨国枢和陆洛(2005)对两类处于生命不同周期的年轻人进行访谈,以了解当代华人自我实现的内容,分析得出"完全做自己""以成就回馈家庭"和"自我安适,兼善天下"三个范畴,后两个范畴有明显的社会取向特征。此外,他们针对海峡两岸被试的自我实现特征进行研究,分析发现台湾被试社会取向自我实现的特征包含:自强不息与心系国家、远避小人与敬重君子、简朴知足与淡泊名利、实践恕道与敦厚待人、慎独正意与崇义重礼。大陆被试社会取向自我实现的特征包含：内外兼修与德才兼备、实践恕道与严以律己、心系国家与济世助人、远避小人与敬重君子、自强不息与追求理想。他们在此基础上编制了相应的量表。不论是大陆被试还是台湾被试，他们自我实现的特征也都明显具有社会取向的内涵。

6.2.4　中国人社会取向自尊的实证研究

杨国枢和侯玉波(2002)采用模拟故事法对台湾大学生进行研究，探讨故事中成败事件发生后，主人公的自尊、尊严、面子和荣誉等感受的增减及正负情绪的变化，是否会因自我类别、公私条件及主人公性别等因素的不同而有差异，结果发现，成败情境、公私条件及主人公性别等因素对自尊、尊严、面子、荣誉的产生与丧失的影响，会因故事激发的自我类别（个人取向自我、家族取向自我和他人取向自我）的不同而有差异。杨国枢(2004)根据华人自尊的范畴性、稳定性和公私性三个面向提出一套立体模式以整合上述三方面的自尊内容，其中范畴性分为他人取向自尊、家族取向自尊、关系取向自尊和个人取向自尊。翁嘉英、杨国枢和许燕以此理论为基础，分析华人多元自尊的概念内涵并编制量表，分析结果确定的因素基本与他人取向自尊、家族取向自尊、关系取向自尊和个人取向自尊对应，在范畴性方面证实了华人多元自尊的构念效度。其后，潘君凤、杨国枢和许功余(2010)进一步研究华人自尊，验证状态自尊是否也可以区分为社会取向自尊与个人取向自尊，但分析结果显示状态自尊无法明确分为社会取向自尊与个人取向自尊，但是两者的相关很高。舒首立、郭永玉和黄希庭(2015)在厘清"自尊"与"self-esteem"是两个完全不同的概念之后，设计了本土化中国大学生自尊问卷以初步探索中国人自尊的结构，结果发现，大学生自尊问卷包含不卑躬屈膝、不允许言辞侮辱、不允许强力欺压三个维度。可以看出，这三个维度都是个体与他人相处过程中内心的需求，这些行为都来自他人，所以也在一定程度上支持了中国人自尊的社会取向性。

6.2.5 中国人集体主义自我的实证研究

朱滢开展了针对自我的认知神经实验研究,从实证角度验证和发现中国人集体主义自我的特征。他开创性地依据自我参照效应(self-reference effect)对中国人的自我进行实证研究,这一研究思路和方法被许多研究者沿用。自我参照效应是指,与自我相关的加工会获得更好的记忆成绩。朱滢和张力(2001)采用带R/K判断(R,remember,记得;K,know,知道)的再认范式研究被试在自我参照和母亲参照条件下再认率和R判断方面的差异,结果发现,中国被试参照母亲进行的加工与参照自我进行的加工呈现出一致的记忆优势,而国外针对西方被试的研究却发现,自我参照加工组的记忆优势明显强于母亲参照加工组的记忆优势,由此研究者推断中国人的自我概念包含母亲成分,而西方人的自我概念则不包含。随后,杨红升和朱滢(2004)进一步在60～70岁的老年人中开展类似研究,结果发现,老年人中依旧存在自我参照加工的记忆优势效应,不存在母亲参照加工的记忆优势效应,这可能是因为老年人与母亲的联系不像大学生与母亲的联系那样紧密,甚至有些老年人的母亲已经去世。在前期研究的基础上,朱滢和张力认为中国人与自我、母亲有关的记忆定位在大脑右半球。随后,张力等人(2005)通过功能性磁共振成像技术研究被试在不同参照加工条件下的大脑激活区域,结果发现,自我参照和母亲参照都激活了内侧前额叶,从而在神经水平上支持母亲是中国人集体主义自我的一部分。除此之外,还有研究发现母亲、最好的朋友、亲密恋人的参照效应(戚健俐,朱滢,2002;管延华,迟毓凯,2006;周丽,苏彦捷,2008),即以这些群体为参照对象时,也与自我参照加工一样有记忆优势效应。马伟军、冯睿、席居哲、陈滢滢和梅凌婕(2015)采用同样的研究范式将研究对象的范围扩展到中国人差序格局中的内外圈人物,结果发现记忆再认中也呈现出差序格局的顺序。王沛等人(2017)采用事件相关电位技术,通过启动范式的变式探讨中国人三重自我建构(我——个体自我,家——关系自我,国——集体自我)的加工特点,结果发现,早期加工阶段集体自我占加工优势,晚期加工阶段个体自我占加工优势。这些研究都进一步证实了中国人集体主义自我的观点。

综上所述,当今中国处于东西方文化相互碰撞、交流的社会环境中,社会取向自我与个人取向自我几乎始终以双文化自我的身份同时出现。但是,中国传统文化对中国人影响深远,因此凡是有关中国人自我的实证研究,几乎都能发现中国人社会取向自我、集体主义自我的某种特征。由于中国人社会取向自我的实证研究没有清晰的路径可循,因此杨国枢及其团队主要在与自我相关的领域内开展针对社会取向自我的实证研究,从而比较零散,没有一个自成体系的实证研究框架。后续研究需要进一步系统地梳理社会取向自我的实证方向以及实现路径。

通过介绍中庸实践思维体系和社会取向自我的实证研究,我们不难发现,两者的实证方式与理论的形成方式相呼应。中庸实践思维体系是杨中芳自下而上从中国人日常生活中发掘和提炼出来的一个构念体系,因此实证研究主要在于验证这一体系是否存在及其合理性。社会取向自我是杨国枢自上而下从文化影响的角度出发提出的本土理论,因此实证研究主要集中于以理论为基础的发散性实证研究,也就是说其重点不在于验证社会取向自我是否存在,而在于探究社会取向自我在华人社会生活中如何体现。中庸实践思维体系和社会取向自我理论都得到大量实证研究的支持,证明了这两个理论的合理性,而且两者都在逐步寻求认知神经科学的支持,这是未来研究的发展方向。此外,需要注意的是,对应前文的中国人自我概念的内涵,本部分只介绍了针对中国人传统自我特征的实证研究。

7 中国人自我的组成成分

本章将主要探讨中国人自我的组成成分。以黄希庭为代表的心理学家通过分析中国人特有的个性心理特征——人格,来解构中国人的自我,使之更加具体,更易于与西方自我理论相比较。在系统分析自我时,黄希庭等人(黄希庭,2004;黄希庭,夏凌翔,2004)从中国传统文化特别重视的自我维度中发掘出自立(self-supporting)、自强(self-stronging)、自信(self-confident)和自尊(self-esteem)四种人格品质,并将它们视为健全人格的重要组成部分(黄希庭,2003)。黄希庭(2004)结合我国的文化传统,提出健全人格者的总特征是"以辩证的态度对待世界、他人和自己,过去、现在和未来,以及顺境和逆境,是一个自立、自信、自尊、自强、幸福的进取者"。将自立、自强、自信和自尊放在健全人格养成的大理论框架下加以研究,这使得自立、自强、自信和自尊研究在当代建设和谐社会中具有重要的现实意义,同时对于心理学研究本土化也具有重要的促进作用。

7.1 自立

自立是中国传统文化特别重视的概念,许多学者(熊宪光,王亚琴,2000;康健,2001)都探讨过自立,但有关研究主要集中在哲学、伦理学、政治学、社会学和教育学等领域。早在古代,孔子等儒家学者就将自立作为理想人格的重要内容,近现代以来许多学者也把自立作为健全人格、理想人格的一个重要方面,因此自立也具有人格心理学的内涵。在心理学领域,自立越来越受到重视,相关研究也逐渐被发掘。

7.1.1 自立的概念

真正将自立或自立意识引入心理学研究领域的是黄希庭(黄希庭,杨雄,1988)。黄希庭(1991)认为,自立属于意志形式,是自我控制的一种。他在论述心理学的研究对象时指出,自我意识具有认知、情绪和意志三种形式,自立属于意志形式,体现了个体的自我控制。自我控制表现为个人对自己行为活动的调节,以及对他人和自己态度的调节等。因此,可以认为自立是自我意识的一种形式,具有调节功能。之后,黄希庭和李媛(2001)提出,自立是个体从自己过去依赖的事物那里独立出来,自己行动、自己做主、自己判断、对自己的承诺和行为负起责任的过程。

用"对自己的承诺和行为负起责任"的界定方式,既纠正了近现代以来的个人取向的自立观对社会道德和社会规范的忽视,也防止了传统的社会取向的自立观过于强调社会道德而导致的个体被动性。该定义首次从人格过程的角度来界定自立,既反映了自立的心理学特质,又揭示出自立发生、发展的真实过程,对进一步培养自立也有指导作用。此外,该定义根据个体自立的发展过程和个体自立在社会生活领域的主要表现,将自立科学地划分为身体自立、行动自立、心理自立、经济自立和社会自立五类,为进一步深入研究自立问题奠定基础(夏凌翔,钟慧,2004)。所谓身体自立,是指个体无须扶助而能直立行走,从学会言语到学会自己站立及与站立有关的蹲、跑、跳等能力,主要是婴幼儿期(0~6、7岁)的发展任务;行动自立是指个体的日常生活自理能力;心理自立是指个体学会独立思考,形成健全人格的过程;经济自立是指个体在钱财获取、分配、存储及职业准备方面的独立自主、自我负责;社会自立要求个体扮演合格的社会角色,承担相应的责任。

黄希庭对自立的界定既是从心理学角度对自立予以解释,也是在当前时代背景下对前人研究和论述的总结。自立是一个常见的概念,在各学科中都可以窥见"自立"二字,但是真正有关自立的系统研究少之又少,自立包含复杂的综合性人格特征。

7.1.2 自立的结构与测评

自立是以解决基本的生存与发展问题为目的、以自我为核心,涉及多种心理内容、特质和个人活动的各个领域的综合性、辩证性人格因素,既是静态的人格特征,又是动态的人格过程。黄希庭将自立的概念引入人格心理学后,又将其划分为身体自立、行动自立、心理自立、经济自立和社会自立五类。此后,黄希庭等人对不同年龄群体的自立结构和自立人格开展了一系列深入的研究。众多研究表明,自立的结构和内容是一个动态发展的过程,随着年龄的增长,个体在不同阶段需要面对不同的生存与发展任务,因此个体在不同年龄阶段自立的内容和结构存在差异。

3~6岁儿童自立行为的结构与测评

3~6岁儿童的神经机制、动作技能正处于迅速发展的时期,相对于0~3岁的婴幼儿来说,3~6岁儿童的自主性、能动性增强,正处于从摆脱依赖到逐步独立的时期。教育部在2012年制定的《3~6岁儿童学习与发展指南》中明确提出,成人在照顾3~6岁儿童时"不宜过度保护和包办代替,以免剥夺幼儿自主学习的机会,养成过于依赖的不良习惯,影响其主动性、独立性的发展",因此研究3~6岁儿童的自立结构和特点对于学前儿童自立品格和健全人格的培养有重要意义。

凌辉等人(2014)通过对3~6岁儿童的父母及教师的访谈和语义内容分析,将3~6岁儿童的自立定义为"为了有效解决3~6岁儿童个体的基本生存与发展问题,在其心理发展主要任务涉及的领域个体自我行动的程度与水平"。通过实证研究,凌辉发现3~6岁儿童的自立行为是单维度(自我行动功能维度)多领域(日常自立、社会自立、学业自立、心理自立)的结构。

根据3~6岁儿童自立行为的定义,凌辉等人(凌辉,张建人,钟妮,阳子光,易燕,2014;凌辉,朱阿敏,张建人,郭鹤阳,王洪晶,2016)从外部行为领域方向编制了3~6岁儿童自立行为问卷。该问卷分为五个领域维度:维度一是日常自立,指日常生活方面的自立行为;维度二是社会自立—安全常识,指社会安全意识方面的自立行为;维度三是社会自立—社交行为,指社会人际交往方面的自立行为;维度四是学业自立,指与学习有关的自立行为;维度五是心理自立—自我控制,主要是关于行为和情绪自我调节的自立行为。该问卷结构合理、信效度较好(各分量表间隔2周的重测信度为0.86~0.93,各分量表的克龙巴赫α系数为0.65~0.82,以儿童适应行为评定量表作为效标检验问卷得出该问卷内部结构效度较好),在3~6岁儿童自立行为的研究中应用广泛。

小学生自立行为的结构与测评

6~12岁儿童(小学生)正处于埃里克森划分的人格发展的第四阶段,该阶段的发展任务是获得勤奋感而克服自卑感,体验能力的实现。埃里克森认为,这一阶段是有关自我成长的决定性阶段。研究小学生自立行为的结构和特点,对培养具有创造性的人才,以及小学生健全人格的养成具有重要的实践意义。

凌辉(2006)同时从领域与功能两个维度着手,对6~12岁儿童的自立行为建立模型结构并加以界定:为了有效解决儿童个体的基本生存与发展问题,在其心理发展主要任务涉及的领域个体自我决断(self-determination)、自我行动(self-action)、自我负责(self-responsibility undertaking)的程度与水平。实证研究发现,6~12岁儿童自立行为的结构是二维度(领域与功能)多层次结构。领域维度包括一般领域层次和特殊领域层次。一般领域自立(general self-supporting)指不涉及具体领域的较概括层次的自立,特殊领域自立(specific self-supporting)指儿童心理发展主要任务涉及的具体领域的自立,包括学业自立(scholastic self-supporting)和非学业自立(non-scholastic self-supporting)。学业自立是指,使儿童认知得以发展的学习活动领域的自立,具体包括学校生活、课堂学习、完成作业、获取信息等领域的自立。非学业自立是指,使儿童社会性得以发展的同伴交往领域、常见的道德是非判断领域、日常生活及危机应对领域的自立,具体包括日常自立、社会自立和道德自立。每个领域维度又划分为自我决断、自我行动、自我负责三个功能维度。

在6～12岁儿童自立行为定义和结构的基础上,凌辉(2006)编制了6～12岁儿童自立行为问卷,该问卷因素结构清晰,信效度较好(各分量表的克龙巴赫α系数为0.64～0.80,总量表的克龙巴赫α系数为0.86;各分量表的分半信度为0.58～0.69,总量表的分半信度为0.81),可以作为评鉴我国小学生自立行为的有效问卷。凌辉通过问卷对6～12岁儿童进行实证研究,结果发现,6～12岁儿童的自立随年龄而逐步发展,但发展并不是线性的、匀速的,男生和女生、城市儿童和农村儿童、寄宿儿童和非寄宿儿童在不同领域的发展趋势存在差异。在自立总分以及学业自立、道德自立、自我行动、自我负责分量表上,女生得分显著高于男生;在所有分量表上,农村儿童得分显著高于城市儿童,且非寄宿儿童的自立程度高于寄宿儿童(凌辉,黄希庭,2009a)。

青少年自立行为的结构与测评

凌辉(2013)在已有自立相关研究的基础上,尝试提出青少年学生(12～18岁的初中、高中学生)的学业自立、社会自立、经济自立与道德自立的操作性定义,建构青少年学生学业自立、社会自立、经济自立与道德自立的理论结构,编制相关问卷并检验信效度,从实证角度分析青少年学生学业自立、社会自立、经济自立和道德自立的现状与特点。

青少年学生学业自立是指,青少年学生在学习过程中摆脱对父母、教师、同伴的依赖,在认知、情绪情感、行为意志、人际交往和道德品质养成等方面独立自主、自我负责的过程。从青少年学生心理发展阶段的特征和任务入手,结合青少年学生的实际情况,初步将青少年学生的学业自立分为学习认知、学习情绪、学习行为、人际交往和学习品德几个方面。结合问卷与访谈分析得出,青少年学生学业自立包含行为倾向、人际环境、学习认知、学习品德与情绪调适五个维度,并编制青少年学生学业自立问卷,问卷信效度较好(分半信度为0.85,克龙巴赫α系数为0.87,重测信度为0.84;各维度的相关系数为0.28～0.54;各维度与总问卷的相关系数为0.62～0.84;各维度、总问卷与青少年学生个人自立人格分量表的相关系数为0.45～0.62),说明可以接受该学业自立结构模型。

青少年学生社会自立是指,在社会生活中青少年学生作为独立的个体能够摆脱对他人的依赖,在道德品质的养成、责任与义务的承担、人际关系的处理,以及团队协作能力的锻炼等方面自立行动、自己做主。从青少年学生心理发展的阶段和特点入手,尝试将青少年学生的社会自立建构为道德品质、责任感、人际关系和协作能力四个维度。研究采用个案法与问卷法相结合的形式,系统探索青少年学生的社会自立行为及其特点,编制与中国文化特点相符的青少年学生社会自立问卷。根据探索性因素分析结果,将青少年学生社会自立结构修订为道德品质、责任行为、责任意志、人际关系与协作能力五个维度,并形成青少年学生社会自立问卷,随后的验证性因素分析结果表明,该五维度模型与数据拟合良好,符合心理测量学要求。

青少年学生经济自立是指,青少年学生在成长过程中,逐渐产生经济独立意识,产生摆脱依赖父母的想法,在学会挣钱、资源分配、金钱存储、职业准备等方面形成独立自主、自我负责的能力特质。从青少年学生心理发展的阶段和特点入手,从金钱意识和职业意识两个方面建构青少年学生的经济自立。在金钱意识方面体现为学会挣钱、资源分配、金钱存储,在职业意识方面则体现为对未来职业方向和自己理想事业的期待。结合青少年学生经济自立的具体内容,确立研究编制的问卷性质、项目内容、编排形式、测量对象与施测方法。一是在现有理论基础上总结青少年学生经济自立的基本维度(学会挣钱、资源分配、金钱存储、职业准备),二是通过引用成熟量表的相关项目、自编项目等确立项目库,编制青少年学生经济自立问卷,经检验该问卷信效度较好(量表的克龙巴赫 α 系数为 0.85,分半信度为 0.83,重测信度为 0.82;各维度的相关系数为 0.29~0.56;各维度与总分的相关系数为 0.65~0.83;各维度、总分与效标问卷——青少年学生个人自立分量表的相关系数为 0.42~0.61)。

青少年学生道德自立是指,青少年学生在阶段性心理发展过程中,在理性品质、日常素养、社会责任、行为文明、诚实守信等道德相关方面表现出的摆脱依赖、自己判断、自己行动、自己做主,以及对自己的行为和意愿负责的特质。根据已有研究中自立的结构,结合道德研究涉及的领域,并参考我国历史文化中对自立的认识,在分析研究有关文献的基础上,尝试将青少年学生的道德自立分为理性品质、日常素养、社会责任、行为文明、诚实守信五个维度,并通过问卷调查和半结构式访谈考察和验证青少年学生道德自立的结构维度,编制青少年学生道德自立问卷,该问卷信效度达到心理测量学标准(总量表的分半信度和克龙巴赫 α 系数分别为 0.78 和 0.83,重测信度为 0.87 和 0.78;各维度的相关系数为 0.19~0.48;各维度与总分的相关系数为 0.52~0.78;各维度、总分与效标问卷的相关系数为 0.31~0.82),而且各适配度拟合指标和标准化路径分析图均显示,道德自立五因素模型的拟合效果较好。

以上是凌辉分别从学业、社会、经济与道德四个方面对青少年学生自立结构的探索与测评,相关问卷信效度较高,模型拟合较好,能够准确描述青少年学生自立的现状和特点。

自立是健全人格的重要方面,夏凌翔(2004,2006)以及夏凌翔和黄希庭(2008,2009)从人格的角度对自立进行了一系列研究,夏凌翔将自立人格界定为"在社会背景下,个体在自己解决遇到的基本生存与发展问题中形成的独立性、主动性、责任性、开放性和灵活性特征"。

夏凌翔使用人格特征词进一步探究青少年学生(包括初中生、高中生、大学生)的自立人格问题,从相关文献和公众描述中收集关于自立人格特征的形容词,并将其与自信、自强、自尊等概念区分开来,删除混淆的形容词后共获得 200 个自立人格特征形容词。夏凌翔以 200 个自立人格特征形容词为基础,编制了由 107 个形容词(如刻苦的、大度的、忠诚的等)构成的初中生问卷,由 101 个形容词(如友善的、创新的、博学的等)构成的高中生问卷,由 101 个形容词(如努力的、大度的等)构成的大学生问卷。最后,将三个问卷中存在重叠的形容词挑选出来,形成由 102 个形容词构成的青少年学生问卷(夏凌翔,2006)。

对青少年学生问卷的调查结果进行分析,结果发现,青少年学生(包括初中生、高中生和大学生)自立人格包括灵活与独立性、责任性、主动性、人际开放四个维度。具体而言,初中生自立人格结构包括主动与行为责任、开放性、人际责任、积极性、灵活与独立性五个维度。高中生自立人格结构包括人际开放与责任、灵活与独立性、主动性和行为责任四个维度。大学生自立人格结构包括主动性、开放性、责任性、积极性和独立性五个维度。

如表7-1所示，初中生、高中生和大学生自立人格结构有比较高的一致性，因素与含义也基本一致，而且通过语义分析可以发现，各问卷仅存在表面差异。由此可见，初中生、高中生、大学生自立人格结构大致由独立性、主动性、责任性、开放性和灵活性五个维度构成。

表7-1 青少年学生自立人格结构（来源：夏凌翔，2006）

初中生 自立人格结构	高中生 自立人格结构	大学生 自立人格结构	青少年学生 自立人格结构
主动与行为责任	主动性	主动性	主动性
开放性	行为责任	开放性	人际开放
人际责任	人际开放与责任	责任性	责任性
积极性		积极性	
灵活与独立性	灵活与独立性	独立性	灵活与独立性

自立人格是个体在不同领域长期表现自立行为后，累积形成的较为稳定的综合性人格特征。夏凌翔提出，初中生、高中生、大学生的自立人格都涉及独立性、主动性、开放性、灵活性和责任性，但这些特征可能有人际和个人两种聚焦倾向。夏凌翔等人（夏凌翔，黄希庭，2008，2009）为此进行了实证研究，在青少年学生问卷的基础上，编制了青少年学生自立人格量表，提出青少年学生自立人格结构应围绕个人与人际两个方面的独立性、主动性、责任性、灵活性和开放性特质去建构，认为青少年学生自立人格是一个十因素的一阶结构（各因素特质相互独立）。青少年学生自立人格量表分为人际自立与个人自立两个分量表。人际自立分量表包括人际独立、人际主动、人际责任、人际灵活、人际开放五个维度；个人自立分量表包括个人独立、个人主动、个人责任、个人灵活、个人开放五个维度。应用人际自立和个人自立两个分量表调查初中生、高中生和大学生，结果支持了之前的观点，初中生、高中生和大学生的自立人

格结构具有一致性。

自立人格的主动性、独立性、责任性、开放性和灵活性相互配合,推动个体适应性地解决遇到的问题,并不断发展自己,有利于个体维护自身心理健康,形成健全人格。

钟慧(2003)通过文献综述、访谈、问卷调查等方法考察高中生的自立结构,并编制了高中生自立结构问卷。该问卷结构良好,信效度达到统计学要求(总量表的克龙巴赫 α 系数为 0.88,分半信度为 0.86;题项与总量表的相关系数为 0.27~0.67)。通过实证研究,钟慧认为高中生的自立结构包括行为自立、心理自立、社会自立和经济自立四个维度。自立是一个动态系统,钟慧发现从高一到高二,高中生自立的各维度分数均在上升,但从高二到高三,除了有效学习、生活自立和责任感外,其余维度的分数都在下降。此外,虽然高中生没有明确的经济自立意识,但是出现了经济自立的倾向。经济自立意识可能到大学阶段才会出现。

黄希庭和李媛(2001)采用开放式问卷调查大学生的自立意识,结果发现,大学生自立意识主要包括经济自立、心理自立、社会自立和抽象自立,且强度逐渐降低,从总体上看,我国大学生自立意识是健康发展的。李媛(2002)认为,自立是伴随自我发展而出现的一种积极的自我意识,是个体追求独立自主的一种自我倾向,个体自立的过程是在摆脱依赖的过程中,形成内在的自我力量,能够自己做主,并与周围的环境协调平衡。这种协调平衡体现为,"自己实际做到的"与"自己应该做到的"之间的平衡。所谓自立意识,就是个体对自身这两者差距的认识。

李媛(2002)的研究表明,公众的自立观可分为素质与结果两个维度。素质维度是指个体达到自立时对自身的要求,即应具备哪些能力;结果维度是指个体自立应达到什么标准,即个体的经济状况和社会地位。她以大学生为研究对象编制了大学生自立意识问卷,通过实证研究发现,大学生的自立意识结构可分为心理自立意识、经济自立意识和社会自立意识三个维度。心理自立意识又可分为认知、情感和意志三个维度,包括独立思考、独立性、自我效能评价、情绪体验、情绪调节、自我控制和坚定性七个因素;经济自立意识可分为生存经济意识与职业生涯意识,包括勤工助学、金钱观、资源分配、就业准备和职业预测五个因素;社会自立意识包括理想、人际关系、责任感和角色意识等因素。以大学生为被试编制的大学生自立意识问卷,各分量表内部的一致性系数在0.8左右,问卷结构因素清晰,在大学生自立意识的研究中应用甚广。

自立贯穿个体发展的一生。根据个体发展阶段的不同任务,各年龄阶段个体对自立的要求是不同的。在幼儿阶段,要求身体自立与行为自立;在小学阶段,要求行为自立与心理自立;在中学阶段,要求行为自立、心理自立与社会自立;在大学阶段,要求心理自立、经济自立与社会自立;在成人阶段,要求经济自立与社会自立;在老年阶段,要求身体自立、行为自立与心理自立。随着我国老龄化日趋严重,研究老年人自立的结构,培养、提高老年人自立水平可以为当前自立研究提供方向。

现有关于自立的研究侧重于探讨自立的内涵、结构、心理功能及表现形式,但是缺乏对自立形成机制、教育对策和培养措施的研究。在研究方法上多采用问卷法、访谈法,对实验法应用不深,不能有效提供因果关系资料,缺乏纵向研究和交叉实证研究。

7.1.3 自立的影响因素

从自立的含义以及相关结构和测评不难看出,自立具有多元性和复杂性,自立的形成与发展受到家庭因素、人格特点等内外部因素的影响。

家庭因素

家庭是个体成长的第一环境,父母教养方式、早期亲子关系和家庭环境等因素对自立的养成有重要影响。

实证研究(凌辉,黄希庭,2009b;曾蓉,2009)发现,相比于负性的养育方式,在父母正性的、积极的养育方式下,个体的自立水平更高。父母教养方式中的自主性对自立人格具有正向的预测作用,而拒绝和情感冷漠对个体的自立人格具有负向的预测作用。根据自我决定理论(Deci & Ryan, 2008),人类有自主、胜任、关系三大基本心理需求,自主性的发展是个体早期发展阶段的主要任务。如果父母教养方式阻碍了儿童自主性的发展,那么也会损害儿童的心理健康(Grolnick &

Pomerantz，2009；Soenens & VanSteenkiste，2010）。中国传统文化中的自主确切来说就是自立。自立既包括独立自主，也暗含相互依赖。给予孩子适当的自由，不要包办一切，适时鼓励分离，同时给予情感支持，尊重、聆听孩子的观点，当任务超出孩子的能力范围时鼓励孩子主动寻求帮助，这些措施都有利于提高个体的自立水平。

以中国儿童和青少年为被试的研究发现，除了父母教养方式外，早期亲子关系、家庭环境等因素对自立也有重要影响。父母的拒绝、否定、爱的缺失，敌对、愤怒的亲子关系，会对儿童的自立行为产生不良影响（凌辉，黄希庭，2009c）。根据布朗芬布伦纳（Urie Bronfenbrenner）的生态系统理论，个体不仅受父母的影响，而且受家庭环境、社区环境、父母人际关系，以及整个社会文化环境的影响。父母受教育背景不同，其个人行事风格、对子女的教养态度和方式也会不同。一般而言，父母文化程度较高，更会采取尊重、协商的民主教养方式，对儿童产生积极影响。另外，有研究发现，居住在带公共院落的公寓楼、新居住区或公园附近的儿童独立性更强；母亲的社区安全感越强，社会联系越多，儿童的独立性也越强（Prezza et al.，2001）。由此可知，培养个体的自立行为和意识，需要从家庭、环境各个方面着手，父母要做到适时放手、尊重与关怀，给儿童一个自由、自主、安全的成长环境。

人格特点

除了父母教养方式等家庭因素，个体对自我的认知、已形成的人格特征等心理因素也会影响自立的形成和发展。影响自立的人格因素还包括心理控制点、认知方式、自我概念等。

心理控制点是人们在归因过程中对控制自己行为的原因和心理力量的看法，分为内控型和外控型。心理控制点向我们提供了洞悉自主感和独立性的新视角。内控型被认为是自主的一个特征，内控者相信事件的结果由自己控制，因而在生活中更积极、更有主见，也更具探索精神，即更自立。外控者相信事件的结果由外部力量控制，因而更具依赖性。黄希庭和凌辉（2009d）认为，自立水平与心理控制点密切相关：自立水平高的儿童倾向于认为，事件的结果取决于个人的努力或与个人的特点密切相关；自立水平低的儿童则倾向于认为，事件的结果受运气、机遇、权威人物等非自身因素的控制。这一研究结果与韦纳的归因理论和罗特的心理控制理论一致。

认知方式是分析人格特点的新维度，分为场独立和场依存，但两者并无好坏之分。场独立指个体倾向于以自身内部为参照，不易受外界环境的影响，独立对事物作出判断。场依存指个体的想法易受外界环境，如父母、朋友、领导或权威人士的干扰，在作决定或实施想法前常考虑他人的意见。它们作为认知方式存在于个体的记忆、思维和个性等方面（Marmar，1982）。凌辉和黄希庭（2008a）以四至六年级的小学生为研究对象，发现自立水平与儿童的认知方式密切相关，自立水平高的儿童的认知活动较少受到环境因素的影响，主要利用自己的内在参照对外界作出反应，而自立水平低的儿童多以外界为参照作出反应。场依存—场独立认知方式可能是影响儿童自立行为发展的因素之一。西方关于学生自主性的大量研究也指出，场独立是学生自主性的恰当指标（Richardson，1998）。

自我概念可能也是影响自立发展的重要人格因素。自我概念是指一个人对自身存在的体验，包括一个人通过经验、反省和他人的反馈，逐步加深对自身的了解。有研究（王争艳，刘红云，雷雳，张雷，2002）表明，个体的自我概念越积极，自主和独立程度就越高，反之亦然。研究者发现，具有同等能力的儿童在面对难题或挑战时会表现出两种不同的反应倾向：一种是习得性无助倾向，另一种是自主性倾向。这两种倾向存在不同的自我概念系统。习得性无助倾向者被动、依赖、害怕失败，主要通过追求成功和避免失败来维护自尊；自主性倾向者自信、独立，勇于迎接挑战并解决难题（吴增强，1994）。凌辉和黄希庭（2009e）研究发现，儿童的自我概念与自立行为发展水平关系密切，但两者的关系可能不是单向或直接的。相比于自立水平低的儿童，自立水平高的儿童自我概念更加积极，但具体作用机制还需要进一步探讨。黄希庭（1991）曾提出，自立是自我控制的一种。有研究发现，自我延迟满足是自我控制的重要成分，它是个体有效调节自我和成功适应社会行为发展的重要特征，也是个体由幼稚走向成熟、独立的重要标志(杨丽珠,于松梅,2002)。凌辉和黄希庭(2008b)专门研究了自立和自我延迟满足,结果发现,自立水平高的儿童主要采用受自我内部控制的主动延迟策略,自立水平低的儿童主要采用受外部情境控制的被动延迟策略,前者更易于儿童控制自我,即自立水平高的儿童比自立水平低的儿童自我延迟满足能力更强。

虽然心理控制点、认知方式、自我概念同为人格的组成部分,但各种人格因素间的交互作用和关系错综复杂。家庭因素和人格特点对自立的影响机制尚未明确,需要进一步研究。

7.1.4 我国自立人格与西方独立人格的区分

自立是立足中国文化的心理学概念,是中国化人格心理学的重要内容。自立人格是指,有利于解决自身遇到的基本生存与发展问题的,包括个人与人际两个方面的独立性、主动性、责任性、灵活性和开放性等特质的综合性人格特征(夏凌翔,黄希庭,2008)。自立人格是根植于我国传统文化的人格概念,是心理健康的保护性人格因素(夏凌翔,2010)。

西方文化没有自立人格这一概念,其强调的独立人格与我国文化背景下的自立人格具有共通之处。但是,把两者等同或混淆起来,依然有不当之处。独立对西方人来说似乎是一种必备的人格特征,许多西方学者将独立和自治(self-governance)视为青年早期和中期的关键发展任务(Beyers, Goossens, Vansant, & Moors, 2003)。拜尔斯等人(Beyers & Goossens, 2003)认为,在青年晚期和成年初期,独立是一个关键的发展任务。德西等人(Deci & Ryan, 1987)将独立生活视为人类的基本技能,并认为它能促进身体健康和心理健康。此外,西方学者和社会组织将帮助个体独立生活视为一个重要任务。"独立"与"自立"都是较为广泛的概念,西方学者主要从需要、自我满足、自我依靠、依赖的反面、自我观念、自我控制与决定六个方面来界定独立。马斯洛在需要层次理论中就提出个体有独立的需要,并属于自尊需要这一层次。纳格尼(Alexander J. Nagurney)等人将独立界定为自己照顾自己和自己解决问题,独立的愿望涉及依靠自己而不是他人。普罗普(Jennifer Propp)等人指出,独立就是个人不感激他人,不被他人影响和控制,或者不需要他人的支持,自我满足反映了独立,因此西方常将独立与自我满足混用。斯蒂芬森(Peter H. Stephenson)等人认为,独立生活就是单独生活或只有最少的协助。奇尔科夫(Valery Chirkov)等人认为,独立与依赖相对,即不依靠别人的支持或帮助。罗克(Patricia J. Rock)认为,独立是一种易变的自我观念,对个体来说是独特的,他关注控制和选择而不是任何客观的、绝对的能力测量。还有学者指出,独立的定义强调个人的特征,如自我调节、控制,以及作出关于自己生活的重要方面的决定的能力或机会。由此可见,在西方文化中独立的概念非常重要,但独立的定义主要由其他词汇衍生而来。

夏凌翔和黄希庭(2007,2008)早期对"自立"与"独立"进行语义辨析时发现,我国公众认为,独立与自立涉及的人格特征有明显区别,自立人格是一种辩证性的人格特征,不仅强调自我依靠,而且强调人际联系,暗含相互依赖的意味。夏凌翔(2012)从自立人格与西方独立人格入手,研究自立人格与卡特尔16种人格因素测验(16 Personality Factors Test, 16PF)中的独立性、独立人格、场依存—场独立的关系,以及自立人格与内控/他控/机控的关系。结果发现:(1)人际自立各维度与16PF中的独立性呈负相关或无关,个人自立各维度与16PF中的独立性相关较低或无关。这证明了自立人格与独立人格的差异。由于16PF由国外学者编制,后引进到国内,它对独立性的描述实际上是对西方文化背景下个体独立性的描述——个体自恃、我行我素,既不讨厌他人也不需要他人的好感。我国文化背景下,自立人格则分为人际自立与个人自立两个方面。人际自立强调人际联结,个人自立强调自己做主和不排斥他人(主动求助)。因此,人际自立与16PF中的独立性呈负相关或无关,个人自立则与16PF中的独立性相关较低或无关。(2)在自立人格与场依存—场独立之间关系的研究中,夏凌翔发现,自立人格与场依存—场独立无关。场依存—场独立常被视为单维双极的因素,场独立多与人际分离联系,场独立者依靠内在信息作出判断,自立人格则同时强调自我依靠和人际联结,因此自立人格与场依存—场独立无关这一结果同样证明了它们的差异。(3)自立人格与内控/他控/机控的关系研究发现,自立人格的多个维度与内控呈正相关,与他控、机控呈负相关,而且与机控的负相关大于与他控的负相关。内控指个体相信自己能控制自己的生活,他控指个体相信自己的生活由他人控制,机控指个体相信自己的生活由机遇控制(Levenson,1981)。自立人格强调个人的责任性、独立性,因而倾向内控,但是自立人格也包括人际自立方面,因而自立人格与内控的相关程度不会太高,与他控的相关程度较低。

简而言之,自立人格与独立人格代表东方文化与西方文化两种不同的文化背景,因而对它们之间差异的理解从文化背景着手会更加清晰。独立人格是西方个人主义的代表,强调自己做主、不依赖他人。自立人格作为东方集体主义取向的产物,在强调自己做主的同时必然包含集体倾向,即强调人际联系,适时、适度的依赖。因此,自立人格与独立人格既有联系又相互区别。

7.2 自强

以往对自强的研究多侧重于历史学、文学、伦理学和教育学等人文学科,黄希庭首次将自强纳入心理学研究的视野(黄希庭,2004),认为自强是健全人格的基础,是中国人自我的一部分。从心理学视角系统研究极具中国历史文化气息的自强,一方面可以为健全人格的养成和教育提供心理学依据,另一方面可以为中国人自我心理学的研究和中国特色人格心理学的建立提供理论支持。

7.2.1 自强的概念

有学者从勤俭与自强、自强与守弱、自强与自制的关系等方面论述自强的含义,以及实现自强的途径和要求。罗国杰(2001)提出,自强就是自己努力,奋发图强,一息尚存永不停息的意思。他认为,勤俭与自强关系密切,一个人在生活中应该自力更生。刘善华(1999)从强弱这一对矛盾出发,指出谦虚守弱是实现自强不息的基本功,只有表现出淡泊名利、甘于吃亏、忍辱负重的守弱行为才能达到自强。禾乃林(1997)探讨了自制与自强的关系,认为要自强就必须自制,自强就是一种自胜自立、革新图强的精神和实践。自强涉及个人、家庭、社会、民族乃至整个国家,鼓励个人奋发图强、不懈努力,为家庭、社会乃至国家作出贡献。

郑剑虹(2004)比较自我实现、成就动机、自我、自强这四个概念后认为,自强是个体不断提升自我,充分发挥自身潜能,努力进取、克服困难的一种人格动力特质。自强的人具有明确的目标,在追求目标的过程中,表现出一种坚韧不拔的意志力;具有乐观开朗、悦纳自己、自信、自尊的积极心态;具有团结合作、适应性强、自立、自知的能力;具有有所作为,实现自我价值的强烈愿望,表现出对自己、他人、社会的强烈责任感和奉献精神。他详细说明了自强定义的关键词:提升自我指自强既是一个不断提升的过程,也是一个自我修养、自我改善的过程,提升自我符合中国文化的特征;潜能指自强的过程是一个不断发挥潜能的过程,潜能的发挥程度受个人因素和社会文化情境因素的交互影响;人格动力特质指自强具有动力性,它对个体的心理和行为具有指引、推动、维持和调节作用,这种动力性反映自强是一种持续不断的发展过程,而不是一种成就终结状态。

不难发现,自强的定义与跟它意思相近的概念关系密切,但所有的自强表述都体现出一种积极向上的特质。自强既是一种动力特质,也是一种综合性的人格特征,是一种以意志力为核心的人格动力特质。

7.2.2 自强的类型

自强是一个多层次多维度的系统,可以从多种角度对其进行描述和划分。首先,从个体自强的目标和行为指向来划分,可将自强分为个人取向的自强和社会取向的自强。个人取向的自强是指,个体的自强及其行为指向自身。个体自强的奋斗目标是提升自身的能力和生活质量,强调个体自身潜能的发挥和自身的发展。社会取向的自强是指,个体的自强及其行为指向他人和社会。其次,从自强的抽象程度来划分,可将自强分为总体自强和特定领域自强。总体自强指一般性的自强,它的抽象程度高,具有弥散性的功能。总体自强水平高的人在任何时候、任何领域都表现出自强特征。特定领域自强指具体领域的自强,它的抽象程度较低,表现为个体在学业、经济、职业、生活、健康等特定领域的自强程度(郑剑虹,2004)。

7.2.3 自强的人格特征

"自强"一词,在我国传统典籍中是出现频次极高的词汇之一。自强是中华民族精神的重要内容和不可缺少的部分,是中国人自我的组成成分。作为一个根植于传统文化并不断发展的概念,自强具有丰富的内涵。根据传统文化的划分,自我可分为"小我""大我"和"个我"。"小我"指人伦关系中的自我;"大我"指除"小我"以外的群体自我,包括社会、国家、自然、宇宙关系中的自我;"个我"指个体的我,包括个人的身体及内在私欲等自我(赵彩花,黄希庭,岳彩镇,蔡亮,赵天一,2009a,2009b,2010)。

有研究者用计算机从电子版文渊阁《四库全书》3 476种书籍中检索关键词"自强",得到1 674条语句材料,使用内容分析法可以归纳出"小我""大我"和"个我"三种自强人格的语句材料(赵彩花,黄希庭,岳彩镇,蔡亮,赵天一,2009a,2009b,2010)。

"小我"自强的人格特征

自强在"小我"中的体现涉及"立门户""慰亲故""惠乡井""合朋类""追前英""传师承""答知遇""成君臣""正人我"九个方面。

"小我"自强的人伦内涵囊括"五伦"的几乎所有人际关系。"小我"自强指向家族、乡亲、朋友、前圣、师生、知遇、君臣、人我,体现了"小我"自强以己为中心指向外界的趋势。赵彩花、黄希庭、岳彩镇、蔡亮和赵天一(2010)在归纳整理有关"小我"的资料时发现,"我"与每种人际关系都有鲜明的情感倾向,如"父子有亲,君臣有义,夫妇有别,长幼有序,朋友有信"(《孟子·滕文公上》)。不同的人际关系对应不同的道德情感,这既体现出"小我"自强是施"仁"的过程,也体现出个体"推恩"的差序格局。"亲亲也,尊尊也,长长也,男女有别,此其不可得与民变革者也。"(《礼记·大传》)亲近亲人,尊敬尊者,对长辈孝顺,男女有别。关系是由近到远、由尊及卑、由亲至疏,愈推愈远的,自强的指向也是如此。

"家"是人伦关系的始发站,齐家而后治国,而后平天下。由此发现,"小我"自强的九个方面,真正涉及家庭的是"立门户"和"慰亲故",乡井、朋友、师生、知遇、君臣等只是家庭中"孝""悌""慈"伦理的演绎。也就是说,"小我"自强人格将家庭作为"小家",而乡井、朋友、君臣等则是"大家",这是"小我"自强"齐家"内涵的延展。这些人际关系反映,传统文化中的中国人属于家国并重者。

"大我"自强的人格特征

"大我"自强包含"进德修业""盛德大业""天德圣业"三方面的人格特征。"进德修业"中的"进"既指进学、增进,又指一种追求中、进行时的状态。"盛德大业"指为民族、国家和天下苍生谋福利且有所成就。"天德圣业"指个体自强的最高和最终目标就是具备天德,取得像天一样的功业,即合乎天地法理,达到圣人之境,万物各得其性,各得其所,和谐共生。

"进德修业""盛德大业"和"天德圣业"既是体现"大我"自强人格特征的三个方面,也是"大我"自强人格的三个层次和境界。"进德修业"意为对"德""业"的不懈追求,它涉及亲人、邻里、朋友;"盛德大业"要更高一个层次,指个体对民族、国家的贡献,它涉及国家;"天德圣业"境界更高,指个体像天一般兼济天下、泽被苍生。"大我"自强人格以"进德修业"为始发点,提升自我德性,进而"盛德大业"以利国家,最终达到"天德圣业"的境界,成德成圣。

前面提到,健全人格就是以积极的态度对待自己、他人和世界,正确看待过去、现在和未来,以及顺境和逆境,做一个自立、自信、自尊、自强和幸福的进取者。健全人格指向自己、他人和世界,指向过去、现在和未来。人格健全者有高尚的目标追求,积极寻求生活和人生的真谛,努力为社会创造价值。中国传统文化中的"小我"和"大我"自强对此也有所体现。

"小我"的流惠他人,以及"大我"的"进德修业""盛德大业"和"天德圣业"反映出自强指向"德""业"的特点,"小我"隐于"大我",因此中国传统文化中自强的目标是"德""业"并修,内外兼具。自强的人格就是"德""业"人格。

"个我"自强的人格特征

"个我"自强可分为"养生乐生""研读诗书""富贵荣名"和"志节操行"四个方面。"养生乐生"是"个我"自强指向自己身体的表现,"研读诗书"强调读书学习,"富贵荣名"指自强的目的是富贵留名。虽然自强指向物质追求,但更多还是强调"志节操行",强调自重自强,去辱去侮。

"个我"自强内外并蓄,既强调对自己身体的关注,对外在物质的追求,又重视个体的精神品质。"个我""小我""大我"是和谐统一的状态。"个我"不灭才能将恩德由近及远地推行至天下,从而成就"小我"即人伦我,成就"大我"即天地我。"小我"流惠乡里、德泽亲众,"大我"治国、平天下,这都是"个我"精神不断提升和推恩的表现。费孝通先生曾说,中国文化是"自我中心主义"的,此处"自我中心"并不等同于西方的"自我中心"。中国文化的"自我中心"是由里及外、由己至众的,即不断提升"个我"的德性品行,不断外推,波及"小我"和"大我",流惠不灭。

"个我"自强人格指向自身,"小我"自强人格流惠众人,"大我"自强人格泽被万物。它们统合起来的目标就是儒家所说的"修身齐家治国平天下",自强人格具体指向"修齐治平"的"德""业"人格。

7.2.4　自强意识的测评

根据自强的概念和类型,郑剑虹(2004)以传统的知、情、意、行四分法为基础编制了自强意识问卷(Self-Strengthening Questionnaire),对问卷结果的因素分析发现,自强是一个多层次多维度的系统。

自强意识问卷包括总体自强意识、社会取向的自强意识和个人取向的自强意识三个分问卷。总体自强意识分问卷共7题,包括总体肯定和总体否定两个维度。总体肯定指个体对自身在意志、信心、能力、自知等方面总体上的肯定或积极认知和评价;总体否定指个体对自身在意志、信心、能力等方面总体上的否定或消极认知和评价。社会取向的自强意识和个人取向的自强意识均由动机强度、自立、自信、自尊四个维度构成。社会取向的自强意识分问卷共14题,其动机强度指个体激发、维持自身从事活动的动力程度;自立指个体的主动意识和对社会、集体、他人的责任意识;自信指个体对未来的信心;自尊指个体对自己在他人心目中以及团体中的地位、能力、认同度等方面的认识和体验。个人取向的自强意识分问卷共15题,其动机强度的内容主要与激发、维持、调控个体从事活动的动力程度有关;自立反映了个体独立、自主、负责任的意识;自信反映了个体在过去这一时间维度上对自身所持的信心;自尊指个体对自身价值的评判和体验。

社会取向与个人取向的划分体现了自强的文化历史性。动机强度、自立、自信、自尊四个维度既反映了自强是一种综合性的人格特征,也反映了自强的动力过程。其中,动机强度维度(即意志力维度)是自强结构的核心。自立、自信、自尊涉及行为、认知和情感体验的内容,同时它们也是人格特征。

目前,有关自强的研究大多基于郑剑虹编制的自强意识问卷(江宜霖,高媛媛,胡媛艳,黄希庭,2014)。也有少数研究从自强感(个体自身克服困难,积极进取以求获得自我发展的一种生活情感)这一侧面研究自强,并编制了具有针对性的青少年自强感情境问卷。总体来说,自强的相关测评还需要进一步补充和完善。

7.2.5 自强意识的影响因素

对自强意识的影响因素的研究可以为以后的教育干预提供理论依据。有研究发现,父母教养方式、家庭环境、成就动机等因素对自强意识具有明显的影响。

父母教养方式

父母教养方式(parenting style)是父母传达给儿童的对儿童的态度,以及由父母的行为所表达出的情感气氛的集合体(Darling &

Steinberg,1993)。父母是儿童最早接触的人,父母教养方式对儿童个人的成长和发展均有重要影响。积极的父母教养方式有利于形成健康向上的人格特点,而消极的父母教养方式容易造成个体被动、具有攻击性(曲晓艳,甘怡群,沈秀琼,2005;武慧多,杨建,2012)。作为健全人格的重要方面,自强的发展受到父母教养方式的影响。

有研究发现,个体的自强意识与温暖型的父母教养方式存在非常显著的正相关,与惩罚严厉型、拒绝否认型和干涉保护型的父母教养方式存在负相关,而且与拒绝否认型的父母教养方式存在显著的负相关(郑剑虹,2004)。也就是说,父母给予儿童更多温暖、爱和支持,有利于儿童自强意识的提高和发展,而过于权威、总是否认、拒绝、惩罚儿童的教养方式会对儿童自强意识的发展造成伤害。路肖惠、刘彦慧、孙杰、韩煦和杨士君(2013),以及康钊(2011)的研究支持了上述观点,即积极的父母教养方式有益于儿童自强意识的培养和发展。

因此,父母在教养子女时,应采取民主的方式,给予儿童更多关爱、尊重、温暖和适度的自由,为儿童创造安全的成长环境,这有利于提高儿童的自强意识水平,为培养健康的人格打下基础。

家庭环境

作为个体成长的重要环境,家庭与个体心理和行为的发展休戚相关。家庭环境主要指家庭成员间的关系,以及家庭成员共同营造的家庭氛围。

黄希庭(1991)提出,和谐型家庭氛围最有利于儿童养成良好的性格,冲突型和离散型家庭氛围则相反。谢虹、艾宪淮和朱宝俊(2001)发现,有心理问题的人,其家庭环境积极维度得分较低,矛盾性得分较高。张海芳和陈青萍(2007)在高中生家庭环境与心理健康关系的研究中发现,家庭环境对高中生的心理健康有明显的影响。消极的家庭环境与学习焦虑、人际焦虑等不良的心理状况存在显著正相关,积极的家庭环境则与学习焦虑、人际焦虑等不良的心理状况存在显著负相关。作为一种积极的心理健康品质,自强与家庭环境存在紧密联系。郑剑虹(2004)探讨家庭环境与自强意识的关系,发现两者之间存在相关。亲密型、成功型、知识型和娱乐型的家庭环境与自强意识存在显著正相关,矛盾型的家庭环境则与自强意识存在负相关。也就是说,家庭成员之间相互承诺、帮助和支持的家庭环境,将一般性活动(工作和学习)变为成就性活动的家庭环境,家庭成员对政治活动、社会活动、智力活动和文化活动有很大兴趣,喜欢参与社交和娱乐活动的家庭环境等,有利于自强意识水平的提高。家庭成员之间经常公开表达愤怒、攻击和矛盾则会阻碍个体自强意识水平的发展。郑剑虹以家庭环境为自变量对自强意识进行多元回归分析,结果发现,家庭环境对自强意识有明显的正向预测作用。郑剑虹和吴燕飞(2009)对贫困大学生自强意识的调查结果也表明,家庭环境是影响个体自强意识的重要变量。

家庭成员之间形成的开放、积极、坦诚、相互支持的关系,为个体自强意识的发展、健全人格的培养提供了土壤。家庭成员应该多参加共同的家庭活动,学会良好的情绪、情感表达,这对子女和父母的心理健康都有益。

成就动机

成就动机(achievement motivation)是指努力竞争以期实现社会价值的心理倾向,包括追求成功的动机和避免失败的动机两个维度(Atkinson,1964)。它与自强人格一样具有激发和调节功能,因此成就动机与自强意识存在紧密联系。郑剑虹(2004)发现,自强意识与成就动机的相关最为明显,而且利用成就动机对自强意识进行回归分析,发现成就动机对自强意识的预测力最大,达到23.7%。这说明,成就动机水平越高,越有助于自强意识水平的提高。江宜霖、高媛媛、胡媛艳和黄希庭(2014)的研究同样发现,自强与追求成功的动机和成就动机总分呈显著正相关,与避免失败的动机呈显著负相关。

作为一种激励、维持和调控个体行为的心理动力系统,成就动机在父母教养方式、家庭环境对自强的影响中起中介作用。成就动机作为影响的中介变量的结论得到许多研究的支持。苏霞和董振华(2015)的研究表明,父母的接受和参与(父母的支持和帮助)可以通过大学生追求成功的动机的中介作用间接影响生涯适应力(个体应对生涯任务、生涯问题、生涯转折、生涯中的重大事件和生涯发展时的心理资源)。车丽萍(2002)的研究也发现,性格特征和控制点对大学生自信的影响是以成就动机为中介变量而发挥作用的。

影响自强意识的因素是多元的,研究发现,家庭、学习、社会环境、成败经历、人际关系、个人性格和认知因素等都会影响个体的自强意识及行为表现(胡丰峰,2012;邓军,郑剑虹,2011;郑剑虹,2009)。目前,对自强影响因素的研究多以访谈法、问卷法为主,要想探讨各因素之间的因果关系,采用实验法来研究势在必行。今后,自强的研究方法需要多元化,而且由于目前对自强的研究多以大学生为对象,因此自强的研究对象也需要多元化。

7.2.6 自立与自强的对比

自立和自强同是健全人格的重要方面,是我国传统文化特别重视的自我维度(郑剑虹,2004)。自立与自强概念联系紧密,常连用,如"惟兄之生,生而不辰,孩失其怙,幼丧所亲,旁无兄弟,藐然一身,自强自立,以致成人"(《全唐文·卷六百八十一》)。一些学者常用自立来界定自强(禾乃林,1997;罗国杰,2001),如郑剑虹(2004)认为自强包含自立,自强者是自立的。还有学者用自强来界定自立(徐勤,郭平,1999;夏国英,2002),如夏国英(2002)认为自立人格是独立型人格的一种,具有自律、自信、自尊、自强等特点。自立与自强两者有何区别呢?

夏凌翔利用开放式问卷抽取104项自立、自强特征,并编制封闭式问卷,探讨自立与自强的关系。结果发现,被试最强调的自立特征是独立性、责任性和灵活性,最强调的自强特征是坚韧性、勇敢与拼搏,以及个人才干。此外,研究还发现,被试认为心理健康者兼具自立与自强的特征。

生活自理是被试选择的自立特征与自强特征频数差距最大的一项,独立性强是被试选择自立特征频数最多的一项。迎难而上是被试选择的自强特征与自立特征频数差距最大的一项,勇于拼搏是被试选择自强特征频数最多的一项。这充分说明自立特征与自强特征存在区别,而且彼此能够被分辨出来。自立最典型的特征是独立自主,自强最典型的特征则是拼搏、勇敢、自强不息。

自强与自立虽有不同,但又密切联系。夏凌翔对上述结果进行统计分析,结果发现,被试最强调的25项自立特征中有48%的特征被认为与自强特征有共同之处,被试最强调的25项自强特征中有36%的特征被认为与自立特征有共同之处。这说明,自立与自强含义相近,容易混淆,而且人们更多地把自立特征视为属于自强特征的范畴。罗国杰(2001)认为,从依赖到自立再到自强是一个连续体,自立与自强虽有区别但无绝对界限,当自立者表现出更多自强者的特征时,说明自立者正发展成自强者。

7.3 自信

自信是健全人格的重要部分,对中国人自信的研究是自下而上了解中国人人格的一种途径,也可为自信的培养提供依据。黄希庭、车丽萍和毕重增等人均对自信的中国化研究作出重要贡献,明确了中国特色的自信概念、结构,编制了适用于中国人的自信测量工具。

7.3.1 自信的概念

我国学者在对中国人自信的研究中有自己的定义。车文博(1985)认为,自信是个体相信自己的能力和精力的一种自我意向。黄希庭(1991)指出,自信是个体过去获得成功经验的结晶,是自我意识的一个成分。张春兴(1992)认为,自信指个人对自己所作所为的信心,是个人在处理一般事物时的一种积极态度。燕国材(2006)认为,自信就是相信自己,相信自己的目标、力量与能力。将自信纳入健全人格后开展研究,车丽萍和毕重增对自信有了新的定义。车丽萍(2002)认为,自信是一个多维度的、拥有复杂层次结构的心理构成物,是个体对自己的积极肯定和确认程度,是对自身能力、价值等作出客观、正向认知与评价的一种稳定的性格特征。毕重增(2006)同样认为,自信是个体对自己的判断和能力有信心。

通过上述学者对自信的定义可知,自信是多维度的复杂结构,是个体对自身的信任,"自"指自己,"信"则是确认、肯定、信任,是个体综合各方面后对自己的确认与肯定,是一种稳定的人格结构。

自信与自我效能感的区别

自我效能感(self-efficacy)指,个人对自己从事某种工作所具备的能力和可能做到哪个地步的一种主观评估(Bandura, 1993)。自信与自我效能感紧密相关。自我效能感高的人认为自己有能力取得成功,自信水平高;自我效能感低的人则比较缺乏自信(Bandura, 1997)。自我效能感是个体对自身能力可以达成目标的肯定,是自信的内涵之一。但是,自信比自我效能感更加抽象、综合,是对自身正面的肯定和确认,除了对能力的肯定和确认,还包括对外貌、气质、性格等方面的肯定和确认。自信不仅是对目标的预期和能力的判断,它有着更宽泛的范畴,因此自信比自我效能感更具包容性。

自信与自我概念的区别

自我概念(self-concept)简单来说就是"个体对自我的知觉"(Shavelson & Bolus, 1982),是将自我作为客体我的多方面觉知的总和,包括个人对自己性格、能力、意趣的了解,个人与他人、环境的关系,以及个人对现实生活的评价等(黄希庭,郑勇,1999)。自我概念与自信的区别在于:(1)自我概念是在自我意识基础上形成的对个体自身的认识、看法和观念,自信则是对自我概念包含的信息的肯定和确认程度。也就是说,自我概念是关于自身的信息,而自信是对这些信息的肯定。(2)自我概念有正确与错误之分,对自我的认知可能是正确的也可能是错误的;自信则是度的区别,可能是适度自信也可能是缺乏自信或过度自信,自信是对正确、客观的自我概念的肯定。

7.3.2 自信的结构与测评

自信是多维度、多层次的,具有复杂的结构。对自信的测评,目前的研究还是以问卷为主。自信研究应用最广泛的工具之一是个人评价问卷(Personal Evaluation Inventory)(Shrauger & Schohn，1995)。该问卷由一般自信问卷、心境状态问卷和联合问卷(各自信领域的整合，包括学业表现、社会互动、同人们交谈、体育运动、身体外貌和爱情关系)组成。由于国内外对自信的定义和结构理解类似，因此该问卷在我国有一定程度的适用性。张萍和毕重增(2012)、刘丽娟(2008)都修订了个人评价问卷。

个人评价问卷虽然能够用于我国对自信的研究，但归根结底是基于西方人的自信观而编制的，要想研究中国人的自信，需要有本土化的研究工具。车丽萍(2002)建构大学生的自信系统时分析出整体自信、学业自信、社交自信、身体自信四个基本维度；对此，她还进行了更深层次的研究，将自信系统分为整体和具体两个层次。第一层次为整体自信(whole confidence)，它是类化的自信，抽象程度较高，比较稳定，体现了系统的整合功能，具体包括个体对自身能力、意志、性格、品德、特长等方面的总体认识与态度；第二层次为具体自信(specific confidence)，它是整体自信的支持因素，更多体现了系统组成要素的功能，具体包括学业自信(school confidence)、社交自信(social confidence)和身体自信(physical confidence)三个维度。基于此编制的大学生自信问卷信效度较好，适合我国大学生的自信测量。毕重增(2006)在建构自信人格理论时，将世界、他人、自我、未来和挫折五个方面的内容纳入自信问卷题目，将自信划分为才智自信、成就自信、应对自信、品质自信和人际自信五个领域。毕重增从这五个领域着手，将其作为自信问卷建构的理论依据，并编制了自信心经验问卷，从而能够有效地对自信加以量化研究。此外，毕重增先后编制了总体自信问卷、青年学生自信问卷和集体自信问卷。总体自信问卷共12道题，是对自信的总体评估。青年学生自信问卷是以高中生和大学生为被试编制的，共33题，分为才智自信、成就自信、应对自信、品质自信、人际自信五个部分(毕重增，黄希庭，2009)。集体自信问卷是以总体自信问卷为蓝本编制的，它评价的对象不再是单独的个人，而是群体，是关系中的人。毕重增(2017)以中学生、大学生和成年人为研究对象,发现集体自信具有稳定性和一致性,能够有效描述人们所属群体的自信。探索性因素分析和验证性因素分析结果表明,以上问卷信效度良好,适用于相关研究。

毕重增和黄希庭(2010)尝试从心理成分的角度来确定自信结构,将自信划分为目标价值、能力素质、行为倾向和自我悦纳四种心理成分,而且发现这四种心理成分在总体自信、学业自信、人际自信、身体自信四个领域都存在。已有针对中国人自信的研究中,对自信结构的划分多从内容角度展开,很少有实证研究涉及自信的心理成分。

7.3.3 自信的影响因素

作为健康人格的一种品质,自信是保证自我健康和良好人际关系的重要因素。因此,了解自信的影响因素,对于培养个体的自信有重要意义。

人格特征

自信水平受到成就动机、归因方式等人格特征的影响。研究发现,成就动机与个体的自信有直接关系(Reddy, 1983)。成就动机是个体追求自认为重要的有价值的工作,并力争达到最好状态的心理倾向。成就动机强的人自信水平高,自信与追求成功的动机呈正相关,与避免失败的动机呈负相关(车丽萍,2003)。归因方式不同会影响个体对自我的评价,从而影响自信水平。归因方式是个体将客观现实活动与内在认知和外在表现相联系的认知过程。有研究发现,个体的自信水平与内归因方式呈显著正相关,内归因者更加自信,而且自信清晰度高于外归因者(秦东波,郑晓宁,黄铎,毕重增,2009;颜艳琼,郑晓宁,毕重增,2012;车丽萍,2007;王润平,沙景荣,1996)。这说明,训练个体的归因方式可以有效改善自信水平,是提升自信的一种途径。

成败经验

自信是个体过去获得成功经验的结晶(黄希庭,1991),成败经验同样影响个体自信。个体活动的结果(成与败)直接影响自信的建立和发展。一般来说,成功的经验能增强自信,而失败的经验会削弱自信。不断成功会使人建立起稳固的自信,这种自信不会因一时的挫折而减弱,而且会泛化到类似情境中;多次失败的经验则会降低人的自信水平(车丽萍,2001)。人们从小到大会有许多负面的经验,而且人们更容易接收负面的信息,这造成许多人不自信或自卑(果林,2004)。对比较年幼的学生来说,他们缺乏人生阅历和生活经验,没有经历过人生的坎坷和生活的磨砺,缺少韧性,往往经受不住大的挫折。过多的失败很容易摧毁他们对生活的美好愿望,导致他们建立失败者的自我形象。相反,适度的成功体验往往会提升学习兴趣,帮助他们建立成功者的自我形象,从而成为不断上进的动力源泉(秦胜龙,1998)。车丽萍(2004)在研究成败经验对自信的影响时设计了两个实验。实验一探讨他人成败经验对大学生自信的影响,考察不同自信水平的大学生在成败情境中的表现,结果表明,他人成功经验是影响个体自信的重要因素,特别是与个体类似的他人的成功经验可显著提高个体的自信水平。实验二考察个人直接成败经验对大学生自信的影响,结果表明,三种不同的实验处理对被试的自信有显著影响,个人直接成败经验是自信差异的原因,某领域的成功经验可显著提高个体在该领域的自信水平。王娥蕊(2006)对3~9岁儿童自信的研究同样发现,成功经验是促进个体自信发展的重要途径。

父母教养方式

父母教养方式是家庭中父母对孩子的教养态度和方法,反映亲子互动的性质。父母教养方式影响个体的多个方面,良好的父母教养方式有利于个体自信的培养和提高。杨盼盼和王卫红(2016)发现,情感温暖型的教养方式对个体自信有显著的积极影响,父母情感温暖分数高,孩子的自信水平就高;拒绝否认型的教养方式则对个体自信有消极影响,父母在拒绝否认和惩罚严厉上得分高,孩子的自信水平就偏低。上述发现与许多研究结果一致(Yahya, Khaduje, Mahmoud, & Sima, 2017;答会明,2002;刘丽娟,2008;何华敏,胡媛艳,周小梅,2012)。父母在教养子女时应给予子女温暖和理解,给予子女更多自由选择的机会,用客观、全面的眼光看待子女,正视子女的错误,同时树立正确的榜样,这样才可能提升子女的自信水平,促进子女健康发展。

社会文化

自信与文化相互建构,文化会影响自信的形成与发展。伦德贝格等人(Lundeberg, Fox, Brown, & Elbedour, 2000)认为,不同的国别、文化和情境对自信有不同的影响。毕重增(2016)从文化松紧度和中庸信念两个方向来探讨社会文化对自信的影响。研究发现,文化松紧度、情境约束感、中庸信念均与自信相关,能够显著预测自信。文化松紧度是指,文化影响下个体自由选择行为的多少,以及遵循规矩的多少。文化松紧度与情境约束感对自信有影响,这说明高度结构化的、需要遵循较多规矩的环境,有利于自信的发展。但这是不同文化的产物,不能简单地评价松与紧,自信的发展需要与其所处的文化相适应。中庸是一种价值判断和思维模式,中国文化自古就崇尚中庸。中庸思维方法尊重行为结构的情境性,能够充分考虑环境中的各种因素和条件,在执行计划或解决问题时迂回、灵活,做到行为到位、恰如其分(杨中芳,2014)。因此,中庸可以为各种文化中个体自信的发展提供思维工具。用中庸思维处理事情的关键在于,正确衡量事情与人情的关系,取其轻重缓急而后恰当表达,灵活运用和遵循多种规则处理事情,使自信建构的空间得以扩展,能够灵活处理环境限定,从而增进自信(毕重增,2016)。

每种文化对自信都有其独特的影响,个人的自信受文化影响并反构文化。现今提倡的文化自信有两重含义:一是基于主体的、对自己的肯定;二是基于文化自身的内容,既因文化的独特而自信,更因文化的强大而自信(易小明,2015)。基于主体人格层面的自信与文化自信相辅相成、互相影响,对我国优秀文化的肯定,就是对身处此文化的我们的认同,这无疑会增进个体自身的自信。

其他影响因素

除了人格特征、成败经验、父母教养方式和社会文化外,还有多种因素会影响自信的发展。教师的支持、鼓励和接纳的态度会对学生的自信有显著的积极影响(汪茂华,2015)。在同伴关系上,同伴关系和谐者有较高的自信水平(崔欣欣,2017)。社会和他人的态度与期望也会影响个体的自信水平(车丽萍,2001;刘海凤,2010)。他人对个体的期望越高,越信任个体,个体的自信水平就越高,反之亦然。此外,个体的生理状态、情绪状态也可能会影响自信(毕重增,2006)。

性别也是影响个体自信的一个重要变量。女性的自信水平比男性低,尤其是在竞争失败后或在对外貌进行评价时,女性比男性更加不自信(Corbin, Stewart, & Blair, 1981; Lenney, Gold, & Browning, 1983; 车丽萍, 2002; 黄泽娟, 2005)。男女自信的差别可能是认知方式不同带来的差异。这个结果也说明,针对男生和女生,教育需要各有侧重。

自信既受自身因素的影响,也受外界环境的制约。对自信的培养,需要家庭、学校、社会共同努力,需要多渠道、多层次开展针对性的自信训练,使个体能够正确认识和评价自己,形成自信的行为习惯和态度,提高自信水平。正念训练对提高自信水平的作用逐渐受到人们关注(Heads, 2016)。

7.3.4 东西方自信的差异

目前,自信的跨文化研究主要集中于过分自信(overconfidence)。过分自信指,缺乏根据地对自己的能力盲目自信。过分自信的研究源于统计决策的研究。赖特和菲利普斯(Wright & Phillips, 1980)在研究概率思维的文化差异时发现,亚洲被试对一般知识问题的概率判断偏离校准(miscalibrated)大于英国被试,即亚洲被试对答案的概率判断超出实际正确答案的比例高于英国被试。这种偏离校准常被解释为过分自信(Yates et al., 1989)。耶茨等人以中、美两国大学生为被试进行统计决策判断研究,结果发现,中国被试比美国被试有更强的信心分辨力(相比于美国被试,中国被试能更好地区分自己的答案是否正确),美国被试的过分自信要低于中国被试。

作为健康人格的一种品质,自信是保证自我健康和良好人际关系的重要因素。适度的自信能够有效预测抑郁,使个体积极应对挫折情境,有利于幸福感的提升,而且自信的人人际关系和睦,社会支持较多(毕重增,2006)。一系列研究都发现,人们存在过分自信的倾向,但是中国人的过分自信倾向强于西方人,这与大众认为的西方人更加过分自信不符。文化是如何造成这种差异的,这种差异背后隐含的机制到底是什么,还需要继续深入探讨。但不可否认,从文化差异的视角研究自信,丰富了自信的内容,更有利于理解和应用自信。

7.4 自尊

自尊是中国文化中的一个本土概念。"士可杀不可辱""富贵不能淫,贫贱不能移,威武不能屈"等都是自尊的具体体现。作为健全人格的重要基础,自尊是一个人最不可缺少的品质之一,研究自尊非常有必要。

7.4.1 自尊的概念

自尊的英文翻译为"self-esteem"。朱智贤(1989)认为,自尊是社会评价与个人自尊需要之间关系的反映。林崇德(1995)认为,自尊是自我意识中具有评价意义的成分,是与自尊需要相联系的对自我的态度体验,也是心理健康的重要指标之一。荆其诚(1991)认为,自尊是个人自我感觉的一种方式,一种胜任、愉快、值得受人敬重的自我概念。张春兴(1992)认为,自尊是指个体对自己的感受,认为自己有价值、很重要,因而悦纳自己。黄希庭认为,自我价值感等同于自尊,自尊在中国文化中占有重要地位。自我价值感主要是个人在社会生活中,认知和评价作为客体的自我(me)对社会主体(包括群体和他人)以及对作为主体的自我(I)的正向的自我情感体验(黄希庭,杨雄,1998)。朱智贤与林崇德对自尊的定义颇有循环定义之嫌,荆其诚对自尊的定义将其与自我概念混淆,但是包括张春兴、黄希庭在内,这几位学者都认为自尊就是对自己的评价或喜欢程度。

《现代汉语词典》(2016)指出,自尊就是尊重自己,不向别人卑躬屈节,也不容许别人歧视、侮辱。池万兴(2009,2012)探讨《史记》中的民族精神,其观点与之相近。舒首立、卢会醒、张露、杨银芳、丁超和郑涌

(2012)分析了非心理学学术领域的学者、古代中国人和当前中国人对自尊的理解,结果发现,他们对自尊的理解一致,自尊指尊重自己,保护自己的人格尊严,不向别人卑躬屈膝,不容许别人歧视、侮辱,是一种卓然独立的精神品质(舒首立,郭永玉,黄希庭,2015)。该定义更加符合中国文化下自尊的定义,强调自尊具有动机和意志作用,是对人格尊严的一种保护品质。

在目前的研究中,中国人的自尊概念仍然具有争议(田录梅,李双,2005;舒首立,卢会醒,张露,杨银芳,丁超,郑涌,2012;Wang & Ollendick,2001)。为心理学中的"自尊"正名,这是研究中国人自尊的基本前提(黄希庭,尹天子,2012)。

7.4.2 自尊的结构与测评

不同文化下的自尊有不同的特点,研究者对自尊的理解也会受到文化的影响。中国文化下自尊的结构是怎样的,需要开展本土化的研究。

魏运华(1997)、蔡建红(2001)、宋芳和张丽华(2008)等人对自尊结构的探索主要集中于自尊的构成要素,黄希庭等人提出的自我价值感模型则从构成要素和价值取向两方面来探讨。除此之外,受信息加工理论的影响,张向葵和吴晓义(2003)、张林(2004)提出自尊的倒立金字塔结构模型,此模型由潜在自尊、社会自尊和元自尊三部分构成。以倒立金字塔结构模型为理论依据,张林修订了内隐自尊联想测验和外显自尊量表,编制了元自尊测验,该测验分为目标意识、现状意识、自我检查、监控策略和自我调节5个维度,共36个项目,信效度检验发现,它可以作为青少年元自尊发展水平的测量工具。

以华人自尊概念架构为基础,翁嘉英、杨国枢和许燕(2009)编制的华人多元自尊量表是自尊本土化研究的重要工具,量表分为个人能力与独立、体能健康与外表、人际关系与人缘、家人情感与互动、家世背景与经济、社会认同与道德6个维度,共100个项目。量表信效度较好,内部一致性系数为0.81~0.94,能够很好地适用于相关研究。

魏运华(1997)从专家和儿童这两个视角确定了自尊的专家模型和

儿童模型,以及在此基础上的整合模型。专家模型包括自我评价、自信心、成就感和理想自我4个因素。儿童对自尊的看法与专家不同,他们更倾向于把自尊与自己的生活、学习联系起来理解。自尊的儿童模型包括身体和外表、能力和学习成绩、品德、社会交往4个因素。整合模型则是专家模型与儿童模型的整合,共16个因素。在此基础上,魏运华编制了儿童自尊量表,确定了自尊的6个因素结构,包括外表、体育运动、能力、成就感、纪律、功德与助人。每个因素由3~6个项目构成,共26个项目。儿童自尊量表的信效度符合统计学要求,适用于相关研究。

黄希庭等人对青年学生的自我价值感进行了一系列研究(黄希庭,杨雄,1998;杨雄,黄希庭,1999;黄希庭,余华,2002;黄希庭,凤四海,王卫红,2003)。他们认为,自我价值感是一个多维度多层次的系统,并编制了青年学生自我价值感量表。自我价值感由总体自我价值感、一般自我价值感和特殊自我价值感3个维度构成。总体自我价值感是对自我的综合评价和整体体验,比较概括化;一般自我价值感来自特殊自我价值感的整合,比较稳定;特殊自我价值感抽象程度低,体现在心理、生理、道德和家庭等方面,易受环境的影响。研究者系统验证了青年学生自我价值感量表的信效度,并制定了青年学生自我价值感量表的全国常模。

蔡建红(2001)、宋芳和张丽华(2008)研究了我国大学生的自尊结构。蔡建红认为,大学生的自尊由一般自我价值感、社交口才、人际亲密、亲子关系、社会及他人认同、学习能力、归属群体、演讲、体育运动9个维度构成。宋芳和张丽华则认为,大学生的自尊分为重要感、胜任感、归属感和外表感4个维度。她们都编制了相应的自尊测量工具。蔡建红编制的大学生自尊量表共53个项目,信效度良好。宋芳和张丽华编制的大学生自尊评估问卷共32个项目,信效度符合标准,适用于相关研究。

自尊是一种泛文化现象,蔡华俭、丰怡和岳曦彤(2011)以中国人为研究对象,为自尊的泛文化研究提供了证据支持。在西方个人主义文化的影响下,西方自尊为个人自尊或自我自尊,而在东方集体主义文化的影响下,杨国枢等人提出华人有个人取向自尊、关系取向自尊、家庭(团体)取向自尊和他人取向自尊四种类型。概括来说,自尊分为个人取向自尊和社会取向自尊两大类(翁嘉英,杨国枢,许燕,2009)。

不同学者对中国人的自尊结构持不同观点,但是综合上述研究者对自尊结构的划分,可以发现人际关系、个人能力、社会及他人认同、外表、归属感等都是中国人自尊强调的重要方面。黄希庭、杨国枢等人结合本土文化,将自尊分为社会取向自尊和个人取向自尊也说明文化对自尊的影响,任何研究都不应该将文化因素排除在外。

7.4.3 自尊的影响因素

个体自尊的发展受多种因素的影响,大致可分为家庭、学校、文化和个人内在因素四大类。家庭和学校对个体早期自尊发展影响重大,随着个体自我意识的发展,个人内在因素的影响与日俱增,文化则会潜移默化地影响个体一生的自尊发展。

家庭因素

家庭是个体活动的第一场所,对个体一生的发展影响深远。家庭因素在个体幼年时期居于主导地位。个体的生活习惯、生活方式和初步的人际关系等最早在家庭中获得,家庭会影响个体的一生。在家庭因素中,父母教养方式和家庭结构等均对个体自尊的发展有重要影响。

父母教养方式是父母管教孩子的一种行为取向。父母教养方式影响孩子很多方面的发展。良好的父母教养方式有利于提高孩子的自尊水平。库珀史密斯(Coopersmith, 1967)认为,父母的合理期望有助于孩子自尊的发展。卡瓦什等人(Kawash, Kerr, & Clewes, 1985)认为,父母接纳孩子有利于孩子自尊的建立,过度控制则不利于孩子自尊的发展。有研究者(Antonopoulou, Alexopoulos, & Maridaki-Kassotaki, 2012)考察了孩子对父亲教养方式的看法,以及父亲教养方式与孩子移情和整体自尊的关系,结果发现,青春期之前,孩子对父亲教养方式的看法是预测孩子移情和整体自尊的重要因素,说明亲子沟通能够促进儿童社会心理发展。国内学者通过研究教养方式,也得出了相似的结果。魏运华研究小学及初中学生的自尊,结果发现,父母对孩子采取温暖与理解的教养方式会促进孩子自尊的发展;相反,采取惩罚、过分干涉、拒绝与否认、过度保护等负性教养方式则会不同程度地阻碍儿童自尊的发展,降低儿童的自尊水平(魏运华,1999)。林崇德(2002)的研究同样表明,父母采取温暖与理解的教养方式有利于提升儿童的自尊水平,而过分干涉、过度保护等会产生相反的效果。

家庭结构也是影响个体自尊发展的重要因素。家庭结构指家庭基本成员的构成情况。不同的家庭结构对个体的心理健康有不同的影响。张文新等研究者发现,核心家庭(父母与子女两代人生活)的儿童的自尊水平要高于非核心家庭的儿童,独生子女的自尊水平要显著高于非独生子女。马宏和卢清(2008)的研究也发现,在竞争日益激烈的社会中,树立孩子的自尊、自信尤为重要。随着单亲家庭数量的增加,单亲家庭对孩子自尊的发展造成较大负面影响。这说明,父母应该给予子女更多关注,单亲家庭和长期外出打工的父母更应该注重与子女的沟通和联系。

学校因素

个体进入学龄期后在学校接受教育的时间长达十几年,学校是个体的重要生活场所,对个体的影响不容小觑。

学业表现会影响个体的自信、自尊水平。魏运华(1998)研究了学校因素对儿童自尊发展的影响,结果发现,学业成绩与个体自尊发展具有显著的相关:成绩好的个体,自尊水平较高;成绩差的个体,自尊水平较低;学业优良的个体有更高的自尊水平。成绩在学生的学习生涯中很重要,成绩的高低与个体自尊、自信水平相关,成绩差的人更容易自卑。

学校里的人际关系主要指学生与教师和同伴的关系。有研究显示,家长、教师和同伴的支持与陪伴对青少年在学业、外貌等方面的自尊水平和整体自尊水平都有显著的积极影响(刘春梅,邹泓,2007)。作为传道受业解惑者,教师对学生的影响力甚至超过父母。有研究表明,令人满意的师生关系会促进个体自尊的发展(魏运华,1998),师生关系的低冲突性、高支持性和高满意度可以正向预测学生的自尊水平(李小青,邹泓,王瑞敏,窦东徽,2008)。随着个体的成长,同伴关系成为影响个体发展的重要一环。个体在同伴中的社会—领导性,对同伴的敏感—独立性,都有助于个体自尊的发展,对同伴的攻击—破坏则会阻碍自尊的发展(赖建维,郑钢,刘锋,2008)。张丽华、张索玲和侯文婷(2009)发现,良好的同伴关系对青少年自尊的发展有直接的促进作用。范翠英、王明忠、周宗奎和孙晓军(2012)发现,同伴间的冲突、自私行为会阻碍个体自尊的发展,同伴间的友爱、互助等则有助于个体发展出积极的自尊。除此之外,还有研究发现,亲密关系也与自尊有关,低自尊能促进亲密关系(例如,与异性亲密交流并寻找浪漫伴侣)(Murray, Holmes, & Griffin, 1996; Katz, Arias, & Beach, 2000)。

文化因素

自尊是社会的产物,具有泛文化性,但也表现出文化和地区的差异性。许多研究者发现,文化适应、语言能力、民族认同等对学生的自尊有极大影响(Lee, 2008; Lopez & Bui, 2014; Yuan, 2018)。东方文化是集体取向的,西方文化中个人取向则更加突出,因此自尊的包容性存在差异(黄希庭,尹天子,2012)。西方文化认为,个体是与他人分离的自我,自尊的中心为独立性自我,即使与他人处于亲密关系中,个体仍会以个人利益最大化的方式维护和提升自己的自尊。中国人的自尊更具包容性,是一种荣辱与共的社会取向,当亲密他人获得荣耀时会有与有荣焉之感。此外,自尊表达同样体现了文化差异,西方人表达自尊时更加公开、直接,中国人表达自尊时则更为含蓄、婉转。

综合关于中国人自尊的研究,我们可以发现:(1)按照现有的操作性定义,自尊作为一种结构在中国和西方是基本类似的;(2)中国人的自尊是积极的,具有积极偏差;(3)和西方人一样,高自尊也有利于中国人的健康、幸福和自我调节;(4)和西方人直接促进自我不同,中国人喜欢委婉、策略性地促进自尊;(5)中国人的总体自尊水平和自尊的认知成分比西方人低,但是在自尊的情感成分以及内隐自尊上和西方人类似;(6)自尊的文化差异可以由动机或需要本身以外的因素解释,比如谦虚、趋中的反应偏向、朴素的辩证认知风格等。这些发现支持文化普遍论(universalism)而不是文化相对论(relativism),即自尊作为一种需要是泛文化的,同时自尊的表达、维护和促进受文化制约,因文化而异(蔡华俭,丰怡,岳曦彤,2011)。

文化对个体的影响可谓无处不在。除了不同国别的文化差异,城乡差异、民族文化都对自尊有不同的影响(许颖,2002;张文新,1997)。

个人内在因素

自尊是自我的重要组成部分,个人内在因素对自尊也有非常重要的影响。年龄、归因风格和应对方式等都会影响自尊的发展。

个体的自尊萌芽于3岁左右,直到11～12岁一直呈上升状态。13岁左右(升入初中后)自尊呈下降趋势,这可能是个体渴望独立与依赖性强之间的冲突造成的(Wigfield & Eccles, 1994; Harter, 1982; 刘春梅,2002)。年龄这一因素承载着许多变量,神经系统的成熟,个体自我认知、自我评价能力的发展,以及个体所处的环境都可能承载于年龄之上,影响自尊的发展。

对问题的归因风格和应对方式也影响自尊水平。面对环境挑战和挫折时,积极归因能够提升自尊,消极归因则会降低自尊。应对方式同样如此,拥有积极应对方式的人,社会适应能力更强,自尊水平更高;采用回避、自责等消极应对方式的人,自尊水平较低。

总而言之,作为人格的一部分,自尊受多种因素的影响。培养个体的自尊首先应从家庭方面着手,创造温暖、和谐的家庭氛围,采用民主的教养方式,形成良好的亲子关系;其次,家庭与学校应给予个体更多社会支持,积极引导个体自我意识的发展,帮助个体形成正确的评价体系,学会人际交往。目前,国内对自尊的研究从幼儿期到大学阶段均有所涉及,从家庭、个人和社会文化层面探讨自尊的影响因素。但需要注意的是,目前对自尊影响因素的研究基本采用问卷法,方法较单一;对社会上的成年人、老年人的自尊研究并不广泛;针对自尊的跨文化研究较少,可以针对不同民族、不同地区的个体进行自尊的跨文化研究,以便从不同方向了解自尊。

自立、自强、自信、自尊是健全人格的四大基石,对它们的研究就是对中国文化下自我成分的研究,可以揭示中国人独特人格的特点与内涵,对于在中国本土环境下,养成个体的健全人格和建设中国特色人格理论具有重要意义。

如前所述,中国人的自我是集体取向的,或是集体取向与个人取向相结合的折中自我取向。在独特的中国文化的影响下,相比于西方个人取向文化中的独立,中国人自我中的自立既包含独立自主,又暗含相互依赖之意;自强也是中国人自我的独特成分,受文化影响,中国人的自强在"个我""小我"和"大我"之中均有体现,强调个人自强与国家自强的关系,分为个人取向和社会取向两个方面;自信和自尊这两个概念在西方研究甚多,但在不同文化下,它们的含义和表现各有特点。中国人自我中的自信受集体主义文化的影响,更多集中于人际关系,在西方则是对自己本身的肯定;在集体主义文化的影响下,自尊既强调自己又包含他人,是一种与有荣焉的自尊。深入理解和研究这四种人格特征的内涵,是心理学本土化的一条重要途径。

第三篇

自 尊

作为自我系统的核心成分之一，自尊对一个人的生存至关重要。国际自尊心理协会执行理事长布兰登(Branden, 1994)认为，"自尊是内心深处的一种感觉，位于生命的中心"。近年来，自尊在心理健康尤其是情绪健康中的重要作用越来越受到重视。

如前所述，除了多维度多层次的特点，自我概念也被普遍认为与某一具体领域的认知活动有关联(Marsh, 1990; Marsh & Craven, 2006)。正因如此，学生的自我概念才可以划分为学业自我概念和非学业自我概念。有研究发现，学业自我概念具有非常强的领域特异性(domain-specificity)(Marsh, 1990)。比如，数学和语文的自我概念会对自我认知产生不同的影响。与自我概念具有领域特异性不同，学界普遍认为自尊是从整体上对个体的自我接受和自我尊重，它并不具有领域特异性(Harter, 1990; Marsh, 1990)。因此，从概念上来看，自我概念与自尊存在区别。斯旺及其同事(Swann et al., 2007)在研究中提出自我概念的特异性匹配原则(specificity-matching principle)，即一个自我概念的具体组成部分应该用于预测这一具体方向的认知形成和变化。自尊对具体方向的预测研究相对薄弱，对非具体方向如幸福感、健康等具有一定的预测力。

尽管自我概念与自尊存在区别，对自我认知有不同方面、不同层次的影响，但两者之间的关联性毋庸置疑。许多研究者在测量自尊时通常会使用库珀史密斯(Coopersmith, 1967)或者罗森伯格(Rosenberg, 1965)的自尊量表，有时也会用自我概念测量问卷中关于整体自我的选项(Byrne, 1996; Marsh & Yeung, 1998)。可见，当自我概念停留在一个整体的、概括的阶段时(如沙维尔森模型中的"自我认知的一般性理解"),它与自尊的研究在方法上十分接近。此外,某一具体的自我概念的组成部分也与自尊有关联。从发展的角度,结合詹姆斯(James,1999)和库利(Cooley,1902)的观点,哈特(Harter,1998)提出了新皮亚杰式的自我概念发展模型。在模型中,整体的自尊水平来源于个体在某个重要领域的成就和重要他人的反馈(Harter & Whitesell,1996)。此外,在年龄、性别、学业、同伴认可和外表等方面,自我概念也与自尊有非常强的关联(Harter, 1990; Marsh & Ayotte, 2003; Frost & McKelvie, 2004; Tiggermann, 2005)。综上可知,自尊与自我概念既有区别也存在联系,将自尊与自我概念区分开来有利于我们更好地理解自我。

在自我研究中,自尊一直是研究者持续关注的问题。它与我们的健康、幸福有关,因此自尊很重要。不过,自尊也具有矛盾性,高自尊的人通常仁慈、慷慨和富有同情心,但同时,高自尊的人又会表现出敌意。自尊会带给我们幸福,也会使我们困扰和痛苦。在《小谢尔顿》(*Young Sheldon*)第一季,小谢尔顿超常的天赋就使得他的哥哥乔治常常陷入苦恼。认识不到自我价值,很多基本需求就无法满足,生活自然苦不堪言,由此可见自尊是不可或缺的,研究自尊能使我们进一步了解自己,爱上不完美的自己,成为更好的自己。

本篇将讨论以下四方面内容。本篇第一部分探讨自尊的本质,在这里我们会问:"自尊"这个概念到底有什么含义?虽然自尊受到全球心理学界的持续关注,但诸如"自尊是什么""如何评价自尊"以及"什么样的自尊才是我们真正需要的"等自尊研究领域的基本问题,尚未获得明确且统一的答案。因此,本篇第一部分介绍自尊的含义是如何逐步发展的。本篇第二部分介绍自尊的影响因素,这里我们会好奇:为什么会这样?是什么因素影响着我们的自尊水平?我们将会了解到不同个体的自尊水平存在很大差异,甚至同一个体在不同时期的自尊水平也会存在很大差异。在传统心理学观点中,高自尊对个体发展具有积极作用,但最新研究发现,高自尊也会使个体产生消极情绪或行为,因此本篇第三部分探讨自尊的异质性问题。本篇第四部分考察自尊与心理健康的关系。自尊的发展存在个体差异,自尊发展存在个体差异的原因可能使个体有不同的心理状态。本篇第四部分探讨影响自尊发展的不良内在因素和外在因素可能使个体的发展严重偏离正常轨道,最终导致各种心理健康问题,危及心理健康。

8 自尊的含义

自尊不仅是心理学家研究的重要课题,而且是哲学家、文学家、教育学家研究的重要内容。由于不同的研究者探讨自尊的视角不同,他们对自尊的含义有不同的理解,因此自尊有各种各样的界定。外国学者如罗森伯格(Rosenberg,1965)认为自尊是一种态度,高自尊意味着认为自己足够优秀,库珀史密斯(Coopersmith,1967)则认为自尊是对自我的评价,斯特芬哈根(Steffenhagen,1983)提出自尊是个体自我知觉的总和。20世纪80年代起,我国学者也开始了对自尊的探索,朱智贤于1989年提出自尊是社会评价与个人自尊需要之间关系的反映。本章将主要回答究竟什么是自尊,自尊由哪些成分构成,以及如何评定自尊等自尊研究领域的几个重要问题。

8.1 自尊的定义

在英语中,"自尊(self-esteem)"这个词来源于拉丁语"aestimare",是指个体对自身价值的估计。在德语中,"自尊(Selbstwertgefühl)"这个词是指人们对自己价值的感受。法语中称自尊为"amour-propre"(自爱)。中文则是"自尊"。《现代汉语词典》对自尊的解释是"尊重自己,不向别人卑躬屈节,也不容许别人歧视、侮辱"。在社会科学中,自尊是一个可以被定量的假定概念,它是人们对自己的价值、长处、重要性等情感上的总体评价。在心理学中,自尊的内容和含义非常丰富,而且不同学派使用的术语也不同,如"自信""自卑""自尊需要""自我评价""自我意识""自我概念"等。这些术语虽然有一定的重叠,但并不完全相同,而且这些术语日益生活化,导致概念的混淆,人们的理解也存在差异。这里主要介绍国内外关于自尊的几种有代表性的定义。

8.1.1 国外的定义

"自尊"一词始于尊重,其含义是指估计或评价,因此自尊最初的定义为个体对自身作出的相应的评估或评价。自尊的产生源于周围人对自己的积极评价,使得自我持肯定和乐观的态度从而产生自尊心。在心理学发展史上,自尊的研究经历了多个阶段,最早给自尊下定义的心理学家是詹姆斯(James,1890)。詹姆斯在《心理学原理》一书中给自尊下定义时用了一个著名的公式:自尊=成功(success)/抱负(pretensions)。他认为,个人对自我价值的感受取决于实际成就与潜在能力的比值。在这个公式中,抱负是分母,成功是分子,自尊的高低受到取得的成就大小,以及对于成功的渴望程度的影响。成功可以看作个人能力的展现,体现了个人的实际表现;抱负则是个人内在动机的展现,体现了个人的自我预期(方平,马焱,朱文龙,姜媛,2016)。如果个人的实际表现达到自我预期,则会产生高自尊的体验。如果个人的实际表现没有达到自我预期,就会产生低自尊的体验。

罗森伯格(Rosenberg,1965)认为,作为一种态度,高自尊意味着一个人认为自己足够优秀;相反,低自尊意味着一个人认为自己不够优秀。因此,在罗森伯格提出的理论中,自尊主要由价值感组成。值得一提的是,罗森伯格随机抽取了美国纽约州10所中学的5 024名高中生和初中生进行问卷调查,编制了具有普遍适用性的罗森伯格自尊量表(Rosenberg Self-Esteem Scale,RSES),用以评定青少年对自我价值和自我接纳的总体感受(方平,马焱,朱文龙,姜媛,2016)。马什(Marsh,1989)认为,自尊是知觉到的现实自我的特征和自我评价标准之间的比较结果。

库珀史密斯(Coopersmith,1967)认为,自尊是个体对自我的一种评价,它体现了积极或消极的态度,表示个体相信自我能力的程度,即自尊是对自我价值的一种主观判断,个体的自尊水平取决于自我认识和自我评价。他在《自尊的前提》一书中界定了自尊。他认为,自尊是指个体对自己作出的并经常持有的评价,它表达了一种肯定或否定的态度,表明个体在多大程度上相信自己是有能力的、重要的、成功的和有价值的。

斯特芬哈根(Steffenhagen, 1983)认为,自尊是指个体自我知觉的总和,包括自我概念(心理的)、自我意象(身体的)和社会概念(文化的)。布兰登(Branden, 1994)认为,自尊是人们应对生活的基本挑战时的自信体验和坚信自己拥有幸福生活权利的意志,由自我效能和自爱两部分组成。哈特(Harter, 1990)认为,自尊是指个体整体喜欢、接纳和尊重自己的程度。沃尔兹和布洛伊尔(Walz & Bleuer, 1992)认为,自尊是个人对自己各方面的能力、特质、价值或整体评价的感受,是个体对自己的印象和看法,以及接受和看重自己的程度。利里(Leary, 1995)从人际关系的视角出发,对自尊的概念有了新的理解,指出自尊反映了瞬间的情绪状态,特别是由他人对自我的接纳程度所引发的情绪。这便是自尊的社会计量器理论,体现了个体的自尊水平与他人对自己的接纳程度有密切联系。还有研究者(Guindon, 2002)认为,自尊不仅是对自我的看法和评价,而且包含自我价值与自我接纳的情感性判断,是通过能力觉察、成就感获得和外部世界回馈逐渐形成的。穆鲁克(Mruk, 2013)从现象学出发,将自尊看作一种普遍存在于人类生活中的现象,是个体的认知、情绪情感以及行为一同与知觉密切联系的复杂结构。即使在不同时间和不同情境,自尊也有相当的稳定性,同时也有一定的开放性。穆鲁克还建立了自尊的能力—价值模型,即真正的高自尊兼具竞争力与价值感两个维度,而单一维度的高自尊会形成防御性自尊(方平,马焱,朱文龙,姜媛,2016)。

8.1.2 国内的定义

我国学者对自尊的广泛研究始于20世纪80年代,给出的定义也有较大差异,以下有关自尊的定义具有代表性。

朱智贤(1989)认为,自尊是社会评价与个人自尊需要之间关系的反映。《教育大辞典》对"自尊"的定义是,自尊是指个体以自我意象和对自我社会价值的理解为基础,对个人值得尊重的程度或重要性作出的评价。荆其诚(1991)认为,自尊是指个人自我感觉的一种方式,是一种胜任、愉快、值得受人敬重的自我概念。林崇德(1995)认为,自尊是自我意识中具有评价意义的成分,是与自尊需要相联系的对自我的态度体验,也是心理健康的重要指标之一。黄希庭和杨雄(1998)则用"自我价值感"来表述自尊,认为自我价值感是个人在社会生活中,认知和评价作为客体的自我(me)对社会主体(包括群体和他人)以及对作为主体的自我(I)的正向的自我情感体验。它包含多种心理成分,如认知、情感、态度、评价等,核心是自我价值判断和体验。陈建文和王滔(2007)认为,自尊的基本含义有以下三点:其一,自尊基于对自身的整体评价;其二,每个人都在自己看重的领域建构自尊,即个人所持价值标准的过滤性和收敛性是自尊建构的前提;其三,自尊源于并引发价值体验,即自尊通过自我价值感建构,而自我价值体验本身具有终极意义。

由于自尊内涵的复杂性,以及不同学者研究角度和目的不同,对自尊有不同的理解,因此国内外学者对自尊的定义有所不同。但后来的研究者(魏运华,2004)总结,国内外学者在自尊的基本成分上看法一致,即自尊具有情感成分和认知成分两种基本构成成分。情感成分主要表现为良好的自我价值感,以及愉悦感、胜任感等积极的情绪状态;认知成分主要表现为个体对自身的自我认识与主观评价,带有强烈的主观色彩。

8.2　自尊的理论

一个人自尊的确立和发展既是个体社会化过程的结果,也是个体所处的文化、社会、家庭环境和学校教育共同作用的产物。由于自尊的问题涉及文化、社会、家庭和个人等各个方面,研究内容横跨文化学、社会学、心理学、教育学和治疗学等不同学科领域,因此研究者从各自不同的理论视角研究和探讨自尊,形成以下几种有代表性的关于自尊的理论观点。

8.2.1 文化学视角下的自尊研究

格林伯格等人(Greenberg et al.,1992)从文化学的视角提出自尊的恐惧管理理论,该理论试图把哲学、文化学、精神分析等多学科的相关认识综合起来,对自尊的起源、功能、特性等给出一种跨文化的深层次的理解。

自尊的恐惧管理理论源于贝克尔(Ernest Becker)对文化的思考,其核心观点认为,自尊是个体对自己生活环境的意义感,以及自己在这些环境中的价值感的体会,自尊的主要功能是帮助人们克服、缓解因个体对死亡的意识而产生的恐惧和焦虑。贝克尔认为,文化是一种为群体所共享的符号化的感知结构,它的作用就是缓解与死亡有关的心理焦虑。人类有自我认识的能力,可以预知未来,能意识到死亡发生的不可预期和不可控制的特点,出于求生的本能,个体不可避免地会产生死亡焦虑,但是个体可以通过寻求自身价值的实现来获得不朽。对个体而言,文化——无论是抽象的还是真实的,都可以通过为那些达到文化价值标准的人提供保护和希望来减轻人们的焦虑。从象征意义上来看,文化也为人们超越物质生活的现实状态和作出有意义的表达提供了可能性,如纪念碑、艺术和文学作品、财产、后代等都是象征不朽的实例。另外,几乎所有文化都推崇这样的信条:"善有善报,恶有恶报。"它使人们相信,只要按照一定的文化规范去行动,不懈追求,就可以做圣人,可以上天堂,可以不朽,可以永恒。

因此,所罗门等人(Solomon, Greenberg, & Pyszczynski, 1991)提出,自尊是个体对自己生活环境的意义感,以及自己在这些环境中的价值感的体会,自尊具有焦虑缓冲器的作用,其主要功能是缓解焦虑。个体的自尊是通过社会化获得的,自尊是个体对自身是否达到文化、世界观和价值观的要求的体会,个体在一定环境中获得意义感和价值感的过程,既是个体适应环境的过程,也是获得和维持自尊的过程。任何对意义感和价值感的威胁都会引起焦虑并影响自尊,自尊作为焦虑缓冲器,当个体受到威胁时,会激发个体作出一定的社会行为去补救和防御。如果冲击和威胁过大、时间过长,自尊的适应机能就会受到损伤,引起适应不良和行为障碍,导致各种心理和生理问题的出现。

自尊的恐惧管理理论整合了关于自尊的文化的、心理的和哲学的看法,把人类的终极关怀和自尊需要联系起来,在更高的层次上分析自尊的本质和起源,并阐明了自尊的功能。迄今为止,该理论虽然已得到不少实证研究的支持,但是仍然争议不断。尤其把自尊作为一种文化现象,一种文化产物,忽视了个体自身的独特性和多样性。许多思辨性的结果也缺乏实证研究依据,给人以牵强附会、主观臆断之感。

8.2.2 社会学视角下的自尊研究

米德和库利的自尊理论

社会学家对自尊问题的研究源于对自我的关注,从社会学的视角研究自我始于20世纪初,当时的主要代表人物是米德和库利。米德和库利创立了符号互动理论,他们关心个人在社会群体中被接纳以及融合的过程,认为个体通过观察自己所在社会中重要人物的观点、态度、行为,不断学习,将这些观点、态度、行为内化为自己的态度并表达出来。因此,库利提出"镜像自我"的概念,认为人们对自己的看法来自他人的看法和态度。米德则认为,个体的自尊主要来源于他人的评价,自我评价的标准是个体所在社会中重要他人采用的评价标准的反映。从孩童时代起,个体就开始不断内化这些评价标准,并以此来评价自己。

库利(Cooley,1902)认为,一个人的自我产生于和他人的交往。他认为,人们在镜子前看到自己的相貌、仪表和穿着,对这些属于自己的东西感兴趣,而且依据这些东西与人们的意愿是否一致而产生高兴或不高兴的体验。同样,人们通过交往觉察到另一个人对自己的外表、举止、目标、行动、性格等的看法,而且不同的看法对人们有不同的影响。自我就产生于这种社会互动的过程,反映在个人的意识之中。库利进一步指出,社会是许多精神自我的相互混杂和相互影响。"我在想象你的思想,企图弄清你的思想怎样考虑我的思想,以及你的思想怎样考虑你自己的思想。通过我们的思想和他人的思想对印象与评价的不断的、多边的交换,不同的观点最后达成一致。这样,社会就进入个人的心理,成了个人自我不可分割的一部分。"米德(Mead,1934)则对詹姆斯所说的社会自我作了更为详尽的论述,从社会学的角度探讨了自尊的起源。米德认为,个人在社会群体中被接纳以及融合的过程,是个体通过观察他所在社会中主要人物的观点、态度、行为,不断学习,将这些观点、态度、行为内化为自己的态度并表达出来的过程。其中,重要他人对自己的态度尤为重要——他们如何看待自己,自己就如何评价自己,并把自己想象成拥有他人所赋予的那些个性和价值的人。因此,米德认为,自尊主要来源于他人的评价,自我评价的标准是个体所在社会中重要他人采用的标准的反映。对米德来说,没有人会孤立地作出自我评价,自我评价总会带上社会群体的烙印。如果个体对自己的评价较高,那么在他的生活中一定有重要他人关注他、重视他,反之亦然。这是从社会学的角度对自尊的最早论述。

罗森伯格的自尊理论

罗森伯格(Rosenberg,1965)的自尊理论也是社会学取向的,他关于自我的观点源于米德。罗森伯格认为,自我是一种社会现象,因而他特别关注"社会因素对自尊的影响,以及自尊如何影响具有社会意义的态度和行为"。罗森伯格把自尊看作个体对待自我的一种态度,这不仅有助于人们认识自尊的认知特性,而且为自尊的测量提供了一种新的研究范式。罗森伯格以自己有关自尊的理论观点为基础编制的自尊量表,为社会学和心理学的许多实证研究开辟了新的道路,至今仍然是自尊测量中使用最多的量表之一。他还把个体的尊严即价值感的观念纳入自尊研究,使价值感和价值标准在自尊研究中有自己的地位。目前,许多自尊的定义几乎都以价值感为核心特征。此外,把价值感引入自尊还有助于解决文化相对性和价值超越之间的矛盾,使原本单纯隶属于心理学领域的自尊研究发展成一门跨心理学和社会学的边缘交叉学科。罗森伯格开创了自尊研究的社会心理学范式,为从社会的角度促进和提高人们的自尊开辟了崭新的道路。后来,美国发起的加利福尼亚自尊运动,以及教育领域中许多提高个体自尊的努力都基于这一理论。

利里的自尊社会计量器理论

自尊社会计量器理论(sociometer theory)由利里于1995年提出。该理论认为,人类具有一种基本的天性,即和他人保持必需的联系,以适应环境,获得生存和繁衍。稳定的、充满爱的、长期的人际关系对个体的幸福和快乐具有重要意义。于是,个体发展出一种内在的监控机制,即自尊系统。

自尊社会计量器理论从进化论的观点出发,认为人有归属的需要。由于人类的资源有限,个人的力量也有限,为了获得更多的资源使生命得以延续,个体必须和他人建立某种联系,以保持竞争的优势。自尊是个体人际关系好坏的一种内在反映,正如疼痛是身体受到伤害的信号,饿和饱的感觉是个体营养与饮食状况的标志。当个体被他人所爱或喜欢时,自尊感就会提升;当个体被他人拒绝和排斥时,自尊感就会下降。当个体感到他人对自己的评价偏低时(即自我归属感内隐或外显地遭到威胁),自尊作为社会计量器就会使个体产生情感不适,并发出信号促使个体采取某种行动去获得、保持和恢复良好人际关系的感觉。

作为一种内在的人际关系监控系统,自尊标志着个体即时的和潜在的人际关系状况。其中,状态自尊和特质自尊之间的区别就在于:状态自尊标志着个体当前的人际关系质量,即个体在当前可能被他人接受或排斥的程度,容易随着当前情境的变化而变化;特质自尊则反映了个体对自己期望的群体或同伴接受程度的一般性的总体评价,标志着个体对未来潜在人际关系的一种预期,它不会因社会关系的暂时变化而变化。根据自尊社会计量器理论,个体当前的人际价值知觉与未来预期会存在差异,即状态自尊与特质自尊会存在差异。自尊作为一种监控系统可以自动发挥作用,自尊的变化会激发某种情感性反应。

总之,自尊社会计量器理论认为,自尊很重要并不是因为自尊本身有特别的内在价值,而是因为自尊在帮助人们维持与他人良好人际关系的过程中发挥着重要作用。自尊是个体对自己与社会以及重要他人之间关系的主观度量,它反映了个体与他人的关系在个体眼中的重要性,以及别人对这种关系的亲密程度的看法和关注程度。换个角度看,自尊系统反映了个体是否拥有持久的良好人际关系的状况,也包括个体在一些重要团体中的地位。自尊扮演人际关系计量器的角色,它促使个体在一定程度上维持被他人接受。高自尊反映个体知觉到对某一群体或亲密的人来说,自己是有价值的、可爱的;低自尊则反映个体知觉到自己对社会的融入程度较低。

自尊社会计量器理论从人类进化和社会人际的角度对自尊的功能作出了新的解释。它可以解释和澄清自尊的特性,以及许多与自尊相关的现象,而且具有相当重要的临床治疗意义。目前,该理论已经得到许多实证研究的支持,甚至有的研究者认为它是自尊研究领域最富革命性的理论。然而,自尊社会计量器理论仅仅把自尊作为人际关系的一种社会计量器,未免显得有些片面和狭隘。

8.2.3 心理学视角下的自尊研究

詹姆斯的自尊理论

关于自尊的最早的论述见于心理学家詹姆斯的《心理学原理》(1890)一书。在该书中,他第一次论述了自尊,虽只有寥寥几页的笔墨,但揭示了自尊的许多重要特性,其中许多观点成为后来自尊研究的基石。詹姆斯对自尊的理解是,"我们每个人都拥有的自我情感的主基调,并独立于我们对自己是否满意的客观理由"。换句话说,自尊反映了人们对自己通常的基本感觉,涉及人品、价值感、喜好和接受,而且自尊不依赖具体的成功和失败,反映了一种有关自我的积极或消极的一般倾向。

詹姆斯认为,可以通过成功与抱负之比来衡量自尊。自尊与成功是正比关系,与抱负是反比关系。自尊的这种比率特性表明,自尊以能力为取向,具有动态性。这也为自尊的测量提供了操作性思路,后来其他学者也提出了许多类似的自尊定义,而迄今为止詹姆斯的定义仍然是文献中引用最多的自尊定义。

精神分析学派的自尊理论

在詹姆斯提出关于自尊的看法之初,自尊并没有得到很多关注。后来,随着行为主义的兴起,在行为主义盛行的几十年里自尊作为一种内省的结果,基本上被排斥在主流心理学的大门之外。但是,许多精神分析学家在其理论中都或多或少地涉及自尊或其他相关问题。比如,弗洛伊德讨论过自我关注(self-regard)的问题;阿德勒(Alfred Adler)把自卑作为其理论的核心,极力强调自卑的动力作用;霍妮(Karen Horney)认为,自尊对于缓解基本焦虑具有一定作用。直到20世纪60年代,怀特(Robert White)才在总结以往精神分析学家看法的基础上,对自尊有了比较系统的理解。怀特认为,自尊与传统的行为主义和精神分析理论都涉及的动机问题密切相关。怀特指出,动机是一种基于某种生物属性的、寻求积极刺激的内在需求,并力求通过控制环境来显示它是一种持续的、促使个体发展的推动力。怀特认为,这种动机也是一种能力感或效能感的需求。

行为主义者试图将动机建立在需要理论的基础之上,认为动机具有驱力的特征。依据这一观点,当有机体的某种基本需要被剥夺时,正常的心理平衡状态被打破,从而导致紧张,接着又引起某种驱力,促使有机体采取某种行动来满足这一需要,以减少不舒适感,恢复体内的平衡。精神分析理论则认为,心理紧张是由本能驱力导致的,继而激发某种释放或发泄行为来缓解压力。也就是说,有时候有机体实际上会主动寻求增加刺激和紧张。为了调和上述两种观点之间的矛盾,怀特提出了一个关于动机的新观点,即动机是一种基于某种生物属性的、寻求积极刺激的内在需求,并力求通过控制环境来显示它是一种持续的、促使个体发展的推动力。怀特认为,有必要把能力(competence)理解为一种动机性概念,即获得的能量(capacity)既包括能力又包括能力性动机。

在1963年的《精神分析理论中的自我和现实》一文中,怀特把这些涉及能力和能力感的观念引入自尊研究领域。首先,他指出"在我看来,妨碍精神分析理论应用于自尊研究的主要困难在于,它无法区分自尊和自恋,与自恋相比,自尊更多涉及尊重"。对自己的尊重是自尊的本质,自尊与成功相关，而成功可以通过能力及能力感获得。这就意味着，自尊的关键在于能力感，个体通过能力感的获得而实现自尊，个体的自尊是个体能力感的体现。自尊是不断发展的，作为一种发展现象易受环境中其他方面的进展和压力的影响，很多与自尊相关的成功都和各发展阶段联系在一起，意料之外的成功（或失败）会促进（或延迟）自尊的发展。

怀特认为，自尊与焦虑、自我关系密切，其中自我的力量或个体处理焦虑、应对现实的能力与自尊呈正相关，而焦虑与能力呈负相关。个体应对焦虑的方式有两种：一是发展应对冲突和环境的自我能力；二是采取某种防御性的措施。尽管这两种方式一般都会用到，但个体如何开始习惯性地采用某种方式并使其个性化则因人而异。这是一个发展的过程，当个体发展到以某种个性化的方式来反应，就形成了整体或一般的自尊水平。

通过把自尊和能力感联系在一起，怀特指出自尊研究具有重要的临床意义，"心理病理学系统理论的发展需要关于能力各发展阶段的精确知识"。关于个体能力或自尊发展历程的知识对临床工作有多方面的意义，例如要彻底了解某一问题的起因，我们不但需要知道是什么导致焦虑，个体如何防御，更重要的是帮助个体找到方法以避免更严重的焦虑或问题。同样，知道来访者在何地如何经历成功，以及来访者在哪个领域实现去冲突的机能（conflict-free functioning），有助于咨询师帮助来访者增强有效应对各种冲突的能力。

总之，精神分析学派强调自尊的动机性或动力性特点，强调自尊的发展性及其缓解焦虑的临床作用，这不仅具有重要的理论意义，而且具有临床意义。但怀特的观点主要是通过内省的方法得到的，许多观点很难得到实证研究的支持。

库珀史密斯的自尊理论

20世纪60年代，库珀史密斯出版了《自尊的起源》一书，这标志着自尊研究又回到主流心理学，即以行为主义为代表的、实验取向的心理学。库珀史密斯运用实证的方法，通过严格控制条件下的观察，对影响自尊的条件和经验开展了系统的、开创性的研究，许多研究结果迄今仍有重要意义。经过长期的研究,库珀史密斯发现影响自尊的因素主要有父母的温暖、明确界定的限制和被尊重。这三方面因素对自尊的影响通过个体的学习实现,尤其是行为主义强调的模仿学习。儿童通过观察和模仿父母尊重别人和自己的行为认识到自己的价值,这种认识在操作和实践中得到强化和提升,从而使个体学会自尊。相反,父母的忽视、过多或过少的限制、冷漠或鄙视的教养方式会导致不同类型的自我结构或行为不良,使个体表现出低自尊。在库珀史密斯看来,自尊是后天获得的一种特质。库珀史密斯还研究了自尊、威胁和防御之间的关系,结果发现,低自尊的人更容易处于应激状态,面对挑战时他们趋向于防御而不是解决问题,这反过来又导致更强的焦虑感、不满足感和无助感,这些感觉通常又与低自尊以及与之相伴随的行为联系在一起。

库珀史密斯对自尊的研究贡献巨大,他采用的控制情境、个案研究、访谈、观察等方法具有很强的科学性和很高的可信度,许多研究成果经受住时间的检验;他编制的自尊量表至今仍是一种广泛用于评价儿童和成人自尊的工具;他对不同自尊类型的研究拓展了人类对自尊与行为之间关系的理解,他对自尊起源的许多发现以及在咨询方面的建议已得到很多实证研究的支持,为当今这一领域的许多研究者所认同。但是,库珀史密斯的研究和理论都以行为主义为基础,并以行为主义的模式表述,虽然客观性强,但忽视了个体本身的经验,缺乏对行为背后的认知的分析,忽略了个体的内在动机等认知因素的影响,过于机械和片面。

布兰登的自尊理论

20世纪60年代,继精神分析和行为主义之后,心理学出现了所谓的第三思潮,即人本主义心理学。早在20世纪50年代初,人本主义心理学的先驱罗杰斯(Rogers,1951)就在他的现象学自我理论中提出人有积极关注的需要,并指出自尊是自我态度的情绪和行为成分。人本主义心理学家马斯洛(Maslow,1965)则认为,自尊是人类的一种基本需要,个体一方面要求别人重视自己,另一方面要求自尊。然而,真正把心理学的第三思潮引入自尊心理学的是布兰登(Nathaniel Branden),他是20世纪60年代对自尊回归主流心理学作出重要贡献的三个人物之一,对自尊研究及临床实践均产生了重大影响。布兰登是一位人本主义倾向的临床心理医生，1969年他出版了《自尊心理学》一书，这既是一本关于自尊的科普读物，又是一部学术论著。在书中，他将自尊理解为一种相信自己有能力生存下去和值得生存下去的信念。第一次明确地把能力和价值感作为自尊中同等重要的成分，并指出能力与价值感之间的关系对理解自尊至关重要。1994年，他出版的著作《自尊的六大支柱》在自尊的临床应用领域产生了巨大影响，这是一部以通俗的语言风格系统介绍自尊的作用和结构的著作，书中的分析和论述充满了哲学的色彩和警示的意味。不仅如此，布兰登对自尊的看法还超越了罗森伯格和库珀史密斯，把自尊视为人类的一种基本需要，甚至是最基本的需要。该书的出版提高了自尊在临床实践中的地位，极大引起了一般公众对自尊的关注。

布兰登的自尊理论富有创造力，而且为人们所广泛阅读，他也是第一位使人本主义的观点对自尊研究产生影响的人。但是，布兰登的自尊理论仅采用个案观察和哲学思辨的方式进行论证，缺乏广泛的研究证据的支持。

爱泼斯坦的认知体验理论

爱泼斯坦（Seymour Epstein）试图整合传统精神分析中的潜意识、现代认知心理学关注的焦点意识，以及新近内隐认知研究的结果。他有关自我的观点基于认知心理学的信息（经验）、组织（概念形成）、表征（层级组织的概念体系）及其发展过程等观念。他认为，个体通过形成现实的个人理论（personal theories of reality）来吸收并理解关于世界、自己和他人的信息，赋予原本混乱的体验世界某种秩序。现实的个人理论是一种概念工具，可以帮助我们实现最基本的心理功能，即在可以预见的未来、痛苦和欢乐之间保持良好的平衡，维持较高的自尊水平。基于此，爱泼斯坦把自尊定义为一种值得被爱的基本需要。作为一种基本需要，自尊是一种意识或潜意识的动机性力量。自尊驱使个体不断改变现实的个人理论，这种改变一方面会使个体因稳定被打破而变得不安，另一方面又使个体感觉自己优秀或有价值，个体会经常面临自尊冲突或矛盾，个体自尊水平的改变会对整个自我系统产生广泛的影响，从而引发一系列情绪和行为反应。

爱波斯坦还提出自尊的层次结构模型。他认为，自尊有三个相互作用的水平。基本自尊像金字塔的基座，一旦构造起来，它就成为最稳固、最具影响力的一个水平。在它上面的自尊处于中间水平，是个体在特定经验或活动领域的自尊，包括技术水平或能力、魅力、自我控制、人格力量、道德、外貌和身体功能等(O'Brien & Epstein, 1983, 1988)。不同的人对各方面的兴趣大小或关注程度是不同的，这就意味着自尊的内涵对不同个体来说存在差别。层次结构的第三个水平处于表层，具有情境性，因此自尊的日常表现是变化的。

爱波斯坦的理论最早尝试从认知的立场来理解自尊，影响非常广泛，能解释许多与自尊有关的问题和现象。例如，自尊的整体性和情境性、稳定性和可变性等；同时还为自尊的测量和评价提供了新的理论基础和思路，具有重要的实践意义。但是，爱波斯坦的自尊理论显得过于机械，具有浓厚的还原主义色彩。

穆鲁克的自尊现象学理论

穆鲁克于1999年运用现象逻辑学的方法，以时间为线索系统整理历史上出现过的并经受住时间检验的自尊定义。结果发现，自尊的基本结构主要包括三个成分：自尊的基础成分(the basic components of self-esteem)、自尊的存在特性(the lived qualities of self-esteem)和自尊的动态性(the dynamics of self-esteem)。自尊的基础成分主要包括能力感和价值感两个方面。其中，能力感涉及行为，价值感则涉及行为的决策。不同研究者在界定自尊时强调的侧面不同，有的研究者以能力感为核心，有的研究者则以价值感为核心。自尊的存在特性主要涉及自尊的产生过程。穆鲁克总结，几乎所有自尊定义都涉及认知评价和情感体验。前者意味着，自尊基于一定的认知评价，通常被描述为一种知觉或态度；后者则意味着，自尊通常伴随着一定的情感状态或情感基调。具体到不同的定义，有的强调认知评价，有的侧重情感体验。自尊的动态性是指，自尊既是发展的产物，又处于发展之中，作为一个有机的系统既具有相对稳定性,又在一定程度上具有可变性和开放性。因此,穆鲁克认为全面界定和把握自尊至少应涉及三个方面:首先,自尊应该包括某种能力、价值以及两者之间的联系;其次,自尊基于认知和情感两个基本的心理过程;最后,自尊是一个动态的过程,相比于某些更为稳定的特征,如人格和智力,自尊更具有开放性(Sigelman & Shaffer,1995)。基于上述分析,穆鲁克提出了有关自尊的综合性描述:"自尊是个体能够不断地以一种有价值的方式应对生活挑战的能力状态。"

自尊的现象学理论认为,能力和价值感是决定自尊的两个主要维度,自尊是通过能力和价值感的相互作用产生的。按照能力和价值感的不同组合关系,自尊分为高自尊、低自尊、防御型自尊(包括Ⅰ型和Ⅱ型)和中间型自尊四类。高自尊又称真实的自尊,拥有高自尊的人能力和价值感都高,而且这种自尊是个体通过努力获得的而不是外界给予的。低自尊的人能力和价值感都低,面对生活的挑战通常消极防御或躲避风险,容易产生焦虑和抑郁。防御型自尊Ⅰ型的人价值感高、能力低,通常表现出自我中心和自恋倾向,当自尊受到威胁时,会产生强烈的负面效应。防御型自尊Ⅱ型的人价值感低、能力高,通常过分在意成功和失败,缺乏安全感,特别渴望成功或极力避免失败,遭遇挫折容易出现自残或暴力行为。中间型自尊为大多数人所拥有,具有中等的价值感和能力。

穆鲁克认为,自尊是一种发展的现象。在儿童早期,个体只拥有萌芽形式的自尊,自尊的价值感维度先于能力维度出现,最初的自尊源于他人的评价、接受或拒绝。自尊在儿童期和青春期基本形成,直至成年期或成熟期自尊仍然是个体的主要发展任务。成年期的个体自尊已成为一种意识现象,自尊经常会被唤醒,并经常被体验。作为成年人,当自尊被唤醒时,个体通常会控制自己的行为,努力实现自我价值,成功解决那些挑战自身能力的问题。尽管如此,生活中的许多事件还是会对个体的自尊造成威胁,因此我们需要不断维护和管理自尊,否则会丧失自尊。

为了阐明自尊与行为的联系,穆鲁克提出了同构(co-constitution)的概念,自尊与行为的联系通过同构过程来完成。同构过程包括三个元素:人、人所处的情境,以及两者的关系。用自我与世界的关系来描述行为:

在现存景象的自我一边,每个人都面对着世界,包括他人、物体和情境,个体依据自己过去和现在的生活经历赋予它们一定的意义,其中便包含自尊的影响;在现存景象的世界一边,情境会对人产生影响,包括物体、他人、机会(可能性)和现实的局限性。自我与世界的动态联系是通过行为完成的。可见,自尊与行为的联系是动态的、相互作用的,自尊影响个体的行为,行为反过来又塑造个体的自尊。个体时刻准备对威胁自身能力或价值感的刺激作出反应,或以某种方式建构情境,其中习惯化的方式反映了总体自尊。但在某一特定时刻,自尊内涵模型被激活的程度又取决于情境如何被同构,从而引发特定的行为方式,使自尊表现出情境性。由于决定自尊内涵的能力和价值感相对稳定,因而自尊也相对稳定。同时,能力和价值感又会受到生活的不断挑战,应对挑战的结果(成功或失败)也会改变个体的能力和价值感,从而影响自尊水平,故而自尊又是可变的。

穆鲁克的自尊现象学理论综合了以往的许多理论,并整合了以往自尊定义中的一些矛盾现象,如自尊的稳定性和动态性、总体自尊和特定自尊等,具有很强的生态效度。不仅如此,穆鲁克还基于自尊的现象学理论提出了一套自尊促进程序,理论和实践密切关联。可以说,这是目前最具综合性的自尊理论,但是该理论主要源于现象学的整合,主观性强,尚缺乏严格的实证依据。

格林沃尔德的内隐自尊理论

20世纪90年代之前,研究者通常都在意识层面研究和分析自尊现象。大量研究表明,当要求人们评价自我时,他们一般都会对自己作出积极的评价,这意味着大多数人都对自己持有一种积极的态度。个体这种有意识的积极自我评价的情感反应被称为外显自尊。同时,大量研究也表明,当把某一事物直接或间接地与自我相关联时,个体也会对其作出某种积极的评价(即自我态度效应),也就是中国人常说的"爱屋及乌"效应。格林沃尔德等人基于对以往大量研究的分析、梳理和总结,于1995年正式提出内隐社会认知的概念,主要内容之一便是内隐自尊。他们认为,内隐自尊是"个体对与自我相关或不相关的事物作出评价时,通过内省获得的一种过去自我态度的无意识效应"。传统上，对社会认知的测量多采用自我报告式的外显测量，这种方法容易受到个体自我矫饰（self-presentation）或印象管理（impression management）的影响。对内隐社会认知的测量则主要采用间接测量的方法，主要有投射测验、传记分析法、反应时法和情境测验法等，但是这些方法也存在各种不足，使得内隐社会认知的相关研究很难深入。格林沃尔德等人于1998年首次从无意识领域提出并建构一种新的测量方法——内隐联想测验（Implicit Association Test），而且研究了内隐自我概念和内隐自尊的个体差异。另外，有研究者（Bosson, Swann, & Pennebaker, 2000）对内隐联想测验的信度、效度以及测验的结构、过程进行了比较研究，结果发现，在诸多测量方法中内隐联想测验的预测效度最高。格林沃尔德等人（Greenwald & Farnham, 2000）运用验证性因素分析法考察内隐自尊与外显自尊的关系，发现两者既相对独立，又存在较低的正相关。

研究者提出，以往有关自尊的大量研究仅仅探讨人的外显自尊，而对内隐自尊的关注较少。因此，应该将外显自尊与内隐自尊结合起来研究，这也为自尊研究提供了崭新的视角和广阔的空间。

从以上有关自尊的不同理论观点可以看出，研究者从各自的研究视角和研究目的出发去探讨自尊问题，尚缺乏一个能够集各家之所长、整合各家观点的理论。而且，这些理论观点有的是临床经验的总结，有的是哲学思辨的产物，有的是开创性的探索，因而需要一个系统、全面，且言之有物、论之有据的理论模型将自尊的内涵、特性、结构、功能有机地整合在一起。

8.3 自尊的结构

结构即事物的组成要素，它是事物形成和发展的基础。研究自尊的学者都认为，自尊是由各种成分组成的有层次的结构。自尊由哪些成分构成？它们之间的相互作用和关系又是怎样的？对于这些问题，心理学家各执己见,提出了许多不同的自尊结构模型,其中具有代表性的自尊结构模型主要包括以下八种。

8.3.1 自尊的单维结构

这一模型由詹姆斯(James,1890)提出,他认为自尊是指个体的成功感,自尊取决于个体在实现自己设定的目标的过程中成功或失败的感受。他提出一个著名的公式:自尊=成功/抱负。从公式中可以看出,对个体自尊产生重要影响的不是个体获得的实际结果,而是个体对获得的结果的认知,即个体对获得的结果的重要性的主观评价。

8.3.2 自尊的二维结构

波普等人(Pope & McHale,1988)认为,自尊由知觉自我(perceived self)和理想自我(ideal self)两个维度构成。知觉自我就是自我概念,是个体对自己具备或不具备的各种技能、特征和品质的客观认识。理想自我是个体希望成为什么样的人的一种意向,以及一种希望拥有某种特性的真诚愿望。当知觉自我与理想自我一致时,自尊是积极的;当知觉自我与理想自我不一致时,自尊就是消极的。

8.3.3 自尊的三因素结构

斯特芬哈根(Steffenhagen,1983)提出,自尊由三个相互联系的结构组成,即物质/情境模型(material/situational model)、超然/建构模型(transcendental/construct model)、自我力量意识/整合模型(ego strength awareness/integration model)。其中,每个模型又包含三个主要成分,每个主要成分又由三个具体元素构成。物质/情境模型自尊包括自我意象、自我概念和社会概念三个成分,每个成分又包括地位、勇气和可塑性三个元素。超然/建构模型自尊包括身体、心理和精神三个成分,每个成分又包括成功、鼓励和支持三个元素。自我力量意识/整合模型自尊包括目标取向、活动程度和社会兴趣三个成分,每个成分又包括知觉、创造和适应三个元素。

8.3.4 自尊的四因素结构

库珀史密斯(Coopersmith,1967)的四因素结构模型认为,自尊包含四个因素：(1)重要性,指个体是否感到自己受到生活中重要人物的喜爱和赞赏；(2)能力,指个体是否具有完成他人认为很重要的任务的能力；(3)品德,指个体是否达到伦理标准和道德标准；(4)权力,指个体影响和控制自己生活与他人生活的程度。

8.3.5 自尊的六因素与八因素结构

魏运华(1997)在研究中提出,儿童的自尊主要由外表、体育运动能力、成就感、纪律、公德和助人六个因素组成。姆博亚(Mboya,1995)的自尊结构包括家庭关系、学校、生理能力、外貌、情绪稳定性、音乐能力、同伴关系和健康八个维度。

扬斯(Betty B. Youngs)认为,自尊包括生理上的安全感、情感上的可靠感和安全感、自我认同感、归属感、胜任感、意义感六个维度(马前锋,蒋华明,2002)。

8.3.6 自尊的内隐和外显双重结构

提出内隐社会认知概念后,格林沃尔德等人(Greenwald & Farnham,2000)在研究中进一步通过验证性因素分析方法考察内隐自尊与外显自尊的关系,发现两者既相对独立,又存在较低的正相关,从而提出了内隐自尊和外显自尊的双重结构模型。他们的研究还发现,两种不同的自尊分别作用于不同的心理与行为,其中内隐自尊对自发的和情感驱动的行为反应有较强的预测性。内隐自尊在幼年时期形成,并在随后的生活中内化为自我图式的一部分,不能通过有意识的内省确认,但影响个体对行为的自我评价；外显自尊则是人们能够在意识中确认的一种自我评价,主要影响人们有意识的社会行为与判断。蔡华俭(2003)的研究进一步证实了,内隐自尊和外显自尊是两种相对独立的不同的心理结构或特质,存在较低的正相关($r=0.22$),这一点与格林沃尔德等人的研究结果($r=0.28$)相似,表明内隐自尊与外显自尊的关系具有普遍性,进一步验证了内隐自尊和外显自尊双重结构模型的合理性。

8.3.7 自尊的多层次多维度结构模型

黄希庭(1998，2002，2003)等人提出，自我价值感是自我的一个重要方面，它对个人的认知、情绪和行为具有弥漫性的影响。持久的自我价值感是一种较稳定的人格倾向，具有认知的、情绪的和行为倾向的特征。有研究表明，自我价值感是一个多层次多维度的心理结构，自尊的多层次多维度结构模型包括总体自我价值感、一般自我价值感和特殊自我价值感三个层次。就抽象程度而言，总体自我价值感抽象程度最高；其次是一般自我价值感，包括社会取向和个人取向两种；特殊自我价值感抽象程度最低，具体表现为人际的、心理的、道德的、生理的和家庭的自我价值感五个方面，同样包括社会取向和个人取向。

8.3.8 自尊的倒金字塔结构

张向葵、张林和赵义泉(2004)在整合以往自尊结构观点的基础上，提出自尊的倒金字塔结构模型，该模型包括三个基本的心理成分：潜在自尊、社会自尊和元自尊。这种结构模型的最底层为潜在自尊，它是人类进化过程中由人的求生本能形成的一种基本需要，是个体自我发展和自我追求的驱动力。第二层由潜在自尊和社会自尊共同构成，是个体自尊结构的主体部分。第三层由潜在自尊、社会自尊和元自尊三部分共同构成。元自尊是个体元认知发展的一种特殊表现形式，是个体在元认知能力发展到一定程度时，对自我认识的一种认知、监控和调节活动。第四层或往上是自尊与认知能力的关系。自尊的倒金字塔结构模型充分体现了自尊结构的意义和特性。它一方面表明潜在自尊作为个体推动自身去追求生存价值、意义的原始动力，决定了个体社会自尊和元自尊的水平；另一方面揭示了自尊系统本身具有的驱动性、社会性和调节性的特点，尤其是元自尊决定了个体自尊的发展方向和水平。

纵观研究者提出的模型，有关自尊的结构研究取得了一定的进展，并呈现出特定的发展趋势。总的来说，研究者从注重研究总体自尊到注重研究具体自尊,从注重研究外显自尊到注重研究内隐自尊。尤其是提出内隐自尊概念之后,研究者对自尊的研究从单一意识层面扩展到意识与无意识双重层面。

8.4 自尊的测评

进入心理研究领域后,自尊受到心理学家和教育学家的重视。研究者根据自身对自尊的认识和分析,发展出各种自尊测量技术和测量工具。接下来先介绍四种常用的测量技术,然后介绍一些常用的自尊量表。

8.4.1 四种测量技术

心理学家利用各种技术来测量自尊(Wells & Marwell, 1976),每种技术都可以被看作测量者对自尊概念所作的操作性定义。操作性定义是指一种把抽象概念转化为可测量概念的方法。当然,通过测量得到的值可能使概念的内涵在转化的过程中消失。下面介绍四种常用的测量技术。

自我报告技术

自我报告技术(self-report technique)就是通常所说的问卷法,即让被试在一份由许多项目组成的量表上评定自己的价值。例如,罗森伯格(Rosenberg,1965,1979)设计的十项目量表就是典型代表。从十项目量表中不难看出,在项目1、2、4、6、7上作肯定评定和在项目3、5、8、9、10上作否定评定属于积极的自尊得分。罗森伯格(Rosenberg,1965)利用这一量表对5 024名中学生进行测量,结果发现,与高自尊的学生相比,低自尊的学生不善于处理人际关系,更多体验到焦虑和孤独等。此外,低自尊的学生还缺乏自信,愿望变化无常且难以实现,不适合当领导者。罗森伯格(Rosenberg,1979)把上述这种不良影响称为自尊的情境失调(contextual dissonance)。

不一致分数技术

不一致分数技术(discrepancy score technique)就是让被试分别评定自己是什么样的(现实自我)和希望自己是什么样的(理想自我),利用现实自我与理想自我之间的不一致分数来推断被试的自尊。

威利(Wylie, 1979)对这种技术的有效性提出质疑。她认为,用直接报告现实自我的方法测量自尊,比用现实自我与理想自我的不一致分数测量自尊更有效。她指出,理想自我的分数比较稳定,它在很大程度上取决于被试对社会赞许行为(socially desirable behavior)的看法。因此,理想自我的分数并不能告诉研究者被试自尊的差异,也许现实自我分数的变化实际上就是不一致分数技术测量的差异。

卡茨等人(Katz & Zigler, 1967)则从发展的层面对不一致分数技术提出质疑。他们指出,现实自我与理想自我之间的不一致分数,从五年级(大约 10 岁)到十一年级(大约 16 岁)随着年龄的增长而增加。不一致分数的增加可能是因为,年龄大的被试具有更加积极的理想自我和更加消极的现实自我。可以从两个方面解释这一现象(Phillips & Zigler, 1980)。一是羞耻感的增强,随着年龄的增长,儿童能够内化所处社会的价值和标准,能够意识到现实自我与理想自我之间的潜在差异。二是分类能力的增强,这种认知能力使得年龄较大的儿童能够区分不同类型,包括与自我有关的类型。

关系技术

关系技术(relational technique)由朗等人(Long, Henderson, & Ziller, 1990)提出。他们用个性化(individuation)、尊重(esteem)、力量(power)、认同(identification)和社会依赖(social dependence)这五个成分来描述自我概念,这五个成分体现了个人的自我知觉与重要他人的关系。朗等人(1967)设计了儿童自我社会建构测验(Children's Self Social Constructs Test),用以测量自我概念的各个成分。在这个测验中,他们让儿童在一张纸上画一些圆圈来说明自己与生活中重要他人的关系。比如,自尊测验由排成一行的八个圆圈组成,让儿童从中挑选出一个圆圈(见图 8-1)。靠近左端的圆圈代表高自尊,靠近右端的圆圈代表低自尊。

图 8-1　自尊测验（来源：魏运华，2004）

个性化测验由一个大圆圈包含若干个无阴影的小圆圈（代表他人）组成，测验纸的底部有一行小圆圈，这些圆圈有的有阴影，有的没有阴影（见图 8-2）。让儿童从测验纸底部的圆圈中选择一个圆圈代表自己，把它放进测验纸上部那些无阴影的圆圈中。如果儿童选择有阴影的圆圈则表示个性化，因为他们认为自己与团体中的其他人不一样。其他测验也采用类似的非言语关系测量方法。

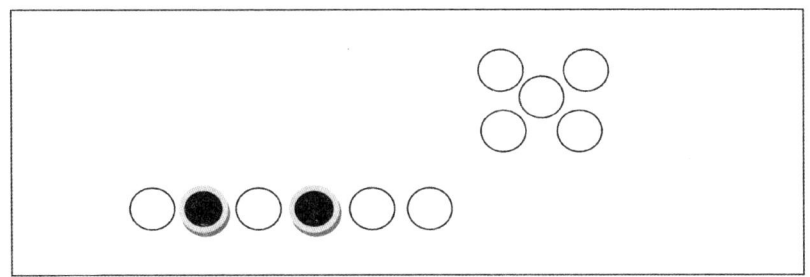

图 8-2　个性化测验（来源：魏运华，2004）

朗等人假设，在学龄早期，随着身体、智力和社会技能的发展，儿童的重要感和自尊也会有相应的提升。他们对 373 名一至六年级的学生进行自尊测验，结果发现，小学一年级学生的自尊分数最高，小学二年级学生的自尊分数最低，小学三年级和四年级学生的自尊分数慢慢上升，小学五年级和六年级学生的自尊分数又开始下降。朗等人认为，之所以出现上述现象，是因为小学一年级学生往往以自我为中心，他们更看重自己而不太看重他人。小学二年级学生开始出现自我批评，从而导致从一年级到二年级自尊出现急剧下降。小学三年级和四年级自尊分数出现上升趋势，是因为这一阶段的小学生力量感开始增强，与父母和朋友的认同感开始增强。从一年级到五年级，小学生的社会依赖会相应增强,这种社会依赖增强的趋势导致年龄越大的儿童自尊反而下降。

投射技术

投射技术(projective technique)已经广泛应用于心理学各个领域,包括人格研究和诊断。投射技术假定,给被试提供一个模糊的中性刺激(如一张中性的照片、一团墨迹、一个句子)并让被试对这个中性刺激作出反应时,被试会根据当时支配自己行为的中心动机作出反应。罗夏测验(Rorschach Test; Rorschach, 1932)、主题统觉测验(Thematic Apperception Test, TAT; Morgan & Murray, 1935)、句子完成测验(Sentence Completion Test; Rotter & Willerman, 1947)都是投射技术的典型代表。

自尊的三个不同方面可以通过投射技术测量(Wells & Marwell, 1976):一是无意识自我评价,由于防御机制会阻碍被试的意识表达,因此有些内容无法通过被试的自我报告来测量;二是被试无法明确用语言表达的评价,这些评价是被试尚未定型或归类的态度或情感;三是不合意的评价,即被试不愿意以直接的自我报告方法表达的态度或情感。

评定自尊常用的一种投射技术是马赫弗(Machover, 1994)设计的画人测验(Draw-A-Person)。在测验的过程中,给被试一支铅笔和一张纸,让他们随便画一个人,然后根据所画人物的特征进行评分,这些特征包括人物的大小、性别、省略或者夸张的部分、情感协调性等。需要特别注意的是,评分者不要评价图画的艺术价值。图画的组成和协调性可以反映被试对身体自我的接纳感,甚至更一般的自我价值感。

这一方法的批评者指出,图画的组成部分与自尊的概念之间没有理论上的联系。图画的质量在很大程度上受被试绘画经验的影响。儿童的人物绘画质量表现出明显的发展上的变化,这些变化通常源于儿童认知、技能和信息运用能力的发展。随着年龄的增长,被试的绘画会更加精细和具有立体感,但这并不能直接解释被试的自尊也随之升高(Anastasi,1979)。

上述四种自尊测量技术反映了对自尊的不同界定。罗森伯格使用的自我报告技术把自尊视为人格的一个稳定成分,认为自尊是个体与自己的价值和能力有关的态度的反映,这些态度在很大程度上受他人评价的影响。卡茨等人提出的不一致分数技术强调,自尊是人们把现实自我与理想自我相比较的内部评价过程,自尊并不是人格的稳定成分,而是随着发展阶段的变化而变化。关系技术强调自尊的社会成分而不是认知成分,认为个体的自尊会随着社会环境、认知和情绪的变化而变化。投射技术则注重个体无意识的自尊部分。

8.4.2 自尊量表

不同的理论研究和自尊评定研究,产生了不同的自尊评定方法。但是,由于自尊主观性强的特点,当前心理学家主要还是依靠自我报告技术(即量表法或问卷法)来研究自尊。下面介绍目前常用且有效的自尊量表。

罗森伯格自尊量表

罗森伯格自尊量表(Rosenberg Self-Esteem Scale,RSES;Rosenberg,1965,1986,2002)最初用于评定青少年关于自我价值和自我接纳的总体感受。该量表由10个项目组成,采用4级评分,1表示非常符合,2表示符合,3表示不符合,4表示非常不符合,最高得40分,最低得10分。分值越高,表示自尊水平越高。最初的样本来自美国纽约州随机选出的10所中学的5024名高中生和初中生。项目举例:"我感到自己是一个有价值的人,至少与其他人在同一水平。""我感到自己值得自豪的地方不多。""我希望我能为自己赢得更多尊重。"

弗莱明和考特尼(Fleming & Courtney,1984)报告的克龙巴赫α系数为0.88,西贝尔和蒂皮特(Siber & Tippett,1965)对28名被试2周后的重测信度为0.85,弗莱明和考特尼(Fleming & Courtney,1984)对259名被试1周后的重测信度为0.82。

洛尔和文德利希(Lorr & Wunderlich,1986)报告,罗森伯格自尊量表的得分与信心的相关系数为0.65,与合群的相关系数为0.39。弗莱明和考特尼(Fleming & Courtney,1984)报告,罗森伯格自尊量表的得分与焦虑的相关系数为−0.64,与抑郁的相关系数为−0.54。雷诺兹

(Reynolds,1988)报告,罗森伯格自尊量表的得分与功课的平均分数无显著相关。弗莱明和考特尼(Fleming & Courtney,1984)报告,罗森伯格自尊量表的得分与性别、年龄、工作经验、婚姻状况、学习成绩等无显著相关。

罗森伯格自尊量表应用广泛,它简明、易于评分,是被试对自己的积极体验和消极体验的直接估计。但是,被试在回答该量表的各个项目时,易受社会期望的影响,而且该量表在大学生被试中评分偏低。近几十年来,该量表广泛应用于临床和非临床样本研究,并被证明具有较高的效度。

库珀史密斯的自尊量表

库珀史密斯(Coopersmith,1967,1975,1981)的自尊量表(Self-Esteem Inventory,SEI)最初是为儿童和青少年设计的,后经修改适用于成人。该量表由58个项目(其中有8个项目为测谎题)组成,每个项目都以第一人称的口气叙述一种情况,要求被试回答项目叙述的情况是"像我"还是"不像我",前者评分为1,后者评分为0,最高得50分,最低得0分。项目举例:"我和我的父母在一起开心事很多。""我对自己的功课感到自豪。""我长得不如大多数人好看。"该量表共有总体自尊(Total Self-Esteem)、测谎量表(Lie Scale)、学校—学业生活(School-Academic Life)、社会—同伴(Social-Peers)、家庭—父母(Home-Parents)、一般自我(General Self)6个分数。但是,有研究表明,上述6个分数中的后4个缺乏一致性信度,该量表不分维度只测量被试的总体自尊效果将会更好。

泰勒和赖茨(Taylor & Reitz,1968)报告,该量表的分半信度为0.90,具有良好的稳定性。库珀史密斯报告,该量表5周后的重测信度为0.88,3年后的重测信度为0.70。

伯恩等人(Akhtar & Byrne,1983)报告,库珀史密斯的自尊量表与罗森伯格自尊量表的相关系数为0.58~0.60。研究表明,库珀史密斯的自尊量表与抑郁、自杀、失望感、控制点、社会能力等都有较高的关联效度(Fendrich,Weissman,& Warner,1990b)。

库珀史密斯的自尊量表在使用过程中存在四个问题：第一，该量表呈偏态分布，即大多数分值在平均分以上(Coopersmith, 1967)；第二，该量表与社会期望存在高相关，该量表的分值可能受到其他因素的影响，而不仅仅是自尊在起作用；第三，该量表的回答方式（"像我"或"不像我"）具有局限性，容易受到社会期望的影响；第四，该量表缺乏稳定的因素结构。

近几十年来，库珀史密斯的自尊量表广泛应用于不同社区的样本。测验结果表现出明显的种族差异，例如，非裔美国学生比美国白人学生具有更高的自尊分数(Coopersmith, 1975)。研究者利用该量表研究患有抑郁症的母亲的子女，结果发现，自尊与消极的人际体验、抑郁存在复杂的交互作用。还有研究者发现，低自尊的人更容易抑郁。以精神病人为样本的研究发现，团体治疗、心理教育、认知行为干预等方法具有较好的干预效果。

亚尼斯和菲尔德的缺陷感量表

亚尼斯和菲尔德(Janis & Field, 1956)的缺陷感量表(Feelings of Inadequacy Scale)可以定量分析个体的缺陷感、自尊、自我敏感性和社交焦虑。该量表最初共有 23 个项目，采用 5 级评分。弗莱明和沃茨(Fleming & Watts, 1980)修订该量表时，为使该量表与沙维尔森等人的多维度多层次的自尊结构模型一致，增加了一些项目，形成 3 个分量表，即社交自信、学习能力和自尊，并采用 7 级评分。此后，弗莱明和考特尼(Fleming & Courtney, 1984)再次修订该量表，使它更加接近沙维尔森等人的多维度多层次的自尊结构模型，他们将项目增加到 36 个，并扩展成 5 个分量表，增加了外貌和体能。样本全部来源于大学生。项目举例："你是否经常感到自己什么事也做不好？""遇见陌生人时你常感到不自在吗？""你曾为自己的体格和形象感到惭愧吗？"

亚尼斯和菲尔德(Janis & Field, 1959)报告，23 个项目版本量表的分半信度为 0.83，斯皮尔曼—布朗(Spearman-Brown)系数为 0.91。弗莱明和沃茨(Fleming & Watts, 1980)版本的量表，以及弗莱明和考特尼(Fleming & Courtney, 1984)版本的量表的克龙巴赫 α 系数分别为 0.90

和 0.92。

亚尼斯和菲尔德版本的量表与加州人格调查表中自尊测查部分的相关系数为 0.67。弗莱明和沃茨版本的量表与心理控制点量表呈负相关,相关系数为 -0.30,即自尊越高者越内控。弗莱明和沃茨报告,他们版本的自尊量表的总分与语言智商、自我报告的平均分、自我报告的分数排行、兄弟姐妹人数等没有相关,与社会期望量表也没有相关。

施劳格的个人评价问卷

施劳格(Shrauger,1990)的个人评价问卷(Personal Evaluation Inventory)主要用来评价自信。一般认为,自信是个体对自己能力或技能的感受,是对自己有效应对各种环境的能力的主观评价。作为自我评定的工具,个人评价问卷涉及的范围并不像其他自尊量表那样广泛,但它可以估测自信范畴的大多数问题。个人评价问卷包含学业表现、体育运动、外表、爱情关系、社会相互作用、人际交往 6 个分问卷。除了这 6 个分问卷,还有一些项目评定总体自信水平和可能影响自信判断的心境状态。体育运动分问卷包括 5 个项目,其他分问卷各包括 7 个项目。问卷共计 54 个项目,采用 4 级评分,最低得 54 分,最高得 216 分,分值越高表示自信程度越高。样本来源于大学生。项目举例:"我是个会交际的人。""我缺少使我成功的一些重要能力。""我比大多数人更少担心在公共场合讲话。""要是我长得更好看一点,我能在约会上更成功。"

各分问卷的克龙巴赫 α 系数,女性为 0.74~0.89,男性为 0.67~0.86;一个月后的重测信度,女性为 0.53~0.89,男性为 0.25~0.90;总问卷的重测信度,女性为 0.90,男性为 0.93。

聚合效度研究表明,个人评价问卷与罗森伯格自尊量表的相关系数为 0.58,与亚尼斯和菲尔德的缺陷感量表的相关系数为 0.59。区分效度研究表明,个人评价问卷与社会期望量表无显著相关,与社会经济地位、宗教信仰和对宗教的热衷程度无显著相关。

个人评价问卷是有关自信问题的最有效的测查工具之一。但是,该问卷存在两个问题:第一,问卷的内容局限于大学环境,几个分问卷对其他环境不适用;第二,尽管体育运动是一个独立的因素,但体育运动分问卷的适用性似乎局限于运动心理学的范畴。

沙维尔森的自我描述问卷Ⅱ型

马什(Marsh,1984)等人的自我描述问卷(Self-Description Questionnaire,SDQ)的理论基础是沙维尔森等人的多维度多层次的自尊结构模型,它从不同维度和层次来了解个体的自我概念。沙维尔森等人曾先后编制了3种自我描述问卷,分别称为Ⅰ型、Ⅱ型和Ⅲ型,适用于不同年龄的被试。自我描述问卷Ⅱ型的适用范围是七至十年级的中学生,该问卷一共有120个项目,包括11个分问卷。这11个分问卷包括3个学业自我概念(即言语、数学和一般学校情况)分问卷,7个非学业自我概念(即体能、外貌、与异性的关系、与同性的关系、与父母的关系、诚实—可信赖和情绪稳定性)分问卷,1个一般自我概念分问卷。每个分问卷的项目一半是积极的,另一半是消极的。每个项目都有6种答案可供选择,即完全符合、符合、基本符合、基本不符合、不符合、完全不符合,要求被试从中选出最适合自己的答案。该问卷可以团体施测,大多数学生20分钟内可以完成。该问卷的常模取自5 494名澳大利亚学生,有总常模和不同性别的常模。问卷分是百分位数和T分数。该问卷的克龙巴赫α系数达到0.94,各分问卷的克龙巴赫α系数为0.83~0.91。各分问卷的重测信度为0.72~0.88。项目举例:"总的来说,我有不少值得自豪的地方。""我的绝大多数朋友长得比我好看。""要是我真的努力学习,我就会成为同年级中最好的学生之一。""写作业时我总表达不好。"

各年级在总问卷上的克龙巴赫α系数为0.92~0.96,各分问卷的克龙巴赫α系数为0.66~0.91,年级越高,克龙巴赫α系数越大。各分问卷的重测信度为0.56~0.75。

从总体上来看,11个分问卷的相关矩阵中相关系数都很低,除个别相关系数超过0.40以外,大多数都在0.40以下。这说明,各分问卷彼此独立。从每个分问卷中随机抽取两个项目分别计算与各分问卷的相关,结果发现,所有项目与其所在分问卷的相关系数远高于与其他分问卷的相关系数,说明该问卷的同质性很好。11个分问卷中有3个学业自我概念分问卷,以被试最近一次的语文、数学、英语考试成绩以及智商与3个学业自我概念分问卷作相关分析。结果表明,各年级语文成绩与言语分问卷、数学成绩与数学分问卷均有非常显著的相关,英语成绩与上述两个分问卷在低年级有显著相关,初二以后基本没有相关。语文、数学、英语成绩与一般学校情况分问卷在各个年级都有显著相关。

姆博亚的自我描述问卷

姆博亚(Mboya,1995)的自我描述问卷(Self-Description Inventory, SDI)共包括50个项目,采用5级计分。该问卷由8个分问卷构成,这8个分问卷是根据沙维尔森等人的多维度多层次的自尊结构模型设计的。8个分问卷如下:

与家庭的关系(Relations with Family),包括11个项目,指学生对自己与家庭成员交往的知觉。项目举例:"我的父母很爱我。""我觉得我的父母不关心我。""我觉得我是家里的重要一员。"

对学校的总体感觉(General School),包括11个项目,指学生对学校总的兴趣和喜好的知觉。项目举例:"我喜欢学校的大多数课程。""我喜欢上课。""在学校所学的知识对我非常重要。"

体能(Physical Abilities),包括6个项目,指学生对自己在体育运动方面的技能和兴趣的知觉。项目举例:"我喜欢体育运动。""我是一个好运动员。""大多数时候我感到精力充沛。"

外表(Physical Appearance),包括4个项目,指学生对自身外表的知觉。项目举例:"我对自己的外表感到满意。""我喜欢我的长相。""我的朋友觉得我没有吸引力。"

情绪稳定性(Emotional Stability),包括4个项目,指学生对自身情绪稳定性的知觉。项目举例:"我不常哭。""当别人对我吼叫时,我容易被伤害。""我经常感到不安。"

音乐能力(Music Ability),包括6个项目,指学生对音乐的兴趣和喜爱的知觉。项目举例:"我热爱音乐。""听到音乐或歌曲时,我感到愉快。""音乐对我没有任何影响。"

与同伴的关系(Relations with Peers),包括4个项目,指学生对自身与同伴交往的知觉。项目举例:"与我同龄的伙伴都很喜欢我。""我不喜欢交朋友。""我觉得与我同龄的伙伴不太喜欢我。"

健康(Health),包括4个项目,指学生对自身身体健康状况的知觉。项目举例:"我很健康。""我尽最大努力关心自己的身体。""我对自己的健康状况感到满意。"

该问卷的克龙巴赫α系数为 0.76~0.92(Mboya,1993)。

沃特金斯和董奇的自我描述问卷(中国版)

沃特金斯和董奇(Watkins & Dong, 1994)的自我描述问卷(Self-Description Questionnaire-1,SDQ-1)共包括64个项目,采用5级计分。该问卷由8个分问卷构成,这8个分问卷是根据沙维尔森等人的多维度多层次的自尊结构模型设计的。8个分问卷如下:

生理能力—运动(PHYS),包括8个项目,指学生对自己在体育运动等方面的能力和兴趣的评价。项目举例:"我喜欢体育运动和比赛。"

生理外貌(APPR),包括8个项目,指学生对自己吸引力的评价,即把自己的外表与别人的外表相比较,以及对别人如何看待自己的外表的知觉。项目举例:"我比我的大多数朋友长得好看。"

同伴关系(PEER),包括8个项目,指学生对自己交友的容易程度、人缘,以及别人是否需要自己做朋友的评价。项目举例:"我与其他同学很容易相处。"

亲子关系(PRNT),包括8个项目,指学生对自己与父母的关系,以及自己是否喜欢父母的评价。项目举例:"我的父母理解我。"

语文(READ),包括8个项目,指学生对自己在语文方面的能力和兴趣的评价。项目举例:"我对语文感兴趣。"

数学(MATH),包括8个项目,指学生对自己在数学方面的能力和兴趣的评价。项目举例:"我的数学成绩很好。"

学校(SCHL),包括8个项目,指学生对自己在所有学科方面的能力和兴趣的评价。项目举例:"我对所有课程都感兴趣。"

一般(GENR),包括8个项目,指学生对自己总的能力以及现状是否令人满意的评价。项目举例:"总的来说,我有很多值得骄傲的地方。"

该问卷的克龙巴赫α系数为 0.78～0.89。

皮尔斯和哈里斯的儿童自我概念量表

皮尔斯和哈里斯的儿童自我概念量表（Children's Self-Concept Scale）是美国心理学家皮尔斯（Ellen V. Piers）和哈里斯（Dale B. Harris）于 1969 年编制，1974 年和 1984 年修订的儿童自评量表，主要用于评价儿童自我概念的状况，适用于 8～16 岁的儿童和青少年。该量表包括行为、智力与学校情况、躯体外貌与属性、焦虑、合群、幸福与满足 6 个分量表。项目举例："我是一个幸福的人。""我的容貌使我烦恼。""我的朋友喜欢我的主意。""当我要做什么事时我总是不放心。"该量表在国外应用较为广泛。

该量表间隔两周的重测信度为 0.81，间隔三个月的重测信度为 0.74。合群分量表的克龙巴赫α系数为 0.61，行为分量表的克龙巴赫α系数为 0.75。各因子的内部一致性较好，大部分项目与分量表的一致性也较好。

该量表与阿肯巴克儿童行为量表、阿肯巴克教师报告表、智商、学习成绩均有较高的相关。

魏运华编制的儿童自尊量表

魏运华 1997 年编制了儿童自尊量表，该量表包括外表、体育运动、能力、成就感、纪律、功德与助人 6 个维度。该量表采用 5 级计分，凡正向计分题（即量表中未打"＊"号的题目）："非常符合"计 5 分，"基本符合"计 4 分，"不确定"计 3 分，"基本不符合"计 2 分，"非常不符合"计 1 分。凡反向计分题（即量表中打"＊"号的题目）："非常符合"计 1 分，"基本符合"计 2 分，"不确定"计 3 分，"基本不符合"计 4 分，"非常不符合"计 5 分。正向计分题与反向计分题的得分之和为量表总得分。该量表适合年龄为 10～15 岁的儿童和青少年。由于目前尚无常模参照，因此该量表只用于研究，不作为评价儿童自尊高低的工具。解释个体在该量表上的得分时要非常谨慎，不要简单地根据量表得分来衡量个体自尊的高低。该量表总量表和各分量表的克龙巴赫α系数为 0.61～0.77。

尽管自尊量表非常多，但罗森伯格自尊量表是应用最广泛的自尊量表之一。田录梅(2006)统计了国内 1994—2005 年自尊量表的使用情况,结果发现罗森伯格自尊量表的使用率为 84.2%,高居第一。

研究者在如何评定自尊上各执己见,这与自尊水平在个体身上长期恒定的特性无疑相冲突。无论是概念上的众说纷纭,还是方法学上的各种问题,都给有效评定自尊带来困难。但是,心理学家已经可以利用各种技术来测量自尊(Wells & Marwell, 1976),其中每种技术都可以被看作测量者对自尊概念下的操作性定义。前面介绍的四种测量技术以及不同自尊量表都是现阶段测量自尊比较常用的。

9 自尊的影响因素

影响自尊的因素有很多,大致可分为内在因素和外在因素两大类。根据个体差异,内在因素可分为身体外貌、年龄、性别、能力、内在需求和归因六个方面。根据环境的不同,外在因素可分为家庭因素、学校因素和社会文化因素三个方面。本章将介绍影响自尊水平的内外两类因素,探讨其影响机制和对自尊的影响程度。

9.1 内在因素

下面将从身体外貌、年龄、性别、能力、内在需求和归因六个方面介绍内在因素如何影响个体的自尊水平。

9.1.1 身体外貌

身体外貌是个体自我认识的重要成分。青少年对自己的评价首先表现在外貌上。个体对自己的外貌是否满意,并在此基础上自我感觉如何,都会对自尊产生直接影响。哈特(Harter,1982)在对自尊的研究中得出,自尊水平与外貌的相关系数高达 0.79~0.80,外貌在很大程度上影响个体的自尊水平。此外,对青年女性的调查结果也说明这一点,她们报告,外貌决定她们的价值感,如果感觉外貌很糟糕,就会产生低水平的自尊(Blaine,1993)。这些研究结果说明,个体的外貌是影响自尊发展的重要因素之一,斯塔布斯等人(Stubbs et al.,2011)研究发现,肥胖的个体减肥失败后,自尊水平会进一步降低。国内学者发现了相似的结果。商娇燕、孙宏伟、宋玉萍和常瑞华(2017)研究初中生的体重对自尊的影响,发现超重、肥胖的初一学生的自尊得分比正常体重的初一学生的自尊得分低,超重、肥胖的初一学生的自尊水平与正常体重的初一学生的自尊水平差异显著,这说明初中生的体重会影响自尊水平。此外,基维鲁苏等人(Kiviruusu et al., 2016)经过长达26年的追踪研究,结果发现,在女性群体中,从青春期到中年期,低自尊与高体质(体重除以身高)之间的相关性逐渐加强,但是在男性群体中,低自尊与高体质之间的相关性很弱。身体外貌会影响个体的自尊水平,此外对自己身体的认知和评价,即身体自尊也会影响个体的自尊水平。

身体自尊(body esteem or physical self-esteem)是与社会评价密切相关的"个体对自己身体的不同方面的认知和评价,如对身体满意或不满意等"(Mendelson, Mendelson, & White, 2001)。身体自尊带有很强的社会意义,它的发展是社会适应的结果,与自尊息息相关,是自尊概念的具体内容(Tovee, Emery, & Cohen-Tovee, 2000)。门德尔松等人(Mendelson, White, & Mendelson, 1995)研究发现,肥胖者的身体自尊低于一般人的身体自尊,对自己外表评定高的人具有较高的自我价值感和自尊水平。此外,在各个年龄阶段,女性的身体满意度普遍低于男性。随着年龄的增长,女性的身体满意度不断下降,其理想身体形象与实际身体形象的差异增大,否定评价增多;与之相反,随着年龄的增长,男性的身体满意度不断上升,肯定评价也越来越多。对身体自尊种族差异的研究表明,白人女性比白人男性和黑人女性更关注自己的身体自尊、外貌、体重、体形和饮食,存在更多饮食不良、厌食等症状(Henriques & Calhoun, 1999)。伦福拉等人(Runfola et al., 2012)研究发现,女性在30~44岁的时候,身体满意度最低,这样的结果反映了一个事实,即随着年龄的增长、体重的增加,女性对自己的身体越来越不满意。有研究发现,身体自尊与个人身体外貌的客观情况并没有必然的联系,但对身体的认识和接纳程度在一定程度上会影响身体自尊,即个体如何看待自己的身体外貌会影响身体自尊水平(Weeden & Sabini, 2005)。相似地,有研究者发现,个体的自尊并不受体重的影响,而是受自己对体重的感受的影响,那些对自己的外貌有积极的感受,并重视他人对自己外貌评价的人通常具有较高的自尊(Mendelson, Mendelson, & Andrews, 2000)。

近些年,随着经济的发展,人们逐渐注重自己的身体健康和身体外貌,越来越多的人开始重视体育锻炼。有研究发现,无论是小学生、中学生、大学生,还是老年人,体育锻炼在不同程度上影响个体的身体自尊水平,锻炼次数、时间、强度也会影响身体自尊水平。陈斐斐(2012)研究发现,儿童的身体自尊与体育锻炼的参与度有显著相关,体育锻炼可以提高身体自尊。也有研究探讨中学生体育锻炼对身体自尊的影响,结果发现,积极参加体育锻炼的中学生比不积极参加体育锻炼的中学生表现出更高的身体自尊水平,体育锻炼的时间和频率对身体自尊有明显的影响,而且体育锻炼的时间、频率和强度能对身体自尊起到积极的预测作用,这可能是因为个体通过体育锻炼,增强身体机能,改变身体外貌,从而提高身体自尊水平(李军兰,2014;刘洋,2013;刘华波,2018)。类似地,很多研究者也发现,体育锻炼能够提高大学生、职业女性、中老年人的身体自尊水平(刘洋,郭玉江,2010;孟祥乐,2015;殷晓旺,邱达明,黄斌,2008;戴群,姚家新,2012)。

综上所述,不仅个体的身体外貌会影响自尊水平,而且个体对自己身体外貌的认知和评价,即个体如何看待自己的身体外貌,以及对自己的身体外貌是否满意也会影响自尊水平。此外,体育锻炼可以通过改变个体的身体外貌,提高身体自尊水平,因此我们可以通过积极的体育锻炼去提高自尊水平。

9.1.2 年龄

前面探讨了身体外貌对自尊的影响,接下来探讨年龄对自尊的影响,即自尊在人生不同发展阶段的发展轨迹、特征,以及不同年龄阶段自尊发生变化的原因。

在童年早期,儿童可能处于自我膨胀阶段,对自己的评价一般都是积极的,而且自我报告的水平常常偏高(Trzesniewski, Donnellan, &

Robins, 2003),因此自尊水平较高,但是自尊的稳定性很差,从童年期向青少年期过渡,自尊水平逐渐下降(Rosenberg, 1986; Robins, Trzesniewski, Tracy, Gosling, & Potter, 2002)。一些研究者认为,儿童的积极自我评价反映儿童希望在各方面都有良好表现,并拥有讨人喜欢的愿望,并不是完全的自我价值感(Harter & Pike, 1984)。自尊发展与认知发展有一定的关系,童年期个体的认知和自我评价能力处于发展早期,无法适当评估自己的整体自尊(人们对自己的看法,包括情感和认知两个维度),不可避免地会根据某个时间的心境作出评估,而且很难排除父母、教师和同伴的影响,因而自尊稳定性差。

进入青春期后,个体的自尊水平变化较大(Harter, 1982)。国外学者(Erol & Orth, 2011)通过纵向追踪研究发现,在美国青少年中,欧裔、非裔和拉丁美洲裔青少年的整体自尊水平从 14 岁至青年早期呈现一致的稳中有升的趋势。还有研究者(Birkeland, Melkevik, Holsen, & Wold, 2012)对 1 083 名挪威青少年的整体自尊水平作了追踪(13~30岁)分析,结果发现,绝大多数(87.1%)被试的自尊水平呈现稳定的上升趋势,5.5%的被试的自尊始终处于较低水平,7.4%的被试的自尊水平呈现下降趋势。国内研究表明,我国青少年的自尊发展呈"U"形趋势。一些学者的研究显示,青少年的自尊水平在初二年级显著下降,在初一和初三年级相对较高(张文新,1997;张丽华,张索玲,2009)。潘颖秋(2015)通过纵向追踪研究发现,在青少年早期,个体的整体自尊水平总体上呈现稳中有升的趋势。

青少年的自尊之所以变化较大,一是因为环境改变,小学升入中学后,儿童在适应新学校的要求上遇到困难,进而影响他们对自己的认知能力作出准确的评价。二是因为生理和心理的变化,随着年龄的增长,身体的发育让青少年产生成人感,渴望扮演一个全新的社会角色。他们的同伴交往范围扩大,对别人的评价十分敏感,思维具有片面性,容易偏激和摇摆。随着青少年的认知能力,尤其是自我意识和自我评价能力的发展,他们的意志特征也在发展,但在克服困难时毅力还不够,不能找到正确的活动途径。这种生理上的成人感和心理上的不成熟让他们感到极度矛盾,不能正确判断自己的能力,从而自信心下降,导致他们的自尊体验容易走向极端,感到挫败,自尊水平下降(魏运华,1998)。虽然成年早期也面临许多变化,但是个体已经拥有足够的心理资源去自我调适,身体的变化开始减弱,而且个体关于自我的概念也基本形成并稳定。因此,自尊稳定性呈现增强的趋势(Roberts & Delvecchio, 2000)。

成年期个体的自尊水平逐步上升,并在成年中期(30岁)达到相对平稳的"高原状态"。成年中期是个体心理成熟度和适应水平最高的阶段,婚姻、家庭、事业都进入稳定的轨道,这些因素直接促使个体自尊水平上升且保持相对稳定(Mitchell & Helson, 1990)。角色理论则认为,成年人逐渐拥有力量和地位,自我价值感比较高,因此自尊水平高(Helson, Mitchell, & Moane, 1984)。成年晚期(60岁)自尊水平达到一生中的最高峰(Orth, Trzesniewski, & Robins, 2010)。

从成年期到老年期,自尊水平和稳定性又表现出下降趋势。另外,成年晚期的自尊水平接近童年期,老年期的自尊水平接近青少年期。这可能是因为,老年期面临许多变化,例如消极的生活事件,包括与孩子分离、退休、丧偶、社会支持减少和社会经济地位降低等对个体带来巨大冲击;此外,身体变化再次出现,如健康问题和疾病会导致个体增强对他人的依赖和减弱对自身力量的信心。这些事件对一些个体来说是巨大的挑战,生理和情感上的变化直接导致他们的主观幸福感和自尊下降,从而造成自尊水平的波动,自尊的稳定性再次下降(Baltes, 1990; Brandtstaedter & Greve, 1994; Carstensen, Isaacowitz, & Charles, 1999; Orth, Trzesniewski, & Robins, 2010)。

上面主要是针对某一年龄阶段的自尊开展研究得出的结论。也有研究者通过横断研究和纵向研究探讨自尊的毕生发展。如罗宾斯等人(Robins et al., 2002)选取9～90岁的大样本被试并采用横断研究方法,考察自尊毕生发展的年龄特点,描绘了自尊毕生发展的轨迹。他们认为,自尊是毕生发展的,而且不同年龄阶段自尊水平不同,自尊在童年期水平较高,从童年晚期开始,整个青少年期自尊水平都呈下降趋势,一直到成年早期又开始逐渐上升,并在成年中期达到相对平稳的"高原状态",随后在老年期又出现急剧下降(见图9-1)。基维鲁苏等人(Kiviruusu et al.,2015)通过纵向研究追踪青春期到中年期自尊的发展轨迹,结果表明,无论是男性还是女性,随着年龄的增长,自尊水平持续上升,32岁之后,男女自尊水平趋于稳定,而且女性自尊随年龄上升的速度比男性快(见图9-2)。迈耶等人(Meier, Orth, Denissen, & Kühnel, 2011)研究发现,13~72岁个体的自尊水平呈直线上升的趋势。

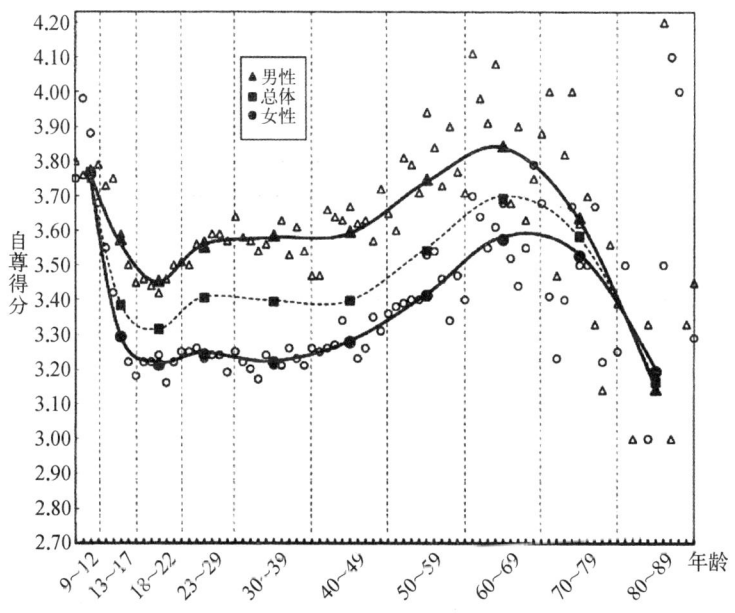

图9-1 自尊发展的年龄特点(来源:Robins et al.,2002)

综上所述,我们可以发现,自尊水平会受到年龄的影响,不同年龄阶段的人自尊水平存在明显差异,这也说明了自尊在人一生的发展过程中,既有稳定性又存在阶段性的变化。出现这种情况的原因可能是,在人生的不同发展阶段,一方面个体的心理发展水平不同,另一方面个体受到的外界环境的影响也不同,从而使个体的自尊水平存在差异。年龄是影响自尊的一个重要因素,但并不是决定因素,自尊受多种因素的影响,单一从年龄因素考察自尊,无法全面揭示自尊的特性,下面将探讨性别因素对自尊的影响。

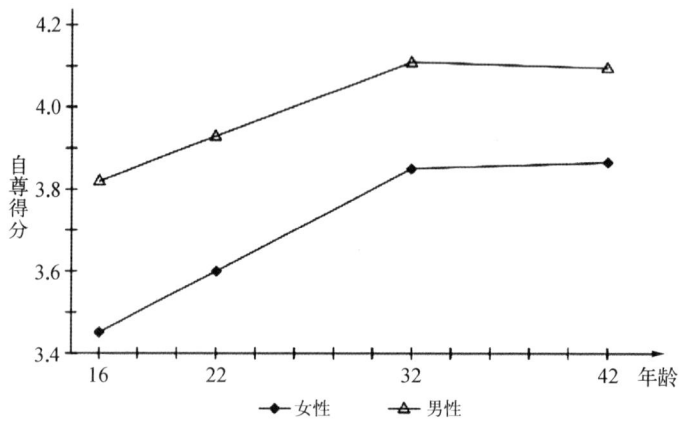

图9-2 16～42岁自尊发展轨迹（来源：Kiviruusu et al.，2015）

9.1.3 性别

研究者发现,自尊的性别差异随年龄的变化而变化。在童年期,男孩和女孩的自尊水平相似;从童年早期到青春期,男孩的自尊趋于升高,女孩的自尊则趋于降低;到了青少年期,自尊变化呈现出明显的性别差异(Orth et al.,2010)。黄希庭、凤四海和卫红(2003)研究发现,男生的自我价值感水平在中学阶段高于女生,但到大学阶段女生高于男生。张丽华(2009)研究发现,青少年自尊存在极其显著的性别差异,女生自尊的发展水平显著高于男生。罗宾斯等人(Robins et al.,2002)研究发现,当个体进入老年期,尤其是80岁以后,女性自尊高于男性。简而言之,虽然已有研究证明自尊存在性别差异,但是性别差异如何随年龄而变化,仍然没有清晰和确定的结果。

也有研究者认为,自尊在总体上不存在明显的性别差异,只是在个别因素上有明显的性别差异(Harter,1982;张文新,1997;魏运华,1997)。例如,男生在体育运动上的自尊显著高于女生,女生在纪律上的自尊显著高于男生。魏运华(1997)认为,这可能是因为男生和女生的自尊来源于不同的渠道。他通过实验考察男生和女生的自尊,发现男生的自尊与强调个人成就的个性化过程相联系,女生的自尊与强调同重要他人的联结及依恋过程相联系。

不同研究者有关性别对自尊的影响的结论存在一定差异,黄希庭等人(2003)和张丽华(2009)发现自尊在性别上存在显著差异,魏运华(1997)发现自尊在总体水平上不存在明显的性别差异。不同研究者的结论存在差异的原因可能是,他们选择的研究对象不同,比如黄希庭等人选择大学生作为研究对象,而张丽华选择中小学生作为研究对象,魏运华选择初中生作为研究对象。前面已经探讨不同年龄阶段的个体自尊水平存在差异,因此年龄和性别相互作用会影响自尊水平,此外影响自尊的因素是多样的,而且这些因素相互作用,因此研究者选择的研究对象不同,研究对象所处的年龄阶段不同,得出的结论自然也会存在一定的差异。单一从性别因素探讨自尊,也无法全面揭示自尊的特性,下面将探讨能力因素对自尊的影响。

9.1.4 能力

1890年,詹姆斯提出自尊发展能力观,并提出自尊公式:自尊=成功/抱负。也就是,自尊的高低取决于获得的成功与对于成功的渴望之间的比值。作为个体能力的客观评价指标,成功代表个体的现实自我;对于成功的渴望是个体内在动机的体现,代表个体的理想自我。现实自我与理想自我的分离,会造成个体能力感的丧失,进而导致自尊体验的缺乏。詹姆斯的定义将自尊与行为紧密联系起来,抛却情感、态度或信念,使自尊成为一个方便测量、易于评估的结构。除此之外,以能力为聚焦点,使自尊与发展过程中的许多个体行为(如学业表现、社会交往、言语操作等)建立直接联系(方平,马焱,朱文龙,姜媛,2016)。

邓恩(Dunn,2013)从现象学视角出发,建构自尊的能力—价值模型,认为只有同时具备胜任力和价值感的自尊才是真正的高自尊,而单一维度的高自尊会形成防御性自尊。科克和谢泼德(Koch & Shepperd,2008)考察能力在大学生自尊发展中的作用,指出大学生在重要领域的能力会影响其自尊水平。国内学者王娟等人(2012)通过实证研究发现,人际交往能力对自尊具有一定的预测作用,人际交往能力较强的医学生有清晰的自我概念和较强的自我调适能力,体验到较高的自尊。

综上所述,无论是詹姆斯的自尊发展能力观,还是邓恩的自尊能力—价值模型,都说明自尊与能力关系紧密,同时国内的实证研究也证实了自尊与能力的关系。下面介绍内在需求对自尊的影响。

9.1.5 内在需求

内在需求是指,个体对特定资源的重要性评价及重要领域的成就水平。邓恩(Dunn,2013)认为,个体在社会化过程中,在历史、文化、社会和家庭背景等因素的共同作用下,通过反复的自我认同,逐步确认对自我有重要价值的特定领域,如学业、运动等。个体重视的特定领域的成功或失败经历是影响个体自尊水平的核心要素,个体的自尊源于取得的成就与在特定领域期望达到的目标或抱负之间的匹配程度。哈特(Harter,2012)指出,在人生发展的不同阶段,个体关注的重要领域会随着年龄的增长而发生变化,如学业是儿童和青少年普遍重视的个人领域,而工作对成人的重要性更为突出。不同的人对不同资源的重视程度也不同,比如运动员看重运动成绩对自尊的影响,而演员看重演艺水平对自尊的影响。但是,个体在重要领域的能力始终是影响个体自尊水平的重要变量。研究者发现,为维护自己的自尊水平,青少年会选择忽视负面反馈或降低自己表现不够突出的领域的重要性(Loose, Régner, Morin, & Dumas, 2012)。

实际上,自尊水平的高低与个体在自己重视的领域的能力相互影响,即个体在自己重视的领域能力越高,相应地个体的自尊水平也就越高,同时,自尊水平的提高又在一定程度上促进个体在该领域进一步发展。接下来探讨归因对自尊的影响。

9.1.6 归因

自尊与归因也存在一定的关联。归因是指解释事件发生的原因,同是成功或失败的结果,归因不同会使情绪和感受不同。当人们把成功归因于能力、努力等内部因素时,会体验到自豪、自信、胜任等情绪;当人们把成功归因于任务容易、运气好等外部因素时,体验到的满意感就会少一些。当人们把失败归因于能力低、不够努力等内部因素时,会产生羞愧和内疚之感;当人们把失败归因于任务太难、运气不好等外部因素时,产生的羞愧和内疚之感就会轻一些,因为这时个人无须对失败负全部责任。

库珀史密斯(Coopersmith,1967)提出,儿童往往依据自己控制事物的能力来评价自己。当个体认为事情的发生主要由运气、命运和客观环境因素决定时,则具有外部控制点;当个体认为自己有能力决定所做事情的结果,而且对自己的成败负有责任时,就具有内部控制点。儿童的自尊在某种程度上就是对自己的这种控制能力的体验。一般来讲,内部控制点往往与儿童较高水平的自尊相联系,而外部控制点则与儿童较低水平的自尊相联系。由于儿童在一定程度上依据自己控制事件发生的能力来评价自己,因此儿童的自尊水平与控制点存在密切关系。

高自尊者有较强的自我服务归因偏差。自我服务归因偏差是指,在归因方式上采取自我提高和自我保护的策略,对有利的结果采取内部归因以达到自我提高的目的,对不利的结果采取外部归因以达到自我保护的目的。研究表明,高、低自尊者有明显的归因偏差。高自尊被试倾向于对成功进行内部归因,对失败进行外部归因;低自尊被试则更倾向于把成功归因于外部因素,把失败归因于内部因素。高自尊者表现出明显的自我保护倾向(Blaine,1993;答会明,2000)。低自尊者容易以偏差的方式来评判自己,即把成功归因于外部因素,而非自身能力。若要纠正这种归因偏差,提高自尊水平,就必须鼓励个体挑战困难的工作,并尽量减少外界帮助,使个体体验到靠自己获得成功的滋味。

总的来说,个体如何归因会影响自尊及其发展。当个体将成功归因于内部因素时,会对自我有较多积极的评价,自尊水平较高;当个体将成功归因于外部因素时,会对自我有较多消极的评价,自尊水平较低。此外,自尊水平不同的个体归因方式也不同。

综上所述,我们探讨了影响个体自尊水平的六个内在因素:身体外貌、年龄、性别、能力、内在需求、归因。除了这六个内在因素外,还有很多其他的内在因素也会对自尊产生影响,如体育锻炼、自我效能感、心理资本等,考虑到本书篇幅有限,因此这里不作详细探讨。

9.2 外在因素

前面我们从身体外貌、年龄、性别、能力、内在需求、归因六个方面介绍了内在因素如何影响个体的自尊水平,下面将从家庭、学校、社会文化三个外在因素来探讨它们对自尊水平的影响。

9.2.1 家庭因素

家庭是孩子接受教育和进行社会化的第一场所,对孩子人格的形成和积极情绪的体验有不可替代的作用。自尊既是一种人格变量,也是一种情绪变量,自然会受到家庭的影响,比如亲子关系、父母教养方式、父母的社会经济地位对孩子自尊的形成和发展都会产生深刻和长远的影响。

亲子关系

父母是个体教育的启蒙者,对孩子的许多方面起决定性作用。亲子关系是以共同生活和血缘为依据,由家庭环境中父母与子女的互动所组成的人际关系(王云峰,冯维,2006)。亲子关系是家庭系统的核心组成单元,它对自尊的影响已得到理论上的支持。鲍尔比(Bowlby, 1982)的依恋理论认为,个体在与依恋对象的实际互动中产生了一种稳定的内部工作模式。在与依恋对象的交往互动中,个体根据反馈来评价自我受接纳的程度,然后形成关于自我和依恋对象以及两者之间关系的认知表征。同时,依恋理论认为,依恋模型中自我模型描述的是自己本身可爱或值得被爱的感受,自我模型描述的内容正是自尊的一部分。汤普森(Thompson, 2006)也认为,通过与养育者之间持续温暖的交流,儿童能发展出一个构成积极自我的内部工作模式。众多研究者发现,良好的亲子依恋关系对青少年的自尊水平有明显的促进作用(Laible, Carlo, & Roesch, 2004; Parker & Benson, 2004)。马斯滕等人(Masten, Garmezy, & Leonard, 1988)也发现,亲子关系是青少年的自尊和心理健康水平的一个重要影响因素。卡瓦什(Kawash,1985)研究发现,儿童的自尊与家长对儿童的接受程度呈显著正相关,与家长对儿童的控制水平呈负相关。哈里斯等人(Harris et al.,2015)总结指出,亲密支持性的关系(特别是与父母的关系)对青少年自尊的发展具有重要作用。可见,亲密关系对自尊的发展具有重要意义。以往研究认为,作为亲子关系的积极因素,感知到的父母支持通常对青少年自尊的发展具有保护作用。然而,作为亲子关系的消极因素,亲子冲突对青少年自尊的发展具有阻碍作用(Smokowski,Bacallao,Cotter,& Evans,2015)。国内研究发现,亲子关系好的青少年自尊水平高,青少年的自尊与其感受到的来自父母的情感温暖和理解呈显著正相关(乐国安,2011)。拥有和谐亲子关系的青少年,在家庭系统中感受到自己是受尊重的、受欢迎的,个体觉察到的亲密关系人群有益于自我的积极态度和积极评价的形成,个体对自我情感性的体验和评价也是积极的,因此良好的亲子关系会提升青少年的自尊;反之,不良的亲子关系容易使青少年体验到自己是不受欢迎的、被排斥的,进而形成消极的自我评价,自尊水平下降。张婷丹、喻承甫、许倩、魏昶和严金雄(2015)研究发现,青少年的自尊与亲子关系呈显著相关,拥有和谐亲子关系的青少年,在家庭系统中感受到自己是受尊重的。张蕾(2012)的研究也发现,父母情感温暖、理解与初中生自尊呈显著正相关,父母惩罚严厉、拒绝、否认、过度干涉、过分保护与初中生自尊呈显著负相关。这与魏运华(1993)和石绍华(2003)的研究结果一致。

自尊是自我概念的重要组成部分,有关研究发现自我概念的变化会受到家庭因素的影响,而家庭因素中除了亲子关系外,还有父母教养方式。因此,探究亲子关系对自尊的影响也对父母教养方式的研究具有重要的借鉴意义。下面讨论父母教养方式对自尊的影响。

父母教养方式

1967年,美国心理学家鲍姆林德(Diana Blumberg Baumrind)首次提出父母教养方式(parenting style)的概念,从控制、成熟的要求、父母与儿童交往的清晰度以及父母的教养四个方面来评定父母的教养行为,将父母教养方式分为权威型、宽容型和专制型三种。国内学者对

"parenting style"有不同的翻译,主要包括家庭教养方式、父母养育方式、父母教养方式、育儿风格等(方晓义,郑宇,1998;钱铭怡,肖广兰,1998;石绍华,郑钢,唐洪,张梅玲,2001;陈陈,2002)。目前,广为接受的表述是父母教养方式或家庭教养方式。对父母教养方式的界定,目前还没有明确、统一的定义。达林和斯坦伯格(Darling & Steinberg,1993)认为,父母教养方式包括目标定向和非目标定向两方面。目标定向的父母教养方式是指家庭中父母履行自己责任的行为,非目标定向的父母教养方式是指诸如语调、姿势、手势等的变化或者情感的自然流露,因此他们将父母教养方式界定为父母传达给子女的态度和行为表现,以及情感气氛表达的集合。陈陈(2002)也认同父母教养方式是一种相对稳定的风格和行为倾向,认为父母教养方式是家庭中多种教养方式和教养行为特征的归纳。

父母教养方式对自尊,特别是儿童自尊的形成至关重要。父母对待儿童的态度或教养方式直接影响儿童自尊的形成和发展。库珀史密斯(Coopersmith,1967)研究表明,高自尊儿童的父母教养方式具有如下特点:(1)接受、关心和参与;(2)严格;(3)使用非强制性的纪律;(4)民主。高自尊儿童的父母一般更和蔼可亲,听取孩子的意见,为孩子树立生活的典范,尽可能多地给孩子决定自己的事情和表达自己观点的自由,父母给予的关注和支持越多,孩子的自尊水平就越高。马丁内斯等人(Martínez & García,2008)通过实证研究同样证实,宽容型的父母教养方式与青少年自尊呈正相关,父母给予的关注和支持越多,青少年的自尊水平就越高。

张文新(1998)也发现,青少年的自尊与他们报告的父母教养方式存在密切的关系,具体表现为:青少年的自尊与父母的温情、理解存在极显著的正相关,与父母的惩罚严厉、拒绝、否认、过度干涉和过分保护存在显著的负相关。魏运华(1999)进一步研究发现,父母教养方式不仅对儿童的总体自尊发展水平具有显著影响,而且对自尊各个维度的发展具有显著影响;它不仅影响儿童自尊发展的水平,而且影响儿童自尊发展的速度和方向。若父母采用温暖、理解、包容的教养方式,那么会使儿童形成积极的自尊；反之，则会降低儿童的自尊水平，影响儿童自尊的健康发展。程学超(2001)发现，宽松型的父母教养方式比严厉型的父母教养方式更有利于儿童自尊的发展。刘米娜(2013)也发现，父母教养方式与自尊存在较高的正相关，而且父母教养方式可以通过自尊影响儿童的幸福感。曹中保和石贝(2016)研究发现，父母对孩子的教养方式不仅影响孩子的自尊，而且会通过自尊影响职业决策自我效能感等。

作为儿童成长环境的第一重要影响人，父母经常主动关心孩子及其活动、接受孩子的伙伴、和孩子讨论事情及自主决定权等，均可以提高孩子的自尊。在现实生活中，父母教养方式与儿童的自尊是相互作用的。一方面父母的积极行为使儿童感受到自己的价值，另一方面有较高自尊的儿童也促使父母更加民主。家庭因素中，除了亲子关系和父母教养方式会影响个体的自尊水平外，父母的社会经济地位也会影响个体的自尊水平。

父母的社会经济地位

社会经济地位(socioeconomic status)是个人或者某群体在社会中依据自身拥有的社会资源而被界定的社会位置，常以家庭经济收入、父母受教育水平与父母职业作为其客观度量的主要指标(Bradley & Corwyn, 2002)。已有研究得到的自尊与社会经济地位之间的关系并不完全一致。有研究者发现，自尊与社会经济地位之间存在正相关(Zhang & Postiglione, 2001; Twenge & Campbell, 2002)。也就是说，社会经济地位越高，自尊水平也越高。但是，也有研究者认为，社会经济地位低并不总会导致自尊缺乏。还有研究者指出，社会经济地位与自尊之间的关系强度在童年期到成年期这一阶段有所增大(Robins et al., 2002)。加兰博斯等人(Galambos, Barker, & Krahn, 2006)研究发现，父母的自尊水平与子女最初的自尊水平相关，但是与子女18~25岁自尊发展轨迹的变化率无关。

魏运华(1998)研究发现，父母的受教育水平越高，儿童的自尊水平也越高，这种影响达到显著水平。魏运华认为，父母的受教育水平不是影响儿童自尊发展的直接因素，而是有其他因素在其中发挥作用。一方面受教育水平在很大程度上决定父母的理想、情操、家庭关系、生活方式、教养方式；另一方面受教育水平决定父母的职业地位，而职业地位又决定家庭的社会经济地位，从而决定家庭的物质生活条件，这些精神的和物质的条件结合在一起就成为影响儿童自尊发展的条件积累。该研究还发现，父母的职业和家庭经济收入对儿童自尊的发展也具有非常显著的影响。在父亲的职业影响中，国家机关干部子女的自尊水平最高，在母亲的职业影响中，公司员工子女的自尊水平最高。家庭经济收入越高，儿童的自尊水平越高；家庭经济收入越低，儿童的自尊水平也相应越低。傅瑜(2014)研究了外来务工人员子女的自尊水平，结果发现，父母受教育水平对子女的自尊发展水平没有显著影响，但是随着父母受教育水平的升高，子女的自尊水平也相应呈提高趋势，父母的职业与子女的自尊发展虽无显著相关，但是子女的自尊发展水平随着父母职业的变化而变化，父母职业的社会地位越高，子女的自尊水平越高，家庭经济收入对子女的自尊发展有一定影响，随着家庭经济收入的增多，子女的自尊发展水平也越来越高。

综上所述，无论是国外学者还是国内学者，均发现父母的社会经济地位会影响个体的自尊水平，即不同收入水平和受教育水平的父母对子女自尊水平的影响有所不同，而且随着个体年龄的增长，父母的社会经济地位对个体自尊水平的影响逐渐消失。

9.2.2 学校因素

学生的大部分时间都在学校度过，因此学业成绩、同伴关系和师生关系都会影响学生的情绪体验以及对自我的评价，进而影响自尊的发展。

学业成绩

学生的学业成绩与自尊存在密切联系。一般认为，学业上的成功体验会促进自尊的发展，而学业失败以及随之而来的痛苦等不良情绪体验会降低自尊水平，阻碍自尊的健康发展。

怀利(Wylie, 1979)总结该领域的大量研究后指出，儿童的学业成绩与自尊存在正相关。但他同时指出,社会经济水平、智力、能力等无法控制的因素也可能是儿童学业成绩与自尊水平存在较高相关的重要影响因素。自尊对学生深层加工学习策略的使用有积极影响,对浅层低效的学习策略的使用有消极影响。魏运华(1998)研究发现,学业成绩越好的儿童,总体自尊的发展水平也越高,这主要是因为学生的主体活动是学习,学生主要通过学业成绩来评价自己能力的高低,通过学业成绩来体验成功与失败,学业成绩本身就是能力和成就感的重要体现。窦温暖、王敬群和邵淑娟(2007)的研究也发现,高中生的学业成绩与自尊水平呈显著相关,学业成绩优秀的学生自尊水平最高,其次是学业成绩中等的学生,学业成绩不良的学生自尊水平最低。这可能是因为,学业成绩较好的学生充分证明了自己的努力成果,形成较强的自我满足感和成就感,从而拥有较高的自尊水平。

同伴关系

儿童在4~5岁就开始认识到自己与同伴的区别,他们早期就开始运用环境中的信息资源与同伴进行社会比较,寻求与同伴的差距。例如,他们会在考试后去看别人的试卷并问"你错了多少",或者在赛跑获胜后说"我比你快",这些比较在一定程度上促使儿童形成初步的自尊。随着年龄的增长,这种比较不断增加且变得微妙起来(Pomerantz, Siegel, Pickar, & Protopapas, 1995)。

青少年时期,个体大部分时间是和同伴一起度过的,同伴群体对个体自尊发展的影响变得更加明显。同伴比父母和教师能提供更多发展技能或能力的机会,置身于同伴中,与同伴进行比较,得到同伴的接纳并与同伴积极互动,这对个体能力感知和整体自尊的形成有重要作用。个体与同伴关系的亲密程度,以及被同伴接纳的程度是同伴群体影响自尊发展的两个重要方面(张林,2004)。拥有良好的同伴关系,受同伴欢迎的个体自尊得分往往较高,那些能与同伴"同甘苦共患难"的个体自尊得分也较高,同伴关系不良,经常遭到同伴拒绝的个体自尊得分较低(魏运华,1998)。

同伴关系对自尊发展的影响可以从以下三个方面来解释:(1)亲密

的同伴关系有利于个体建立同伴间的依恋关系和获得社会支持,从而有助于缓解社会生活压力的消极影响;(2)个体大多选择社会背景和个性特征与自己相似的人作为同伴,这有利于个体与同伴建立较为一致的价值观,促进自尊的稳定性;(3)那些受同伴喜欢的个体在与同伴交往的过程中,自我效能感和归属感得到强化,心理承受能力得到增强,这也有利于保持自尊的稳定性。但是,同伴关系与自尊的发展之间也可能是一种双向的相互影响的关系,即自尊水平较低的个体更容易遭到同伴的拒绝。

师生关系

师生关系是学生在学校生活中面临的重要人际关系,尤其在小学阶段,教师对学生的自尊有着极大的影响。这一方面是因为,教师是社会价值标准和行为规范的直接体现者与传递者,他们通过各种手段与途径把这些价值标准和行为规范传递给学生;另一方面是因为,教师是学生模仿的榜样,尤其对小学生来说,教师的话可能比家长的话更有权威性。

师生关系的好坏不仅会影响学生的学习兴趣和学习动机,而且会影响学生健康人格的发展,教师对学生行为和认知的评价以及情绪反应会直接影响学生的自我认知与评价,长此以往学生就会形成稳定的自尊水平(梁兵,1993)。教师的教学风格、提问方式、对学生的期望,以及师生间的言语和非言语沟通方式、日常接触对儿童的自尊发展都具有重要影响。比如,教师不断向学生提出问题直到学生回答不出来,这种失败体验必将伤害学生的自尊。再如,学生在回答教师的问题时,并未按照教师期望的答案来回答,而是有创意性,用不同于常人的思维方式来思考问题,这时教师是给予肯定,还是给予否定,表现出的态度和表情可能会对学生产生极大影响,甚至是终身的影响。

师生之间建立平等、互信的关系有助于儿童自尊的发展。如果教师重视、关心、信任学生并经常给予学生鼓励和赞扬,就会促进学生自尊的发展;相反,教师讽刺、辱骂甚至体罚、打击学生则会降低学生的自尊水平(魏运华,1998)。

9.2.3 社会文化因素

自尊的形成不能脱离社会文化因素的影响,自尊各种不同的发展表现均与特定的社会文化密切相关。在不同的社会文化环境下,人们的自尊发展呈现出多样性,不同社会文化背景下的个体,自尊的具体表现形式也有所不同,表现出跨文化背景、跨地域国籍的差异性。

文化因素

20世纪80年代以来,自尊的跨文化研究逐步受到重视。研究者发现,不同文化背景下的被试在相同测验中有不同的行为表现。与西方人相比,中国人在自尊测验上的得分相对较低。有研究表明,从自尊的平均水平来看,黑人的自尊水平最高,其次是白人、拉丁美洲人和亚洲人。但是,自尊的种族差异在毕生发展中的变化相当大。例如,黑人与白人的自尊差异直到成年早期才显现出来,而且到了成年晚期(61~70岁)这种差异也会发生变化,即白人的自尊高于黑人(Twenge & Crocker,2002)。也有研究者发现,自尊在不同种族间并无显著差异(Verkuyten,1994)。上述研究结果表明,在不同文化或群体中,人们的自尊存在很大差异。有研究者发现,集体主义社会(中国、日本和韩国等)的儿童和青少年在实验中报告的自尊,往往比个人主义社会(美国、加拿大和澳大利亚等)的同龄人要低(Harter,1999)。此外,海因等人(Heine,Lehman,Markus, & Kitayama,1999)指出,具有"互依我"自我结构的东方人是自谦的,自我报告的自尊水平可能偏低。为什么会有这种差异?这反映了集体主义社会和个人主义社会对个人成就与自我提升的推崇程度的差异。在西方,人们追求个人目标时常常相互竞争,并为个人成就而自豪;集体主义社会的个体更加相互依赖,他们崇尚谦虚、不张扬,从对团体(家庭、社区乃至社会)的贡献中获得自我价值。

蔡华俭、丰怡和岳曦彤(2011)的研究从不同视角和层面揭示中国人的自尊特征,极大地澄清了自尊的文化差异及其含义和实质,从四个方面回答了海因等人提出的关于自尊的文化普遍性问题:(1)自尊作为一种结构,无论是单维还是二维,在不同文化中都具有类似的结构和起源,具有文化普遍性;(2)无论是采用外显的测量还是内隐的测量,结果都发现积极自我偏差不是西方文化特有的现象,中国人也具有积极自我偏差;(3)自尊的功能具有普遍性;(4)在东方文化下,个体在集体性特质上的自我评价要高于在主体性特质上的自我评价,西方文化则相反,个体在主体性特质上的自我评价要高于在集体性特质上的自我评价。这些发现表明,自尊对个体的影响既有文化普遍性,又有文化特异性。

虽然东方文化下的个体并不是在自尊的所有成分、维度和表现形式上都不如西方文化下的个体积极,但是确实在某些维度上存在差异。塔法罗迪等人(Tafarodi & Swann, 1996)对中美大学生在自我悦纳和自我能力两个维度上的差异进行对比研究,结果发现,控制总体自尊后,中国大学生在自我悦纳上的得分高于美国大学生,在自我能力上的得分低于美国大学生。还有研究者(Cai, Brown, Deng, & Oakes, 2007)发现,中国人只在自尊的认知成分上比西方人低,在自尊的情感成分上不低于西方人。亚马古基等人(Yamaguchi et al., 2007)发现,在外显自尊上,东方文化下的大学生确实比西方文化下的大学生低,但是在内隐自尊上,东方文化下的大学生不低于西方文化下的大学生。如果这种差异不是动机本身的缺失或差异导致的,那么对此该如何解释呢?这种差异既可能由与文化密切相关的谦虚、反应偏差和认知风格引起,也可以追溯到不同社会文化的差异(Wang, 2004; Shaffer, 2000)。

社会因素

中国作为一个典型的集体主义社会,社会群体对个体影响深远,也会对个体的自尊产生影响。社会认同理论(social identity theory)认为,人们部分根据自己所属的社会群体或群体种类来定义自我。因此,个体的自我知觉、自我评价、自尊等都受所属群体的影响。个体对自己所属群体的积极性评定要高于对其他群体的评定;集体自尊(个体对自己所属群体重要性的评价和感受)高的人更喜欢参加群体的各种活动,而且更容易相信群体内的错误评价和参与群体内的错误行动,显示出内群体偏袒效应(in-group favoritism)(Cremer, 1999)。研究也发现,作为个人主义社会的欧美国家,个体对内群体的不满意感会影响集体自尊,因此群际威胁会诱发消极群体情绪或者削弱积极群体情绪,从而降低集体自尊(Perozzo，Sablonnière，Auger，& Caron，2016)。群体中的社会支持也会影响自尊水平，希文和恰罗基(Heaven & Ciarrochi，2008)对高中生进行4年的追踪研究，结果发现，良好的社会支持会促进个体自尊水平的提升。由此可以看出，无论是在集体主义背景下，还是在个人主义背景下，群体是影响个体自尊的一个重要外在因素。

21世纪是互联网的时代，是信息化的社会，互联网的兴起对人们的工作和生活的影响越来越深刻，也会对个体的自尊产生影响，近年来，众多研究者开始探索互联网对自尊的影响机制。有研究发现，个体的社交网站使用时间与自尊呈显著负相关，个体使用社交网站的时间越多，自尊水平越低。此外，社交网站的使用强度也会显著地负向预测自尊水平，个体使用社交网站的强度越大，自尊水平可能越低(Kalpidou，Costin，& Morris，2011；Blomfield Neira & Barber，2014)。还有研究者发现，当个体在使用社交网站的过程中获得认同和积极反馈时，使用社交网站的次数多有助于自尊水平的发展。但是，如果使用社交网站的次数过多，导致网络成瘾，那么使用社交网站会阻碍个体自尊水平的发展。网络成瘾的个体会沉迷于虚拟世界，不愿意在现实世界中进行人际交往，这样会降低自尊水平。大量实证研究表明，网络成瘾的个体自尊水平低于非网络成瘾的个体(何灿，夏勉，江光荣，魏华，2012；Steinfield，Ellison，& Lampe，2008；Zywica & Danowski，2008；Mehdizadeh，2010)。也有研究发现，网络社会支持(在社交网站中获得社会支持)可以提升个体的自信水平和自我认同度，增强个体内心的被认同感与被尊重感，从而减轻个体的焦虑情绪，使个体体验到更高水平的自尊(金童林，陆桂芝，张璐，李肖肖，2017)。按照徐庆春(2014)的观点，个体在使用互联网的过程中，会与提供网络社会支持的人形成温暖的虚拟联结，这满足了个体归属与爱的需要，个体由此获得他人的尊重和认同，进而肯定自我价值，提高自尊水平。此外，有研究表明，社交网站上的自我呈现、自我表露等主动性使用行为，会对个体的自我和心理社会适应产生积极影响，有助于提升自尊水平(牛更枫，等，2017；Toma & Hancock，2013；Yang，2014)，这可能是因为在网络人际交往过程中，个体喜欢在社交平台(如朋友圈)发表自己的言论或发布有关自己的消息,他人的点赞或评论使其获得了认同感和归属感,觉得自己是一个有价值、有能力的人,对自己持肯定态度,自尊水平得到提高,这进一步说明,提高大学生的网络社会支持水平可以提高他们的自尊水平(陶玲霞,程素萍,2018)。也有研究者关注被动性社交网站使用行为(缺乏沟通交流的信息浏览行为,如浏览动态信息或他人状态等),发现这种行为对自尊没有直接的预测作用,但能通过上行社会比较(与比自己优秀的人比较)的中介作用负向预测自尊,即有被动性社交网站使用行为的个体,如果在社交行为中越喜欢与比自己优秀的人比较,那么自尊水平越低。

总的来说,有关自尊发展影响因素的研究表明,不管是年龄、性别、内在需求等内在因素,还是家庭、学校、社会文化等外在因素,都会影响自尊的形成和发展。然而,事实上每个个体都生活在社会文化和家庭环境的包围中,环境因素、个体自身特点、教育因素与自尊的发展是相互影响、相互作用的。

10 自尊的异质性

前面已经论述过自尊的含义及自尊的影响因素,可以知道自尊的普遍含义是"个体对自身整体的、全面的评价性观点",健康的自尊不仅需要个体尽可能地用积极的方式看待自我,更要从内心真正体验到价值感,或者接受自己是作为一个有价值的个体而存在的(Salmivalli,2001)。对自尊的研究,无论是在大众层面还是在传统心理学领域,都只按照水平的高低对自尊进行分类,即分为高自尊和低自尊。高自尊个体具有较好的心理适应性,比较容易接纳自己,心理健康水平更高;低自尊个体由于厌恶自己,或对自我感到困惑、不确定、矛盾等,通常与抑郁、焦虑、攻击、暴力行为等相联系(金莹,卢宁,2012)。在传统心理学领域,人们往往认为高自尊对个体完全是有益的,但随着研究的不断深入,有学者在对自尊的研究中发现了一些不一样的结果,即便都是高自尊,也有不一样的方面,比如有些高自尊个体在面对日常烦恼时会体验到更多抑郁,情绪更容易被影响,有些高自尊个体的情绪却基本不受评价性事情的影响(张丽华,李红霞,2009)。有些高自尊个体更容易产生攻击行为和暴力行为,另一些高自尊个体却不这样(戴春林,吴明证,杨治良,2006)。这又是怎么回事呢?同样的高自尊个体为什么会有不同的表现?

有人研究不同表现的高自尊个体,以及用不同的测量方法研究自尊。结果发现,简单地把自尊按照高低水平来划分显然是不合适的,因为每种水平内部,尤其是高自尊内部还存在质的差异,同样高的自尊分数可以反映出不同的人格特点和表现风格(张向葵,田录梅,2006)。研究者提出,高自尊者的行为比低自尊者的行为更加复杂,而且至少存在安全高自尊和脆弱高自尊这两种不同类型的高自尊(Kernis & Paradise,2002)。现有关于自尊的异质性(heterogeneity of self-esteem)的理论假说大多围绕脆弱高自尊展开,因此这里主要介绍脆弱高自尊的异质性。目前,得到广泛认可的脆弱高自尊的不同类型主要包括四种,分别为防御自尊(defensive self-esteem)、条件自尊(contingent self-esteem)、不稳定自尊(unstable self-esteem)和不一致自尊(discrepant self-esteem)。本章将具体介绍这四种脆弱高自尊。

10.1 防御自尊

10.1.1 定义

防御的概念最早源于弗洛伊德提出的"心理防御机制"一词。之后,他的女儿安娜·弗洛伊德进一步扩展和丰富了防御机制理论,把防御视为个体在面对冲突情境时具有的某种普遍的心理机制,用来躲避由本能需要引起的危险、焦虑和不愉快,是自我调节本我与外部现实之间冲突的一种功能(Freud,2002)。另外,也有学者提出类似观点,认为防御是指以一些行为反应来保护自我价值,同时个体自身不会认为自己的信仰或行为是错误的(Sherman & Cohen,2010)。由此,施奈德和图尔卡特(Schneider & Turkat,1975)认为,有些人出于被他人接受的强烈愿望,不愿意承认拥有消极的自我感受,这种内藏的消极自我感受和公开表现的积极自我感受的结合就是防御自尊。萨尔米瓦利(Salmivalli,2001)指出,防御自尊是扩张的、自恋的自我观;真诚的高自尊者的自我价值感和自我接纳是自然而然的,不必夸大或不断寻求能证实积极自我观的反馈。哈德(Harder,1984)比较赞同上述观点,同样认为防御自尊一方面是扩张的、浮夸的自我观,另一方面是潜意识的或较少意识的低自尊。鲍迈斯特等人(Baumeister, Campbell, Krueger, & Vohs,2003)从社会心理学层面来看待防御自尊,认为防御自尊是一种自我欺骗,而不是对他人的欺骗。

从这些观点可以看到,研究者对于防御自尊的看法并不完全相同,但其中的核心思想是一致的,即防御自尊是一种为了保护积极的自我观而维持的表面上的高自尊,实质上很可能是低自尊的类型。

10.1.2 特点

有研究发现,防御自尊的个体在对消极事件或信息作出反应时表现得更为激烈(Haddock & Gebauer, 2011)。这是因为,防御自尊的个体拥有潜在的自我怀疑,从而对潜在的消极评价性信息很敏感,表现出防御反应,如采用自我保护和自我扩张策略来应对这些信息,甚至在没有外显威胁出现时(如想象的威胁)也会这样(田录梅,张向葵,2006)。同样地,博松等人(Bosson, Brown, Zeigler-Hill, & Swann, 2003)发现,防御自尊的个体更有可能表现出不切实际的乐观主义。黑普纳和克尼斯(Heppner & Kernis, 2011)也提出,防御自尊的个体会采用一种高度防御的方式呈现自我,否定消极的自我经验,夸大积极的自我经验。

哈德(Harder, 1984)的研究表明,防御自尊的个体野心勃勃、自恋、歇斯底里。此外,防御自尊的个体对失败的反应是努力尝试获得他人的赞同,即当防御自尊的个体面对失败时,他们会朝着社会赞许的方向不断尝试,并坚持下去,但他们的这些正向行为的出发点不是本性,而是为了获得他人的赞同,以期维护自尊。

有研究者认为,防御自尊的个体的积极自我观是脆弱的,而且容易受到威胁,他们体验到自我怀疑时,会害怕失去自尊,这就导致他们狂热地去提高或保护自尊,从而表现出更多防御行为,甚至以攻击或暴力行为来反应(Jordan, Spencer, Zanna, Hoshinobrowne, & Correll, 2003)。也有研究者直接将高外显自尊、低内隐自尊视为防御自尊的一种,并通过研究发现,具有防御自尊的人比具有安全高自尊的人更容易受到拒绝信号的暗示(Borton, Oakes, & Lengieza, 2016)。这一发现很重要,因为它可以潜在地解释为什么拥有防御自尊的人会对自我威胁作出如此强烈的反应:他们对拒绝的高度关注,可能会使他们潜意识层面的低自我价值感上升到意识层面,从而激发攻击或防御反应。

从以上研究者对防御自尊的分析中可以总结出,防御自尊具有以下特点:(1)个体表现出来的高自尊只是一种保护自我价值的防御方式;(2)注重自我形象,否定消极的自我评价;(3)行为依赖社会赞许性;(4)更容易产生防御或攻击行为。因此,防御自尊并不是真正的高自尊,或者不是健康的高自尊。

10.1.3 测量

不同研究者在提出自己对自尊概念的看法的同时,也给出了相应的自尊测量方法。

施奈德和图尔卡特(Schneider & Turkat, 1975)提出区分防御自尊和真诚的高自尊的传统方法,它通过被试对社会赞许性量表的反应,结合整体自尊水平来测量。其中,整体自尊采用罗森伯格自尊量表测量,社会赞许性则采用马洛—克罗恩社会赞许性量表(Marlowe-Crowne Social Desirability Scale)测量,该量表共有33个项目(例如"我从来不会讨厌别人"),得分为15分或以上被认为社会赞许性较高,得分为14分或以下被认为社会赞许性较低(Crowne & Marlowe, 1960)。如果整体自尊和社会赞许性两者得分都高,则可识别为防御自尊;如果整体自尊得分高而社会赞许性得分低,则可识别为真诚的高自尊(Kernis, 2003)。这种测量方法针对自尊定义中的,防御自尊的个体出于内在消极感受而强烈希望得到他人的接纳和赞许这一特点而设计。

除此之外,萨尔米瓦利从健康和不健康的高自尊角度出发,认为健康的高自尊者,其自我价值感和自我接纳是自然而然的,不需要不断寻求能证实积极自我的反馈,而不健康的或虚假的高自尊者需要维护自己的自尊。测量方法是采用同伴评定法和自我评定法测量自尊,并测量个体的防御性自我主义。如果个体在自我评定和同伴评定的自尊测量中得分都高,但在防御性自我主义上得分低,就可识别为真诚的高自尊,如果三者得分都高则可识别为防御自尊(Salmivalli, Kaukiainen, Kaistaniemi, & Lagerspetz, 1999)。其中,自我评定法选用自尊量表10

个项目中的 4 个来评定,如"我认为自己是个有价值的人,至少与别人不相上下""我觉得我有许多优点""总的来说,我倾向于认为自己是个失败者""我要是能看得起自己就好了"(α=0.64)。采用 4 点计分,1 表示非常不同意,4 表示非常同意。同伴评定法通过以下 5 个项目来评定,如"总体而言,他或她对自己感到满意""他或她对自己有信心""他或她有自卑感""他或她有很强的自尊心""他或她不能控制自己"(α=0.75)。防御性自我主义的评定项目包括"总想成为注意的中心""过于看重自己""不能接受批评"(α=0.82)。在同伴评定和防御性自我主义部分,以班级为单位,把所有学生的名字都事先印在问卷上,学生用"X"表示他们认为哪个学生符合给出的 8 个描述。对于每个项目,学生可以标记多个他们想标记的学生。对于每个学生,每个项目的最终得分都通过将一个学生获得的实际提名数与实际评分总人数相除来计算。

鲍迈斯特等人(Baumeister, Campbell, Krueger, & Vohs, 2003)从社会心理学出发考察防御自尊,采用自我欺骗量表(the Self-Deception Scale)测量,他们认为如果高自尊的个体在自我欺骗量表上得分很高,则可以识别为防御自尊。防御自尊的个体否认或不愿意相信自己有消极的感受或自我,这在一定程度上可以说是自我欺骗。常用的自我欺骗量表主要有明尼苏达多相人格测验中的 K 量表和 L 量表。K 量表(修正量表)由 30 个项目组成,其设计目的主要是揭示被试的防御性回答。K 量表的高分特征是:被试不承认自己表现差的情况,不愿意诚实回答,过分控制自己,好伪装。低分特征是:过多回答"是",欺骗,心理动力低下。L 量表(说谎量表)可以揭示被试在多大程度上美化自己。L 量表包含 15 个陈述句,都是一些常见的但不符合社会期许的态度和做法,用以测定明显的掩饰。L 量表中的项目是大多数人都会得到很高分数的项目,但如果被试试图美化自己,那么可能在这些项目上都选择很小的值。

国内对防御自尊的测量大多选用传统的方法,即施奈德和图尔卡特提出的同时测量个体的整体自尊和社会赞许性的方法(杨锦,2011;金莹,卢宁,2013a)。有研究者认为,中文简版马洛—克罗恩社会赞许性量表具有较好的信效度,是测量国内中学生社会赞许性反应的适宜工具(韦嘉,韩会芳,张春雨,孙丽娟,张进辅,2015)。但是,早期也有研究发现,马洛—克罗恩社会赞许性量表不一定适合中国人,因为对中国人而言,谦虚或者假装谦虚也是一种自我表现的方式,尤其是对社会赞许性的需要,这种需要越强烈,量表得分越低,而不是像西方量表编制者预期的那样量表得分越高(刘萃侠,2001)。因此,在测量中国人的社会赞许性时,可以选择中国本土化的量表。海峡两岸学者对此都进行过探索,例如甄育玲(2011)修订的社会赞许性反应量表。该量表对台湾地区廖玲燕早年编制的社会赞许性反应量表进行修订,澄清了大陆文化背景下社会赞许性反应的结构维度,且信效度良好(陈士奇,2013)。

10.2 条件自尊

10.2.1 定义

条件自尊反映了一个人积极的自我形象在多大程度上是有条件的,或取决于社会认可、满足外部强加的期望,以及其他可感知的标准,包括外表等(Crocker & Wolfe, 2001; Kernis, 2003)。它代表个体将自尊与达到成就的特定标准联系在一起的倾向(Kernis, Lakey, & Heppner, 2008)。德西和瑞安(Deci & Ryan, 1995)根据自尊是否依赖特定结果定义条件自尊,认为条件自尊与真正的高自尊不同,条件自尊的个体对自己的感受取决于自己是否达到某些标准或不辜负某些人际的或内心的期望。克罗克等人(Crocker & Wolfe, 2001; Crocker, Luhtanen, Cooper, & Bouvrett, 2003)则认为,任何人的自尊都是条件性的,差异仅在于依赖的领域不同。金莹和卢宁(2012)也主张,每个人的高自尊都是有条件的,但是对于同样的失败或挫折,条件自尊的个体可能会表现出更多消极感受,比如无能感、羞耻感和无价值感。

也有研究者提出,条件自尊来源于内隐自尊和外显自尊的分离与防御方式。因此,当条件出现时,个体会体验到骄傲、自豪的感觉,自尊也随之升高；当条件不存在时，个体会体验到羞耻感，自尊也随之下降（Tracy & Robins, 2003）。由此可以知道，高自尊的存在和维持是需要条件的，即依赖外在事物的结果反馈，若反馈是积极的，则高自尊可以维持下去；若反馈是消极的，则会打击高自尊，这时个体就会采取一些措施或手段来维持高自尊。

因此，如果个体的高自尊依赖社会认可，需要达到外界对于成功的标准，或者获得积极的反馈，那么这种需要一定条件才能维持的高自尊类型就是条件自尊。

10.2.2 特点

条件自尊的维持需要持续的支持和验证，正如德西和瑞安强调的，持续验证的需求驱动个体去追求更多、更大的成功，不能获得成功时，高自尊也无法维持。正是出于这样的原因，对条件自尊的个体而言，追求和维持积极的自我关注延伸至感觉、思维及行为，成为个体生活或为人处世的"首要准则"（Chabrol, Rousseau, & Callahan, 2006）。比如，在面临选择时，他们可能会无意识地作出能使自己获得积极体验的选择，也就是说追求积极体验在决定中所占的权重最大。

有研究表明，在日常生活中进行社会比较后，条件自尊较高的女性感觉更糟（Patrick, Neighbors, & Knee, 2004）。例如，通过社会比较得到的关于身体外貌的负面评价会比正面评价对条件自尊较高的女性产生更大的影响，从而促使她们减少进食（Bailey & Ricciardelli, 2010）。与此同时，当条件自尊的个体受到侮辱性评估的威胁时，他们可能会极力否认这种评估（Kernis, 2001）。面对负性反馈，他们无法像真正的高自尊个体那样去接纳自己的缺点和局限，同时出现一些负性情绪，可能会感到失望、悲伤或恼怒，但不太可能有毁灭感或暴怒的情绪体验。同样地，条件自尊者对社会排斥和失败的反应更强烈，在一生所作的选择上，条件自尊者可能比非条件自尊者更保守，因为他们相信自己会对令人厌恶的事件产生强烈的情感反应，所以他们可能不太愿意冒险，比如在工作中要求升职，他们可能担心如果要求被拒绝，自己会有强烈的情感反应(Zeigler-Hill, Besser, & King, 2011)。

此外,已有研究证实条件自尊会依赖不同领域,例如将一个人的自我价值与学业成绩、外貌、他人的认可和家庭的关爱相关联(Crocker & Wolfe, 2001)。此后,研究者根据不同领域的条件自尊提出外貌条件自尊(appearance-based contingent self-esteem,自尊建立在外表上)、浪漫关系条件自尊(romantic relationship-contingent self-esteem,自尊高低取决于亲密关系)、友谊条件自尊(friendship-contingent self-esteem,自尊高低依赖友谊关系的质量)、孩子投资条件自尊(child-invested contingent self-esteem,父母的自尊通常取决于孩子的成就)等(Knee, Canevello, Bush, & Cook, 2008; Cambron, Acitelli, & Steinberg, 2010; Knee, Park, Sanchez, & Brynildsen, 2011; Zeigler-Hill, 2014; Øverup, Brunson, & Acitelli, 2015; Wuyts, Vansteenkiste, Soenens, & Assor, 2015)。

因此,可以得出条件自尊有以下特点:(1)高自尊的维持依赖特定条件,缺少该条件会使个体向低自尊转变;(2)重视追求积极体验;(3)易受负性评价的影响,难以正视自己的不足;(4)具有领域多样性。

10.2.3 测量

目前,对条件自尊的研究和测量相对较少。克罗克和沃尔夫(Crocker & Wolfe, 2001)的研究表明,条件自尊的水平在不同领域存在差异。罗森伯格等人(Rosenberg, Schooler, Schoenbach, & Rosenberg, 1995)注意到领域的重要性对自尊产生的影响,他们发现,个体在特定领域的自我评价对总体自尊的影响,取决于个体如何看待该领域的重要性。他们采用单题测量的形式,通过评价某特定领域对被试的相对重要性来测量不同领域条件自尊的高低。然而,这种测量只在一定程度上代表自尊的领域条件性。虽然个体的条件自尊取决于某个领域相较于其他领域的重要性,但领域的重要性并不总是由自尊的条件性所决定。况且,单题测量相对而言并不可靠。

另外,也有研究者使用自编的多题量表测量某些特定领域的条件自尊。帕拉迪塞和克尼斯最早编制了条件自尊量表(Contingencies of Self-Esteem Scale),并在随后的研究中使用该量表考察条件自尊预测被自我威胁唤醒的愤怒强度所起的作用,该量表主要测量竞争标准、事件结果、他人评价对自尊的影响,包含 15 个项目,采用 5 点计分(Michael, 2003),分数越高代表自尊越不稳定,越容易受到影响。该量表的克龙巴赫 α 系数为 0.85,间隔大约 4 周的重测信度为 0.77。

克罗克等人(Crocker, Luhtanen, Cooper, & Bouvrette, 2003)编制的自我价值感条件量表(Contingencies of Self-Worth Scale)也被用来测量条件自尊。该量表涉及学术、外表、他人的认可、竞争、家庭支持、上帝的爱和美德 7 个维度,每个维度包括 5 个项目,采用 7 点计分,1 表示"完全不同意",7 表示"完全同意",但该量表信度偏低。

伯韦尔和舍克(Burwell & Shirk, 2010)编制的自我价值条件问卷(The Self-Worth Contingent Questionnaire, SWCQ)可用于测量青少年的条件自尊。该问卷包含 32 个项目,评估青少年自我价值与社会接受和认可、学业表现、活动表现(如运动、音乐、戏剧)、外表这四个领域的条件反馈之间的联系程度。被试对他们与每个领域中的 8 个项目之间的一致性程度进行评分,采用 6 点计分(从"对我来说一点都不正确"到"对我来说非常正确")。分数越高,表明被试越倾向于依赖外部指标维护自我价值。该问卷的重测信度为 0.57~0.67,克龙巴赫 α 系数为 0.97。

针对特定领域的条件自尊,国外也有相应的测量工具。例如,尼等人(Knee, Canevello, Bush, & Cook, 2008)编制的浪漫关系条件自尊量表(Romantic Relationship-Contingent Self-Esteem Scale)。该量表由 11 个项目组成,测量一个人的自尊在多大程度上取决于自己的亲密关系。项目采用 5 点计分,1 代表"非常不喜欢我",5 代表"非常喜欢我"。量表中的项目包括"我的自我价值感取决于我的人际关系进展得如何""当别人告诉我我和伴侣关系很好时,我的自我感觉更好"等。该量表的克龙巴赫 α 系数为 0.88。坎布龙等人(Cambron et al., 2010)编制的友谊条件自尊量表(Friendship-Contingent Self-Esteem Scale)共 8 个项目,测量一个人的自尊在多大程度上取决于自己的友谊。项目采用5点计分，1代表"非常不喜欢我"，5代表"非常喜欢我"。量表中的项目包括"只有当友谊进展顺利时，我才会自我感觉良好""当和朋友吵架时，我通常会对自己感到难过"等。该量表的克龙巴赫α系数为0.89。测量外貌条件自尊的方法是同时使用身体外貌口头评价量表（Verbal Commentary on Physical Appearance Scale；Herbozo & Thompson，2006a）和帕拉迪塞编制的条件自尊量表。身体外貌口头评价量表包含两种感知到的对个体身材的评价：一种是负面评价（例如，"你需要开始注意控制饮食""你长胖了"），另一种是正面评价（例如，"衣服穿在你身上很好看""你身材很好"）。参与者被告知："下面是对你作出的可能的评价。请阅读每篇文章，你认为自己曾有多少次受到这样的评价。"负面评价和正面评价均有10个项目，采用5点计分，1代表"从不"，5代表"始终"。得分越高，负面评价的频率越高，正面评价的频率也越高。赫博佐和汤普森（Herbozo & Thompson，2006b）证明，该量表具有较高的国际一致性、重测信度和结构效度。测量孩子投资条件自尊主要使用阿索尔等人（Assor，Roth，& Deci，2010）编制的孩子投资条件自尊量表（Child-Invested Contingent Self-Esteem Scale），该量表可评估父母的自尊在多大程度上依赖孩子的总体成就（包含3个项目，如"我对自己的感觉通常与孩子的成就有关"）和成功（包含6个项目，如"当我的孩子成功时，我对自己感觉良好""孩子的失败也是我的失败"）。该量表母亲维度和父亲维度的克龙巴赫α系数分别为0.91和0.89。

对于条件自尊，国外尚未有得到普遍认可的测量方式，尤其缺乏对各种测量工具的比较研究。国内对条件自尊的研究较少，研究者对条件自尊的测量主要使用帕拉迪塞编制的条件自尊量表（金莹，卢宁，2013a；郭炯，王亚，2016；王丹，卢宁，2016；严婷丹，2018），另外一些量表使用较少。此外，中国学者（王磊，郑雪，2006；杨烨，2008）也会选择自己编制适用于中国本土的条件自尊量表，但目前并没有得到推广使用。

10.3　不稳定自尊

10.3.1　定义

是否稳定一般用来描述一种事物或状态的变化情况。自尊的稳定性是指一种短期的波动而非长期的缓慢的波动,是指当前的自我价值感随时间和情境波动的程度,波动越大,自尊越不稳定。克尼斯最早提出不稳定自尊,认为它是指自我价值感容易随时间和情境而短期波动,反映了即时的、基于情境的变化幅度(Kernis, Grannemann, & Barclay, 1989),比如说因具体事件而体验到的自尊暂时的升降。自尊稳定性与状态自尊不同,后者反映了个体典型的或一般的自尊的积极性,前者是整体自尊在多次测量中沿某一基线水平上下浮动的变化幅度,而且每次强调的都是个体当前某时某刻的自尊(Heatherton & Polivy, 1991; Okada, 2010)。我国学者王文龙(2011)将个体自尊发生高低变化,以及这种状态反复变化的情形定义为不稳定自尊。因此,不稳定自尊主要是指,自尊易随时间和情境变化而发生短期波动的自尊类型。

10.3.2　特点

克尼斯等人将自尊区分为稳定自尊和不稳定自尊(Kernis, Cornell, Sun, Berry, & Harlow, 1993)。他们认为,拥有稳定自尊的人具有积极的和建构良好的自我价值感,其自尊较少受到特定评价事件的影响,对威胁信息很少表现出防御和极度消极的反应。与之相反,拥有不稳定自尊的人虽然具有表面积极的自我评价,但他们真正的自我价值感建构非常脆弱,易受特定评价事件的影响,而且这类人害怕失去自尊,在遇到威胁自我观的情境时,很容易作出攻击反应(张丽华,李红霞,2009)。

由此可见,不稳定自尊的个体会对日常事件有更强烈的反应,因为他们在事件中更多关注那些可能会威胁自尊的因素,即使从客观上来看,这些事件与自尊或自我价值感根本不存在关系,但他们仍然会受到影响。例如,西里等人研究发现,不稳定自尊的被试在失败条件下表现出一种消极反应,稳定自尊的被试则表现出相对积极的反应(Seery, Blascovich, Weisbuch, & Vick, 2004)。有研究发现,不稳定自尊者更容易体验焦虑(Zeigler-Hill & Wallace, 2012)。之前的研究也发现,不稳定自尊的个体容易产生愤怒和敌意(Kernis et al., 1989),多采取自我保护和自我提升的策略(Kernis et al., 1993; Newman & Wadas, 1997; Zeigler-Hill & Wallace, 2012),以及在受到积极或消极情绪刺激后,与稳定自尊的个体相比更有可能出现体现脆弱的自我价值感的反应(例如更具防御性,表现出夸张反应)(Kernis, Greenier, Herlocker, Whisenhunt, & Abend, 1997)。

除此之外,与稳定自尊的个体相比,不稳定自尊的个体在面对日常烦忧或受到伤害时会体验到更多抑郁情绪(Kernis, Grannemann, & Mathis, 1991; Vickery, Evans, Sepehri, Jabeen, & Gayden, 2009; Van Tuijl, Glashou-Wer, Bockting, Penninx, & De Jong, 2018)。帕拉迪塞和克尼斯(Paradise & Kernis, 2002)的研究也表明,自尊水平与自尊稳定性的交互作用影响心理幸福感。克尼斯(Kernis, 2003)认为,不稳定自尊的个体自我概念相对更贫乏,对于奋斗目标缺少自我决定,有过度概括特定失败的消极意义的倾向。夏敏(2009)研究发现,不稳定自尊往往意味着具备积极作用的同时容易被干扰的自我价值感,这种自尊往往使个体轻而易举就会根据具体评价事件产生情绪波动。因此,易受外部事件的影响从而产生情绪波动,这是不稳定自尊的核心特点(吴明证,梁宁建,孙晓玲,丁莹,2008)。还有研究者提出,自尊的不稳定性存在发展差异,从青春期到老年期,不稳定程度降低,自尊水平升高(Meier, Orth, Denissen, & Kühnel, 2011)。

总而言之,不稳定自尊有以下五个主要特点:(1)拥有积极评价和高自尊只是表面现象,实际上这种积极评价和高自尊很不稳定;(2)自我价值感脆弱,更具防御性和攻击性;(3)自我概念贫乏,多采取自我保护和自我提升的策略;(4)容易受外部事件的影响而产生强烈的情绪波动,如愤怒、敌意、抑郁等;(5)随着个体的发展,不稳定程度降低。

10.3.3 测量

测量不稳定自尊其实就是测量自尊的稳定程度。有两种测量自尊的稳定程度的方法：第一种是间接测量，使用罗森伯格自尊量表多次测量被试的自尊水平；第二种是通过一次填写量表进行横断面直接测量。

第一种测量方法是目前使用最广泛的测量方法，被试多次完成罗森伯格自尊量表。该量表由 10 个项目组成，使用"非常符合""符合""不符合""非常不符合"4 级评分标准（张荣娟，李文虎，胡芸，2005）。该量表需要进行多次测量，并规定每日测两次，间隔 12 小时（大约在早上 10 点和晚上 10 点测量），连续测量 7 天左右，删去题干中的"时常""一般"等词汇，都改成"此时此刻"。指导语强调被试在特定时刻的感受（即当前的、基于情境的自尊）。最后，将这些重复测量的自尊总分的标准差作为自尊稳定性的指标，标准差越大，自尊越不稳定。测量的指导语与不稳定自尊基于的此时此刻的情境和事件变化的特点相对应（Kernis et al.，1993）。但是，这种测量方法也有一定的局限性，因为在考察自尊的稳定性时，需反复测量，费时费力，不可控的因素较多。因此，研究者开始探寻更为方便快捷的测量方法，即第二种直接测量的方法。

罗森伯格（Rosenberg，1965）编制了 5 项目的自尊稳定性量表（例如，"你对自己的看法总是一致的，还是经常变化"），该量表克龙巴赫 α 系数为 0.79。另外，沙布罗尔等人（Chabrol, Rousseau, & Callahan, 2006）也编制了自尊不稳定性量表（Instability of Self-Esteem Scale），以作为罗森伯格自尊稳定性量表的补充，该量表包含 4 个项目，采用 4 点计分。例如，"有时我觉得自己毫无价值，有时则觉得自己很有价值"。该量表克龙巴赫 α 系数为 0.89，重测信度为 0.89。但是，罗森伯格的自尊稳定性量表和沙布罗尔等人的自尊不稳定性量表存在共同的问题，即项目较少且描述较为笼统，被试在作答过程中可能面临更多的不确定性。克尼斯等人（Kernis, Grannemann, & Barclay, 2010）也开发了一种直接测量自尊不稳定性的方法，即让被试先回答罗森伯格自尊量表，然后让被试回答自己在日常生活中改变这一选择的可能性，以测量自尊受到具体事件（外在依附、他人评价、社会认可）影响时的波动程度。该量表共有15个项目,采用5点计分,分数越高代表自尊越不稳定。在西方的研究中,该量表信效度较高,但我国学者夏敏(2009)使用该量表研究我国大学生,结果发现,该量表信效度并不高,显示这一测量工具对我国样本的适用性不是很强。2017年,有学者根据黄金标准(即自尊不稳定性的研究必须获得多个自尊测量值,例如连续两周每天测量一次,才能计算自尊不稳定性)编制了新的自尊不稳定性量表(Self-Esteem Instability Scale),该量表采用7点计分,1代表"非常不同意",7代表"非常同意",量表共12个项目,例如"我对自己的看法经常改变""我的自尊是不稳定的""我的自尊经常发生变化"等。该量表的克龙巴赫α系数为0.97,而且该量表与其测量的黄金标准具有极强的相关性($r>0.70$),因此证明了该量表的有效性(Howard, 2017)。

目前,有关自尊稳定性结构模型的思考,以及开发的测量工具都是在西方文化背景下进行的,我国学者在测量自尊的稳定性时,除以上罗森伯格编制的5项目的自尊稳定性量表和霍华德(Howard, 2017)编制的量表之外,对其他几种方法也均有使用(吴明证,等,2008;夏敏,2009;曾守锤,2009;金莹,卢宁,2013a;方芳,2016;王丹,卢宁,2016;蒋婧妍,2018;林玉凤,卢宁,2018)。但是,适用于中国文化背景的自尊稳定性量表的编制还较少,我国学者韩磊等人编制了本土化的自尊稳定性量表,但暂时还未得到推广使用(韩磊,朱帅帅,孙淑慧,陈英敏,武云鹏,高峰强,2015)。

10.4 不一致自尊

10.4.1 定义

研究发现,内隐自尊和外显自尊是两个独立的结构(Epstein, 1994; Wilson, Lindsey, & Schooler, 2000)。根据自尊发生的意识水平可将其分为外显自尊和内隐自尊,在意识水平上的自我价值观即外显自尊,在无意识水平上的自我价值观即内隐自尊(Bosson et al., 2003; Kernis,

2003)。不一致自尊可以表现为高外显低内隐自尊和低外显高内隐自尊两种形式。前者说明个体在意识水平上持有积极的自我观(外显自尊高),但在无意识或较少意识水平上持有消极的自我观(内隐自尊低)。后者则刚好相反,个体在意识水平上体验到低自尊(外显自尊低),但在无意识或较少意识水平上体验到高自尊(内隐自尊高),这种自尊类型又称为破坏型/受损型自尊,拥有这种类型的自尊的个体比外显自尊和内隐自尊都低的个体能够更多地体会到乐观,更少采取自我保护策略(陈燕,2010)。但同时,在不同个体的自我价值感系统中,内隐自尊和外显自尊所占比重也不同(宋东峰,2009)。因此,不一致自尊主要指内隐自尊与外显自尊不一致(Vater, Schröder-Abé, Schütz, Lammers, & Roepke, 2010)。

10.4.2 特点

不一致自尊的特点由外显自尊和内隐自尊类型决定。个体的自我价值感系统中同时存在外显自尊和内隐自尊,当内隐自尊与外显自尊一致时,个体直接体验到内隐自尊并不会产生消极后果,因为内隐自尊和外显自尊体验到的感受是一样的。但当外显自尊与内隐自尊不一致时,比如高外显低内隐自尊,个体的内隐自尊比外显自尊更消极,有时会体验到无缘由的消极自我感受,或者不断怀疑自己的能力和价值(Whitfield & Jordan, 2009),这是个体的低内隐自尊在起作用,但自己并不能意识到,这样的个体虽然拥有有利的、积极的高自尊,但这种高自尊是脆弱的,自我价值容易受到威胁,个体需要不断确认自我价值(Pavlickova, Turnbull, & Bentall, 2014)。

拥有低外显高内隐自尊的个体反而比拥有高外显低内隐自尊的个体更坚强,虽然低外显高内隐自尊的个体在意识层面经常体验到消极情绪,但在无意识层面也存在对抗消极感受的自我相关态度和信念(Bosson et al., 2003)。国内学者金莹和卢宁(2012)则认为,内隐自尊和外显自尊的分离可能恰好反映了意识与无意识的冲突,并激活冲突行为图式和矛盾情绪,甚至可能因此产生冲突行为倾向。但不管怎么说,可以看出内隐自尊调节消极生活事件对个体心理健康水平的影响。

通过以上学者的研究,可以总结出不一致自尊的主要特点:(1)包含低外显高内隐自尊和高外显低内隐自尊两种类型;(2)高外显低内隐自尊的个体实际更脆弱,容易体验到无缘由的消极自我感受,产生自我怀疑;(3)低外显高内隐自尊的个体更坚强,其中内隐自尊起到很好的调节作用。因此,我们更应该关注高外显低内隐自尊的个体。

10.4.3 测量

测量不一致自尊,即同时测量个体的外显自尊和内隐自尊,看它们是否一致,若两者不一致则为不一致自尊,再看具体是哪种不一致。目前,外显自尊的测量主要采用自我报告法,普遍使用罗森伯格自尊量表。内隐自尊的测量方法则比较多,目前主要有以下六种方法。

内隐联想测验

内隐联想测验(Implicit Association Test)是格林沃尔德等人提出的一种通过测量概念词与属性词之间的评价性联系,从而间接测量个体的内隐态度等内隐社会认知的新方法(Greenwald, Mcghee, & Schwartz, 1998)。内隐联想测验以反应时为指标,通过一种计算机化的分类任务来测量两类词(概念词与属性词)之间自动化联系的紧密程度,进而测量个体的内隐态度等内隐社会认知。它的基本过程是:呈现概念词,让被试尽快辨别归类(即归于某一概念词)并按键反应("F"键或"J"键),反应时被自动记录下来;呈现属性词,让被试对积极词汇和消极词汇作出反应("F"键或"J"键);联合呈现概念词和属性词;让被试对概念词作出相反的判断;再次联合呈现概念词和属性词,让被试作出反应。

概念词与属性词之间有两种可能的关系:相容的和不相容的(或相反的)。所谓相容,是指概念词和属性词之间的联系与被试的内隐态度一致,或者对被试而言概念词和属性词有紧密且合理的联系,否则为不相容或相反。当概念词和属性词相容,即它们之间的关系与被试的内隐态度一致或两者联系较紧密时,辨别归类在快速条件下更多地为自动化加工,相对容易,因而反应速度快,反应时短;当概念词和属性词不相容,即它们之间的关系与被试的内隐态度不一致或两者缺乏紧密联系时,往往会导致被试的认知冲突,此时辨别归类需进行复杂的意识加工,相对较难,因而反应速度慢,反应时长。因此,两种联合任务的反应时之差可以作为概念词和属性词之间的关系与被试内隐态度相对一致性的指标,即上述的内隐联想测验效应。

经过多年的应用,内隐联想测验有许多优点:通过使被试将注意力集中于辨别分类任务,大大减弱了自我表现和印象管理的影响;结果以反应时为指标,客观准确、易于量化;测验结果不受某些程序变化的影响,如"利手"效应和刺激呈现的时间间隔;具有良好的内部效度,实验效应一般不受刺激词熟悉程度的影响;除对年龄、性别、种族等群体差异反应灵敏外,对个体差异也十分敏感。

阈上语义启动

阈上语义启动(supraliminal semantic priming)是海茨等人采用的一种用于研究无意识态度激活效应的程序(Hetts, Sakuma, & Pelham, 1999)。首先向被试呈现自我相关和自我无关两类态度启动词,然后应用上述程序测量具有积极意义与消极意义的词汇的获取性。当这些词在电脑屏幕上呈现时,被试必须既快又准确地识别呈现的启动词,反应方式是二选一的按键反应。以反应时为指标测算内隐自尊水平,反应时的长短反映了自我态度激活的程度。

阈下语义启动

阈下语义启动(subliminal semantic priming)测量程序类似于阈上语义启动测量程序,只不过启动刺激的呈现处于被试的意识阈限之下。斯波尔丁和哈丁(Spalding & Hardin, 2010)的研究将自我相关和自我无关的态度启动词以17毫秒每个词的速度呈现在屏幕上,然后进行目标词的选择反应。每个启动词与目标词匹配两次,启动词与目标词的配对呈现是随机的。通过计算不同效价启动词之后出现的目标词的反应时来衡量内隐自尊水平。

斯特鲁普颜色命名任务

斯特鲁普颜色命名任务(Stroop color-naming task)的基本程序是,

在屏幕上呈现一系列积极(比如"我很棒")或消极(比如"我一点都不好")的自我评价或自我判断语句,每个语句呈现时都与不同的颜色相结合,即语句以不同的颜色随机呈现在电脑屏幕上,而被试的任务是在出现不同颜色的语句时分别按对应颜色的键。研究者一般选用三种颜色,即被试要作出三选一的按键反应。测量被试的反应时,首先计算两种属性的自我判断语句和两种控制条件的平均反应时,然后计算积极条件下自我判断语句与控制条件的反应时差异,以及消极条件下自我判断语句与控制条件的反应时差异,最后将积极条件下的差异分数与消极条件下的差异分数相减。对实验分数的解释,博松等人(Bosson et al., 2000)认为,当人们辨别那些能激发焦虑或阻碍认知运作的刺激的颜色时,反应会变慢,因而更长的反应时反映了更大的干预。因此,在斯特鲁普颜色命名任务中,研究者预测高分数反映了低内隐自尊,即高分数反映了对自己的消极态度(何鑫华,2011)。

内隐自我评价测查

海茨等人首先采用内隐自我评价测查(implicit self-evaluation survey)这一方法,主要测量受到外显自我态度启动后,不同效价词汇(如积极与消极、高兴与不高兴)的获取性(Hetts, Sakuma, & Pelham, 1999)。博松等人的研究首先使用利克特式量表作为态度启动刺激,该量表包括若干个自我评价语句,要求被试作出是否同意这些语句的判断。每次完成句子评价后,向被试连续三次呈现相同的词语,要求被试将残词补全。词汇补全任务的设计试图让被试能够完成至少4对积极—消极的反义词。自我评价启动语句,以及相伴随的词汇补全任务共分三组呈现,即消极启动组、积极启动组和无关组,每组包括4个判断语句。积极词汇与消极词汇的获取性指标为,目标词形成或者词汇补全的序列位置。内隐自尊的指标就是,将消极词汇补全的序列位置减去积极词汇补全的序列位置,然后综合计算总分。分数越高,表明用相同自我态度语句启动的积极词汇的可获取性越强,内隐自尊效应也越强。

首字母和生日数字偏爱测验

使用姓名字母评价来研究内隐自尊,要求被试对姓名中的字母,尤其是首字母与其他非姓名字母作出喜爱或审美评价,然后比较两种字母之间评价的差异,姓名字母评价超过非姓名字母评价的分数可作为内隐自尊的指标(Koole, Dijksterhuis, & Van Knippenberg, 2001)。使用生日数字评价内隐自尊的程序与使用姓名字母评价内隐自尊的程序相似,如要求被试对 1~50 的阿拉伯数字进行偏爱评价,将生日数字的评价分数与其他数字的平均评价分数的差值作为内隐自尊强弱的指标。

以上六种方法中,首字母偏爱测验和内隐联想测验最为常用,其中内隐联想测验重测信度最高,达到 0.69(Greenwald & Farnham, 2000)。

国内学者杨娟和张庆林研究不同自尊者在赌博情境下的风险规避行为,使用内隐联想测验的方法测量被试的内隐自尊。杨娟和张庆林在研究中详细说明了方法和材料。具体如下:测验中自我词包括我、我的、我们的、自己、自己的、俺、自个儿、自身、咱们、本人;非我词包括他、他们、别人、他人、外人、人家的、别人的、他们的、其他人、他的;积极词包括荣誉、幸运、钻石、和平、健康、聪明、可爱、诚实、成功、强壮;消极词包括愚蠢、丑陋、虚弱、失败、卑鄙、恶心、谩骂、痛苦、残忍、呕吐。第一部分要求对属性词进行辨别归类并按键反应,即把属于"积极"的刺激归为一类并按相同的键(如"F"键)反应,把属于"消极"的刺激归为一类并按相同的键(如"J"键)反应;第二部分要求对概念词进行辨别归类并按键反应,即把属于"我"的刺激归为一类并按相同的键(如"F"键)反应,把属于"非我"的刺激归为一类并按相同的键(如"J"键)反应;第三部分对前两部分出现的所有刺激词进行联合辨别归类,即把属于"我"和"积极"的刺激归为一类并按相同的键(如"F"键)反应,把属于"非我"和"消极"的刺激归为一类并按相同的键(如"J"键)反应;第四部分是第二部分的反转,要求把属于"非我"的刺激归为一类并按相同的键(如"F"键)反应,把属于"我"的刺激归为一类并按相同的键(如"J"键)反应;第五部分是第三部分的反转,即把属于"非我"和"积极"的刺激归为一类并按相同的键(如"F"键)反应,把属于"我"和"消极"的刺激归为一类并按相同的键(如"J"键)反应。其中,第一、二、四部分均为练习部分,练习部分出错时,给予反馈。第三、五部分分别为相容和不相容部分。实验设计中,相容的辨别归类一半出现在不相容的辨别归类之前,一半出现在之后,以消除可能存在的顺序效应。正式实验中,相容的和不相容的部分各重复一次,在各部分之前出现(即第三、五部分各重复一次)以作为练习,因此整个测验共有七部分,各部分给出被试的正确率和平均反应时作为反馈。该程序已在国内研究中使用并被证明有效(杨娟,张庆林,2009)。按照格林沃尔德等人的建议,对反应时小于 300 毫秒的以 300 毫秒计,大于 3 000 毫秒的以 3 000 毫秒计,剔除反应错误率超过 20%的被试。对不相容部分和相容部分的结果分别求平均数,平均数之差为内隐自尊的指标(张索玲,张丽华,2009)。

外显测量与内隐测量相结合的方法,有利于研究者了解不同意识水平的自尊。但从目前的分析结果来看,除了相对有效且应用范围最广的内隐联想测验外,其他内隐自尊测量方法的信效度等心理测量学指标还不够完善。因此,研究者还需要不断努力,以改进内隐自尊测量方法。

克尼斯等人从最佳自尊的视角把防御高自尊、条件高自尊、不稳定高自尊和不一致高自尊统称为脆弱高自尊,把与之相对应的真诚高自尊、非条件/真实高自尊、稳定高自尊和一致高自尊统称为安全高自尊(Kernis & Paradise, 2002)。大量研究也从实证的角度发现至少存在这两种不同类型的高自尊,其中安全高自尊是相对安全、稳定、非防御的高自尊类型,它与广泛的心理调节和幸福指标呈正相关;脆弱高自尊则相对脆弱、不稳定且具有防御性。脆弱高自尊受到研究者的主要关注,因为安全高自尊反映个体的自我价值感积极且结构良好,脆弱高自尊虽然也反映了个体对自我价值的积极感觉,但它是脆弱的,在威胁面前易受伤,与各种自我保护和自我提高策略相关(Kernis et al., 2008)。但是,克尼斯关于脆弱高自尊模型的理论并没有确切地描述四种形式的脆弱高自尊之间的相关(Tracy & Robins, 2003)。克尼斯(Kernis, 2003)认为,防御高自尊与自尊稳定性结构相对独立,同时具有防御自尊和不稳定自尊两种自尊类型的个体较少,防御高自尊与条件高自尊或高外显低内隐自尊同时出现的可能性也较小。

但是,其他研究者认为,不同类型的脆弱高自尊之间或许可以互相转化。研究者从各自的角度提出了不同的分类方法,这些分类方法之间存在一些重叠,比如不稳定高自尊、高外显低内隐自尊、条件高自尊都容易表现出对自我威胁的防御反应,条件高自尊往往是不稳定高自尊(槐玲玲,2007)。还有研究者(Jordan et al.,2003)提出,挫折和失败可能会导致高外显低内隐自尊的个体无意识层面的自我怀疑浮出意识层面,外显的积极自我看法立即发生改变,高自尊出现变化,这时个体会采取各种防御方式以维持往常的积极自我看法,从而形成防御自尊。防御过程和自我表征的分离会促使条件自尊的形成,条件自尊又会导致自尊随时间的推移而波动,即形成不稳定自尊。内隐与外显自我表征的差异也将引发不稳定自尊,这类似于水即将沸腾,消极自我表征及其相关的羞耻感会浮出意识层面(金莹,卢宁,2012)。研究还证实,内隐与外显不一致的高自尊的不稳定水平显著高于内隐与外显一致的高自尊的不稳定水平(杨昭宁,槐玲玲,王晓明,2009)。特雷西等人(Tracy et al.,2003)在克尼斯的理论基础上发展出一个以自恋为导向的脆弱高自尊模型,将四种脆弱高自尊形式描述为一个内部因果相关的系统,并深深嵌入个体生活史的广泛情境及人格机能。

由此可见,关于不同自尊形式之间的关系,不同研究者的看法存在差异。但已知的事实是,这几种自尊形式不太可能单独存在或发挥作用,它们一定通过某种规则相互影响。各种高自尊产生的原因是什么?不同类型高自尊的概念实质是否一致?高自尊的异质性到底是概念界定过宽,还是测量方法的缺陷导致的?目前的研究尚不能得出这些问题的答案,未来的研究需要注意这几种自尊的相互关系、均衡性及概念异质性等(金莹,卢宁,2012)。但目前可以确定的是,在现实生活中可能很多人表面上具有高自尊,但其实这种高自尊是脆弱高自尊。众多研究证实,相比于拥有安全高自尊的个体,拥有脆弱高自尊的个体言语防御性更强(Kernis et al.,2008),他们在日常生活中更容易注意攻击性信息(张丽华,施国春,张一鸣,2016),因此在人际交往中具有更强的支配性和敌意(Zeigler-Hill,Clark,& Beckman,2011),在面对威胁自我价值的信息时,他们往往会选择消极的应对策略,如压抑、惩罚和轻视

(Borton, Crimmins, Ashby, & Ruddiman, 2012)。由此可见,这些脆弱高自尊个体与低自尊个体一样,容易出现心理问题,他们体验到较多消极感受,这与他们的自我价值系统有关。这也提醒我们,不仅要关注低自尊群体的心理健康,而且要关注脆弱高自尊群体的心理健康。

11 自尊与心理健康

《心理学百科全书》(李维,1995)给出的心理健康的定义是:心理健康又称心理卫生,它有两方面含义,一方面是指心理健康状态,个体处于这种状态时,不仅自我情况良好,而且与社会默契和谐;另一方面是指维持心理健康,减少行为问题和精神疾病的原则和措施。我国学者对心理健康有多种界定。林崇德(2000)认为,心理健康有两层含义:一是个体没有心理疾病;二是个体的心理状态是积极向上的。樊富珉(2002)认为,从广义上讲,心理健康是指一种高效而满意的、持续的心理状态,在这种状态下,人能作出良好的反应,具有生命的活力,而且能充分发挥身心潜能;从狭义上讲,心理健康是指人的心理活动的基本过程内容完整,协调一致,即认识、情感、意志、人格、行为完整和协调,能适应社会。结合学界各家言论,心理健康通常是指个体的心理发展达到最佳状态,能较好地适应不断发展变化的外部环境,而且在这种环境之下个体的知、情、意、行始终保持基本一致。以往的研究表明,自尊与心理健康密切相关,自尊是影响心理健康的因素之一。由于心理健康涵盖的内容较为丰富,本章将从心理病理、适应、主观幸福感这三个主要方面来探讨自尊与心理健康的关系。

11.1 自尊与心理病理

11.1.1 自尊与内化问题行为

林崇德、杨治良和黄希庭(2004)界定了问题行为,认为问题行为是指个体表现出的妨碍其社会适应的异常行为。通常,研究者将问题行为分为内化问题行为和外化问题行为。内化问题行为和外化问题行为是基于问题行为的临床经验而出现的分类方式。早在1966年,阿肯巴克(Achenbach,1966)就提出将青少年的心理行为问题分为内化问题和外化问题的二分法分类方式。这种分类方式较好地总结了儿童和青少年常见问题行为的特点,具有较大的研究意义。因此,迄今为止,对问题行为的分类也常用该分类方式。

内化问题行为是指个体体验的一些不愉快或消极的情绪,包括退缩、焦虑、抑郁、低自尊等(聂瑞虹,许颖,韩卓,2015),反映了个体对内部环境消极反应的内在行为,表现为恐惧、躯体主诉、忧虑等(Kelly et al., 2015; Pieters et al., 2015)。与外化问题行为相比,内化问题行为通常不易被他人察觉,也不会对他人构成直接的威胁,但它是个体心理健康的持久隐患(McLeod,Weisz,& Wood,2007)。目前,研究者比较一致地认为,内化问题行为主要包括各种焦虑、抑郁和躯体主诉(Achenbach,1966; Lewis,2011)。接下来从退缩、焦虑、抑郁、自杀意念四个方面来探讨自尊与内化问题行为的关系。

自尊与退缩

退缩(withdrawal)是一种内化问题行为,具体表现为个体更倾向于选择独处,不愿意参加社交活动,表现孤单,具有弥漫性(Hart et al.,2000)。个体的退缩行为并不是因为遭到他人拒绝,而是自主的选择,相比与人来往,独处会让个体感到更自在。退缩行为虽是个体的一种自发行为,但长期如此会造成社会适应不良等问题,因此研究者开始探索与退缩相关的一些因素。

自尊是个体对自己的一种评价,它表达的是对自己持肯定或否定的态度,自尊水平高的个体更倾向于对自己持高度肯定的评价,且更为自信,能以积极的态度去应对遇到的问题;自尊水平低的个体缺乏自信和勇气,自我评价低,表现出更少的亲社会行为,即更倾向于选择退缩、回避(王丽,王庭照,2005)。刘爱红(2008)在研究中也指出,中学生的退缩行为与自尊水平呈显著负相关,自尊对退缩行为起到显著的预测作用。低自尊的个体在社会交往中更容易受群体接纳态度的影响,一旦察觉到群体对自己的接纳态度不明显,就可能出现更多退缩行为(Anthony,Wood,& Holmes,2007)。自尊水平低的个体在他人眼中通常能力差、不成熟,他人对自己的这种消极评价使得个体更加不愿意与人接触,长期的退缩会影响社会适应能力的发展(张楠楠,2014)。

魏运华(2004)指出,父母教养方式、亲子关系会影响个体自尊的发展。在家庭中,父母关爱、尊重、支持和帮助子女,对子女自尊的形成和发展非常重要。个体感受到的来自父母的情感温暖和理解越多,自尊水平就越高。因此,在个体发展过程中,抚养者、权威人士或重要他人应充分尊重个体,以民主、平等的态度和科学的方法对待个体,理性、客观地分析个体身上存在的问题,采取恰当的策略解决问题,避免因方式不当而使个体产生社会退缩行为。父母应鼓励个体独立完成自己的事情,提升办事能力,从而提高个体的自尊和自信水平,使个体获得良好的发展。

自尊与焦虑

在哲学范畴,焦虑(anxiety)最早被认为是个体面临自由选择时必然会出现的一种心理体验(李焰,1992)。弗洛伊德有关焦虑的概念是指,除抑郁之外的一切不良心境和情绪反应的总称(许又新,1993)。现有研究基本将焦虑定义为一种消极情绪,是由未知的、模糊的、危险的人或事引起的一种情绪体验,可能伴随生理变化。

关于自尊与焦虑的关系,有研究者提出,焦虑体验是通过自尊(对自我的一种评价性和情感性体验)与能力的矛盾认知和评价获取的(王万章,2008)。个体预料到模糊的、不确定的内外刺激对其自尊产生威胁,而又自觉没有能力应对,便产生焦虑体验。自尊恐惧管理理论认为,自尊具有焦虑缓冲功能,焦虑减轻其实就是社会适应的过程,即在一定环境中获得意义感和价值感的过程,这个过程也就是获得自尊的过程。相关研究者基本倾向于认为,自尊水平的提高会降低焦虑水平,反之则可能提高焦虑水平,即自尊水平与焦虑情绪密切相关。付瑞娟和陈洵(2012)在对潮汕地区流动儿童的自尊与焦虑现状的关系研究中发现,流动儿童的自尊与状态焦虑和特质焦虑水平呈显著负相关,且自尊水平可以负向预测状态焦虑和特质焦虑,这与单楠(2017)以及薛松和李永鑫(2007)等人的研究结果基本一致。

但也有个别研究者持相反的观点,庄颖等人(2009)在研究中发现自尊水平与焦虑、抑郁呈正相关,即高自尊带来高焦虑,对此作出的解释是高自尊的异质性,即高自尊具有多种类型,包括虚假高自尊、防御高自尊、稳定与不稳定高自尊、表面高自尊、相倚的高自尊和真正的高自尊等,通过目前的自尊测量方法测得的高自尊未必就是真正接纳自己及感到自己有价值。这似乎是对传统观点的一种质疑,同时也提示不可盲目追求个体的高自尊,而是要培养真正且安全的高自尊。

自尊的异质性势必会导致自尊与焦虑两者的关系趋向复杂化,但同时也反映了自尊与焦虑关系密切,真正高自尊的个体对自己的接纳度更高,对将要发生的事件更具开放性,且自觉有能力应对,因此相对较少体验到负性情绪。研究自尊时,应尽量采取多样化的测量方式,在培养和发展个体自尊的过程中根据个体特性采取不同的方式,不可盲目追求高自尊。

自尊与抑郁

抑郁(depression)和焦虑通常被认为是两种较普遍的消极情绪,抑郁是一种复合性情绪体验,表现为一种持久的心境低落状态,个体的感受性降低,对事物缺乏兴趣且伴有一定的身体不适等(姚芳传,1998)。抑郁的产生最直接的因素是生活事件的刺激,核心因素则是个体的消极观念。当负性生活事件发生时,个体的消极观念被激发,促使个体作出不合理的归因,认为这都是因为自己无能(付春江,2005),进而放弃努力,消极对待,形成恶性循环,抑郁情绪也由此产生。

穆鲁克(Mruk,2013a,2013b)把自尊比喻为自我之"盾",认为自尊是一种保护性结构,具有一定的防御或保护功能,而且这种自我保护功能可能以某种微妙的方式发挥作用,可以减少抑郁。抑郁的易感模型认为,低自尊是抑郁的重要易感因素之一,低自尊的个体容易在应激性生活事件的作用下产生抑郁(陈冲,洪月慧,杨思,2010),该模型得到大量实证研究的支持。相关研究的结果基本指向自尊与抑郁之间的负相关关系,即个体的自尊水平提高,其抑郁等不良情绪就会有所减轻(高爽,张向葵,徐晓林,2015;冯晓杭,张向葵,2008;余丽,梁洁,2017)。也有研究者(蔡华俭,2003)通过测验将被试区分为抑郁组和正常组,随后比较分析两组被试的外显自尊(个体能够意识到的自尊)和内隐自尊(个体无法意识到的自尊),结果发现,正常组的外显自尊水平显著高于抑郁组的外显自尊水平,但在内隐自尊水平上两组被试无显著差异。低自尊的个体往往对自我有一种负性评价,而抑郁的重要成分之一也是负性自我评价;内隐自尊是个体早已根植于内心的对自我的评价,目前的抑郁状态并不能影响这种已经自动化的自我图式(蔡华俭,2003),因此不难解释个体在外显自尊和内隐自尊上的差异。

根据需要层次理论,自尊是人类的基本需要之一,个体自幼年期就会表现出积极肯定自我的倾向,随着年龄的增长,这种需要和倾向会内化为内隐自尊,以便适应周围的环境。研究者认为,外显自尊就是为了保护内隐自尊,以满足内隐自尊的需要,当个体的外显自尊高于内隐自尊并很好地满足了内隐自尊的需要时,个体就能健康发展;当个体的外显自尊低于内隐自尊,内隐自尊的需要得不到满足时,就容易在内心产生冲突,久而久之就有可能导致抑郁(蔡华俭,2003)。鉴于此,为减轻个体的抑郁情绪,可以有针对性地根据个体当前的实际情况培养内隐自尊和外显自尊。

自尊与自杀意念

自杀意念(suicidal ideation)是自杀行为的初始阶段,也是自杀行为的风险因素。众多研究者认为,自杀意念是指个体头脑中产生了伤害自己、结束生命的想法,但并未开展实际行动。对于出现自杀意念的个体,周围的人需保持高度警惕,因为这是自杀行为的必经过程。

在探讨自尊与抑郁的关系时已经提到,低自尊是抑郁的重要易感因素之一,抑郁则是自杀意念的重要影响因素之一(刘倩倩,李辉,方晓义,2007;王玲,路仕容,2001)。已有研究发现,自尊可通过抑郁间接影响自杀意念,也可以调节抑郁对自杀意念的作用(陈冲,等,2010)。关于自尊与自杀意念的研究通常会纳入其他因素,如研究者分别将抑郁、心理弹性、应激性生活事件、父母教养方式、校园氛围、性别角色冲突等作为自变量,将自杀意念作为因变量,结果发现,自尊通常在两者之间起中介作用(即某些因素或许不会直接对自杀意念产生影响,但是会通过影响自尊来对自杀意念产生影响)或调节作用(即某些因素与自杀意念之间的关系会受到自尊的影响)。刘慧瀛和王婉(2017)研究表明,自尊能够负向预测自杀意念,高自尊的个体在压力情境下倾向于采取积极的认知和行为模式以应对挫折和冲突,与所处的环境良性互动,更好地适应环境,因此能够抵御自杀意念这一负性认知;低自尊的个体从环境中得到的积极评价比较少,自我价值感较低,在与周围环境的互动中容易感受到焦虑和抑郁,面对压力事件更倾向于采取消极的认知模式,更容易产生自杀意念。

自尊与自杀意念关系密切,低自尊是个体出现自杀意念的风险因素之一,要减少甚至杜绝个体自杀意念的产生,一方面可以通过培养个体稳定真实的高自尊来形成保护,另一方面需要考虑个体自身的其他因素,并为个体提供良好的外部环境,包括家庭、学校和社会等各方面。

11.1.2 自尊与外化问题行为

外化问题行为主要是指违反道德和社会规范的行为,包括攻击、盗窃、逃学等,反映了个体对外部环境消极反应的外在行为(Chhangur et al.,2016),具有违纪、攻击、违抗、多动或破坏等社会性不足的特点。不同研究者通常会采用不同的标准对外化问题行为进行分类。阿肯巴克(Achenbach,1991)将外化问题行为分为违纪行为和攻击行为,蔡春凤和周宗奎(2006)则依据主要表现形式将外化问题行为分为品行问题和活动过度,具体表现为活动过度或注意力缺陷、攻击、行为失常等。接下来将从违纪行为和攻击行为两方面来探讨自尊与外化问题行为的关系。

自尊与违纪行为

违纪行为(delinquent behaviors)的研究通常针对在校学生。学者李宽(2010)根据在校是否受过处分将大学生区分为违纪学生和普通学生,发现两类学生在内隐自尊上存在显著差异,且违纪学生的内隐自尊更高。因违纪而受到处分的学生外显自尊相对较低,他们此时只能通过内在积极的自我评价来达到保护自己的目的(郑信军,2007)。另一项关于违纪大学生自尊水平的研究则发现,违纪大学生的自尊水平显著低于对照组大学生(答会明,2000)。由此可知,违纪行为与自尊密切相关,自尊水平较低的个体更容易出现违纪行为。

黄希庭和曾向(2000)研究发现,个体的整体自尊(指一种长期的、综合的自我感觉和自我评价)、身体自尊(指与社会评价密切相关的个体对自己身体不同方面的满意度或不满意度,是整体自尊的一个具体领域)与违纪行为呈显著负相关,且能负向预测违纪行为,也就是说整体自尊和身体自尊水平的提升能减少违纪行为的发生。自尊水平高的个体在处理问题时较为理智,会选择积极有效的应对措施,因此较少表现出不符合社会规范的行为。同时,有研究发现增强体育锻炼有利于提升个体的自尊水平(张国礼,仇悦,曹美,2017;Kort-Butler & Hagewen, 2011;Yigiter, 2014),个体开展体育运动时可有效释放能量,为宣泄压力找到一种合适的方式,但过多的体育运动,尤其是篮球、足球等对抗性的项目往往具有危险性,特别是对于自控力较欠缺的青少年,因此可适当进行体育锻炼并选择更为合适的项目。

违纪行为属于外化问题行为的一种,个体内部和外部均有多种因素会对问题行为产生影响。自尊只是其中的一个方面,提高自尊水平可以在一定程度上减少个体的违纪行为,合理宣泄压力、树立正确认知、营造良好的外部环境(如控制暴力内容的传播、严肃处理违纪行为)等也可以适当减少违纪行为的发生。

自尊与攻击行为

攻击行为(aggressive behaviors)是常见的消极行为之一,这种行为具有伤害他人的意图,且实施了伤害行为并造成一定的伤害后果(郑全全,陈秋燕,2002),是社会规范所不容许的。

对于自尊与攻击行为的关系,目前已有的研究主要支持两种对立的观点:传统观点认为低自尊导致攻击行为的增加,反对观点则认为高自尊更容易引发攻击行为。

早期西方学者认为,低自尊更容易导致个体表现出攻击行为(Baumeister, Smart, & Boden, 1996)。同时,研究还发现,有过攻击行为(攻击同学、教师等)的青少年自尊水平更低(Fong, Vogel, & Vogel, 2008)。国内学者谷传华等人(2003)的研究也发现,自尊与欺负行为(攻击行为的一种子类)呈显著负相关。对于这种观点,研究者提出以下三种理论解释:罗森伯格的社会联结理论认为,低自尊削弱了社会联结,从而降低了与社会规范的一致性,增加了犯罪行为;新精神分析学家则指出,个体早期经历的挫折和失败会导致个体出现自卑感,从而在成年时表现出攻击行为,自卑即对自我的负性评价,也就是低自尊;人本主义心理学家罗杰斯提出,如果个体在成长过程中缺乏对自身的无条件积极关注,就会导致内在需要失衡,出现包括攻击行为在内的心理问题(Donnellan, Trzesniewski, Robins, Moffitt, & Caspi, 2005)。随着研究的深入,研究者陆续发现高自尊者更容易表现出攻击行为,此观点的主要理论依据是高自尊异质性学说(Baumeister, Campbell, Krueger, & Vohs, 2003),该学说是指高自尊者的行为比低自尊者的行为更具多样性。萨尔米瓦利等人(Salmivalli et al., 1999)的一项研究表明,高防御自尊者更容易被认为可能要作出欺负行为,而真正高自尊的个体更倾向于反对欺负。有研究发现,欺负类被试具有较高水平的自尊(陈世平, 2003;周海咏,丁云霞,郑希付, 2003)。

关于自尊与攻击行为关系的研究仍在进行,但两者的关系存在两种截然相反的结果,造成这一现象的原因可能有测量方法的局限性、不同文化背景下受测群体的差异、自尊的异质性,以及其他影响因素等,为了避免或减少攻击行为,一方面可以从个体的自尊特点考虑,另一方面可以将其他相关因素纳入考虑范围。

11.1.3 自尊与学习相关的问题行为
自尊与学习倦怠

学习倦怠(learning burnout)是指,学生在学习过程中因为学业压力或个体心理等因素,自身的情绪和身心耗竭,学业疏离,去个性化,以及成就感和个人效能感降低(吴艳，戴晓阳，张锦，2007；Steele & Fullagar，2009)。学习倦怠的原因一方面是学业过重造成的压力，另一方面则是个体心理因素，其中研究得较多的因素是个体的自尊，研究者认为自尊是影响学习倦怠的主要人格特征因素。围绕自尊和学习倦怠开展的研究相对较多，不管是针对初中生群体、高中生群体、大学生群体，还是针对高职生群体开展的关于自尊与学习倦怠的关系研究均表明两者关系密切。例如，陈维(2016)在研究高中生时发现，自尊与学习倦怠关系密切，高中生的自尊水平可预测其学习倦怠程度。同样的结果也出现在初中生群体、大学生群体及高职生群体中(孙丽丽，张晓瑜，张淑华，2008；王小新，苗晶磊，2012)。遇到困难时，高自尊的个体通常会采取较为积极主动的方式，努力尝试解决问题，并利用身边的资源，在这个过程中他们体验到自我效能感的提升并获得自信，从而降低学习倦怠感(陈维，2016)。低自尊的个体情感较为脆弱，在学习上遇到挫折时容易体验到沮丧、焦虑、抑郁等情绪，认为自己没有能力解决问题，因此容易产生学习倦怠。

同时，有研究者发现自尊水平与学习倦怠呈正相关(李晓华，2011)。对此，研究者认为过强的自尊心会导致一些消极的心理品质，也可以用高自尊异质性学说来解释这一现象，即该被试群体表现出的高自尊并非真正的高自尊。另外，有研究者认为自尊与学习倦怠存在相互作用，蒋奖、许燕和林丹瑚(2004)提出自尊作为一种人格特质可影响学习倦怠，而学习倦怠体验也会降低个体的自尊。段陆生、王志军和李永鑫(2008)也在研究中发现，大学生的学习倦怠可预测自尊水平。时金献和谭亚(2008)在探索外显自尊、内隐自尊与学习倦怠的关系时发现，学习倦怠的成就感降低因子可预测外显自尊和内隐自尊。

自尊是一种较为稳定的人格特质，同时也具有可塑性，学习倦怠在学生群体中是一种相对较为普遍的症状，且容易对学生的心理健康状态产生影响。因此，学校和家长不可一味注重成绩而忽视个体的心理健康，提升个体的自尊水平有利于个体保持良好的学习状态。

自尊与学业拖延

拖延是个体自愿作出的一种非理性回避行为,学业拖延(academic procrastination)则是指在学习情境中出现的拖延行为,个体明知应该在预定时间内完成学习任务且延期会有不良后果,却迟迟不采取行动,同时会产生不良情绪体验(Lay & Schouwenburg,1993;Steel,2012)。关于学业拖延的影响因素的研究指出,自尊是解释学业拖延行为的因素之一,学业拖延被描述为一种自我保护策略,以掩饰个体脆弱的自尊(Watson,2001;Howell,2006)。有拖延行为的人一般自尊水平较低,自卑感强烈,他们认为未达到预定标准暗示自己不足以成为一个有力量的人,因此为了捍卫自己的尊严,他们就会利用拖延来掩饰自己能力不足(Steel,Brothen,& Wambach,2001)。

国内关于自尊与学业拖延行为关系的研究揭示,自尊与学业拖延之间存在负相关,且自尊水平可负向预测学业拖延,即自尊水平越高的个体越不容易出现学业拖延行为,反之,则个体学业拖延行为更严重(张斌,蔡太生,2010;陈陈,燕婷,林崇德,2013;汪琳琳,刘燕,郑淑杰,2014;杨文龙,2017)。

刘晖(2012)在研究内隐自尊、外显自尊与学业拖延的关系时发现,外显自尊与学业拖延相关显著,但内隐自尊与学业拖延之间不存在相关关系。内隐自尊与外显自尊是两个相互独立的结构,学业拖延被认为是对自尊的保护,用拖延行为来掩饰自己能力不足只能起到表面作用,并不能改变内在已有的关于自我的认知图式。因此,内隐自尊和外显自尊对学业拖延的影响是有区别的。

针对学生群体中出现的学习倦怠和学业拖延等学习相关问题,应从外界和个体自身两方面采取相应措施,适当减轻学习压力,保护学生的学习自主性,促使学生由外在动力转向内在动力;针对不同个体采取不同的鼓励和引导方式,例如给予低自尊者适当的关注和更多积极反馈,让他们能够积极主动地参与学习并逐步提升自信;学校也可以开展提升自尊的团体活动,在群体中分享相似的经验有利于个体缓解不良情绪并学习和借鉴他人良好的应对方法。

11.1.4 自尊与网络成瘾

网络成瘾(internet addiction disorder)是指过度使用互联网而导致的明显的社会、心理损害现象,给个体的身心健康带来严重危害(陈侠,黄希庭,白纲,2003)。

根据马斯洛的需要层次理论,每个人都有尊重的需要,以往研究发现自尊主要来源于两个方面:一是能力感;二是社会交往的反馈。个体若在现实中无法获取所需的自尊,便会求助于网络,以得到满足。由于低自尊者在现实世界中无法满足尊重的需要,因此容易将关注点转向虚拟世界。在虚拟世界中,个体能够逃避现实世界的各种压力,以另一种截然不同的身份出现,可以获得现实世界无法获得的成就感、归属感和满足感。因此,低自尊者接触网络后,非常容易被网络吸引,从而出现网络成瘾。网络为无法适应现实社会生活的人群提供了一种逃避方式,低自尊者以此来宣泄情绪,缓解压力。高自尊者能够在现实生活中确认自身的价值,即便他们接触网络,也能分清现实世界和虚拟世界的区别,因此不太容易出现网络成瘾。

网络成瘾概念的提出者(Young & Rogers,1998)也认为,容易出现网络成瘾倾向的群体之一就是低自尊者。后续研究结果也表明,自尊与网络成瘾之间存在显著的相关,低自尊者有较强的网络成瘾倾向(张瑞平,李庆安,2011;Senol & Durak,2011)。沈潘艳、张梓涵、王琳和吴晓锋(2013)在研究中发现,自尊对网络成瘾有显著的预测作用。孙易蔓、胡晓斌、赵笑颜和张梦菡(2013)在研究中也发现,自尊水平高的个体比较不容易出现网络成瘾,自尊水平高的个体一般较为自信,遇到问题不会选择沉迷网络来逃避,因此较少出现网络成瘾。李艳(2013)也认为,自尊是网络成瘾的保护因素。

我国大学生的网络成瘾发生率基本为3%～16%(李艳,2013;孙易蔓,等,2013;郭炯,2016),网络成瘾对个体的危害涉及生理和心理等诸多方面,不良影响较为严重。研究者致力于探索网络成瘾的危险因素和保护因素,从个体心理特征方面来讲,自尊是较为重要的影响因素之一,因此可通过提高个体的自尊水平来减少网络成瘾的发生。

11.1.5 自尊与人格障碍

人格障碍(personality disorders)是指,个体在认知、情绪、人际关系或冲动控制等方面明显偏离所处的文化,是一种持久的内心体验及行为模式(American Psychiatric Association,2000)。人格障碍通常始于童年期或青少年期,并持续至成年期,有时甚至持续终身。

金莹和卢宁(2013b)研究了 C 类人格障碍倾向大学生的自尊异质性。C 类人格障碍包括强迫型人格障碍、依赖型人格障碍和回避型人格障碍,其共同的临床表现通常为焦虑、恐惧及习惯性退缩行为。强迫型人格障碍是一种对规则秩序、完美主义和控制的无比专注;依赖型人格障碍表现为一种顺从的、过度需要被照顾的依赖行为模式;回避型人格障碍是一种社交抑制类型,对消极评价过度敏感。研究结果显示,自尊的条件化是 C 类人格障碍的危险因素,且自尊的不稳定性对依赖型人格障碍有预测作用,而外显自尊水平及防御性仅对回避型人格障碍有负向预测作用。金莹和卢宁(2013a)的另一项针对人格障碍倾向大学生的自尊异质性的研究也发现,人格障碍倾向组大学生的自尊较低且脆弱,正常组大学生的自尊较高且相对稳定,高条件自尊是人格障碍倾向大学生的典型特点。王丹和卢宁(2016)在研究中发现,外显自尊与 C 类人格障碍倾向及其各分型呈显著负相关,条件自尊及不稳定自尊与 C 类人格障碍倾向及其各分型均呈显著正相关。林玉凤和卢宁(2018)也发现,回避型人格障碍倾向与各种类型的自尊的相关程度最高,强迫型人格障碍倾向与各种类型的自尊的相关程度最低。

叶刚、姚方敏、付文青和孔明(2011)在研究中发现,回避型人格障碍大学生的外显自尊得分显著低于对照组,但在内隐自尊上两组之间不存在显著差异;外显自尊对回避型人格障碍具有预测作用,低外显自尊的个体更容易出现回避型人格障碍。回避型人格障碍的个体往往有大量负性生活经验,这些经验的积累可以在意识层面导致消极自我认知,进而引发低水平的外显自尊。内隐自尊表现为一种自我偏好倾向,易受情境因素的影响。李秀、刘新民、韦克诚、许东彪和张婷(2013)在研究中发现,不同自尊水平的强制戒毒人员的人格障碍各维度得分差异显著,低自尊强制戒毒人员组的各维度得分均高于高自尊组,自尊水平对人格障碍的形成有显著影响,而且低自尊可能与吸毒行为有关。自尊水平较高的人能够对自我进行客观、积极的认知评价,会体验到自信、自豪,有安全感、归属感和良好的人际关系,能得到有效的社会认同和社会支持,并拥有积极的情绪,这些都是心理健康和人格健全的保护因素(钱铭怡,肖广兰,1998)。自尊水平较低的人则缺乏自信,容易自我批评,容易体验到紧张、焦虑、压抑、抑郁、内疚等负性情绪,缺乏良好的人际关系和社会适应性,往往易出现社会偏差行为,低自尊是药物依赖者的人格特点之一。

整合前人研究,即从一个新的视角——脆弱高自尊来看待人格障碍症状,可以发现:第一,脆弱高自尊者通常有不稳定的自我概念建构和不安全的依恋关系,人格障碍患者以此为基础形成不适应的策略和应对方式;第二,自尊的波动引起负性情绪,而负性情绪是引发和维持人格障碍症状(偏执和自恋)的核心因素;第三,脆弱高自尊的水平会影响人格障碍症状的严重性(王曼,陶嵘,胡姝婧,朱旭,2010;Thomaes, Bushman, Castro, Cohen, & Denissen, 2009)。

作为个体人格结构中自我概念的核心,自尊是个体对自己的一种评价,它表达的是对自己持肯定或否定的态度,是个人基于自我评价产生的一种自重、自爱、自我尊重,并要求受到他人、集体和社会尊重的情感体验(王丽,王庭照,2005)。自尊的立体结构为在临床干预过程中引导人格障碍患者发展出健康积极的人际策略及自我认同,走出自我保护圈,融入社会提供了一个新的参考角度。

11.1.6 自尊与神经症

神经症(neurosis)是一种精神障碍,主要表现为持久的心理冲突,患者觉察或体验到这种冲突并因之而感到痛苦,且妨碍心理功能或社会功能,但没有任何可证实的器质性病理基础(许又新,1993)。神经症主要表现为抑郁、焦虑、恐惧、强迫、疑病、神经衰弱等症状。

关于自尊与神经症的研究一般聚焦于强迫症、抑郁症、焦虑症等较为常见的神经症亚型。阿德勒认为,自尊是神经症的根源。神经症患者的生物需求虽得到基本满足,但心理需求包括受尊重、自尊、友谊和爱、归属等高级活动的需求没有得到满足,容易转化为基本焦虑。国外的研究表明,强迫症的不完美感、不灵活性、较高的自尊水平是导致强迫和反强迫冲突的心理基础(Watson, Suls, & Haig, 2002;Tallis, Rosen, & Shafran, 1996)。临床上认为,神经症患者的自卑和自尊往往同时存在,这也是神经症发病的一个重要心理机制。国内研究者在对52例强迫症门诊患者的研究中发现,强迫症患者的自尊评分高于正常对照组(闫俊,崔玉华,2004)。对强迫症来说,高自尊水平使患者形成苛求的人格,从而在自我与外界的协调中失衡,对经验产生不合理的期望,导致冲突。在这种冲突下,强迫症患者为维持自我概念而采取以强迫症状为表现的防御反应,导致强迫症的形成。

综合以往的相关研究,自尊与神经症之间的关系不容忽视。神经症的病因较为复杂,除自尊以外还有多种复杂的因素,因此对神经症患者的治疗需考虑多方面因素综合实施。

11.1.7 自尊与精神分裂症

精神分裂症是一组病因未明的精神疾病,它具有感知、思维、情感和行为等多方面的障碍,以精神活动与环境不协调为特征。一般无意识障碍,智能尚好,部分患者在疾病过程中可出现认知功能损害。因其多起病于青壮年,且缓慢起病,病程迁延,会对自我认识的确立,持久关系的建立以及社会功能造成严重影响,被认为是最严重的精神疾病。

芬内尔(Fennell, 1997)认为,精神疾病使患者的自我价值感变低。某些心理问题可能影响个体的自我价值感,而低自尊成为精神疾病心理病理学的一个方面;低自尊是某些特定精神疾病的心理易感因素,低自尊提高了患病的可能性。诸多研究显示,提高恢复期精神分裂症患者的自尊水平有利于他们更好地适应出院之后的生活。李季(2011)研究了208名恢复期精神分裂症患者,结果发现,他们的自尊水平显著低于全国常模,自尊水平低的患者自卑、情绪抑郁、回避社会交往、孤僻退缩,会影响他们康复和顺利回归社会。沃思（Vauth，2007）的研究显示，自尊水平与感受到的价值贬低和歧视存在负相关。在面对负性应激事件时，低自尊的人容易否定自己，并认同别人对自己的消极评价，在感到被误解或羞辱的同时，会在人际交往中表现出退缩行为。对于精神分裂症患者，随着精神疾病症状的逐渐消失，患者的心理压力也越来越大。患者既要面临出院后长时间的服药及复查，担心复发，又要重新与社会环境磨合，担心疾病影响自己未来的前途和家庭，还要承受公众乃至社会的偏见和歧视。越来越大的心理压力使患者自尊水平降低，对重返社会缺乏自信、焦虑、敏感等。因此，出院后自尊水平低的患者遭遇病耻感时有更强烈的感知，从而使自尊水平更低，只能通过退缩来回避病耻感；自尊水平高的患者能够以积极的方式来防御自己受到的外界威胁，坦然面对，挑战病耻感，以争取自己的权益。

杜瑶（2011）在研究60名恢复期精神分裂症患者时也发现，他们的自尊水平显著低于正常人，相比于正常群体，精神分裂症患者的自我评价偏低，自我情感体验较消极。临床访谈与询问证明，罹患精神疾病是他们自尊偏低的主要原因。长期的患病史导致精神分裂症患者对自身产生否定感、厌弃感，自我评价低，自卑感强，周围环境的歧视与偏见又使这些消极体验变得持久而难以克服。此外，罹患精神分裂症导致患者劳动能力低下或丧失，收入和社会经济地位难以得到保证，他们不能肯定自己、悦纳自己，陷入持续的自卑困扰中。自尊水平高的患者认为自己有能力、有信心应对遇到的挫折、困难和烦恼，即使没有足够的能力应对面临的困境，但由于其积极的自我评价，他们不会耻于向别人寻求帮助，同时他们具有较强的适应能力和竞争能力，能够获得的支持也更多。良好的社会关系能够帮助患者维持较高的自尊水平，而高水平的自尊又会使患者更加自信地与他人交流、交往，从而促进其社会关系的发展。

精神疾病患者的自尊水平对疾病康复程度有显著影响，因此针对康复期的患者，可以通过个体及团体心理辅导来提高其自尊水平，以帮助他们更好地适应社会。魏丽宁、赵艳茹、孟丽、王玉红、安然和杨超（2014）选取了103名恢复期的精神分裂症患者，将其随机分为研究组

(51名)和对照组(52名),研究组接受社交技能和自信心训练,对照组仅接受常规康复训练。结果表明,社交技能和自信心训练能提高恢复期精神分裂症患者的自尊水平,降低缺陷感,增加社交行为。林春元和李玉梅(2016)选取120名恢复期精神分裂症患者,所有患者在系统的抗精神分裂症药物治疗和常规护理的基础上均接受具有针对性的干预治疗。干预治疗的周期为12周,具体内容包括:(1)健康宣传教育,对患者及家属进行精神卫生健康知识宣传教育,指导患者的日常生活作息和服药,给予一定的健康指导,增强患者治疗的依从性;(2)认知行为治疗,依据患者的个体化情况,有步骤、有条理且循序渐进地对患者进行个体化的心理疏导,加强对患者的社会技能训练以及社会认同感指导,培养患者良好的生活兴趣和积极的生活态度;(3)家庭干预,对患者的家庭成员进行健康教育,指导家庭成员多观察、陪护和关爱患者;(4)依据个体化的情况和相关适应条件,适当给予患者一定的经济支持和社会支持。结果表明,恢复期精神分裂症患者自尊水平较低,对他们实施上述具有针对性的干预治疗能显著提高患者的自尊水平,改善患者的症状,促进患者的功能康复,提高患者的生活质量。由此可见,上述干预治疗值得临床应用和推广。

11.2 自尊与适应

11.2.1 自尊与学校适应

伯奇和拉德(Birch & Ladd,1997)认为,学校适应(school adjustment)不仅指学生在学校的表现,而且包括学生对学校的情感、态度,以及参与学校活动的程度。国内学者则认为,学校适应是学生与学校环境、学校活动相互作用的结果,良好的学校适应表现为能够基本达到学校的教育目标,顺利完成学业,学会和他人沟通交流,树立正确的人生观和价值观,养成健康的人格等(陈君,2004)。整合而言,学校适应包括学生在学校的方方面面,既涉及学习、学校活动,也涉及与同学和教师的人际关系等。

对学生群体而言,学校是主要的活动区域,学校适应不良的个体,其学习和生活都会受到不同程度的消极影响,严重时可危害身心健康发展,因此探索学校适应的影响因素十分必要。目前,自尊与学校适应之间关系的研究取得了一定的进展,结果表明自尊对学校适应具有一定的影响,自尊水平越高的学生,学校适应能力也越强。李玮、杨晓峰和王炳元(2012),以及巨雅婵(2015)等人的研究显示,自尊水平与学校适应呈正相关,且自尊水平可以正向预测学校适应能力。此外,还有研究者发现,自尊水平不仅直接影响个体的学校适应状况,而且会通过同伴关系、家庭功能、教师支持感等因素间接影响学校适应(茆正洪,余志华,李蓉蓉,冯强,赵旭东,2012;孟庆飞,王亚平,田艳辉,王明辉,2013;田艳辉,李巧灵,周海龙,孟庆飞,赵俊峰,2014)。

一般而言,自尊水平较高的个体更自信,对于环境的变化能保持较为积极的态度,具有较强的抗压能力,即使遇到困境也会聚焦于问题解决,但自尊水平较低的个体会选择逃避或者沉溺于不良的情绪体验中。进入新的学校环境后,高自尊的个体更容易获得良好的社会支持来帮助他们度过适应期,而低自尊的个体可能需要更长的时间来适应陌生的环境,而且可能因此出现一些适应不良的症状,如焦虑、抑郁情绪,以及逃学、厌学等行为。

为促进个体在学校环境中适应良好,一方面可以提高个体的自尊水平,另一方面可以从个体的同伴关系、家庭环境以及学校和教师等方面着手。当个体凭借自身不能适应良好时,可以利用朋友、家人和教师等社会支持来保障自己适应良好。

11.2.2 自尊与社会适应

社会适应(social adjustment)是指个体与社会环境相互作用的过程中,通过对内在心理的自我调节、自我管理,以及对外在社会环境的学习、应对和防御,以达到个体与社会环境和谐、平衡的过程和状态,其本质就是和谐、平衡(谢玲平,王洪礼,邹维兴,张翔,何壮,2014)。

不同群体的自尊水平与社会适应能力存在关联。郝振和崔丽娟(2007)、邝宏达和徐礼平(2013)等人关于留守儿童的研究发现,自尊与留守儿童社会适应的各个方面存在显著的正相关,自尊水平越高,社会适应越好。毕玉(2015)也在对留守儿童的研究中发现,外显自尊与社会适应相关显著,而内隐自尊与社会适应相关不显著。姜红梅和于红军(2015)则发现,大学生的自尊水平与社会适应相关显著。高自尊的个体能较好地调节行为和情绪,遭遇挫折时不会出现不良的心理和躯体化反应。同时,自尊水平高的个体对自己完成某事的能力有足够的信心,会积极主动地去行动,因而社会适应能力强。反之,个体自尊水平较低,心理上将会更敏感,在活动面前容易产生畏缩心理,影响环境适应能力和人际交往能力,降低挫折承受能力,对心理健康产生不良影响。

在自尊与社会适应的相关关系中还存在一些中介变量,如情绪智力(李欢,2015)和心理资本(徐礼平,邝宏达,2017)。由此可知,促进个体社会适应的途径不仅包括提高自尊水平,提高个体的情绪智力、培养积极的心理状态(主要为自我效能感、心理韧性)等也可以起到一定的作用。

11.3 自尊与主观幸福感

主观幸福感(subjective well-being)主要指个体依据自己设定的标准对生活质量所作的整体评价,包括生活满意度和情感体验两个成分(Diener & Diener, 1995)。前者是个体对生活总体质量的认知评价,即在总体上对个体的生活作出满意程度的判断;后者是个体生活中的情感体验,包括积极情绪(愉快、轻松等)和消极情绪(抑郁、焦虑等)两个方面。

11.3.1 自尊与积极情绪

积极情绪(positive emotion)是指个体由于内外刺激或事件满足自

身需要而产生的伴有愉悦感受的情绪,与个体的身心健康和社会适应有密切联系(郭小艳,王振宏,2007)。

积极情绪可促进身体健康,加快疾病的康复过程(Moskowiz, Epel, & Acree, 2008),降低个体对心理疾病的易感性(Fredrickson & Branigan, 2005),增强个体的社会联结和社会支持(Steptoe, Dockray, & Wardle, 2009),进而促进个体建立健康的生活方式(Gerin, Milner, Chawla, & Pickering, 2005)。大量研究表明,自尊影响个体的情绪和主观幸福感(徐维东,吴明证,邱扶东,2005;张向葵,田录梅,2005;钟佑洁,张进辅,2011;孔风,等,2012)。作为一种人格变量,自尊对认知、情感和社会行为等均有重要影响(周亚男,焦彬,刘铁桥,陈冲,付兆亮,2011)。有研究表明,高自尊是促进个体积极情绪和情感的核心因素之一(胡金凤,孙配贞,郑雪,何资桥,2012;孔风,等,2012;Wood, Heimpel, & Michela, 2003)。

不同自尊水平的个体,对不同经历产生的反应是不同的(周耀红,2007)。对低自尊的人而言,良好的经历会使其产生积极反应,糟糕的经历会使其产生消极反应;与此对照,高自尊的人也会对良好的经历产生积极反应,但似乎会拒绝、限制或抵消糟糕的情绪体验(Brown & Mankowski, 1993)。不同自尊水平的个体,积极情绪体验也存在差异:高自尊的人比低自尊的人付出更大的努力以增强或延长他们的积极情绪,而低自尊的人甚至会尽力减弱积极情绪。在经历成功事件之后,高自尊者和低自尊者的认知和情绪体验存在差异,低自尊者比高自尊者体验到更多焦虑情绪和对自我认知的怀疑。

个体的情绪体验由认知决定,高自尊的人看待事情的态度较为积极,因此他们能更多体验到积极情绪,而较少体验到消极情绪。此外,高自尊个体的调整和适应能力较强,即使遭遇负性事件他们也具有足够的信心去积极应对。

11.3.2 低自尊、高自尊与主观幸福感

有关主观幸福感影响因素的研究发现,自尊是主观幸福感最可靠的

预测指标之一。郭晓霞(2015)在研究中发现,自尊与主观幸福感呈显著正相关,即自尊水平越高,主观幸福感也越高,个体越能体验到更多积极情绪,这可能是因为自尊水平高的人比较自信,自我评价更加积极、乐观,能以积极的态度应对现实生活,因此生活满意度较高,进而主观幸福感也较高;自尊水平低的人通常不能正确评价自己,不容易接纳自己,容易情绪化,常伴有消极情绪,因此主观幸福感较低。鲍迈斯特等人(Baumeister et al.,2003)认为,自尊与主观幸福感之间呈现出复杂的关系,高自尊的个体往往从积极的方面看待自己,倾向于改变情境,能较好地应对各类问题,因而主观幸福感较高。

针对不同群体的研究获得的结果基本一致,中小学生、大学生、退休干部、社区工作者皆呈现出,自尊水平越高,主观幸福感水平也越高的特点(严标宾,2006;张远兰,等,2009;师保国,2011;甄瑞,2014)。在生活中,自尊水平高的个体更加乐观、自信,能积极接纳自我,努力实现既定目标,促进自我成长,从而有助于提升主观幸福感水平。此外,自尊水平高的个体有较强的自我效能感和掌控感,他们倾向于改变情境,能较好地应对各类问题,这同样有助于提升主观幸福感水平。

自尊不仅能够对主观幸福感产生直接影响,而且能够通过其他因素对主观幸福感产生间接影响,例如应对方式(何瑾,2014;李玲,2014)。自尊水平高的个体通常会采取较为积极的应对方式来处理生活中的负性事件,不容易陷入消极情绪之中,对自我的认可程度较高,更容易获得主观幸福感。因此,不仅可以通过提高自尊水平来促进个体的主观幸福感,而且可以发挥应对方式在其中的作用。

11.3.3 外显自尊、内隐自尊与主观幸福感

博松等人(Bosson et al.,2000)考察了内隐自尊和外显自尊对个人主义文化中主观幸福感、积极情绪和消极情绪的预测作用,结果发现,外显自尊可以较好地预测个体在积极情绪和消极情绪上的差异,内隐自尊可以预测个体的积极情绪。国内学者(徐维东,等,2005)在研究中发现,外显自尊与主观幸福感相关不显著,内隐自尊与主观幸福感相关显

著,内隐自尊与外显自尊相关不显著,这表明内隐自尊和外显自尊可能是两种不同的心理结构。但是,有研究者(Schimmack & Diener,2003)发现,个体的外显自尊与主观幸福感相关较为显著,内隐自尊与主观幸福感存在较低的相关。耿晓伟、张峰和郑全全(2009)则发现,外显自尊和内隐自尊均能显著预测主观幸福感。与此同时,有研究者提出主观幸福感也是双重结构,存在外显主观幸福感和内隐主观幸福感两种成分。自尊对主观幸福感的最佳预测模型是:外显自尊预测外显主观幸福感,内隐自尊预测内隐主观幸福感(钟毅平,郭文姣,黄俊伟,2011)。

不同文化背景下的内隐自尊和外显自尊与主观幸福感的关系是不一致的,这可能与文化环境以及被试差异性相关,同时自尊结构的复杂性也是影响因素之一。因此,研究者还需要进一步探索内隐自尊、外显自尊与主观幸福感的关系。

第四篇

自我同一性

在阐述自我同一性理论的发展历程前,为了避免自我同一性与自我概念相混淆,先简单区分自我同一性和自我概念。自我同一性和自我概念具有不同的含义。自我概念(self-concept)是个体对自己独特属性及特质的主观知觉和判断,是由一系列态度、信念和价值标准组成的有组织的认知结构。自我概念是对"我是谁"(who am I)、"我是什么样的人""我能做什么""我在群体中处于什么位置"等问题的回答,包括个人的知觉、意见、态度、价值观等成分(郭金山,车文博,2004),侧重个体对自身当下的认知。自我同一性(self-identity)是"一种熟悉自身的感觉,一种知道个人未来生活目标的感觉,一种从信赖的人那里获得所期待的认可的内在自信",即个体跨时空的内在一致感和连续感(埃里克森,1998),是一种对"我要成为谁"(who am I to be)、"我在社会上应处于什么样的地位""我将来准备成为什么样的人"等问题的回答(郭金山,车文博,2004)。同时,埃里克森还认为自我同一性源于个体脱离父母时所作的努力。个体要摆脱对父母的依赖,自己决定应该持什么样的价值观,追求什么样的生活目标。自我同一性是青少年进行各种可能的探索并产生个性感,以及个体在社会中的角色、经验跨时间的一致感和对自我理想的投入(周红梅,郭永玉,2006)。由此可见,自我同一性侧重个体跨时空的一致感和连续感。

总体而言,自我概念和自我同一性的主要区别体现在以下三个方面:(1)自我概念和自我同一性成分不同。自我概念属于自我意识的认识范畴,强调认识过程;自我同一性包含意识和无意识两个方面,强调心理社会过程。(2)自我概念和自我同一性形成的阶段不同。自我概念形成于幼儿2~3岁时,自我同一性则形成于青年后期,是对之前自居作用(identification,指儿童无意识接纳父母特征的过程)的整合并形成一个新的结构,标志着儿童期的结束和成年期的开始。(3)自我同一性是自我概念的成熟形式,自我概念的构成成分随着年龄的增长而增多,这些成分及其价值在不同层次和维度上是有序的,共同构成总体自我概念的完形;自我同一性不仅是一种自我概念,而且是一个自我理论,也就是说,自我同一性不仅是关于自己的信念的集合,而且是组织形成的整体一致的概念框架,不仅是一个人关于自己的描述,而且是一种解释自己的原则。因此,可以说自我同一性是自我概念的高级、成熟的形式,它标志着自我概念的发展水平(郭金山,车文博,2004)。由此可见,自我同一性和自我概念既有区别又存在交叉。

本篇用三个部分介绍自我同一性。第一部分介绍自我同一性的含义。自埃里克森提出自我同一性后,不同研究者描述、分析和扩展了这一概念,使这个概念变得更加丰富。第二部分介绍自我同一性的发展。研究者从自我同一性发展状态和发展过程两方面建构各自的自我同一性发展理论,此外还着重介绍青少年时期的自我同一性危机。第三部分介绍自我同一性的影响因素。个体内在的人格特征与认知因素,以及外在的家庭因素、同伴群体、学校因素和社会因素等,都会影响个体自我同一性的发展。

12 自我同一性的含义

本章将重点探讨自我同一性的理论内核和外延,以及自我同一性的结构和评估方法。自我同一性是一个与自我、人格发展有密切关系的多层次、多维度的心理学概念,作为青少年期人格发展的重要课题,自我同一性具有重要研究意义,其中影响深远的观点有:埃里克森作为自我同一性理论的奠基者,将该概念纳入人格发展体系,创建心理社会发展理论;克罗格以自我同一性的形成与发展过程为研究焦点,明确将自我同一性定义为自我与客体之间的平衡;莫什曼从概念整合的角度出发,认为自我同一性是一个人的外显理论。玛西亚最先创立同一性状态研究范式并提出测量方法,此后沃特曼、加藤厚等学者从不同角度予以扩充,极大地促进了不同文化视域下自我同一性的实证研究。

12.1 理论与概念

自我同一性是埃里克森人格发展的同一性渐成理论的核心概念。埃里克森认为,自我同一性是个体在过去、现在和未来这一时空中对自己内在一致性和连续性的主观感觉和体验,以及为他人所知觉到的个体自身的一致性和连续性,是个体在特定环境中的自我整合(Erikson, 1968)。埃里克森从多个方面来解释自我同一性,赋予其丰富的内涵。简单来说,自我同一性是个体对过去、现在、将来"我是谁"及"我将会怎样"的主观体验(郭永玉,2016)。自我同一性概念被提出后,得到心理学界的广泛应用和认可,埃里克森也被称为"自我同一性之父"。有学者认为,埃里克森的自我同一性概念是20世纪系统描述人类发展最有影响力的概念之一(Welchman,2000)。

12.1.1 埃里克森的自我同一性

埃里克森最早于1963年提出自我同一性概念,用以描述从第二次世界大战战场返回的士兵正经历生活中一致性和连续性缺失的障碍:"这些士兵缺乏同一感。他们知道自己是谁,有个人的同一性,但他们的生活似乎不再联结在一起,他们有一个核心障碍,称为自我同一性缺失。"(Kroger,1993)可见,埃里克森的自我同一性概念直接源于临床经验。之后,埃里克森把同一性纳入人格发展体系,创立了人格发展八个阶段的同一性渐成理论,即心理社会发展理论。该理论强调人在发展过程中自我与社会和文化环境的相互作用,以及人的发展是兼具生物、心理、社会三方面因素的统一体。埃里克森(Erikson,1968)的同一性渐成理论认为,人的一生要经历八个连续而又不同的发展阶段,每个阶段都面临一个主要矛盾或发展任务,虽然每个阶段的主要矛盾在其他阶段也存在,但由于生物、心理与社会环境因素的交互作用,使该矛盾在某一阶段变得格外突出。在青少年期,个体面临生理、心理和社会角色的巨大变化,这使他们从对外部世界的关注中部分抽离出来,更加敏感地关注自身,诸如"我是谁""我想成为什么样的人"的问题引起每个青少年的思索,因此同一性问题变得尤为突出,建立自我同一性成为青少年期的主要发展任务。埃里克森还提出几个与自我同一性相关的概念。

同一性危机(identity crisis)。埃里克森认为,青少年期是同一性危机期。"危机"一词不是指灾祸来临,而是指一个必要的转折点和决定性的时刻,具有发展意义,是个体在发展过程中必须实现或完成的发展课题,是个体从儿童到成人人格发展成熟的不可缺少的心理历程。在这一时期,个体必须决定发展的方向,并调配自身拥有的各种资源以促进自我的发展。正是通过同一性危机这一关键转折点,个体的同一性形成过程才得以继续,正是这一关键转折点促使个体寻求对人生意义和目的等重大问题的回答和解决。如果青少年成功解决危机中面临的问题,通过自我整合获得了新的同一感,就说明个体形成了自我同一性,反之,就可能形成同一性发展的极端,即同一性混乱(identity confusion)或同一性扩散(identity diffusion),这是指青少年在寻求自我同一性的过程中出现同一性失败的现象,这些青少年对自我缺乏清晰的同一感,不清楚或回避考虑个人的品质、目标、需扮演的角色以及价值观等问题,自我评价偏低,难以承担自己的生活责任。

心理社会合法延缓期(psychosocial moratorium)。埃里克森将青少年期称为心理社会合法延缓期。合法延缓期允许还没有准备好承担责任的人有一段拖延的时间,或者强迫某些人给予自己一些时间。心理社会合法延缓期是个体对作为成人承担责任的延缓,然而它又不仅仅是一种延缓。青少年可以利用这段时间学习并试验各种角色,学习各种本领,以及接触各种思想、人生观和价值观,尝试作出选择,在反复尝试中决定自己的人生观、价值观和将来的职业,最终形成自我同一性。埃里克森认为,心理社会合法延缓期对于青少年的健康成长具有重要意义,是社会对青少年未来选择性的许可,每个社会都以制度化的方式赋予青少年心理社会合法延缓期,如受教育阶段、实习阶段。

埃里克森并没有对自我同一性作出明确的界定,在他看来,自我同一性是一个多元化的概念,含义异常丰富,可以从不同角度加以阐释。埃里克森在不同的时期用同一性指代不同的内容:有时指代结构,有时指代过程,有时指代功能,有时指代个体独特的意识感,有时指代对人格连续性的潜意识追求,有时指代与集体理想的一致性,有时指代与他人相比较的个体差异性。根据埃里克森(Erikson,1968)的观点,可从以下四个方面来理解自我同一性。(1)自我同一性指个体在过去、现在和未来这一时空中对自己内在一致性和连续性的自我感觉和体验,以及为他人所知觉到的个体自身的一致性和连续性。(2)自我的一致性和连续性通过以下几方面表现出来:个体独特的意识感,个体在意识上对自己的独特性和自己作为一个独立个体存在的主观感受,即个体的同一感;对个体人格连续性的潜意识追求;个体与其所处的社会集体或群体在理想、价值或社会同一性上的内在一致性和一体感;自我整合的连续过程,将童年期形成的认同经验与青少年期的自我整合成一个有意义的整体,从而在个体内心产生一种和谐一致的感受。(3)同一性是一种社会心理结构,这种结构通过自我与他人相互作用过程中的模仿、认同和积极的自我建构来反映社会的影响。(4)同一性也是一个自我调节系统,可以帮助个体指导注意、加工信息、控制意识,以及选择合适的行为。从上面的描述中可以看出,自我同一性是一个多面体,必须从不同方面认识和理解。

有研究者(Marcia, Waterman, Matteson, Archer, & Orlofsky, 1993)指出,埃里克森的自我同一性概念可以从结构、现象和行为三个层面加以阐释:(1)从结构上讲,指同一性对于心理动态过程的整体平衡的重要性,同一性的形成预示着整个自我力量的增强,随着同一性的发展,自我的其他功能也在增强。(2)从现象上讲,指一个人对是否有同一感的体验,以及对自身特定的同一性形成风格的体验。(3)从行为上讲,指在同一性形成过程中可观察的成分,以及他人认识到的个体同一性的形成过程。由此可知,埃里克森理论中的同一性既可以是体验,也可以是结构或行为成分。其中,主观体验上的同一性定义在埃里克森的理论中有明确的阐释,也是同一性研究者最常采用的定义。因此,从主观体验上,我们可以这样认识自我同一性:自我同一性指个体在时空中对自己内在一致性和连续性的主观感觉和体验,以及重要他人知觉到个体存在的一致性和连续性(王树青,2007)。

综上所述,可以看出埃里克森的自我同一性概念含义多样,这也为后来的学者从各个方面解释和发展自我同一性理论埋下了伏笔。

12.1.2 克罗格的自我同一性

克罗格(Kroger, 2004)以自我同一性的形成与发展过程为研究焦点,明确将自我同一性定义为自我与客体之间的平衡。他认为,作为自我与客体之间的平衡,自我同一性在生命的各个阶段都稳定不变。个体把自己与生活中的他人及自身有机体机能区别开并达成平衡的方式,构成自我同一性的核心。

克罗格的这一界定重组了传统自我同一性的含义,并具有厚实的理论基础。克罗格考察了埃里克森、布洛斯(Peter Blos)、科尔伯格(Lawrence Kohlberg)、洛文杰(Jane Loevinger)和基根(Robert Kegan)等学者建构的关注青春期内部心理重组的自我发展模型,并分析他们的理论,认为他们的理论不是以线性的、定量的方式描述变化,而是更注重本质上的定性变化和形式上的发展性变化。从共性来看,同一性总是被定义为(在生命周期的不同阶段)自我与客体之间的平衡。个体区别于生活中的他人和自身有机体机能的方式是构成同一性体验的核心。在克罗格看来,埃里克森以结构的术语形成自我同一性的概念,区分了婴儿期投射(将自己的某些特征转移到养育者身上的现象)、儿童期自居作用和青春期同一性形成,认为青春期整合并超越了婴儿期投射和儿童期自居作用,产生了新的、有质的不同的整体,即同一性起源于自居作用的选择性遗弃和同化。但是,埃里克森没有进一步详细阐述自我同一性的内在心理特征。布洛斯通过客体关系理论和第二次个体化发展过程,来阐述自我的分化与整合以及自我感的产生,即在青春期第二次个体化过程中,移走生命早期第一次个体化过程中形成的曾被看作自我的旧的内部心灵的已有安排,把它们看作客体,从而建立一种新的自我,布洛斯强调自我同一性产生于个体主客体之间联结的发展变化。科尔伯格的道德推理发展可以被看作同一性形成的一个方面,可以看到道德发展决策的自我与客体的内在重组。科尔伯格不像其他学者那样直接强调同一性的形成与发展,而是用道德归因发展过程反映个体自我的发展过程:青少年时期个体的道德发展从自我利益驱动到社会取向,再到公平或规则取向。不同时期的不同道德决策的逻辑依据,提供了一个认识自我同一性发展的新视角。洛文杰主张自我是同一性的基础,个体自我发展具有阶段性,每一阶段的变化都反映了自我与非自我的区分以及力量的平衡,在发展过程中,自我与他人之间的关系在变化,个体化的力量也在变化,个体与他人的共性逐渐增强,这也体现了个体与他人的平衡,以及个体内部的新平衡。基根认为同一性就是意义生成,是一系列自我与经验的客体之间关系的质的重建,自我和客体的边界不断建构、毁坏和重整的过程就是同一性形成的过程,基根的观点体现了自我与客体之间不同性质的平衡关系(Kroger,1993,2015)。

克罗格的观点一方面继承了上述理论强调同一性形成的文化背景,关注自我与客体之间的关系;另一方面强调自我同一性发展过程中的能动性选择,为之后的自我同一性研究提供了一个新方向(安秋玲,2007a)。但是,克罗格将自我同一性作为分离的而不是整体的心理现象来描述,没有全面把握自我同一性的本质,而且缺乏系统陈述和实证说明,缺乏对同一性的自我与背景之间的联结机制的说明。

12.1.3 莫什曼的自我同一性

从概念整合的角度出发,莫什曼界定的自我同一性概念既简单、明确,又包含以往学者界定的内容,即自我同一性是一个人的外显理论(Moshman,1999)。莫什曼认为,自己提出的相关理论能相对详尽地体现自我同一性的要素,主要表现在:(1)他看到理论者都同意自我同一性与自我相关,自我同一性的定义必须承认主观的自我意识,自我同一性的出现和变化必须依据自我发展来解释,他认为自我同一性是随着自我概念的变化而不断发展的。(2)自我同一性是一个人自己的理论。自我同一性不仅是关于自己的信念的集合,更是组织形成的整体性概念;不仅是关于自己的描述,更是一种解释自己的努力,即作为一个人关于自己的理论,它以某种方式建构起来以增进自我理解。(3)自我同一性是关于自己的外显理论。个体的自我同一性至少部分是外显的,即它不仅是关于自己的内隐理论,而且是为个体所知的理论。这并不是否认自我同一性与各种内隐假设、无意识倾向和社会强加的角色有深刻联系,它们仅仅是自我同一性含义的一部分,只有外显的自我理论处于核心时,这样的假设、倾向和角色才能构成自我同一性。(4)自我同一性是一个人自己的外显理论,意味着它将自我解释为理性的中介者,进而强调个体选择的自主性和责任,自我同一性给个体提供解释和行为的参照(郭金山,2003)。(5)自我同一性的整体性与多样性。自我同一性的形成和发展并不是对自我的一种简单、单向的剖析,而是将自己从过去到现在的全部时间段整合,将自己各方面的因素整合。(6)自我同一性的连续性。自我同一性是对单一自我的投入,具有跨时间的连续性。自我同一性把个体人格的不同组成部分统合在一起,并在同一过程中建立过去、现在以及未来的连续性。

莫什曼(Moshman, 1999)对自我同一性的界定可总结为:自我同一性是个体在一生的发展过程中不断探索自己的发展道路的过程,这个过程充分体现了一个人的主观积极性。莫什曼认为,他对自我同一性概念的界定抓住了这个概念最本质的内容,但他界定的概念是抽象的,而且忽略了自我同一性发展所处的生活背景,忽视了这种背景对一个人自我同一性发展的影响。这导致研究者在使用这一概念进行交流时,陷入个体决定论而抽象地研究自我同一性。自我同一性不等同于自我,因此关于自我同一性概念的探讨仍在继续。

总的来说,埃里克森从精神分析理论出发,对自我同一性作出宽泛的界定,克罗格根据已有理论从个体与他人之间关系的角度梳理自我同一性概念,莫什曼把自我同一性概括为个体的一种外显理论,从高抽象水平论述自我同一性。除此之外,布拉西(Blasi, 1988)从主观自我的角度来理解埃里克森的自我同一性,认为自我同一性相当于个体体验一个人作为主观的自己的模式,全面理解自我同一性要明确自我同一性的具体内容和选择、承诺、整合以及个性发展的态度等方面。亚当斯等人(Adams, Gullotta, & Montemayor, 1992)强调叙事取向,认为同一性是有组织的自我调节的心理结构,这一心理结构需要内在自我和外在世界之间的发展性分化。国内也有不少学者从各个不同的角度阐述自我同一性的内涵。张日昇(2000)强调,自我同一性包括两个层面:一是在过去、现在和未来这一时空中个体对自我同一性的主观感觉和意识;二是社会性存在的自我,即在社会性上确立的自我。车文博(2001)将自我同一性阐释为自我独立性、连续性和不变性的意识,又指出自我具有一定集体和成员之间共同的连带感、价值观、目标追求等。黄希庭(2002)认为,自我同一性包含社会与个人、个人的主体方面与客体方面、对自身历史任务的认识与个人愿望等多方面的统合。

综上所述,自我同一性是一个极为复杂且在不断发展的概念。不同学者在论述这一概念时,一方面寻求埃里克森的解释,另一方面对它加以修订和拓展,但从不同的界定中,我们还是可以看出自我同一性的核心。自我同一性是主我与客我的统一,理想我与现实我的统一,过去我、现在我和未来我的统一,以及自我与他人、环境的统一,是通过认知和自我综合来组织和建构统一整体的自我。自我同一性是指,个体在寻求自我发展的过程中对自我的确认,以及对有关自我发展的一些重大问题,如理想、职业、价值观、人生观等的思考和选择,该过程必然涉及个体的过去、现在和将来这一发展的时间维度。简单地说,自我同一性就是"我是什么样的人""我要成为什么样的人""怎样成为那样的人",是自我的具体化。韩晓峰和郭金山(2004)整合自我同一性概念,认为它包括三个层面:(1)最基本的层面(即 ego-identity),这一层面的自我同一性为自我综合和个体性格的连续性,指儿童期自居作用的无意识的综合的基本信念;(2)个人同一性(personal identity),即个体在自我(self)与环境的相互作用下表现出的一套目标、价值观和信念,包括职业目标、交往偏好、词语选择等确定个体的独特性并与他人区分的自我的其他方面的事实;(3)作为环境定向层面的社会同一性(social identity),即与群体目标一致的内在保持感和群体归属感。目前,学术界最常采用的还是埃里克森的定义:自我同一性是个体在过去、现在和未来这一时空中对自己内在一致性和连续性的主观感觉和体验,以及为他人所知觉到的个体自身的一致性和连续性,是个体在特定环境中的自我整合。可以看出,这一概念更侧重于自我同一性整合中第一层面和第二层面的含义。

12.2 自我同一性的结构与评估

自我同一性概念被提出后,一些研究者试图通过语义区分技术(Bronson, 1959)和 Q 分类测验(Gruen, 1960)等来评估自我同一性完成的程度,但这些测量都没有涉及评估自我同一性完成程度的心理社会标准问题,也没有检验自我同一性行为结果的假设(Marcia,1966)。自玛西亚提出同一性状态模型后,许多研究者纷纷根据自我同一性的这一操作性定义,采用访谈法或问卷法来评估自我同一性的结构。

12.2.1 玛西亚自我同一性的结构与评估

埃里克森为自我同一性下了一个非常丰富的定义,但他过于抽象的描述也为自我同一性的测量带来了困难,玛西亚提出自我同一性的测量方法,开创自我同一性的实证研究领域,为此后有关自我同一性的大量实证研究提供了理论基础和概念框架。因此,玛西亚也被称为自我同一性研究的集大成者。

玛西亚(Marcia,1966)将埃里克森的自我同一性定义为由探索(exploration)和承诺(commitment,也翻译为"投入")两个维度组成的结构,对自我同一性进行操作化:自我同一性是青少年进行各种可能的探索并产生个性感,以及个体在社会中的角色、经验跨时间的一致感和对自我理想的投入(周红梅,郭永玉,2006)。其中,探索指个体在同一性发展过程中对各种与自己密切相关的问题,如政治信念、职业、社会角色等产生茫然和困惑,这时个体需要对多种有意义的选择作出抉择。探索可分为三种:缺乏探索(个体未感觉到有选择目标的必要)、正在探索中(个体正努力解决同一性问题,要作出抉择)和已经历探索(个体已经历对问题的探索,作出了抉择)。承诺指个体为认识自己、实现自我并达到某一目标而花费的时间、精力和毅力的程度。同时,玛西亚根据个体经历探索和承诺的程度,将青少年划分为四种同一性状态(identity status)(Marcia,1966):(1)同一性获得(identity achievement),青少年已经历探索,仔细考虑过各种同一性问题,并选择了自我投入的目标和方向,对特定的目标、信仰和价值观作出了坚定的、积极的自我投入;(2)同一性延缓(identity moratorium),青少年正经历同一性危机,积极探索各种选择,并没有较高水平的自我投入,但将来有自我投入的倾向;(3)同一性早闭(identity foreclosure),青少年并没有经历危机或探索,但过早作出了自我投入,这种投入是不自觉的,以别人对自己的期望为投入方向,父母或权威人物等重要他人为青少年的未来发展目标作出决定;(4) 同一性扩散(identity diffusion),这类青少年没有仔细思考或解决同一性问题,也没有详细计划将来的生活方向,既没有探索各种选择,也没有自我投入。

玛西亚的理论开创了自我同一性测量的先河,很多研究者根据他的理论编制了若干量表开展研究,并取得了引人瞩目的成果。最开始,玛西亚(Marcia,1966)采用半结构化的同一性状态访谈(Identity Status Interview)和句子完形填空(Incomplete Sentences Blank)测定自我同一性。前者具体测定被试的自我同一性状态,后者测定被试总体的自我同一性程度。最初的访谈内容主要涉及职业、政治、宗教信仰等领域。后来,格罗特万和库珀(Grotevant & Cooper,1981)的自我同一性访谈法(ego identity interview)将访谈的内容扩展到关于友谊、恋爱和性别角色的人际关系领域,根据被试在探索和承诺两个维度上得分的高低划分同一性状态。虽然自我同一性访谈法及其修订版在对小样本的深度访谈上十分有用,但它们不适用于许多社会心理学研究需要的团体测验(Marcia et al.,1993)。因此,格罗特万和亚当斯(Grotevant & Adams,1984)编制了自我同一性状态客观测量问卷(Extended Objective Measure of Ego Identity Status),该问卷涉及两个方面的内容,包括四个意识形态领域(职业、宗教信仰、政治、生活风格)和四个人际关系领域(友谊、恋爱、性别角色、娱乐活动)。后来,本尼恩和亚当斯(Bennion & Adams,1986)修订了该问卷,得到第二版并将其应用于实证研究(Bergh & Erling,2005;Rizeanu,2013)。国内也有学者修订了该问卷(郭金山,2002;王树青,张文新,纪林芹,张玲玲,2006),黄华华、刘少英和徐芬(2012)以及曾庆(2012)等人的实证研究都应用了王树青修订的自我同一性状态客观测量问卷第二版中文版。其中,玛西亚(Marcia,1966)创立的同一性状态半结构化访谈技术,以及本尼恩和亚当斯编制的自我同一性状态客观测量问卷第二版被研究者广泛使用,前者是观测者的测量,后者则是自我报告的测量,这两种测量取向各有利弊,是自我同一性的权威测量工具。玛西亚对自我同一性的操作性定义有力促进了自我同一性研究的发展，在他之后，同一性状态的概念促进了大量相关理论与著作的出现(Schwartz，2001)。

当然，玛西亚的理论也受到批判，它的最大缺陷是重视描述同一性发展的结果，而不能很好地描述同一性形成与发展的过程。同一性状态模型可以作为同一性形成的类型化结果，描述同一性状态之间的发展和转变，用于考察同一性状态与相关变量之间的关系。因此，1999年伯宗斯基和亚当斯指出，"经历40年风雨的同一性状态模型仍是同一性研究领域最有用的模型之一"(Berzonsky & Adams，1999)。

12.2.2 沃特曼自我同一性的结构与评估

沃特曼(Waterman，1985)认为，有必要考虑同一性作为过程变量和内容变量的特性。作为过程变量，同一性指个体探索和确认那些可能的同一性承诺的目标、价值观和信念的策略与技术，以及在任何特定的同一性领域投入的程度。但是，同一性不能脱离具体的目标、价值观和信念而存在，同一性的内容变量是指同一性存在的特定生活领域和同一性要素自身的属性。因此，沃特曼对玛西亚有关同一性的操作性定义的假设提出挑战，描述了所有可能的状态变化和选择，提出了各种可能的同一性发展模型。他沿用玛西亚(Marcia，1966，1980)对同一性状态的情感的、认知的、行为的结果分析，更强调个人在特定的同一性要素中承诺的投入状态，他认为承诺不是工具性的而是积极保持的承诺，是被体验为全部投入的承诺。这种体验就是个人的表现感(expressiveness)，它包括投入感、胜任感、活力感、实现感、目的感和真我感。之后，沃特曼和阿彻(Waterman & Archer，1990)在个案研究中发现，即使处于相同自我同一性状态的个体，他们作出选择和决定的特征也存在很大差异，即个人的表现感不同，回答了"个体是否在所有生活领域表现出相同的同一性"的疑问。沃特曼(Waterman，1992)将表现感作为同一性操作性定义的第三个变量，使同一性状态从四种增加到七种，即表现性成就型同一性、非表现性成就型同一性、表现性延缓型同一性、非表现性延缓型同一性、表现性排他型同一性、非表现性排他型同一性和弥散型同一性。

沃特曼（Waterman，1985）详细界定了作为内容变量和过程变量的同一性，使同一性扩展到职业、宗教信仰、政治观点、性别角色定向、性、娱乐、友谊、婚姻、道德、养育方式、家庭与事业的优先顺序、少数民族、种族等领域，促进了不同领域同一性的内容与过程研究，以及整体同一性与领域同一性过程的发展研究。受到沃特曼和玛西亚的影响，后续研究者测量了自我同一性的过程。有研究者（Balistreri & Busch，1995）编制了自我同一性过程问卷（Ego Identity Process Questionnaire），该问卷的项目主要来自先前的访谈法涉及的问题和自我同一性状态客观测量问卷中的项目，包含意识形态领域（职业、宗教信仰、政治、价值观）和人际关系领域（友谊、恋爱、性别角色、家庭），计算探索和承诺维度的总分，然后各取其中数，从而得出个体所处的同一性状态。刘永芳（2005）翻译并修订了自我同一性过程问卷中文版，赵帆（2010）应用该问卷开展相关研究。伯宗斯基（Berzonsky，1989）编制了同一性风格量表第一版（Identity Style Inventory‐1，ISI‐1），该量表包括信息风格、规范风格、扩散风格和投入四个分量表。为更好地展示自我同一性过程，伯宗斯基（Berzonsky，1992a）修订了第一版得到第二版，随后又进一步修订信息风格和规范风格两个分量表得到 ISI‐3。王树青、纪林芹、张文新（2006）曾修订同一性风格量表，还有研究者运用该修订量表开展实证研究（王一竹，赵玉芳，2009；柴晓运，柯玉叶，2015）。目前，已有研究者（Berzonsky，Soenens，Luyckx，Smits，Papini，& Goossens，2013）将同一性风格量表修订到第五版。自我同一性过程问卷和同一性风格量表第三版在测量同一性过程中应用较为广泛。

12.2.3　加藤厚自我同一性的结构与评估

同一时期，日本心理学家加藤厚（1983）在玛西亚设定的两个维度上增加"现在自我投入的愿望"这一维度，构成三个维度（即"现在的自我投入""过去的危机""将来自我投入的愿望"）、十二个项目的同一性地位测定量表,又补充两种中间地位,组成六种同一性地位。各同一性地位的人员构成及含义如下(张日昇,2000):(1)同一性形成地位(A地位),在体验过去高水平发展危机的基础上,现在进行着高水平的自我投入者。这一类型的人努力寻求最符合自身的前进方向和价值观,经过积极的自我投入和各种不懈的努力,体验各种发展危机,最终选择了自我投入的目标和方向。(2)权威接纳地位(F地位),只体验过去低水平的发展危机,现在进行着高水平的自我投入者。这一类型的人没有体验过危机,他们自我投入的目标和方向不是再三思虑之后亲自选定的,大多是迎合或接纳父母、社会理念支持的目标和方向。(3)同一性形成—权威接纳的中间地位(A-F中间地位),在体验中等水平的发展危机的基础上,现在进行着高水平的自我投入者。(4)积极的延缓地位(M地位),现在没有进行高水平的自我投入,但有强烈的将来自我投入的愿望者。延缓地位,其含义本身就包括积极的、建设性的努力成分,可以被理解为同一性延缓和同一性扩散的中间状态。这一类型的人正体验着各种危机,但他们也正在积极地自我投入和努力实现主体自我。(5)同一性扩散地位(D地位),现在进行着低水平的自我投入,将来自我投入的愿望也较弱者。这一类型的人不管是否体验过危机,是否探索过前进的方向和价值观,总之他们是一些未作出什么决定且无所向往的人。(6)同一性扩散—积极的延缓的中间地位(D-M中间地位),现在的自我投入在中等水平以下,现在的自我投入水平不低于同一性扩散地位,将来自我投入的愿望不强于积极的延缓地位。

  同一性地位测定量表共计十二个测查项目,每题评分为1~6分,测查项目由"现在的自我投入""过去的危机"和"将来自我投入的愿望"三个维度组成,计算这三个维度的得分,根据各维度得分的组合判断同一性地位。张日昇于1989年修订了加藤厚的量表(见图12-1),其分半信度和结构效度均达到满意水平,并用于国内青年的自我同一性研究和中日青年自我同一性的跨文化研究。许多研究者在各自的实证研究中都运用了该量表(谈有花,2005;金河岩,朴华英,2009;刘县兰,赵静波,石海霞,王梦,熊敏,陈瑜,2015)。

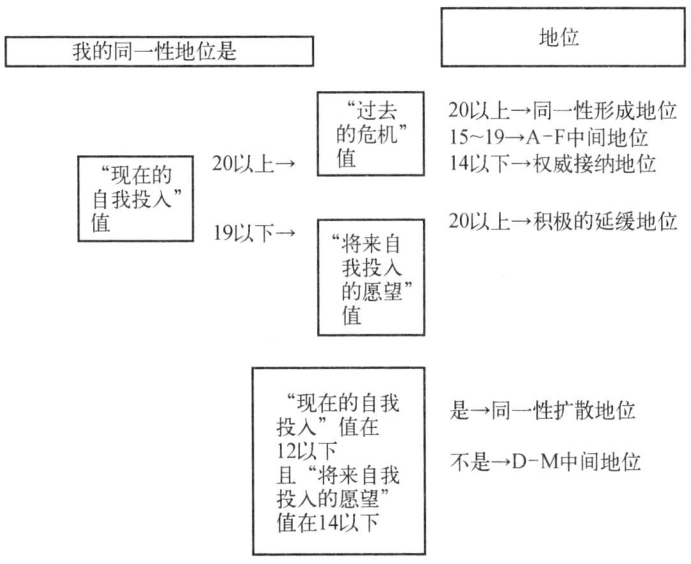

图 12-1　各同一性地位分类流程图
（来源：张日昇，2000，引用时有修改）

玛西亚创立了同一性状态研究范式，最先提出自我同一性的测量方法，开创了自我同一性测量的先河，此后沃特曼、加藤厚等学者从不同角度补充和扩展了自我同一性的测量，很多研究者根据玛西亚的理论编制量表以开展研究。除了前面提到的同一性结构理论，在同一性状态模型的基础上还产生了许多新的同一性理论，例如格罗特万（Grotevant，1987）的同一性过程理论、伯宗斯基（Berzonsky，1989）的同一性风格理论，以及亚当斯等人（Adams & Marshall，1996）的发展—社会理论等，下一章将详细阐述自我同一性建构主义取向和社会文化取向等的发展（安秋玲，2009）。

在测量工具方面，前面提到的都是测量整体的自我同一性状态的工具，有研究者编制了某些具体领域的同一性量表，如民族认同量表（Ethnic Identity Scale；Umana-Taylor, Yazedjian, & Bámacagómez，2004），通过评估青少年民族认同的三个维度（探索、解决和肯定），将个体划分为获得型、延缓型、早闭型和扩散型等同一性状态，民族认同量表是运用广泛的测量民族认同的工具(张艳红,佐斌,2012)。有研究者(Rahiminezhad, Farahani, Amani, Varzaneh, Haddadi, & Zarpour, 2011)以伊朗中学生为被试编制学业同一性状态问卷(Academic Identity Status Scale),可以把个体划分为与学业相关的获得型、延缓型、早闭型和扩散型四种同一性状态,该问卷被卡齐米等人(Kazemi & Nazari, 2015)应用于伊朗中学生身份认同的研究。波菲利等人(Porfeli, Vondracek, & Weigold, 2011)编制的职业同一性状态评估问卷(Vocational Identity Status Assessment Scale)包括获得型、延缓型、早闭型、扩散型、彻底的延缓型和未区分型六种同一性状态,该问卷在土耳其(Öngen, 2014)、美国(Negru-Subtirica, Pop, & Crocetti, 2015)和法国(Lannegrand-Willems, Perchec, & Marchal, 2016)等国的职业认同研究方面得到广泛应用。这些研究有助于广大研究者进一步探究相关领域的同一性,促进了自我同一性的实证研究。

自我同一性最早由埃里克森于1963年提出,后续研究者克罗格、莫什曼等人不断充实和发展,使自我同一性概念变得更加丰富,国内学者也从不同侧面描述、分析和扩展了自我同一性包含的内容。其后,在众多实证研究中,玛西亚和加藤厚的研究最为突出,埃里克森的自我同一性理论具有丰富而复杂的内涵,但是由于其自我同一性概念和理论缺乏牢固的科学研究基础,运用的又是富有哲理且颇具文学性的散文笔调,因此难以确定其自我同一性概念的操作性定义(Erikson, 1998)。玛西亚通过自己的研究将自我同一性概念进行操作性定义,区分出四种不同的自我同一性状态,使得自我同一性的实证研究成为可能。沃特曼对玛西亚的理论提出疑问并加入表现感这一维度,将自我同一性发展为七种状态。加藤厚在埃里克森和玛西亚的研究基础之上进一步扩展和细化,增加了两种中间地位,从而形成六种同一性地位、三个同一性发展维度,以衡量自我同一性发展的不同阶段和层面,大大丰富了自我同一性的研究内涵,此后自我同一性的相关实证研究逐渐增多。

13 自我同一性的发展

自我同一性如何建立与发展？围绕这一主题，丰富的理论与实证研究不断涌现。理论探究方面，玛西亚的自我同一性发展理论最具代表性；国内外青少年群体自我同一性的实证研究表明，自我同一性的发展具有年龄、性别等方面的差异，而且发展水平与个体的心理健康等因素紧密关联。自我同一性的发展过程如何？格罗特万、亚当斯和马歇尔等学者分别从建构主义取向和社会文化取向两种视角提供了成熟的理论模型。当然，不论自我同一性以何种方式实现个体人格的成长与成熟，其发展过程往往伴随着种种危机和失败。对于自我同一性危机，心理学家曾有不同的论述。本章将聚焦于自我同一性发展的状态和过程，并分析自我同一性危机及其诱发因素和干预模式。

13.1 自我同一性发展状态

玛西亚(Marcia,1966)创立了同一性状态模型，通过研究同一性状态的发展变化路径来反映自我同一性的发展过程。基于该模型，研究者开展了大量实证研究。

13.1.1 玛西亚的同一性状态模型

玛西亚(Marcia,1966)认为，同一性作为一种内在的、自我建构的结构及主观体验不能被直接观察到，他从同一性概念的行为层面出发，将同一性定义为由探索和承诺两个维度组成的结构,对同一性加以操作化。

前面已经提到玛西亚根据个体经历探索和承诺的程度,将青少年划分为四种同一性状态:同一性获得、同一性延缓、同一性早闭和同一性扩散。玛西亚的同一性状态模型是同一性研究领域应用最广泛和受到关注最多的模型。然而,玛西亚的同一性状态模型也受到多方面的批评。首先,同一性状态只反映了埃里克森个人同一性的概念,埃里克森的同一性概念包括自我同一性、个人同一性、社会同一性三个层次(郭金山,2003),玛西亚的同一性状态模型不能完全代表埃里克森的同一性思想。其次,埃里克森的同一性理论的许多重要方面,包括自我和社会的相互联系,在玛西亚的同一性状态模型中没有得到体现。最后,在研究同一性发展时,玛西亚的同一性状态模型的有效性受到限制,同一性状态被看作同一性发展的结果,并没有明确地作为一个发展模型而起作用(Schwartz,2001)。

13.1.2　自我同一性发展状态实证研究

玛西亚的同一性状态模型引发了大量实证研究,已有的关于自我同一性发展状态的实证研究主要集中于青少年和大学生群体。施瓦茨(Schwartz,2001)指出,同一性状态模型是自我同一性领域最重要的实证研究范式。

国外研究

研究者对青少年自我同一性的发展变化开展跨文化研究和追踪考察,并得出了有关青少年自我同一性发展趋势的较为一致的结论。玛西亚(Marcia,1980)等大多数研究者发现,个体在18岁之前一般不能建立前后一致的同一感,而且18～21岁最能体现同一性状态的个体差异。也就是说,尽管整个青少年期都存在对自我的探索,但自我同一性最重要的变化发生在青少年中期或晚期,直到青少年晚期个体才会逐渐建立起稳固的同一感,20岁左右是建立稳固的同一感的关键时期。青少年早期的个体大部分处于同一性扩散、早闭和延缓状态,很少有人达到同一性获得状态。同一性获得状态的青少年有较高的自尊,会更抽象地、批判地思考问题,他们理想中的自我和现实中的自我往往比较相似(Makros & McCabe, 2001)。有研究发现,处于延缓状态的个体比处于获得状态及早闭状态的个体更焦虑(Sterling & Van Hom, 1989)。还有研究(Stephen et al., 1992)发现,处于延缓状态的个体比处于其他同一性状态的个体有更高水平的怀疑性和对经验的开放性;处于早闭状态的个体很容易寻求赞赏或把自己的观点建立在别人的观点的基础上,这可能是因为他们信服权威主义价值观,所以他们是最不焦虑的群体,对经验的开放性水平最低。处于扩散状态的个体不能建立亲密关系并缺乏对群体或人际关系的真实的自我感,自尊水平低,缺乏自主性,道德归因水平低,认知复杂性差(Kroger, 2004)。

对青少年的纵向研究表明,在青春期他们的自我同一性状态从早闭或扩散到延缓或获得有一个明显的变化。菲奇和亚当斯的研究(Fitch & Adams, 1983)表明,自我同一性状态分为低(扩散、早闭)和高(延缓、获得)两类。研究者观察到男性被试的一个不显著的趋势,92%的较高的自我同一性状态保持稳定,而较低的自我同一性状态只有40%保持稳定。同一性获得状态的男性最稳定(86%),同一性早闭状态的男性最能反映个人的改变(80%)。女性被试从低同一性状态转变为高同一性状态的可能性明显高于从高同一性状态转变为低同一性状态的可能性。女性在延缓状态下表现出最大的稳定性(73%),在扩散状态下表现出最大的变化(100%)。亚当斯等人(Adams, Gullotta, & Montemayor, 1992)研究发现,随着年龄的增长,自我同一性状态的发展表现出五个基本轨迹:(1)稳定型,即一直处于某种状态;(2)前进型,即从同一性扩散、早闭发展到延缓、获得;(3)倒退型,与前进型顺序相反;(4)前进—倒退型,自我同一性先沿着前进的方向发展,后又出现倒退型发展;(5)倒退—前进型,自我同一性先沿着倒退的方向发展,后又出现前进型发展。沃特曼(Waterman, 1992)研究发现,个体同一性的发展是一个不断丧失与获得的过程,青少年期的个体不断由一种同一性状态向另一种同一性状态转变。

国内研究

我国学者也考察了青少年自我同一性的发展。安秋玲（2007b）以小学至高中阶段的青少年为研究对象，分析青少年自我同一性的发展规律，结果发现，自我同一性的发展是一个逐渐变化的过程。其中，初中是一个很重要的阶段。同时，自我同一性的发展在不同领域表现出发展不同步的现象，人际关系领域的发展比意识形态领域要早。另外，自我同一性的发展受地区、性别角色等因素影响。张建人、杨喜英、熊恋和凌辉（2010）探讨了青少年自我同一性的发展特点，结果发现，青少年自我同一性随年龄的发展是不平衡的，各个维度的发展表现出不同的特点，同时表现出一定的性别和城乡差异。

大学生自我同一性状态的研究主要集中于自我同一性状态与心理健康水平、人格、情绪等方面的相关研究。这些实证研究为自我同一性状态在大学生人格发展和心理健康发展中的核心作用提供了证据。叶景山（2003）探讨了大学生自我同一性与心理健康状况的关系，结果显示，同一性获得状态和延缓状态的得分与 90 项症状检核表（Symptom Checklist 90，SCL-90）各因素得分之间存在显著相关。不同同一性状态者的 SCL-90 各因素得分之间存在显著差异。这表明，大学生自我同一性对心理健康状况有重要影响。王树青、石猛和陈会昌（2010a）考察自我同一性状态与情绪适应之间的关系时发现，大三学生比大一、大二学生表现出更高水平的同一性获得，与其他年级相比，大一学生的同一性早闭水平较低。大学生的同一性获得状态可正向预测自尊，负向预测焦虑、抑郁，同一性早闭状态和扩散状态可负向预测自尊，同一性延缓状态可正向预测焦虑、抑郁。

弓思源（2012）探讨了始成年期自我同一性发展水平、状态及其与个人动因之间的关系，始成年期具体是指 18～25 岁，这一时期被看作介于青少年期和成年期之间独立存在的发展阶段。结果表明：始成年期自我同一性总体处于中等水平，其中职业探索、情感探索和情感承诺得分最高；男性自我同一性发展水平高于女性，男性情感认同显著高于女性；始成年期自我同一性可区分为未分化、职业达成/情感早闭、扩散、完全达成、职业混乱/情感深探五种不同状态,男性比女性更多处于职业达成/情感早闭状态,女性比男性更多处于职业混乱/情感深探状态,男性更多处于达成状态。

在自我同一性状态的实证研究中,国外研究主要集中于不同的自我同一性状态在不同年龄群体以及男女生中的不同发展特点与规律,国内研究主要集中于自我同一性状态与人格、心理健康水平、情绪等方面的相关关系。此外,当前国内外的实证研究主要集中于青少年和大学生群体,也有学者开始关注中老年群体自我同一性的发展状态,该领域有待进一步研究。

13.2 自我同一性发展过程

研究者在观测自我同一性发展状态时发现,同一性获得不是最终状态,同一性探索贯穿人的一生。玛西亚的同一性状态模型重视同一性发展的结果,但不能很好地描述同一性形成与发展的过程。随着自我同一性过程的研究日益增多,研究者提出了同一性过程模型,这些模型都以不同方式描绘了同一性的形成过程。

13.2.1 建构主义取向的自我同一性发展过程研究

建构主义既是一种关于知识和学习的理论,也是一种包容广泛的理论,在该理论的影响和指导下,一些学者设计了同一性过程模型。

格罗特万的探索过程模型

格罗特万(Grotevant,1987)认为,玛西亚的同一性操作性定义将同一性描述为结果变量,使同一性研究局限于静态研究而忽视了探索和承诺的变化。格罗特万把同一性形成看作一个过程,主要研究探索过程的成分以及影响探索的因素,他认为探索过程包括能力(ability)和定向(orientation)两个成分。能力是指批判地和客观地评价同一性选择的各种个人潜能,如批判性思考能力、问题解决能力、观点采择能力等;定向是指个人愿意把心理和情绪资源投入权衡过程的程度。定向属于态度因素,在前景不明或存在各种困难的情形下,影响个体进入探索过程的意愿。

格罗特万(Grotevant,1987)指出影响探索过程的五个前提条件:(1)期望和信念,主要指探索过程的期望;(2)探索的意愿;(3)投入,指寻求信息的倾向;(4)竞争力量,指与探索过程竞争的力量;(5)评价,即个体对当前同一性状况的满意度。他认为,寻求信息的倾向,对探索过程及结果的积极期待,以及探索的意愿可以促进探索,而个体对当前同一性状况的满足,以及个体的竞争性因素会抑制探索。此外,格罗特万(Grotevant,2000)也强调,自我同一性发展过程表现为"个体与其生活背景之间的调节关系",这有利于探索自我同一性形成过程中个体与环境的互动机制。

格罗特万(Grotevant,1985)探讨了家庭关系中的互动模型与青少年同一性探索的发展之间的关系,互动模型包括自我断言、分离性、渗透性和相互关系的表达四个维度。格罗特万预测,互动模型的四个维度与青少年同一性探索呈正相关。多元回归分析显示,当言语能力和社交能力得到控制时,父子关系、父女关系、母子关系、母女关系、婚姻关系以及交流变量会对同一性探索产生不同影响。在同一性探索中得分较高的儿子更有可能直接表达他们对父亲的建议和与父亲的分离,他们的父亲则以更多的相互表达和更少的分离来回应。相比之下,在同一性探索中得分较高的女儿更有可能间接表达她们对父亲的建议,她们的父亲直接反馈意见的频率较高,间接反馈意见的频率较低。在母女关系中,同一性探索与青少年和母亲的关系呈负相关。

格罗特万的探索过程模型把探索过程的成分及影响探索的因素补充到同一性状态模型中,为同一性过程的研究奠定了理论基础,在探索过程模型的基础上,伯宗斯基建立了风格模型。

伯宗斯基的风格模型

同样作为建构主义取向的研究,伯宗斯基从社会认知加工的角度提出了与众不同的同一性风格模型。伯宗斯基(Berzonsky,1989)认为,个体在与社会的互动中形成了三种同一性风格:(1)信息型风格,个体主要通过积极地加工、评价和利用自我相关信息来解决同一性问题;(2)规范型风格,个体通常顺从或遵照重要他人的指示和期望,以相对自动化的方式处理同一性问题或作出决定;(3)扩散或避免型风格,无承诺且避免探索,只有迫于外界环境的强大压力才会进行有限的探索。

伯宗斯基(Berzonsky,2000)证实了三种同一性风格与四种同一性状态之间存在密切的联系。处于同一性获得和延缓状态的个体进行自我探索时,往往表现出信息型风格;处于同一性早闭状态的个体倾向于依靠预先设置的规范型风格来解决问题;处于同一性扩散状态的个体通常表现出受外部控制的扩散或避免型风格。郭金山(2003)论述西方心理学中的自我同一性概念时认为,伯宗斯基采用了理性的建构主义观点,强调自我相关经验在编码、表征和运用过程中的个体差异,提出了解释同一性风格的概念并将其作为解释同一性状态的基础,使自我同一性的研究深入其内在机制。

伯宗斯基(Berzonsky,2016)评估了同一性风格与心理幸福感的六个维度(独立自主、环境控制感、个人成长、积极的人际关系、生活目标感和自我接纳)之间的关系,将同一性的承诺维度作为中介变量。结果表明,信息型风格与心理幸福感的五个维度(除环境控制感外)均呈正相关,扩散或避免型风格与心理幸福感的六个维度均呈负相关,规范型风格与自我接纳、生活目标感和环境控制感呈正相关,但与独立自主和个人成长呈负相关。同一性风格和承诺维度综合占心理幸福感维度($M = 35\%$)变化的18%(积极的人际关系)至60%(生活目标感)。

玛西亚关注同一性形成的结果状态,注重描述各种同一性状态的特点,而伯宗斯基关注同一性建构或形成过程的性质。同一性风格涉及微观过程中个体之间稳定的差异,是个体建构、修正和维持自身同一性的方式,同一性发展过程的不同模式依赖个体这种稳定的认知加工风格。因此,伯宗斯基和亚当斯(Berzonsky & Adams,1999)认为,应该把同一性风格补充到同一性状态模型中,在评估同一性状态的同时也应该重视对同一性风格的评估。

13.2.2 社会文化取向的自我同一性发展过程研究

亚当斯和马歇尔的发展—社会理论

亚当斯和马歇尔(Adams & Marshall, 1996)提出自我同一性的发展—社会理论。他们把自我同一性发展嵌入的背景分为微观背景、宏观背景和中观背景。微观背景指人际交往,以及通过对话或其他形式的接触而直接影响自我同一性的人际关系。宏观背景指社会和文化大背景,在该背景下,文化规范、社会实践和价值信仰等都普遍影响自我同一性的形成。中观背景的作用在于连接微观背景和宏观背景,将社会规范传递给个体,并将个体的思想和观念传递给社会。

亚当斯等人(Adams et al., 2006)认为,自我同一性的发展是分化与整合过程的交融。分化受个体动力驱动,是确认自己为独特的个体并强调自己的特征,如体貌等的过程。整合受社会驱动,旨在成为群体的一部分,是与他人联结,与家庭、社会、文化准则相契合的过程。亚当斯把自我同一性区分为个体同一性和集体同一性。分化使个体拥有个体同一性,整合则使个体习得社会传统并发展集体同一性。分化与整合是不同方向的两个发展过程,两者相互作用的平衡促进了健康的自我同一性的发展,两者相互作用的失衡则会阻碍自我同一性的获得。

本尼恩和亚当斯在玛西亚的同一性状态模型的基础上编制了自我同一性状态客观测量问卷,并对其进行修订,修订后的问卷扩展了同一性的研究领域,包括意识形态和人际关系两大内容领域。国内外研究者使用该问卷开展实证研究。卡基尔等人(Cakir & Aydin, 2005)运用修订版的自我同一性状态客观测量问卷,考察土耳其不同父母教养风格下青少年自我同一性状态的差异。安秋玲(2008)使用郭金山等人(2002)修订的自我同一性状态客观测量问卷中文版,研究了初中生群体交往与自我同一性发展之间的关系。李新利和凌辉(2011)采用王树青、张文新、纪林芹和张玲玲(2006)修订的中文版量表探讨了大学生自我同一性与父母教养方式、依恋之间的关系。

亚当斯和马歇尔的发展—社会理论扩展了同一性状态模型,认为自我同一性嵌入微观背景、宏观背景和中观背景而发展。本尼恩和亚当斯则编制了相应的测量工具,国内外研究者使用自我同一性状态客观测量问卷开展实证研究,丰富了自我同一性的实践内容。

尤尼斯的社会联结观

尤尼斯和耶茨(Youniss & Yates,2000)从埃里克森那里借用了"社会联结"一词,用来指自我同一性的发展,他们认为自我同一性是个体与社会的联结,其形成与发展是个体在社会历史背景下定位自己的过程。刺激个体自我反省的主要机制是社会联结,由于社区服务能提供个体与他人联结的感觉,因此他们以社区服务为途径,考察参与社区服务对自我同一性形成过程的影响。社区服务体现了在社会历史背景下评估个体成就的思想,社区服务的经验给个体提供自我同一性发展的基础,使个体能在社区服务中获得行动和生活的意义。

尤尼斯和耶茨强调,社区服务并不一定会直接促进自我同一性的发展,而是为促进其发展提供机会,从而对个体进行自我探索和自我认识的生活方式产生持续影响(Youniss & Yates,2000)。有研究发现,社区服务使个体建立自我同一性时更少依赖背景因素(例如人格、父母教育等因素)。他们的研究聚焦于自我同一性发展的政治和道德领域,并从社会背景角度考察自我同一性的发展,强调自我同一性的形成是持续一生的过程,是个体在遇到外部刺激时自我整合、发展的结果(Youniss & Yates,2000)。

尤尼斯的社会联结观从社会背景角度来理解自我同一性的发展,把个体放在一个小至社区,大至社会历史的背景下来考察自我同一性的形成和发展,使人们更全面地理解个体自我同一性发展的基础,也为自我同一性的实证研究提供更多可能性。

13.2.3 克罗切蒂的三维度模型

克罗切蒂等人(Crocetti, Rubini, & Meeus,2008)认为,同一性承诺形成后还需要评估检验其是否符合要求,甚至会被其他更合适的选择替代,在玛西亚理论的基础上,克罗切蒂等人提出了包含承诺、深度探索、承诺再评的三维度模型。探索被区分为深度探索和承诺再评,深度探索指寻找新信息或与他人交流而主动探索并维持承诺的过程,承诺再评指广泛探索当前承诺并将当前承诺与其他选择比较的努力(Crocetti, Rubini, Luyckx, & Meeus, 2008)。

三维度模型认为,同一性是承诺、深度探索、承诺再评相互作用的结果。个体最初存在从重要他人那里内化的意识形态和人际关系等方面的承诺,将通过反思决定维持还是改变承诺(Crocetti et al., 2012)。同一性形成具有双环特性:个体对当前承诺不满意时,可能重新考虑新选择,这是承诺和承诺再评相互作用的承诺修正环;个体通过探索当前承诺而维持承诺,确定承诺符合自己的整体才能和潜能,这是承诺和深度探索相互作用的承诺维持环(Crocetti et al., 2012; Crocetti et al., 2015)。研究者区分了五种同一性状态:获得、早闭、混淆、延缓、搜寻延缓。同一性延缓的个体具有低承诺、中等深度探索、高承诺再评,他们在没有承诺时评估选择;同一性搜寻延缓的个体具有高承诺、高深度探索、高承诺再评,他们因为不满意承诺而在当前承诺的基础上寻找新承诺(Crocetti, Rubini, Luyckx, & Meeus, 2008; Crocetti et al., 2012)。

三维度模型揭示了同一性对角色混乱的动态性,深度探索和承诺再评是两种相反的力量,代表确定性和不确定性之间的动态过程,分别用来维持承诺和改变承诺(Crocetti et al., 2015)。三维度模型关注同一性发展过程,承诺不只是探索的结果,还可能增强或被其他选择替代,是发展和修正的动态过程。

13.2.4 路克斯的双环模型

路克斯等人(Luyckx et al., 2008a)不断整合和改进同一性状态模型,提出一种基于五个维度(过程)的同一性模型,并把探索分成广度探索(exploration in breadth)、深度探索(exploration in depth)和沉浸探索(ruminative exploration)三个维度。他们也将探索区分为积极的反思性探索和消极的沉浸探索,前者指积极主动地去获取与自我相关的各种信息,包括广度探索和深度探索,后者与焦虑和抑郁症状有关。他们把承诺分成作出承诺(commitment making)和认同承诺(identification with commitment)两个维度。具体来说,广度探索是指考虑和权衡多个同一性选择,用于表示玛西亚最初的探索概念;深度探索是指对已经作出的承诺进行更为深入的思考;沉浸探索是指有些个体由于对自身的同一性问题难以给出满意的回答,因此迟迟不能作出选择,由此带来一些适应不良的症状。作出承诺是指遵从一系列明确的目标、价值观和信念,用于表示玛西亚的承诺维度;认同承诺是指忠诚地拥护先前已经作出的承诺。

路克斯等人采用数据驱动的方式,通过实证研究(Luyckx et al.,2008a)对五个维度的数据进行聚类分析,得出六种自我同一性状态:(1)达成,个体通过一系列广度探索和深度探索最终作出认同度高的承诺,表明自我同一性发展到最成熟的状态;(2)早闭,处于这一状态的个体,他们的承诺水平较高,深度探索水平中等,但是广度探索和沉浸探索水平较低;(3)沉浸延缓,处于这一状态的个体,广度探索、深度探索和沉浸探索水平较高,但承诺水平在中等以下;(4)轻松混淆,在这一状态下,个体的承诺、反思性探索和沉浸探索水平都不高;(5)扩散混淆,处于这一状态的个体,承诺水平很低,反思性探索水平中等,但是沉浸探索水平很高;(6)未分化,处于这一状态的个体,在所有维度上水平都不高。个体进行深度探索时如果觉得不满意,就会产生自我怀疑和不确定感,此时将再评当前承诺,再评结果越消极,就越可能开始对其他选择进行广度探索(Beyers & Luyckx,2016)。承诺再评使个体由深入探索承诺的承诺评估过程返回广泛探索选择的承诺形成过程,同一性发展过程将重新开始(Luyckx,Goossens,& Soenens,2006a;Zimmermann et al.,2015)。双环模型主张,个体的发展系统是通过心理的、社会的各种成分不断交互作用而逐渐发展巩固的,发展系统在不同转折点不断重新组织,最终形成发展结果,这为许多涉及自我同一性的研究提供了借鉴。

路克斯等人(Luyckx et al.,2012)探讨了大学生同一性发展过程与应对策略的关系,首次研究了同一性发展过程(即作出承诺、认同承诺、广度探索、深度探索和沉浸探索)和应对策略(即解决问题、寻求社会支持和避免应对)随着时间的推移而相互预测。交叉滞后分析(在两个或更多时间点测量两个或更多变量,产生同步关系的估计)表明,随着时间的推移,同一性探索过程似乎与不同应对策略交织在一起,承诺过程会受到某些应对策略的影响,但认同承诺也会对避免应对产生影响。关于从同一性发展过程到应对策略的路径,认同承诺预测随着时间的推移避免应对减少,沉浸探索预测随着时间的推移避免应对增加。广度探索和深度探索预测随着时间的推移解决问题的能力会增强。此外,深度探索预测寻求社会支持的行为会增加。当控制五大人格特质的基线水平时,这些时间序列仍然显著。

双环模型提出以后,很多涉及自我同一性的研究都借鉴了双环模型的理论和实证研究结果,比如自我同一性五维度模型区分了更多同一性发展维度,更精细地阐释了同一性发展过程中的反复性和循环性特征(Luyckx, Goossens, & Soenens, 2006a)。承诺再评维度在实证研究(Beyers & Luyckx, 2016)中得到确认,从而将深度探索维度区分为深度探索和承诺再评两个维度,自我同一性五维度模型也被拓展成自我同一性六维度模型。李秋生(2015)基于双环模型,提出个体在同一性发展中可能出于自身和环境原因,长时间无法作出决定而陷入沉浸探索,引发一系列心理社会问题,并随之采用同一性干预策略。李丽萍(2013)检验自我同一性维度量表在我国大学生中的适应性,探讨大学生自我同一性时就基于自我同一性双环模型。验证双环模型,使用双环模型探讨五个维度的发展变化及动态关系,是未来自我同一性研究的方向之一。

各种自我同一性模型从不同角度阐述自我同一性发展,强调的重点各不相同,状态模型关注自我同一性发展的状态及特点,过程模型关注自我同一性发展的过程及特点。未来研究需要整合这些模型,综合考虑自我同一性发展的状态、过程等方面,以便对自我同一性形成有更为全面和深入的理解。

13.3 自我同一性危机

13.3.1 自我同一性危机的表现

埃里克森(Erikson, 1974)认为,同一性不是一个稳固的、定型的结构，而是一个动力结构。它随着贯穿整个生命周期的连续自我的重新合成而逐渐建立。自我同一性危机是指，个体否定原有的未分化的、朦胧不清的、非成熟的自我，但又尚未找到新的自我，处于自身的矛盾与冲突中，一下子模糊了自身的状态，一切都变得不确定，是自我在过去和现在、彼地和此地的不连续。埃里克森认为，人的一生可以分为既连续又独立发展的八个阶段，每个阶段都有特定的发展主题及面临的危机，这里的危机不是灾难而是一个转折点，在某种意义上也是一个契机。虽然自我同一性的形成贯穿个体一生，但是在时间上，青少年期是自我同一性发展的关键时期。对埃里克森来说，发生在青少年期的危机是自我同一性危机，它通常始于青春期，结束于青少年晚期。虽然这个范围很大，但它反映了年轻人在心理、社会、经济和其他条件上的变化。

青少年期发展的主题和危机是自我同一性对同一性扩散。侯岩峰（2012）指出：处于自我同一性危机的青少年不能理解自己；对自我缺乏清晰的同一感；对外部客观世界存在敌意；不愿意改变自身去适应环境，使个人与外部环境产生矛盾；不能整合，从而不能建立随着时间、环境或角色而变化的一致的人格，因此不能很好地适应社会，极有可能出现逃避社会或反社会行为。自我同一性危机主要表现为四个方面：（1）对当前自我定位不清；（2）对过去自我探索不够；（3）未来目标不清；（4）实现未来目标的路径不明确。

13.3.2 自我同一性危机的风险因素

自我同一性危机的风险因素主要是指，导致个体出现自我同一性危机的不利因素，具体可以从心理风险因素、家庭风险因素和社会风险因素三个方面分析。

心理风险因素

许多同一性理论家（Erikson, 1968；Bosma & Kunnen, 2001）强调，人是积极主动的选择者、解释者和建构者，外部环境一般要与个体因素相互作用才能发挥影响，也就是说，个体自身特征对自我同一性的形成与发展影响更为直接。当个体依赖的赋予日常生活意义与目的的价值和目标体系突然解体或退化时,自我同一性危机就会产生,自我同一性危机通常包含强烈的情感焦虑和抑郁。焦虑是因为个体觉得自己没有形成清晰的价值体系结构,抑郁是因为个体突然产生了一种无价值感。在两种情况下自我同一性危机可能会加剧:一是当个体经常与教师、同学等他人接触,个体的价值取向与他人的价值取向有显著差异时,自我同一性危机就可能加剧;二是当个体处于不确定或迷茫状态,而外界环境要求又迫使他们作出价值承诺时,自我同一性危机也可能会加剧(勾金华,2014)。

自我意识中的矛盾也可能导致自我同一性危机的出现,谭顶良(2002)提到自我意识中的矛盾主要表现为两个方面:一是主观我与客观我的矛盾;二是理想我与现实我的矛盾。主观我是个人对自己的认识和评价,客观我是客观而真实的自我存在,个体在自我意识中,将自己分离为主观的体验者与客观的被观察者,开始出现对自我不满、不接纳自我等心理矛盾和心理冲突,甚至出现不能确定自我的"怪现象"。这其实就是自我同一性问题,个体开始面临如何客观地认识自我、接受自我、悦纳自我的矛盾。

家庭风险因素

个体的自我同一性是在儿童自居作用的基础上形成的。父母是儿童早期认同的对象,个体自我同一性的形成首先要综合这种早期认同。如果父母的价值观、人生观、生活态度是错误的或混乱的,那么势必会影响孩子自我同一性的形成。

父母对孩子过于溺爱以及滥用权威都不利于孩子自我同一性的形成,过于溺爱孩子的父母事事都替孩子作出安排,不给孩子自我探索的机会,过于严厉的父母可能会使孩子屈从父母的意愿,这两种教养方式都有可能使孩子长期处于同一性早闭状态或同一性扩散状态。也有研究发现,当家庭内部联结性强而个性化弱时,青少年经常处于同一性早闭状态。与此相反,当家庭内部个性化强而联结性弱时,青少年经常处于同一性混乱状态。

社会风险因素

社会风险因素主要来自非主流文化因素和社会转型因素。个体在接受社会主流文化洗礼的同时，也经受着非主流文化的渗透，各种非主流文化以不同方式在不同程度上影响个体的精神世界，表现为价值观念的多元取向和心理意识的纷繁复杂，这可能会阻碍个体自我同一性的确立，从而陷入自我同一性危机。非主流文化在个体知、情、意、行的培养过程中起着潜移默化的作用，对学校的教育活动，特别是对个体价值观等心理意识的形成与发展产生了深刻的影响（林静，2007）。

社会是一个复杂的系统，是培养和锻炼个体成长的"大熔炉"，同时又是十分纷繁复杂的综合体，个体投身其中既可能成才，亦可能遭逢困境，遇到挫折。当今社会经济快速发展，市场经济的激烈竞争在促进社会各方面飞速发展的同时，也带来了一些社会问题，紧张的生活节奏和巨大的工作压力使人感到精神压抑、身心疲惫。现代社会成年人的紧张、消极，以及整个社会的忙碌状态间接地传递给个体，更加容易导致自我同一性危机的出现（赵锋，王卫平，2009）。

13.3.3 自我同一性危机的干预

在个体生命的不同发展阶段，自我同一性发展与社会回应始终密切相关。无论是父母、亲密伙伴，还是各种社会制度或系统，都在青少年自我同一性的形成中起着重大作用，规范着年轻一代的态度和行为。因此，下面主要从三个方面阐述对青少年自我同一性形成的干预和促进。

自我干预——形成正确的自我认识

个体要对自己有清晰的认识，因为确立自我同一性就是对"我是谁""我在社会上应具有什么样的地位""我将来准备成为什么样的人"的回答。个体要明白现在的我是由过去的我发展而来的，并决定着未来的我，要对自己的性格特点、能力、拥有的知识、需求、想法、理想，以及家人对自己的期望等有一个全面的了解。不断观察和反思自己，对自己有正确的认识。处理好理想自我与现实自我的关系，要认识到理想自我是自己想要成为的人，是理想目标，但是自己不一定能够达到这个目标。个体应根据自己现有的特点确立合理的目标,并为之努力奋斗。

家庭干预——建立良好的家庭关系

正处于成长中的个体特别需要得到父母的理解、关爱和指引。关于家庭与个体自我同一性发展的研究,主要集中在父母教养方式、家庭环境、父母的期望等方面(宫贤平,林向英,2008)。父母教养方式直接作用于亲子互动过程,对儿童多方面的发展具有重要影响。有关父母教养方式与子女自我同一性发展之间关系的研究发现,权威型教养方式有利于促进同一性获得,专制型教养方式可能会导致同一性早闭,溺爱型和忽视型教养方式则容易导致同一性扩散(Perosa, Perosa, & Tam, 1996)。亲子互动模式对自我同一性的发展也有重要作用,既鼓励个性化,又鼓励联结性的家庭关系能促进同一性获得。有研究发现,当家庭内部联结性强而个性化弱时,个体经常处于同一性早闭状态。与此相反,当家庭内部个性化强而联结性弱时,个体经常处于同一性混乱状态。另外,父母的期望也是自我同一性发展的一个影响因素。自我同一性包括自信,即有信心使自己成为一个与他人的期望相符的人。如果父母的期望过高,那么会给孩子带来心理上的压力,使孩子感觉"无论如何我也无法成为他们所期望的那样的人",这在客观上剥夺了个体在确立自我同一性过程中的"试行错误"。为此,父母应关注自己的教养方式,营造良好的家庭环境,给予孩子恰当的期望,及时有效地与孩子沟通,建立一种积极的亲子互动模式,这将有助于个体自我同一性的形成与发展,解除自我同一性危机。

同伴干预——发挥同伴群体和友谊的作用

在个体自我同一性的形成与发展过程中,家庭和同伴所起的作用是不同的,家庭影响个体对未来的态度以及对现实的知觉,同伴则为个体提供学习社会技能、规则和分享新体验的机会,而且同伴群体和友谊能使个体体会到归属和爱,弥补亲子关系不良带来的创伤。随着青少年的不断成长,他们逐渐摆脱与父母的依恋关系,更多地把自己纳入某个同伴群体,他们互相认同、发展友谊,形成相似的同一性状态,以及相关的行为、态度和目标。这种同一性状态,以及相关的行为、态度和目标可能符合也可能违背青少年的身心发展规律。值得一提的是,在青少年晚期小团体和同伴群体的重要性降低,青少年逐渐进入成对的恋爱关系阶段。

社会干预——优化社会心理环境

从社会的角度而言,应该积极为个体的发展营造良好的社会心理环境。首先,需要为个体提供值得他们尊重和学习的社会主流文化,使个体在社会主导价值观的指导下建构正确的价值体系(谈有花,2005)。这意味着,个体可以形成"忠诚的美德",即有能力按照社会规范生活,能在既定的现实中找到自己的位置。同时也意味着,个体不会接受社会否定、排斥的生活方式和价值观,有对社会的一体感和归属感。其次,要善于利用社会支持系统,这就需要对文学艺术、广播影视、社会管理等领域各部门加大整合力度,多管齐下、密切配合,形成各方面力量的良性互动,从源头上遏制不良文化和不良意识的滋生和蔓延,减少不良情绪的传染,优化社会心理环境。这对个体确立自我同一性起到非常大的积极作用。

综上所述,可以从自我、家庭、同伴、社会等多个角度干预自我同一性危机,有效的干预需要相互协作、共同完成。尤其在新的历史条件下,除了传统因素,又产生了许多新的制约因素。需要在理论层面思考各种制约因素的复杂性,并在实践中开展行动积极加强对自我同一性危机的干预,促进自我同一性的发展。

14 自我同一性的影响因素

本章聚焦于自我同一性的影响因素,它一方面来自个体内部,另一方面来自外部环境。人格特质和认知因素是影响个体自我同一性发展的重要内在因素;家庭因素、同伴群体、学校因素和社会因素等是影响自我同一性发展的重要外在因素。随着自我同一性相关研究的深入,研究者认为个体内部因素和社会环境因素存在复杂的交互作用,共同影响自我同一性的发展,许多研究者从内外因交互作用角度提出了影响自我同一性发展的模型。

14.1 内在因素

许多同一性理论家(Erikson,1968;Bosma & Kunnen,2001)强调,人是积极主动的选择者、解释者和建构者,个体自身特征对自我同一性形成与发展的影响更为直接,外部环境一般要与个体因素相互作用才能产生影响。综合以往的研究结果,人格和认知是影响自我同一性形成与发展的重要内在因素。

14.1.1 人格特质

人格(personality)是个体在行为上的内部倾向,它表现为个体适应环境时能力、情绪、需要、动机、兴趣、态度、价值观、气质、性格和体质等方面的整合,是具有动力一致性和连续性的自我,是个体在社会化过程中形成的给人以特色的心身组织(黄希庭,2002)。人格有异常复杂的心理结构,研究者提出特质理论、类型理论和整合理论等众多人格理论,并深入研究人格特质。国内外众多研究发现,人格与自我同一性存在关联。

"大五"人格包括外向性(extraversion)、开放性(openness to experience)、尽责性(conscientiousness)、随和性(agreeableness)和神经质(neuroticism),描述个体在思想、情感和行为方面表现出的稳定的差异性,是由内在生物机制决定的气质所引起的特质(Costa & McCrae,1992)。克兰西和多林格(Clancy & Dollinger,1993)研究了大学生同一性状态与"大五"人格的关系,结果发现,同一性获得状态与尽责性和外向性呈正相关,与神经质呈负相关;同一性早闭状态与开放性呈负相关;同一性延缓和扩散状态与神经质呈正相关,与尽责性和外向性呈负相关。国内有研究发现,"大五"人格是同一性获得状态和扩散状态的重要预测因素。开放性和尽责性对同一性获得状态有较强的正向预测作用,外向性和开放性对同一性扩散状态有较强的负向预测作用(王树青,石猛,陈会昌,2010b)。

卡特尔用因素分析法分析人格特质,提出16种相互独立的根源特质,从而编制了卡特尔16种人格因素调查表(Sixteen Personality Factors Questionnaire,16PF)。徐红红等人(2009)使用大学生自我同一性状态量表和卡特尔16种人格因素调查表对203名大学新生进行问卷调查,结果发现,同一性获得状态与稳定性、恃强性、兴奋性、有恒性、敢为性呈显著正相关,与忧虑性呈显著负相关;同一性扩散状态与人格因素的显著相关方向与前者正好相反;同一性早闭状态与恃强性、敢为性呈显著负相关;同一性延缓状态与怀疑性呈显著正相关。

主动性人格(proactive personality)由贝特曼和克兰特(Bateman & Crant,1993)首次提出,是指能够主动改变周围环境的一种稳定的人格倾向。李亚奇和王树青(2016)研究发现,主动性人格可较强地正向预测同一性获得状态,正向预测同一性延缓状态,以及负向预测同一性扩散状态。周济全等人(2018)的研究也发现,大学生主动性人格与同一性获得、延缓和早闭呈显著正相关,与同一性扩散呈负相关但相关不显著。这说明,主动性人格对大学生自我同一性的形成起促进作用,有助于大学生对自我同一性相关问题的探索和承诺,有利于自我同一性问题的解决。

有研究者通过因素分析得出中国人的人格七因素模型,并编制了中国人人格量表。郭金山和车文博(2004)运用中国人人格量表开展研究,以探索大学生自我同一性状态与多维度人格变量之间的关系,结果发现,不同的自我同一性状态与不同的人格特质相联系,呈现不同的人格特质,四种自我同一性状态在每种人格特质上存在一定的差异,尤其在高水平的自我同一性和低水平的自我同一性之间,人格特质的差异更大。研究进一步证明,自我同一性的形成是大学生发展的核心主题,它标志着人格的完善。通过比较中国人人格量表与"大五"人格量表的维度含义,可以发现国内外不同自我同一性状态大学生的人格特质基本一致。

综合以上自我同一性与人格的研究结果可知,同一性获得者更外向、更尽责,同一性早闭者更不开放,同一性扩散者和延缓者情绪更不稳定。

14.1.2 认知因素

青少年期是自我同一性发展的关键时期,认知发展对自我同一性的形成和发展有重要影响。埃里克森的自我精神分析理论强调个体的自我、自我意象或自我表现在自我同一性发展中整合的重要性。一方面,青少年要面对自我意识中的矛盾,主要表现为主观我和客观我、理想我和现实我的矛盾,不能处理好这种矛盾可能导致青少年自我膨胀或过度自卑;另一方面,青少年要正确认知自我与社会的关系。自我同一性还包括一种连带感和归属感,即个体感到自己从属于某一集体、国家或社会,可以容忍社会的一些不足。如果青少年不能认识自我与社会的这种连带关系,或没有获得良好适应社会应具备的知识和技能,就会给自我同一性的确立带来困难。例如,个体过高地期望社会能按自己的愿望存在,不能接受正常的社会约束而肆意行事,无法容忍现存的某些社会现象而采取一些极端的方式加以反抗或彻底逃避(林静,2007)。

洛(Low,1999)也指出认知成分在自我同一性形成中的重要作用。他发现,与未经历探索阶段的青少年相比,已经历探索阶段且自我同一性意识强的青少年拥有更复杂的自我概念结构。自我同一性的形成过程需要个体能够想象未来(假设推理),而且能够描述未来的发展景象(或然推理,probable inference)。有研究(Marcia, Waterman, Matteson, Archer, & Orlofsky, 1993)发现,假设推理和或然推理等形式运算技能与同一性获得呈显著正相关。思维达到稳定的形式运算水平的青少年,由于能对假设环境作逻辑推理,因此对将来的认同感有更深入的思考。比起思维不够成熟的同龄人,他们更容易产生认同问题,也更容易解决这类问题(Boyes & Chandler, 1992; Waterman, 1992)。

有研究探讨了中国大学生的智慧(wisdom)与自我同一性的关系(Bang & Zhou, 2014)。研究者使用玛西亚的同一性状态模型和阿德尔特(Monika Ardelt)的智慧维度作为理论和概念框架,调查356名中国大学生。结果发现,认知维度和反思维度,尤其是换位思考能预测同一性获得;智慧的三个维度(认知维度、反思维度和情感维度)都能预测同一性延缓,但反思维度是最明显的预测因素;智慧的三个维度都能预测同一性扩散,但反思维度中的怨恨条目是最明显的预测因素。这项研究表明,努力培养反思智慧可能有助于健康自我同一性的形成。

衰老过程中会发生大量内在和外在的变化,老年人对这些变化的认知对他们的自我同一性也有影响。朱晶(2015)对老年人进行访谈,发现老年人的自我同一性除了受到之前人生阶段自我同一性发展状态的影响外,还会受到其他因素的影响,如社会比较和归因等认知方式。一般而言,那些比较豁达,积极乐观地解释和看待事情,对生活充满希望的老年人自我同一性高。相反,那些喜欢用悲观的解释风格来看待事物,总是关注事情的消极面,采取无助的态度和行为的老年人自我同一性低。因此,老年人要不断积极地自我调整,学会使用积极乐观的归因等认知方式,积极看待自我与衰老,乐观应对各种生活事件。

总的来说,对自我同一性有重要影响的内在因素是个体的人格特质和认知,相关研究也较多。此外,也有研究者发现个体的元情绪能力对自我同一性存在影响。元情绪能力是个体觉察、表达、调整自身情绪以指引思考和行动的能力,是个体心理健康与良好适应的重要指标。这种深入内心的反思活动和自我调节能力的获得对个体自我同一性的形成至关重要。大学生元情绪能力对自我同一性的发展有一定影响(刘经兰,王丽霞,2011)。

14.2 外在因素

早期心理学研究者把研究重点放在个体自我同一性发展水平上,自1987年格罗特万发表第一篇关于青少年自我同一性过程取向的论文,越来越多的研究者开始强调情境因素在自我同一性发展中的重要作用。家庭、同伴群体、学校和社会因素等是影响自我同一性发展的重要外在因素。

14.2.1 家庭因素

在众多外在因素中,家庭因素在自我同一性的形成与发展中占据重要地位。有研究发现,亲子依恋、亲子沟通、亲子关系、父母教养方式、父母的期望均对青少年自我同一性的形成与发展具有重要影响。

亲子依恋

亲子依恋(parental attachment)是指个体与父母之间亲密、持久的情感联结,这种情感联结为个体提供情感支持,对个体一生的发展都有积极影响(Ainsworth,1989)。依恋理论强调,亲子依恋为个体探索自我和世界提供安全基地。自我同一性理论家(Marcia,1993)假设,安全是建立自我同一性的必要因素。因此,安全型依恋应该有利于自我同一性的形成与发展。

相关研究发现,作为一个重要的家庭变量,青少年与父母的依恋有利于青少年自我同一性的发展和适应(Kenny,1987),与其他同一性状态相比,同一性获得状态的青少年具有最高的亲子依恋水平(Benson et al.,1992)。坎贝尔等人(Campbell et al.,1984)发现,同一性早闭状态的青少年与父母的情感依恋水平最高,而同一性扩散状态的青少年与父母的情感依恋水平最低。有研究者(Kroger & Haslett,1988)通过两年的追踪研究发现,两年后的依恋类型与同一性状态关联密切,但仅凭第一次测量的依恋类型无法准确预测两年后的同一性状态。李文道(2005)考察了大学生的亲子依恋与同一性状态的关系,结果发现,与其他同一性状态相比,同一性扩散状态的个体在疏离维度上得分更高。在沟通维度上,同一性获得状态的个体得分高于同一性扩散状态的个体;在信任维度上,同一性获得状态的个体得分高于同一性扩散和延缓状态的个体。李新利等人(2011)也发现,安全型依恋有利于大学生自我同一性的获得,焦虑型依恋、回避型依恋不利于大学生自我同一性的获得。刘永芳(2005)考察了13~23岁青少年的亲子依恋对其同一性探索和投入的影响,结果发现,安全型依恋的青少年在意识领域的探索和投入,以及人际领域的投入高于其他依恋类型的青少年。总的来说,与父母亲密的情感依恋关系激发了个体自我同一性的形成与发展,促进了个体对自我同一性选择的探索和承诺。

亲子沟通

亲子沟通是指,父母与子女交换信息、观点、意见、情感、态度和资料,以达到彼此了解、信任和相互合作的过程。有效的亲子沟通有利于维持家庭系统中适应性和亲密度的平衡,以及家庭功能的正常发挥。格罗特万和库珀(Grotevant & Cooper,1985)认为,亲子沟通对青少年自我同一性的形成与发展起重要作用,既鼓励个性化又鼓励联结性的家庭关系能促进青少年自我同一性的形成与发展。格罗特万和库珀研究发现,在亲子沟通中得到父母支持的青少年能够更好地探索自我同一性,而与父母沟通不良的青少年更容易出现各种情绪和行为问题。王树青等人(2006)研究发现,亲子沟通可正向预测同一性获得和早闭状态,负向预测同一性扩散状态。武永新等人(2014)探讨了亲子沟通和冲突评价在亲子冲突与青少年自我同一性发展之间的中介作用,结果表明,在亲子冲突与青少年自我同一性的关系中,亲子沟通起完全中介作用,但冲突评价的中介作用不显著。从干预角度来看,减少亲子冲突和增强亲子之间的积极沟通都能起到促进青少年自我同一性发展的作用。

亲子关系

亚当斯等人(Adams et al., 1987)研究发现,同一性混乱者认为父母排斥自己,与母亲关系淡漠,母亲缺乏爱意,父亲有退缩行为。同一性早闭者与母亲关系亲密,常有母亲的陪伴,母亲表现出较多爱意,父亲有退缩行为。同一性延缓者和确立者,母亲对他们的控制较少,鼓励他们独立,父亲在纪律要求上很公正,伴有适度的表扬,父母经常陪伴他们,但延缓者的特点是母爱较少,确立者的特点是母爱较多。国内学者张日昇(1993)研究了中日青年亲子关系与自我同一性之间的关系,结果发现,无论是中国青年还是日本青年,对父母的感谢和爱的情感,以及脱离父母的精神独立性,都有伴随自我同一性的发展而增强的趋势。对中日青年而言,受父母的"精神压抑"会阻碍他们自我同一性的形成与发展,克服来自父母的"精神压抑"能够促进他们自我同一性的形成与发展。由这些结果可知,亲子关系的内容能够促进或阻碍自我同一性的形成与发展。

从青少年与父母之间的情感质量来说,许多研究一致发现,亲子关系良好的家庭环境最能促使青少年寻求自主(Barber & Olsen, 1997)。还有研究发现,在母亲报告的母子冲突频率较高的家庭,青少年也表现出高水平的自我同一性危机(Paterson, Pryor, & Field, 1995)。

父母教养方式

父母教养方式是父母教养态度、观念、行为以及非言语表达的综合,具有跨情境的稳定性,对儿童和青少年的发展具有深入和持久的影响。研究者根据父母对儿童的要求和反应性水平高低将父母教养方式分为权威型、溺爱型、专制型和忽视型四类。佩罗萨等人(Perosa et al., 1996)发现,权威型教养方式有利于促进同一性获得,专制型教养方式可能导致同一性早闭,溺爱型和忽视型教养方式则容易导致同一性扩散。

但也有研究表明,权威态度可能导致同一性早闭。豪泽等人(Hauser et al., 1984)报告,父母对青少年观点的赞同和支持很可能有利于青少年的同一性获得。凌辉等人研究发现,大学生的同一性状态与父母教养方式密切相关,父母的关爱、鼓励自主有利于子女的同一性获得(凌辉,朱淑湘,李新利,张建人,2010;李新利,凌辉,刘静,2011)。还有研究者探讨了高中生运动员、医学院校大学生等群体的自我同一性与父母教养方式的关系(付伟,李曼,于增艳,2011;赵大亮,曾芊,2016)。总的来说,父母教养方式会对子女自我同一性的形成和发展产生影响,父母的关爱、支持有利于子女自我同一性的形成和发展。

父母的期望

埃里克森认为,自我同一性包括一种自信,即有信心使自己成为一个与他人的期望相符的人。如果父母期望过高,那么会给孩子带来心理上的压力,使孩子感觉"无论如何我也无法成为他们所期望的那样的人",这在客观上剥夺了确立自我同一性的可能性。埃里克森指出,如果一个儿童感到他所在的环境剥夺了他在未来发展中获得自我同一性的可能性,这个儿童就会以令人吃惊的方式抵抗社会环境。此外,不当的期望,即父母的期望不符合孩子成长的要求或孩子自己的发展愿望,如强迫孩子学钢琴、学绘画,而孩子感到"我不愿意,我不想,这样很痛苦……",以致失去未来的梦想,或不再期待未来,这也可能是消极自我同一性选择的家庭因素。"在一些病例中,消极自我同一性是想寻求和保持一个适当的地位,以对抗父母和权威人士的过分要求的不得已的结果。"(Erikson, 1968)父母大都"望子成龙,望女成凤",但对子女抱有合理的期望,给予子女自我探索的空间,才能让子女过上自己想要的生活。

家庭是个体与外界接触的开端,与父母的关系对个体影响深远。父母给予子女关爱、支持、陪伴和适当的期望,保持良好的沟通,子女与父母形成安全的依恋关系,这些有利于个体自我同一性的形成与发展。

14.2.2 同伴群体

1995年,哈里斯提出群体社会化发展理论,认为从个体的社会化发展过程来看,对个体的发展起决定性作用的是群体而不是家庭(父母)(陈会昌,叶子,1997)。这一理论为研究青少年自我同一性的影响因素提供了理论参考。

同伴群体为自我同一性的建构提供了关系背景。为了探究与确认自我的身份,个体需要不断与他人比较,尤其是与身份相似的同伴比较,同伴间平等的讨论与思想的交流,不仅促进了个体个性的发展,而且促进了儿童与同伴群体的交互作用,为个体思考自己以及周围的世界提供了参照点,这对自我同一性的发展非常重要(Davidson & Youniss,1991)。同伴群体是自我同一性确立的基础。在青少年确立自我同一性之前,他们通过学校的同伴群体定位自己。在同伴群体交往过程中,青少年可以更自在地尝试不同的角色和人格,可以试验与体验不同领域和不同层次的自我同一性(Brown et al.,1986)。

同伴群体为自我同一性的发展提供了价值和规则。皮尤和哈特通过纵向研究(Pugh & Hart,1999)表明,同伴群体的参与促进了自我同一性的发展。他们认为,同伴群体存在特定的价值和规则,加入一个群体就意味着认同该群体的价值和规则。青少年通过同伴交往建构自我同一性,就是通过拒绝一些价值和规则,以及认同一些价值和规则而获得自我同一性。根据他们的观点,不同的群体具有不同的价值和规则,个体在选择加入不同群体的过程中,自我同一性也在发生变化。他们通过纵向追踪,对个体在课外活动中认可的价值和规则的变化与自我同一性的变化之间的关系进行相关分析,结果表明,个体的价值准则与群体的价值准则存在中度相关,个体的参与模式以及同伴群体的价值定向与自我同一性发展存在相关,个体的不同活动可预测自我同一性的发展。上述研究结果意味着,在自我同一性发展方面,个体选择参加那些很重要的活动,排除那些不重要的活动,这对自我同一性的发展很重要。

安秋玲(2006)从个体在群体交往中的地位、个体感觉到的群体支持,以及个体对群体的认同三个方面来分析群体交往对青少年自我同一性发展的影响。结果发现,初中生普遍存在群体归属的需要,绝大多数人都认为自己从属于一个或多个群体。在群体中处于不同地位的个体,其同一性状态存在显著差异,主要表现为处于核心地位的个体同一性混乱状态得分显著低于处于边缘地位和孤立地位的个体。感觉到的社会支持越多,个体的同一性混乱程度和早闭程度越低。青少年对群体的情感投入与同一性混乱和早闭呈显著负相关,青少年对群体的认知与同一性延缓呈显著正相关。

此外,同伴是青少年重要的依恋对象,同伴依恋不仅给个体提供鼓励和支持,而且可以满足个体对亲密感和社会支持的需要,促进正向的情感依恋的形成。有良好依恋关系的个体,自尊水平较高,自我同一性的发展较为稳健,易与他人建立亲密关系(尚珺,吴国来,2014)。向同伴作适当的自我表露能帮助青少年获得自我同一性,促进心理健康(徐瑞荣,施春华,2014)。

总的来说,青少年与同伴群体交往对其自我同一性的影响是多层面的。通过与同伴群体交流和讨论,青少年可以尝试不同的角色和人格,了解不同的价值和规则,从同伴群体那里获得情感支持,在群体交往互动中体验到同伴对自己的支持和认同,这些都会影响青少年自我同一性的形成和发展。

14.2.3 学校因素

青少年的大部分时间是在学校度过的,学校是制约青少年自我同一性建构的重要背景因素之一。学生自我同一性的形成是对学校环境的一种适应,也是学校系统对学生的适应(Lannegrand-Willems & Bosma, 2006)。学校的教师、课程设置、教育观念和教育环境均对青少年自我同一性的形成和发展具有影响。

教师

拉斐尔等人(Raphael et al., 1987)考察了教师对同一性状态的知觉和反应。研究发现,延缓状态一般被评定为最积极和健康的同一性状态,扩散状态则一般被评定为最消极和不健康的同一性状态。教师最关注同一性延缓状态的学生,对同一性扩散状态的学生给予的关注最少。因此,学生不同的同一性状态引发教师不同的反应,这反过来又影响整个班级的互动模式,教师会忽略某些学生而关注另一些学生。对中国香港青少年同一性状态的研究表明,教师在课堂上真正保持对任务的关注和对成绩的认可有利于学生同一性的获得。

课程设置

赵景欣的研究提到,课程结构化设置是促进青少年自我同一性发展的方式。第一,课程设置应该能促进学生的探索、有责任的选择和自我决定。第二,鼓励角色扮演和不同代际的社会互动,并对过去与现在的关系作出合理的解释。第三,提高青少年的自我接受能力,教师要为青少年提供积极的反馈。第四,课程设置要符合青少年的心理社会需要(赵景欣,2004)。

教育观念

教育观念是人们持有的关于教育是什么样的,以及如何实现教育目标的一套学说。不同的教育观念意味着不同的价值目标和思想理论,或者在相同价值目标下选择实现价值目标的不同教育理论(罗必良,曹正汉,张日新,2006)。如果教育以"应试"为中心,统一要求学生和一味追求升学率,课业负担沉重,学生就会失去思考的时间,个性发展的空间受到限制,会剥夺青少年自我探索的机会。

教育环境

亚当斯和菲奇(Adams & Fitch, 1983)研究了感知到的校园氛围与大学生同一性状态之间的关系,结果发现,强调社会意识的大学校园氛围似乎促进了同一性的发展。研究表明,明确发展目标,鼓励学生关注社会事务,倡导批判和探索精神,营造健康、民主、开放的校园文化氛围能促进大学生同一性的发展,形成高级、成熟的同一性状态。一味强调接受学校的教育目标,强调秩序、灌输,对批判、探索、个性发展缺乏鼓励的校园氛围有可能使学生形成同一性早闭状态。学校的关系系统疏远,缺乏支持性的民主风格,学生不能明确感知教育目标的校园氛围则可能使学生形成同一性混乱状态(郭金山,2002)。

学生对校园氛围的感知与自我报告的种族和道德同一性之间存在密切关联。对希望促进学生的种族和道德同一性的学校来说,通过增强同伴联系、接受多样性、明确规则、为学生提供帮助等方式来改变校园氛围很重要(Aldridge, Ala'I, & Fraser, 2016; Riekie & Aldridge, 2016)。

过早离开学校会减少青少年获得良好生活机会的可能性,这在国际上是一个重大问题(Noltemeyer & Bush, 2013)。青少年如果在学校集体中找到归属感,则有利于其自我同一性的发展(祝平燕,叶慧芳,2013)。有研究者从青少年叙述的教育经历出发,总结出一些实践方法,可供学校专业人员用来指导弱势儿童,提高弱势儿童在学校学习中的适应性(Sanders & Munford, 2016)。

此外,有研究发现,学校规模越大、班级人数越多对学生自我同一性发展的不利影响越大。相比于按常态编班,按能力编班会对青少年自我同一性的发展产生不利影响。男女同校、同班,以及学校声望的高低对青少年自我同一性的发展也有影响。

14.2.4 社会因素

个体生活在社会环境中,必然会受到社会因素的影响(刘杰,孟会敏,2009)。随着时代的发展,社会的政治、经济、文化等因素也在不断变化,全球化加深了不同民族和文化的交流与融合,社会因素通过各种直接或间接的方式对个人的自我同一性发展产生影响。

社会文化环境

社会文化环境是青少年心理发展的前提与背景,青少年的思想意识和价值观念都源于他们所处的背景文化。青少年对环境非常敏感,一个社会的主流文化是积极向上的还是消极颓废的,会在一定程度上决定青少年的主导心境。杜红梅(2008)认为,社会主义荣辱观是构建社会主义和谐社会的重要道德文化基础,可以影响青少年自我同一性的建立,在全国大力倡导社会主义荣辱观的社会背景下,学校和社会要抓住时机,共同采取有效的措施帮助青少年获得自我同一性。

青少年在发展自我同一性的过程中,易受他们这一代"亚文化"的影响。如"cosplay"(角色扮演)这种"亚文化"在一定程度上可以给参与者带来愉快的体验、有意义的记忆和自我满足感。通过这种活动,角色扮演者可以暂时逃离现实,进入他们的理想世界(Rahman, Wing-Sun, & Cheung, 2012)。但是,如果这种"亚文化"成为有组织、有目的反抗社会的规范,而且青少年对其产生错误认同,就会产生不良影响。此外,在学校或社会中,成年人会有意或无意地将青少年分类并添加"标签",这样做会使他们的人格受到影响,产生错误认同,不但不会朝着成年人期望的方向寻求上进,反而会朝着"标签"的方向继续发展下去,越变越糟。

社会中榜样的影响

青少年对自己未来将成为一个什么样的人并不是完全凭空臆想的,他们心中一般会有一个值得效仿的对象。马新书(2012)认为,榜样教育是帮助中学生确立自我同一性的重要手段和途径,能帮助青少年达到现实自我与理想自我的同一。榜样教育可以引导学生确立比现实自我完美的理想自我,同时通过榜样的力量,激励学生努力完善现实自我。

但是,有时青少年对心中偶像的向往大大超出了人们设想的程度,如青少年的追星现象。米切尔(Mitchell, 1990)认为,自我同一性危机发生在青少年找不到自己想要信赖或依附的人或事物之时,典型的自我同一性危机是过度认同和模仿电影明星或偶像人物,同时抵制父母及其价值观。因此,要引导青少年理性地看待偶像,帮助青少年确立自我同一性。

社会的发展和变化

科技的快速发展带来社会的巨大变化,电视、电影、广播、报纸、杂志、互联网等会对儿童和青少年的人格认同产生巨大影响。这种影响既可能是积极的,也可能是消极的,例如可能对青少年自我同一性的形成产生一些不良影响。媒体的兴起和家庭作为社会化机构逐渐衰退的结果,增强了青少年社会化过程的自主性。然而,这一结果也导致社会化过程的不完整性。在某种程度上,青少年从媒体(有时从同辈)那里接收的社会化信息与他们从家庭、学校和社区那里接收的信息不一样。这种独立性和多样性也许令人激动,然而这些矛盾的信息在某些时候可能会给青少年带来混乱。在网络环境中,青少年的各种世界观、人生观和价值观不断受到挑战和冲击,其自我同一性也时常处于暂停—获得—暂停—获得的循环。在这样的循环中,青少年利用网络试验着从未有过的自我同一性(柴晓运,龚少英,2011)。互联网时代,知识暴增且随时可能失去效用,教师在知识的传授上也可能丧失权威性,这给教育带来一定的困难。另外,城市化、工业化的结果,给人类带来一种精神威胁,生活在现代社会的青少年可能会有无能为力、生活缺乏意义、孤独等感觉。

在城市化、工业化过程中,个体的流动性增强,并面临多重社会角色的考验,这会影响个体自我同一性的发展。比如,越来越多的青少年跟随父母进城,成为流动青少年。同伴、家庭、教育、城市和社会生活等各方面的巨大变化,冲击着他们的人生观和世界观,迫使他们不断接受各种新事物,学习城市新的生活习惯,适应城市生活。流动青少年面临各种冲突,体验着种种困扰,自我同一性的发展关系到他们的健康成长(祝平燕,叶慧芳,2013)。

全球化

全球化也会对青少年自我同一性的形成与发展产生影响。青春期是个体处于自我迷失与自我肯定的关键时期,与儿童不同,青少年更加成熟,独立性也有了较大的发展,有能力走出家庭去外面获取信息和体验世事。与成年人不同,青少年尚未确立某种属于自己的生活方式、信念和行为习惯。青少年对新异事物的态度更开放,对某些在全球流行的媒介形式(音乐、电影和互联网)的兴趣往往比儿童或成年人更强烈。这些媒介形式在很大程度上是全球化进程的"先锋",为各种观念和行为方面的变化开辟了道路。同一性形成过程中,与全球化关系密切的四个方面包括:(1)大多数人正在确立一种双文化同一性;(2)青少年可能会越来越强烈地体验到同一性混乱;(3)一部分人可能接受某种由自我选择的文化;(4)人们心理发展过程中成年早期阶段的时间跨度将会延长。

民族与文化的影响

一些青少年受到与本地区或本国文化不同的教育、制度和规范的影响,夹在两种或两种以上不同的,甚至相互对立的要求、价值、信仰之中,在这种冲突下产生许多问题,导致同一性混乱。

一些跨文化研究发现,不同国家或地区的文化背景对青少年自我同一性的发展有很大影响。如对美国、日本和中国二年级和三年级的大学生的关于同一性状态与专制主义倾向和定型性思维的研究就发现了文化上的差异(郭金山,2002)。张日昇(1993)以中日青年为研究对象,对中日青年的自我同一性进行跨文化的比较研究,结果发现,中国青年过去没有太多地体验过危机,现在能积极地投入现实生活,多数中国青年在自我同一性确立之后,不是盲目地反抗权威或权威代表,而是接纳,反映了中华传统思想和文化的影响,揭示了中日青年自我同一性发展的文化差异。这种跨文化的实证研究证明了文化和教育环境对青少年自我同一性形成的重大影响。

对少数民族青少年同一性状态的研究发现,那些不能调和本民族文化与主流文化的人容易产生同一性混乱。

14.3 内外因的多重交互作用:影响同一性发展的模型

随着研究的深入,研究者认为个体内部因素和社会环境因素存在复杂的交互作用,共同影响同一性的形成与发展。许多研究者提出影响同一性发展的不同模型,以下介绍两个有代表性的模型。

14.3.1 同一性资本模型

同一性资本模型(identity capital model)整合了社会学和心理学对同一性的理解。从社会学角度来看,整体的经济、政治变化,以及后现代制度支持都会影响同一性的形成与发展;从心理学角度来看,个体可支配的资源,特别是有利于控制环境的资源会影响同一性的形成与发展。同一性资本模型认为,个体对"自己是谁"进行"投资",将来会在"同一性市场"中获益。个体生活的世界对自己提出各种要求,个体必须有足够的资源来应对,这就是同一性资本。同一性资本可分为有形资本

(tangible capital)和无形资本(intangible capital)两部分。有形资本是个体进入各种社交圈和机构的"通行证",如父母的社会阶层、财富、人际关系,与特定社会资本相关的性别和种族,个人获得的教育证书、同伴和同事关系、声誉和地位,以及社交技能等。无形资本一般是人格特征或个体的心理特征,如自我强度、内在控制点、自尊、生活目标感、自我效能、自我监控、批判性思维能力、认知推理能力、道德推理能力,以及其他人格特征(Côté, 1996, 1997),这些特征的共同点在于,它们能为个体提供理解各种机遇和应对各种困境所需要的认知和行为能力。这些资源对个体同一性的形成与发展至关重要。

同一性资本模型具有启发性的地方在于,它强调个体和环境的相互作用,以及有形资本和无形资本的结合。科特强调社会因素的作用,补充了心理学理论的个体化观点,根据人与环境的良好拟合形成关于同一性确立的动态观点。他认为在两种资本中,无形资本更为重要,更有助于同一性的获得。尽管同一性资本模型较为抽象,维度较多,很难进行操作性研究,但它在同一性的心理学和社会学取向上建立起联系,具有重要意义,因而关于同一性资本的研究也在继续(Côté & Schwartz, 2002)。

14.3.2 同一性发展的因素模型

同一性发展的因素模型是在总结前人对同一性发展影响因素的解释的基础上建立起来的。这一模型认为,同一性发展可以被看作一个重复的过程,每次重复就是个人与情境的一次交互作用,在这些交互作用中冲突可能会发生。起初,人们会尽力通过同化解决冲突,通过调节对情境的解释将冲突同化进已有的同一性中。如果不能同化,冲突就会继续存在并累积,同时逐渐消除现有的承诺,直到顺应或同一性发生改变。顺应的变化带来发展。个人和情境因素决定了同化和顺应的比例以及两者之间的最优平衡(Bosma & Kunnen, 2001)。与同一性资本模型一样,同一性发展的因素模型也有待进一步验证。

然而,当前研究主要以青少年和大学生为研究对象,来探究自我同一性形成与发展的影响因素,有研究表明,自我同一性在个体一生中都会发生变化,已有研究者开始关注老年人自我同一性的影响因素,未来全年龄段的自我同一性理论框架,将伴随实证研究的丰富而更加趋于完善。

参考文献

埃里克森. (1998). 同一性：青少年与危机. 杭州：浙江教育出版社.
安秋玲. (2006). 青少年非正式群体交往与自我同一性发展研究（博士学位论文）. 华东师范大学，上海.
安秋玲. (2007a). 青少年同伴群体交往与自我同一性发展研究. 上海：华东师范大学出版社.
安秋玲. (2007b). 青少年自我同一性发展研究. 心理科学, 30(4), 895-899.
安秋玲. (2008). 初中生同伴群体交往与自我同一性发展研究. 心理科学, 31(6), 1524-1526.
安秋玲. (2009). 自我同一性发展理论的不同取向及其演变关系. 心理科学, 32(6), 1511-1513.
柏阳, 彭凯平, 喻丰. (2014). 中国人的内隐辩证自我：基于内隐联想测验（IAT）的测量. 心理科学进展, 22(4), 418-421.
伯格. (2010). 人格心理学（陈会昌, 译）. 北京：中国轻工业出版社.
毕重增. (2006). 自信人格理论的建构（博士学位论文）. 西南大学, 重庆.
毕重增. (2016). 有规则才有自信：松紧度感知与中庸思维的作用. 西南大学学报（社会科学版）, 42(1), 107-113.
毕重增, 黄希庭. (2007). 中国文化中自信人格的内涵和功能. 心理科学进展, 15(2), 224-229.
毕重增, 黄希庭. (2009). 青年学生自信问卷的编制. 心理学报, 41(5), 444-453.
毕玉. (2015). 留守初中生自尊和社会适应的关系研究（博士学位论文）. 内蒙古师范大学, 呼和浩特.
卜婧. (2014). 北京第二实验小学学生体育课上调皮行为特点分析（硕士学位论文）. 首都体育学院, 北京.
布兰登. (1998). 自尊的六大支柱（吴齐, 译）. 北京：红旗出版社.
蔡春凤, 周宗奎. (2006). 儿童外部问题行为稳定性的研究. 心理科学进展, 1(1), 66-72.

蔡华俭. (2003). 外显自尊、内隐自尊与抑郁的关系. 中国心理卫生杂志, 17(5), 331-336.

蔡华俭, 丰怡, 岳曦彤. (2011). 泛文化的自尊需要: 基于中国人的研究证据. 心理科学进展, 19(1), 1-8.

蔡建红. (2001). 大学生自尊结构的研究. 中国临床心理学杂志, 9(4), 299-301.

曹中保, 石贝. (2016). 家庭教养方式、自尊与职业决策自我效能感的关系研究. 鄂州大学学报, 23(5), 26-29.

柴晓运, 龚少英. (2011). 青少年的同一性实验: 网络环境的视角. 心理科学进展, 19(3), 364-371.

柴晓运, 柯玉叶. (2015). 始成年期大学新生同一性风格、自我控制和手机依赖的关系. 中国健康心理学杂志, 23(6), 881-885.

车丽萍. (2001). 自信的概念、特征及影响因素. 宁波大学学报(教育科学版), 23(6), 31-34.

车丽萍. (2002). 当代大学生自信特点研究(博士学位论文). 西南师范大学, 重庆.

车丽萍. (2003). 大学生成就动机、性格特征、控制点与自信关系的研究. 应用心理学, 9(2), 26-30.

车丽萍. (2004). 成败经验对大学生自信的影响实验研究. 宁波大学学报(教育科学版), 26(1), 31-36.

车丽萍. (2007). 大学生自信与内外控倾向的关系研究. 心理科学, 30(6), 1385-1388.

车丽萍, 黄希庭. (2006). 青年大学生自信的理论建构研究. 心理科学, 29(3), 563-569.

车文博. (1985). 青年心理学. 长春: 吉林教育出版社.

车文博. (2001a). 当代西方心理学新词典. 长春: 吉林人民出版社.

车文博. (2001b). 心理咨询大百科全书. 杭州: 浙江科学技术出版社.

陈陈. (2002). 家庭教养方式研究进程透视. 南师大学报(社会科学版), (6), 95-103, 109.

陈陈, 燕婷, 林崇德. (2013). 大学生完美主义、自尊与学业拖延的关系. 心理发展与教育, 29(4), 368-377.

陈冲, 洪月慧, 杨思. (2010). 应激性生活事件、自尊和抑郁在自杀意念形成中的作用. 中国临床心理学杂志, 18(2), 190-191.

陈国鹏, Willy, P., Franz, M. (1997). 中国和荷兰高智商与一般智商儿童自我概念比较研究. 心理科学, 1, 19-22.

陈会昌, 叶子. (1997). 群体社会化发展理论述评. 教育理论与实践, 17(4), 48-52.

陈建文, 王滔. (2007). 自尊与自我效能关系的辨析. 心理科学进展, 15(4),

624-630.

陈君. (2004). 大学新生的社会支持与学校适应问题探析. 武汉科技大学学报(社会科学版), 6(4), 69-72.

陈世平. (2003). 小学儿童欺负行为与个性特点和心理问题倾向的关系. 心理学探新, 23(1), 55-58.

陈士奇. (2013). 社会赞许性反应的本土研究. 科教导刊(上旬刊), (22), 202.

陈维. (2016). 高中生自尊与学习倦怠的关系：基于 SEM 的多组比较. 现代中小学教育, 32(7), 93-96.

陈侠, 黄希庭, 白纲. (2003). 关于网络成瘾的心理学研究. 心理科学进展, 11(3), 355-359.

陈燕. (2010). 外显自尊和内隐自尊不一致性的研究综述. 改革与开放, (20), 154.

陈艳露. (2014). 中庸思维、自我监控对建言行为的影响：代表者角色的中介机制(硕士学位论文). 南京大学.

程学超, 谷传华. (2001). 母亲行为与小学儿童自尊的关系. 心理发展与教育, 17(4), 23-34.

池万兴. (2009).《史记》与民族精神. 济南：齐鲁书社.

池万兴. (2012). 论《史记》的人格自尊精神及其生成. 渭南师范学院学报, (1), 23-27.

崔欣欣. (2017). 天津市 4～6 岁幼儿同伴交往能力与其自信心的关系研究(硕士学位论文). 天津师范大学.

答会明. (2000a). 大学生的自信、自尊、自我效能与学业、人际成败归因特点的关系研究. 兰州学刊, 14(6), 63-64.

答会明. (2000b). 违纪大学生的自尊水平及与家庭因素的关系. 湖北工程学院学报, 20(2), 43-45.

答会明. (2002). 父母教养方式与孩子的自信、自尊、自我效能及心理健康水平的相关研究. 中国健康教育, 18(8), 13-16.

戴春林, 吴明证, 杨治良. (2006). 个体攻击性结构与自尊关系研究. 心理科学, 29(1), 44-46.

戴群, 姚家新. (2012). 体育锻炼与老年人生活满意度关系：自我效能、社会支持、自尊的中介作用. 北京体育大学学报, (5), 67-72.

邓传忠. (2008). 中庸思维对拿捏行为与心理适应的调节效果(硕士学位论文). 台湾大学, 台北.

邓军, 郑剑虹. (2011). 高师贫困生自强意识及其相关因素研究. 北京教育学院学报(自然科学版), 6(2), 3-7.

丁凤琴, 马淑娟. (2013). 大学生情绪智力及与自尊和学业满意度的关系. 中国公共卫生, 29(4), 568-570.

董奇, 夏勇, 王艳萍, 林磊. (1993). 再婚家庭儿童自我概念发展的特点. 心理发展与教育，9(2)，1-6.
董奇，周勇，陈红兵. (1996). 自我监控与智力. 杭州：浙江人民出版社.
窦温暖，王敬群，邵淑娟. (2007). 高中生学业成绩、归因方式、应对方式与自尊的关系. 教育学术月刊，(6)，57-59.
杜红梅. (2008). 论社会主义荣辱观与青少年"自我同一性"的发展. 山东省团校学报：青少年研究，(2)，7-8，12.
杜晓新，冯震. (1999). 元认知与学习策略. 北京：人民教育出版社.
杜瑶. (2011). 自尊、自我效能感与社会支持对精神分裂症患者疾病康复的影响(博士学位论文). 陕西师范大学，西安.
段锦云，古晓花，孙露莹. (2016). 外显自尊、内隐自尊及其分离对建议采纳的影响. 心理学报，48(4)，371-384.
段锦云，凌斌. (2011). 中国背景下员工建言行为结构及中庸思维对其的影响. 心理学报，43(10)，1185-1197.
段陆生，王志军，李永鑫. (2008). 大学生自尊与学习倦怠相关性分析. 临床心身疾病杂志，14(3)，222-223.
樊富珉. (2002). 大学生心理健康教育研究. 北京：清华大学出版社.
范翠英，王明忠，周宗奎，孙晓军. (2012). 童年中期同伴侵害影响孤独感的中介变量分析. 心理科学，35(3)，636-641.
方芳. (2016). 初中生不稳定自尊的波动性及其对欺负行为的影响(硕士学位论文). 河南大学，开封.
方平，马焱，朱文龙，姜媛. (2016). 自尊研究的现状与问题. 心理科学进展，24(9)，1427-1434.
方晓义，郑宇. (1998). 初中生父母抚养方式的研究. 心理发展与教育，14(4)，33-37.
冯天瑜，何晓明，周积明. (1990). 中华文化史(上). 上海：上海人民出版社.
冯晓杭，张向葵. (2008). 城市贫困中学生自豪感、外显自尊与抑郁状态的关系. 心理发展与教育，24(4)，100-105.
冯友兰. (1940). 新世训. 上海：开明书店.
付春江. (2005). 轻度抑郁者内隐自尊、外显自尊的实验研究(硕士学位论文). 江西师范大学，南昌.
付瑞娟，陈泂. (2012). 潮汕地区流动儿童自尊与焦虑现状的关系研究. 中国健康心理学杂志，20(9)，1381-1383.
付伟，李曼，于增艳. (2011). 医学院校大学生自我同一性与父母教养方式、自尊关系的研究. 中国健康心理学杂志，19(3)，375-377.
傅瑜. (2014). 成都市外来务工人员子女自尊发展调查报告. 教育测量与评价，(1)，39-43.
高爽，张向葵，徐晓林. (2015). 大学生自尊与心理健康的元分析——以中国大学生为样本. 心理科学进展，23(9)，1499-1507.

高旭繁. (2013). 通往华人幸福之路：性格特质与文化价值的双重作用. *本土心理学研究*, (39), 165-214.

高瞻, 蔡华玲, 唐淦琦, 许律琴. (2013). 中庸思维与抑郁症状之关系. *中国健康心理学杂志*, 21(9), 1298-1300.

戈布尔. (2001). *第三思潮——马斯洛心理学*(吕明, 陈红霞, 译). 上海：上海译文出版社.

耿晓伟, 张峰, 郑全全. (2009). 外显与内隐自尊对大学生主观幸福感的预测. *心理发展与教育*, 25(1), 97-102.

弓思源. (2012). *始成年期自我同一性发展水平、状态及其与个人动因的关系*(博士学位论文). 西南大学, 重庆.

宫贤平, 林向英. (2008). 青少年自我同一性干预研究综述. *教育学术月刊*, (12), 13-14.

勾金华. (2014). *大学生自我同一性危机研究*(博士学位论文). 上海大学.

谷传华, 张文新. (2003). 小学儿童欺负与人格倾向的关系. *心理学报*, 35(1), 101-105.

顾明远. (1998). *教育大辞典*. 上海：上海教育出版社.

管延华, 迟毓凯. (2006). 自我参照与朋友参照对人格特质记忆的影响. *心理科学*, 29(2), 448-450.

郭本禹. (2005). *心理学经典人物及其理论*. 合肥：安徽人民出版社.

郭金山. (2002). *同一性的自我追求——大学生自我同一性的研究*(博士学位论文). 吉林大学, 长春.

郭金山. (2003). 西方心理学自我同一性概念的解析. *心理科学进展*, 11(2), 227-234.

郭金山, 车文博. (2004a). 大学生自我同一性状态与人格特征的相关研究. *心理发展与教育*, 20(2), 51-55.

郭金山, 车文博. (2004b). 自我同一性与相关概念的辨析. *心理科学*, 27(5), 1250, 1266-1267.

郭炯, 王亚. (2016). 大学生网络成瘾与自尊异质性的关系研究. *亚太教育*, (31), 246-247.

郭斯萍. (2000). 人性：西方心理学的误区与中国文化的解读. *南京师范大学学报*(社会科学版), (5), 75-80.

郭斯萍, 陈四光, 党彩萍. (2012). 无我之我：试论理学之伦理自我观. *广州大学学报*(社会科学版), 11(9), 71-77.

郭斯萍, 林蓉. (2012). 中国人自我观理性分析——基于儒家伦理文化的视角. *战略决策研究*, 3(4), 72-77.

郭晓霞. (2015). 大学生家庭功能、自尊与主观幸福感的关系. *中国健康心理学杂志*, (4), 551-555.

郭小艳, 王振宏. (2007). 积极情绪的概念、功能与意义. *心理科学进展*, 15

(5), 810-815.

郭永玉. (2005). 人格心理学：人性及其差异的研究. 北京：中国社会科学出版社.

郭永玉. (2016). 人格研究. 上海：华东师范大学出版社.

果林. (2002). 关于对学生自信心培养问题的思考. *教育探索*, (8), 68-69.

韩磊, 朱帅帅, 孙淑慧, 陈英敏, 武云鹏, 高峰强. (2015). 自尊稳定性问卷的编制. *山东师范大学学报（自然科学版）*, *30*(3), 112-115.

韩晓峰, 郭金山. (2004). 论自我同一性概念的整合. *心理学探新*, *24*(2), 8-10.

郝振, 崔丽娟. (2007). 自尊和心理控制源对留守儿童社会适应的影响研究. *心理科学*, *30*(5), 1199-1201.

何灿, 夏勉, 江光荣, 魏华. (2012). 自尊与网络游戏成瘾：自我控制的中介作用. *中国临床心理学杂志*, *20*(1), 58-60.

何华敏, 胡媛艳, 周小梅. (2012). 大学生外显、内隐自信与父母教养方式的关系. *中国健康心理学杂志*, *20*(2), 278-279.

何瑾, 樊富珉. (2014). 贫困大学生自尊、应对方式和主观幸福感的关系. *中国健康心理学杂志*, *22*(3), 409-411.

禾乃林. (1997). 自强与自制. *道德与文明*, (6), 6-8.

贺熙, 朱滢. (2010). 社会认知神经科学关于自我的研究. *北京大学学报（自然科学版）*, *46*(6), 1021-1024.

何鑫华. (2011). 内隐自尊测量方法综述. *齐齐哈尔师范高等专科学校学报*, (2), 24-26.

侯岩峰. (2012). 论中学生的自我同一性心理危机干预. *现代教育科学*, (8), 74-75.

侯玉波, 彭凯平, 朱滢. (2016). 中国人整体思维方式量表的编制与确认. *中国社会心理学评论*, (2), 45-72.

侯玉波, 张梦. (2009). 对中国人自我结构的理论分析. *心理科学*, *32*(1), 228-231.

胡丰峰. (2012). 青少年自强感的现状、影响因素及其培养的实证研究（硕士学位论文）. 上海师范大学.

胡金凤, 孙配贞, 郑雪, 何资桥. (2012). 大学生自我构念与主观幸福感的关系：自尊与关系和谐的中介效应. *心理发展与教育*, *28*(3), 314-321.

胡舒乐. (2014). 大学生认知风格、中庸自我与合作行为的关系研究（硕士学位论文）. 广西师范大学, 桂林.

胡维芳. (2003). 自我概念的研究范型述评. *青海社会科学*, (6), 114-116.

槐玲玲. (2007). 内隐自尊调节作用下高自尊的异质性研究（硕士学位论文）. 曲阜师范大学.

黄光国. (1985). 人情与面子. *经济社会体制比较*, (3), 55-62.

黄光国. (2010). 由"构念化"到"理论化": 评"中庸实践思维的心理学研究". 本土心理学研究, (34), 111-125.

黄华华, 刘少英, 徐芬. (2012). 发展性心理干预对大学生自我同一性的改善效果. 中国心理卫生杂志, 26(10), 748-753.

黄金兰, 林以正, 杨中芳. (2008). 中庸处事信念/价值量表的修订. 中国社会心理学会年会, 天津.

黄金兰, 林以正, 杨中芳. (2012). 中庸信念—价值观量表之修订. 本土心理学研究, (38), 3-41.

黄金兰, 林以正, 余思贤. (2009). 中庸思维与困境游戏中的行为. 中庸心理学研究研讨会, 厦门.

黄希庭. (1991). 心理学导论. 北京: 人民教育出版社.

黄希庭. (2002). 人格心理学. 杭州: 浙江教育出版社.

黄希庭. (2003). 自信心及其培养. 北京: 新华出版社.

黄希庭. (2004). 再谈人格研究的中国化. 西南师范大学学报(人文社会科学版), 30(6), 5-9.

黄希庭, 范畴. (2001). 人格研究中国化之思考. 西南师范大学学报(人文社会科学版), 27(6), 45-50.

黄希庭, 凤四海, 王卫红. (2003). 青少年学生自我价值感全国常模的制定. 心理科学, 26(2), 194-198.

黄希庭, 李媛. (2001). 大学生自立意识的探索性研究. 心理科学, 24(4), 389-392.

黄希庭, 夏凌翔. (2004). 人格中的自我问题. 陕西师范大学学报(哲学社会科学版), 33(2), 108-111.

黄希庭, 徐凤姝. (1988). 大学生心理学. 上海: 上海人民出版社.

黄希庭, 杨雄. (1998). 青年学生自我价值感量表的编制. 心理科学, (4), 289-292, 382.

黄希庭, 尹天子. (2012). 从自尊的文化差异说起. 心理科学, 35(1), 2-8.

黄希庭, 余华. (2002). 青少年自我价值感量表构念效度的验证性因素分析. 心理学报, 34(5), 511-516.

黄希庭, 张进辅, 李红. (1994). 当代中国青年价值观与教育. 成都: 四川教育出版社.

黄希庭, 曾向. (2000). 青少年身体自我研究述评. 西北师大学报(社会科学版), (6), 44-48.

黄希庭, 郑涌. (1999). 当代大学生心理特点与教育. 上海: 上海教育出版社.

黄泽娟. (2005). 大学生自信现状研究. 社会心理科学, (5), 84-89.

加藤厚. (1983). 大学生自我同一性诸相及其构造. 教育心理学研究, 31, 20-31.

贾黎斋. (2009). 网络成瘾与非成瘾大学生自我和谐、成就动机和自尊的比较研究. 现代预防医学, 36(23), 4479-4481.

贾谊峰, 李素娟, 李红. (2008). 自我概念的理论模型及其发展走向. 沈阳师范大学学报(社会科学版), 32(2), 139-142.

姜红梅, 于红军. (2015). 大学生自恋人格、社会适应和自尊关系研究. 黑龙江高教研究, (7), 136-139.

姜永志, 张海钟. (2010a). 中国人自我的"忍而后发论"之文化心理学分析. 沈阳大学学报, 22(4), 64-67.

姜永志, 张海钟. (2010b). 中国人自我的本土化心理研究——"忍"的和谐思想. 延边大学学报(社会科学版), 43(2), 113-116.

江宜霖, 高媛媛, 胡媛艳, 黄希庭. (2014). 幸福感、自强与成就动机的相关性. 心理研究, 7(3), 22-26.

蒋奖, 许燕, 林丹瑚. (2004). 医护人员工作倦怠与 A 型人格、控制点的关系研究. 心理科学, 27(2), 364-366.

蒋婧妍. (2018). 心理剧对初中生自尊水平的干预(硕士学位论文). 上海师范大学.

金河岩, 朴华英. (2009). 家庭功能与初中生自我同一性的关系研究. 心理科学, 32(4), 1020-1022.

金盛华. (1996). 自我概念及其发展. 北京师范大学学报(社会科学版), 1, 30-36.

金盛华. (2010). 社会心理学(第二版). 北京: 高等教育出版社.

金童林, 陆桂芝, 张璐, 李肖肖. (2017). 大学生网络社会支持在自尊和网络偏差行为关系间的中介作用. 心理技术与应用, 5(6), 327-333.

金莹, 卢宁. (2012). 自尊异质性研究进展. 中国临床心理学杂志, 20(5), 717-722.

金莹, 卢宁. (2013a). 人格障碍倾向大学生的自尊异质性研究. 中国临床心理学杂志, 21(2), 422-425.

金莹, 卢宁. (2013b). C 类人格障碍倾向大学生的自尊异质性研究. 中国临床心理学杂志, 21(2), 220-223.

荆其诚. (1991). 简明心理学百科全书. 长沙: 湖南教育出版社.

巨雅婵. (2015). 大一新生自尊、应对方式与学校适应状况的关系研究. 价值工程, (21), 196-198.

康健. (2001). 自立与生存——新世纪生存教育书系(中学版). 福州: 福建少年儿童出版社.

康钊. (2011). 父母教养方式与大学生自强意识的相关研究. 教育研究与实验, (5), 42-45.

孔风, 王庭照, 李彩娜, 和娟, 王瑾, 游旭群. (2012). 大学生的社会支持、孤独及自尊对主观幸福感的作用机制研究. 心理科学, 35(2), 408-411.

邝宏达, 徐礼平. (2013). 自尊及心理安全感对留守儿童社会适应性的影响.

中国学校卫生, *34*(9), 1084-1086.
赖建维, 郑钢, 刘锋. (2008). 中学生同伴关系对自尊影响的研究. *中国临床心理学杂志*, *16*(1), 74-76.
劳拉·E. 贝克. (2009). *儿童发展(第5版)(教育科学精品教材译丛)*. 南京: 江苏教育出版社.
雷雳. (1997). 关于学习不良学生自我知觉的研究. *心理学动态*, (5), 16-20.
黎亚军, 高燕. (2013). 初中生学习倦怠特点及其与自尊、社会支持的关系. *中国健康心理学杂志*, *21*(3), 407-409.
李华香. (2005). *人际冲突中的中庸行动研究*(博士学位论文). 中山大学, 广州.
李欢. (2015). *留守初中生的情绪智力、自尊和社会适应的相关研究*(博士学位论文). 广西大学, 南宁.
李季. (2011). *精神分裂症患者病耻感及其与自尊、社会支持的相关研究*(博士学位论文). 泰山医学院, 泰安.
李军兰. (2014). 高中生体育锻炼与身体自尊关系的研究. *校园心理*, (5), 313-316.
李宽. (2010). *违纪大学生与一般大学生的内隐自尊、外显自尊和心理防御机制对心理健康影响的比较研究*(博士学位论文). 内蒙古师范大学, 呼和浩特.
李丽萍. (2013). *大学生自我同一性现状及其与职业成熟度的关系研究*(博士学位论文). 云南师范大学, 昆明.
李玲. (2014). 大学生自尊与主观幸福感的关系: 应对方式的中介作用. *中国健康心理学杂志*, *22*(2), 261-264.
李美枝. (2009). 中庸研究的方法学. 中庸心理学研究研讨会, 厦门.
李美枝. (2010). 中庸理念与研究方法的实践性思考. *本土心理学研究*, (34), 97-110.
李启明. (2011). *中庸实践思维、心理弹性与社会适应的关系*(硕士学位论文). 华中科技大学, 武汉.
李秋生. (2015). 同一性发展与沉浸探索. *心理学进展*, *5*(12), 745-752.
李维(主编). (1995). *心理学百科全书*. 杭州: 浙江教育出版社.
李玮, 杨晓峰, 王炳元. (2012). 蒙古族小学儿童自尊、学校适应及关系研究. *中国健康心理学杂志*, *20*(5), 739-742.
李文道. (2005). *大学生同一性发展的特点及相关因素的研究*(博士学位论文). 北京师范大学.
李小青, 邹泓, 王瑞敏, 窦东徽. (2008). 北京市流动儿童自尊的发展特点及其与学业行为、师生关系的相关研究. *心理科学*, *31*(4), 909-913.
李晓华. (2011). 大学生自尊、自我效能感、归因方式与学习倦怠的相关研究. *黑龙江教育学院学报*, *30*(10), 103-105.

李晓文. (2001). 学生自我发展的心理学探究. 北京：教育科学出版社.
李新利, 凌辉, 刘静. (2011). 大学生自我同一性与父母教养方式、依恋的关系. 中国临床心理学杂志, 19(1), 81-84.
李秀, 刘新民, 韦克诚, 许东彪, 张婷. (2013). 强制戒毒人员人格障碍调查及其自尊相关研究. 皖南医学院学报, 32(1), 62-64.
李亚奇, 王树青. (2016). 大学生主动性人格、职业决策自我效能感与自我同一性状态的关系. 中国心理卫生杂志, 30(10), 791-797.
李焰. (1992). 焦虑研究的历史与现状. 沈阳师范大学学报(社会科学版), (3), 93-98.
李艳, 张贤, 苗磊, 刁洪雨. (2013). 大学生网络成瘾与自尊孤独感的相关研究. 中国学校卫生, 34(8), 949-951.
李怡真. (2009). 安适幸福感的构念发展与情绪调控机制之探讨(博士学位论文). 台湾大学, 台北.
李颖科. (1989). 儒家与中国人. 西安：陕西师范大学出版社.
李媛. (2002). 大学生自立意识的初步研究(博士学位论文). 西南师范大学, 重庆.
梁兵. (1993). 试论教学过程中师生人际关系及其影响. 新疆大学学报, (3), 13-18.
林安梧. (2010). 跨界的话语, 实存的感通——关于《中庸实践思维体系探研的初步进展》一文读后. 本土心理学研究, (34), 127-136.
林崇德. (1995). 发展心理学. 北京：人民教育出版社.
林崇德. (1996). 心理学研究的中国化：过程和道路. 心理科学, 19(4), 193-198.
林崇德. (2000). 关于心理健康的标准. 思想政治课教学, (3), 36-37.
林崇德. (2002). 发展心理学. 杭州：浙江教育出版社.
林崇德. (2009). 发展心理学. 北京：人民教育出版社.
林崇德, 沃建中. (1999). 7～11岁儿童自我监控能力的发展及对认知操作的影响. 心理发展与教育, 15(4), 1-7.
林崇德, 杨治良, 黄希庭. (2004). 《心理学大辞典》前言. 心理发展与教育, 20(2), 96.
林春元, 李玉梅. (2016). 康复期精神分裂症患者自尊、自我效能感状况及其干预研究. 临床医学工程, 23(9), 1215-1216.
林静. (2007). 青少年自我同一性发展的相关因素研究述评. 社会心理科学, (1), 50-54.
林升栋. (2005). 寻找中庸自我的研究(博士学位论文). 中山大学, 广州.
林升栋. (2008a). 阴阳转换思维之测量. 中国社会心理学会年会, 天津.
林升栋. (2008b). 从人际冲突情境的作答反应测量中庸思维. 中国社会心理学会年会, 天津.

林升栋, 杨中芳. (2006a). 阴阳转换思维的再探研. 中国社会心理学会年会, 黄山.

林升栋, 杨中芳. (2006b). 自我是一分为二的吗?——以西方自我图式的研究为例. 心理学探新, 26(3), 43-47.

林升栋, 杨中芳. (2007). 自评式两极量尺到底在测什么?——寻找中庸自我的意外发现. 心理科学, 30(4), 937-939.

林玮芳, 邓传忠, 林以正, 黄金兰. (2013). 进退有据: 中庸对拿捏行为与心理适应之关系的调节效果. 本土心理学研究, (40), 45-84.

林玉凤, 卢宁. (2018). 自尊异质性在心理一致感和 C 类人格障碍倾向间的中介效应. 中国临床心理学杂志, 26(3), 477-481.

凌辉. (2006). 6~12 岁儿童自立行为的理论与实证研究(博士学位论文). 西南师范大学, 重庆.

凌辉. (2013). 青少年学生的自立品格: 理论与实证. 长沙: 湖南科学技术出版社.

凌辉, 黄希庭. (2008a). 场依存—独立性认知方式与儿童自立水平的关系. 中国临床心理学杂志, 16(4), 384-386.

凌辉, 黄希庭. (2008b). 高低自立水平儿童的自我延迟满足的实验研究. 心理科学, 16(5), 1117-1120.

凌辉, 黄希庭. (2009a). 6~12 岁儿童自立发展特点的研究. 心理科学, 32(6), 1359-1362.

凌辉, 黄希庭. (2009b). 父母养育方式与儿童自立水平关系的研究. 中国临床心理学杂志, 17(2), 213-215.

凌辉, 黄希庭. (2009c). 高低自立水平儿童的亲子依恋特点的研究. 中国临床心理学杂志, 17(5), 612-614.

凌辉, 黄希庭. (2009d). 儿童内—外控倾向与自立水平的关系. 中国临床心理学杂志, 17(4), 495-497.

凌辉, 黄希庭. (2009e). 高低自立水平儿童的自我概念特点的研究. 中国临床心理学杂志, 17(6), 742-744.

凌辉, 张建人, 钟妮, 阳子光, 易燕. (2014). 3~6 岁儿童自立行为结构的初步研究. 中国临床心理学杂志, 22(6), 1037-1041, 1132.

凌辉, 朱阿敏, 张建人, 郭鹤阳, 王洪晶. (2016). 3~6 岁儿童自立行为问卷的编制. 中国临床心理学杂志, 24(4), 667-670.

凌辉, 朱淑湘, 李新利, 张建人. (2010). 大学生自我同一性与父母教养方式的关系研究. 中国临床心理学杂志, 18(6), 786-788.

刘爱红. (2008). 中学生问题行为及其与自尊、社会支持关系的研究(博士学位论文). 湖南师范大学, 长沙.

刘岸英. (2004). 自我概念的理论及发展走向. 心理科学, 27(1), 248-249.

刘春梅. (2002a). 初中生自尊发展特点的研究. 哈尔滨学院学报, 23(4),

60-63.

刘春梅.(2002b).青少年自尊发展特点及其与同伴接纳的关系.北方论丛,(5),99-101.

刘春梅,邹泓.(2007).青少年的社会支持系统与自尊的关系.心理科学,30(3),609-612.

刘萃侠.(2001).马洛—克罗恩社会赞许性量表对中国被试适用性之初步验证.社会学研究,(2),49-57.

刘凤娥,黄希庭.(2001).自我概念的多维度多层次模型研究述评.心理学动态,9(2),136-140.

刘海凤.(2010).教师高期望对学生自信心的影响及应对策略.中小学心理健康教育,(20),13-14.

刘皓明,张积家.(2004).自尊结构研究的发展趋势.心理科学进展,4(12),567-572.

刘华山.(1997).学校心理辅导.合肥:安徽人民出版社.

刘化英.(2000).罗杰斯对自我概念的研究及其教育启示.辽宁师范大学学报(社会科学版),24(7),37.

刘晖.(2012).内隐自尊、外显自尊与学业拖延的关系研究.中国健康心理学杂志,20(1),142-144.

刘慧瀛,王婉.(2017).自尊、体验回避和抑郁在自杀意念形成中的作用.心理科学,40(6),1498-1503.

刘杰,孟会敏.(2009).关于布郎芬布伦纳发展心理学生态系统理论.中国健康心理学杂志,17(2),250-252.

刘经兰,王丽霞.(2011).大学生元情绪与自我同一性关系的探讨.赣南师范学院学报,32(1),99-102.

刘丽娟.(2008).高中生自信与其父母教养方式的关系研究.中国健康心理学杂志,16(6),661-664.

刘米娜.(2013).家庭教养方式、自尊与青少年幸福感研究.南京理工大学学报(社会科学版),26(3),72-79.

刘明.(1998).高中生自尊水平与学业、人际成败归因方式关系研究.心理科学,21(3),281-282.

刘倩倩,李辉,方晓义.(2007).云南省大学生自杀意念、自杀行为与自尊及心理健康状况的调查研究.中国健康心理学杂志,15(1),57-58.

刘善华.(1999).自强与守弱.大连教育学院学报,15(3),62-64.

刘胜.(2006).人际冒犯行为的合情合理判断与中庸实践思维的关系研究(硕士学位论文).中山大学,广州.

刘县兰,赵静波,石海霞,王梦,熊敏,陈瑜.(2015).孤独感在大学生自我同一性与网络成瘾间的中介效应.中国公共卫生管理,32(2),235-238.

刘洋.(2013).中学生体育锻炼与身体形态身体自尊的相关分析.中国学校卫

生，(2), 196-198.

刘洋, 郭玉江. (2010). 身体自尊在职业女性体育锻炼与心理健康间的中介模型检验. *首都体育学院学报*, 22(5), 85-88.

刘永芳. (2005). *青少年自我同一性的发展及其与依恋的关系*(硕士学位论文). 山东师范大学, 济南.

龙立荣. (2001). 结构方程模型：心理学方法发展的逻辑. *自然辩证法通讯*, 23(5), 26-30.

陆洛. (2003). 人我关系之界定——"折中自我"的现身. *本土心理学研究*, (20), 139-207.

陆洛, 张婷婷, 张妤玥. (2012). 工作与家庭的意义对因应职家冲突的影响——华人双文化自我观之展现. *本土心理学研究*, (37), 141-189.

路肖惠, 刘彦慧, 孙杰, 韩煦, 杨士君. (2013). 父母教养方式与护理本科生自强意识的相关性研究. *护理学杂志*, 28(4), 58-61.

罗必良, 曹正汉, 张日新. (2006). 观念、教育观念与教育制度——基于新制度经济学的分析. *高等教育研究*, 27(1), 58-63.

罗国杰. (2001). 论勤俭与自强. *中国教育报*, 3.

罗劲, 刘玉. (2014). 作为一种高级复杂的脑认知功能模式的中庸思维：初步的理论推测与构想. *中国社会心理学评论*, (2), 195-211.

罗竹风(主编). (2012). *汉语大词典*. 北京：商务印书馆.

吕美祯, 潘家玮, 郑淇, 薛花, 邓铸. (2015). 大学生中庸思维对宽恕及自我宽恕的影响. *中国健康心理学杂志*, 23(1), 71-74.

马宏, 卢清. (2008). 浅析单亲家庭幼儿自尊的影响因素和对策. *现代教育科学*, (8), 47-48.

马前锋, 蒋华明. (2002). 自尊研究的进展与意义. *心理科学*, 25(2), 242-243.

马斯洛. (1987). *人的潜能和价值*(林方, 译). 北京：华夏出版社.

马斯洛. (2010). *动机与人格*(马良诚, 等, 译). 西安：陕西师范大学出版社.

马伟军, 冯睿, 席居哲, 陈滢滢, 梅凌婕. (2015). "差序格局"的心理学记忆视角的初步验证. *心理学探新*, 35(6), 514-519.

马新书. (2012). 自我同一性与榜样教育. *思想政治课教学*, (2), 9-11.

茆正洪, 余志华, 李蓉蓉, 冯强, 赵旭东. (2012). 上海市外来初中生与本地生学校适应、家庭功能及自尊水平的比较研究. *中国临床心理学杂志*, 20(4), 547-549.

孟庆飞, 王亚平, 田艳辉, 王明辉. (2013). 受艾滋病影响儿童自尊对学校适应的影响：同伴依恋的中介作用. 第十六届全国心理学学术会议, 南京.

孟祥乐. (2015). 主观锻炼体验在体育锻炼与大学生身体自尊中的中介作用. *中国学校卫生*, 36(11), 1659-1661.

聂瑞虹, 许颖, 韩卓. (2015). 皮质醇日常节律与儿童问题行为及心理社会因素的关系. 心理科学进展, 23(4), 591-601.

潘君凤, 杨国枢, 许功余. (2010). 华人特质自尊与状态自尊的关系: 社会取向与个人取向的观点. 见杨国枢(编). 中国人的自我: 心理学的分析. 重庆: 重庆大学出版社.

潘颖秋. (2015). 初中青少年自尊发展趋势及影响因素的追踪分析. 心理学报, 47(6), 787-796.

彭彦琴, 江波, 杨宪敏. (2011). 无我: 佛教中自我观的心理学分析. 心理学报, 43(2), 213-220.

彭彦琴, 杨宪敏. (2009). 惟我与无我: 中西方自我观比较新解. 心理学探新, 29(4), 3-6, 50.

戚健俐, 朱滢. (2002). 中国大学生的记忆的自我参照效应. 心理科学, 25(3), 275-278, 380-381.

钱铭怡, 肖广兰. (1998). 青少年心理健康水平、自我效能、自尊与父母养育方式的相关研究. 心理科学, (6), 553-555.

秦东波, 郑晓宁, 黄铎, 毕重增. (2009). 大学生自信与归因方式关系的研究. 西南大学学报(自然科学版), 31(12), 161-164.

秦胜龙. (1996). 论培养学生自信心的途径. 教育评论, (2), 30-31.

曲晓艳, 甘怡群, 沈秀琼. (2005). 青少年人格特点与父母教养方式的关系. 中国临床心理学杂志, 13(3), 288-290.

单楠. (2017). 大学生自尊与焦虑的关系: 社会支持的调节作用. 潍坊工程职业学院学报, 30(1), 5-8.

商娇燕, 孙宏伟, 宋玉萍, 常瑞华. (2017). 超重、肥胖初一学生自尊和归因方式的关系. 中国健康心理学杂志, 25(1), 136-139.

尚珺, 吴国来. (2014). 自我同一性与自尊、依恋及同伴关系. 心理研究, 7(1), 10-14.

沈梅. (2008). 自我概念的理论述评. 湖北教育学院学报, 24(7), 70-72.

沈潘艳, 张梓涵, 王琳, 吴晓锋. (2013). 成就动机在大学生网络成瘾与自尊间的中介作用. 中国学校卫生, 34(3), 260-262.

沈毅. (2005). 人缘取向: 中庸之道的人际实践——对中国人社会行为取向模式的再探讨. 南京大学学报(哲学·人文科学·社会科学版), (5), 130-137.

师保国, 许晶晶, 陶晓敏, 肖敏敏. (2011). 少年儿童自尊与主观幸福感的关系: 安全感的中介作用. 首都师范大学学报(社会科学版), (5), 94-99.

时金献, 谭亚梅. (2008). 大学生学习倦怠与外显自尊、内隐自尊的相关性研究. 心理科学, 31(3), 736-737.

石绍华, 高晶, 郑钢, 唐洪, 张梅玲. (2003). 家庭环境对青少年自尊发展影响的研究. 社会心理研究, 1, 1-8.

石绍华, 郑钢, 唐洪, 张梅玲. (2001). 育儿风格对儿童发展的影响. 心理科学进展，9(3)，221-226.

舒首立，郭永玉，黄希庭.(2015).中国人的自尊结构初探.心理学探新，35(5)，425-431.

舒首立，卢会醒，张露，杨银芳，丁超，郑涌.(2012).中国文化的自尊与西方文化的 self-esteem 之比较.西南大学学报(社会科学版)，38(1)，45-51，174.

宋东峰.(2009).大学生边缘型人格障碍流行病学调查及相关病理心理因素研究(硕士学位论文).苏州大学.

宋芳，张丽华.(2008).大学生自尊结构研究.辽宁师范大学学报(社会科学版)，31(5)，53-56.

苏霞，董振华.(2015).父母教养行为与大学生生涯适应力的关系：成就动机的中介作用.中国临床心理学杂志，23(1)，174-177.

孙丽丽，张晓瑜，张淑华.(2008).大学生学习倦怠、自尊与主观幸福感的关系研究.中国健康心理学杂志，16(6)，629-631.

孙蒨茹.(2008).中国人的阴阳思维.中国社会心理学会年会，天津.

孙旭，严鸣，储小平.(2014).坏心情与工作行为：中庸思维跨层次的调节作用.心理学报，46(11)，1704-1718.

孙易蔓，胡晓斌，赵笑颜，张梦菡.(2013).大学生上网行为及其网络成瘾对自尊心影响分析.中华疾病控制杂志，17(3)，215-217.

谭顶良.(2002).高等教育心理学.南京：河海大学出版社.

谭旭运，杨昭宁，顾子贝.(2017).传统与现代双文化自我构念的代际研究.青年研究，(2)，75-84，96.

谈有花.(2005).大学生自我同一性危机及其干预.前沿，(1)，164-167.

谈有化.(2006).大学生自我同一性的研究(硕士学位论文).河海大学，南京.

唐彬.(2010).重要他人研究述评.江苏教育学院学报(社会科学版)，(29)，23-25.

陶玲霞，程素萍.(2018).大学生网络社会支持与主观幸福感的关系：自尊的中介作用.中国健康心理学杂志，(1)，109-114.

田录梅.(2006).Rosenberg(1965)自尊量表中文版的美中不足.心理学探新，(2)，88-91.

田录梅，李双.(2005).自尊概念辨析.心理学探新，25(2)，26-29.

田录梅，张向葵.(2006).高自尊的异质性研究述评.心理科学进展，14(5)，704-709.

田艳辉，李巧灵，周海龙，孟庆飞，赵俊峰.(2014).农村艾滋影响儿童自尊对学校适应的影响：被中介的调节模型.中国临床心理学杂志，22(2)，272-276.

童辉杰.(2000).中国传统文化中的自我意识.心理科学，23(4)，502-503.

万德智.(2007).大学生自我概念发展特点及其与应对方式的相关性研究(硕

士学位论文). 山东大学, 济南.

王丹, 卢宁. (2016). 自尊异质性在完美主义和 C 类人格障碍倾向间的中介效应研究. 中国临床心理学杂志, 24(6), 1038-1041, 1054.

王娥蕊. (2006). 3～9岁儿童自信心结构、发展特点及教育促进的研究(博士学位论文). 辽宁师范大学, 大连.

王飞雪, 伍秋萍, 梁凯怡, 陈俊. (2006). 中庸思维与冲突情境应对策略选择关系的探究. 科学研究月刊, (4), 114-117.

王飞雪. (2009). 中庸在人际关系情境中的表现和作用. 中庸心理学研究研讨会, 厦门.

汪凤炎, 郑红. (2007). 论中西方自我的差异. 西南大学学报(人文社会科学版), 33(1), 11-16.

王浩斌. (2006). 试论乡土中国的自我概念及其流变. 安徽大学学报, (2), 144-148.

王娟, 游越, 姚小飞, 陈端颖, 庄红平, 王茜. (2012). 湖北省某医学院学生人际交往能力、孤独感对自尊的影响分析. 医学与社会, 25(7), 77-78.

王兰锋. (2005). 青少年学生自我同一性研究(硕士学位论文). 河南大学, 开封.

王磊, 郑雪. (2006). 大学生自我价值感领域权变性量表的编制. 心理发展与教育, 22(2), 113-119.

王丽, 王庭照. (2005). 青少年亲社会行为研究. 当代青年研究, (11), 51-53.

汪琳琳, 刘燕, 郑淑杰. (2014). 农村初中生心理韧性在自尊与学业拖延间的中介作用. 鲁东大学学报(哲学社会科学版), 31(3), 92-95.

王玲, 路仕容. (2001). 大学生自杀态度、抑郁水平和自杀意念的研究. 中国健康心理学杂志, 9(6), 422-424.

王曼, 陶嵘, 胡姝婧, 朱旭. (2010). 新的视角: 从脆弱高自尊看人格障碍症状. 心理科学进展, 18(7), 1141-1146.

汪茂华. (2015). 师生关系与学业成绩的关系: 学习自信心的中介作用. 上海教育科研, (7), 15-18.

王沛, 陈庆伟, 唐晓晨, 罗俊龙, 谈晨皓, 高凡. (2017). 中国人三重自我建构加工中的相对优先性: 来自 ERP 的证据. 心理学报, 49(8), 82-89.

王润平, 沙景荣. (1996). 大学生运动成就心理控制点与自信心关系分析. 体育科技, (4), 48-49.

王树青. (2007). 自我同一性形成的个体因素与家庭因素(博士学位论文). 北京师范大学.

王树青, 纪林芹, 张文新. (2006). 大中学生同一性风格问卷的初步修订. 中国心理卫生杂志, 20(9), 625.

王树青, 石猛, 陈会昌. (2010a). 大学生自我同一性的发展及与情绪适应的关系. 中国临床心理学杂志, *18*(2), 215-218.

王树青, 石猛, 陈会昌. (2010b). 大学生自我同一性状态与"大五"人格、因果取向的关系. *心理发展与教育*, *26*(5), 495-501.

王树青, 张文新, 陈会昌. (2006). 中学生自我同一性的发展与父母教养方式、亲子沟通的关系. *心理与行为研究*, *4*(2), 126-132.

王树青, 张文新, 纪林芹, 张玲玲. (2006). 青少年自我同一性状态问卷的修订. *中国临床心理学杂志*, *14*(3), 221-226.

王万章. (2008). 中学生自尊、应对方式与焦虑的关系研究(博士学位论文). 扬州大学.

王维, 张伟, 丘昌建, 肖融. (2008). 自我概念研究进展概述. *精神医学杂志*, *21*(1), 68-70.

王为蓓, 林以正. (2006). 华人的均衡自我观与心理适应. 中国社会心理学学术年会, 黄山.

王文龙. (2011). 中国社会的不稳定自尊、强攻击性与调适路径. *深圳大学学报(人文社会科学版)*, *28*(5), 81-86.

王小新, 苗晶磊. (2012). 大学生学业自我效能感、自尊与学习倦怠关系研究. *东北师范大学学报(哲学社会科学版)*, (1), 192-196.

汪新建, 朱艳丽. (2010). 叙述方式、自我视角与自我发展. *心理科学进展*, *18*(12), 1858-1863.

王轶楠. (2010). 中庸视角下的自我研究探析. *山东师范大学学报(人文社会科学版)*, *55*(4), 51-57.

王一竹, 赵玉芳. (2010). 高中生自我同一性风格和家庭功能关系分析. *中国学校卫生*, *31*(7), 811-813.

王昱文. (1997). 中学生的自尊、归因方式与自我意识情绪关系研究(硕士学位论文). 陕西师范大学, 西安.

王云峰, 冯维. (2006). 亲子关系研究的主要进展. *中国特殊教育*, (7), 77-83.

王争艳, 刘红云, 雷雳, 张雷. (2002). 家庭亲子沟通与儿童发展关系. *心理科学进展*, *10*(2), 192-198.

王中会, 刘俊香. (2005). 父母教养方式及其与青少年自我概念的关系. *中国临床心理学杂志*, *13*(3), 350-352.

韦嘉, 韩会芳, 张春雨, 孙丽娟, 张进辅. (2015). 马洛—克罗恩社会赞许性量表(简版)在中学生群体中的试用. *中国临床心理学杂志*, *23*(4), 585-599.

魏丽宁, 赵艳茹, 孟丽, 王玉红, 安然, 杨超. (2014). 社交技能和自信心训练对恢复期精神分裂症患者自尊水平的影响. *河北医药*, *6*(24), 3752-3754.

魏运华. (1997a). 少年儿童自尊发展的结构模型及影响因素的研究(博士学位

论文). 北京师范大学.
魏运华. (1997b). 自尊的结构模型及儿童自尊量表的编制. *心理发展与教育，13*(3), 31-38.
魏运华. (1998). 学校因素对少年儿童自尊发展影响的研究. *心理发展与教育，14*(2), 12-16.
魏运华. (1999). 父母教养方式对少年儿童自尊发展影响的研究. *心理发展与教育,* (3), 7-11.
魏运华. (2004). *自尊的心理发展与教育*. 北京: 北京师范大学出版社.
翁嘉英, 杨国枢, 许燕. (2009). 华人多元自尊的概念分析与量表建构. 见杨国枢, 陆洛(编). *中国人的自我: 心理学的分析*(pp.356-398). 重庆: 重庆大学出版社.
吴佳辉. (2006a). 中庸让我生活得更好: 中庸思维对生活满意度之影响. 中国社会心理学会2006年学术研讨会, 黄山.
吴佳辉. (2006b). 自我拿捏的本质: 自我变异与自我确定. 中国社会心理学会2006年学术研讨会, 黄山.
吴佳辉, 林以正. (2005). 中庸思维量表的编制. *本土心理学研究,* (24), 247-299.
吴明证, 梁宁建, 孙晓玲, 丁莹. (2008). 自尊水平与自尊稳定性的关系: 完美主义的中介作用. *应用心理学，14*(4), 324-329.
吴艳, 戴晓阳, 张锦. (2007). 初中生学习倦怠问卷的初步编制. *中国临床心理学杂志，15*(2), 118-120.
吴增强. (1994). 习得性无能动模式简析. *心理科学,* (3), 188-190.
武斌. (1992). "中国人论"研究论纲. *社会科学辑刊,* (5), 23-27.
武慧多, 杨健. (2012). 高师新生自我和谐与父母教养方式、人格特征的关系. *中国健康心理学杂志，20*(7), 1067-1069.
武永新, 邓林园, 张馨月, 孔荣. (2014). 父母冲突、亲子沟通对青少年自我发展的影响研究. *中国临床心理学杂志，22*(6), 1091-1094.
夏国英. (2002). 论中国当代社会的理想人格. *江西社会科学,* (3), 11-13.
夏凌翔. (2004). 大学生自立动机的初步研究. *内蒙古师范大学学报(哲学社会科学版)，33*(5), 71-74.
夏凌翔. (2006). 青少年学生自立人格的理论与实证研究(博士学位论文). 西南大学, 重庆.
夏凌翔. (2010). *自立的法则与培养*. 合肥: 安徽教育出版社.
夏凌翔, 黄希庭. (2006a). 当代学者对自立认识的概念分析. *心理科学，29*(4), 861-867.
夏凌翔, 黄希庭. (2006b). 古籍中自立涵义的概念分析. *心理学报，38*(6), 916-923.
夏凌翔, 黄希庭. (2007). 自立、自主、独立特征的语义分析. *心理科学，30*

(2),307,328-331.

夏凌翔,黄希庭.(2008).青少年学生自立人格量表的建构.心理学报,40(5),593-603.

夏凌翔,黄希庭.(2009).青少年学生自立人格量表的信度与效度.心理科学,32(4),952-954.

夏凌翔,黄希庭,吴波.(2008).西方的自主与中国的自立:概念比较.西南大学学报(社会科学版),34(1),8-13.

夏凌翔,钟慧.(2004).论自立.西北师范大学学报(社会科学版),(03),114-117.

夏敏.(2009).大学生自尊稳定性与攻击性相关研究(硕士学位论文).西南大学,重庆.

谢虹,艾宪淮,朱宝俊.(2001).家庭环境与高中生心理健康水平的相关研究.中华行为医学与脑科学杂志,10(5),478-479.

谢玲平,王洪礼,邹维兴,张翔,何壮.(2014).留守初中生自我效能感与社会适应的关系:心理韧性的中介作用.中国特殊教育,(7),52-58.

辛自强,郭素然,池丽萍.(2007).青少年自尊与攻击的关系:中介变量和调节变量的作用.心理学报,39(5),845-851.

熊宪光,王亚琴.(2000).自主·自觉·自省·自立——《诗经·卫风·氓》意蕴新探.西南师范大学学报(人文社会科学版),26(5),140-143.

徐红红,洪炜,梁宝勇.(2009).大学新生自我同一性状态的性别差异及与人格特征的相关.中国临床心理学杂志,17(3),263-265.

徐礼平,邝宏达.(2017).初中随迁儿童自尊与社会适应的关系:心理资本的中介作用.锦州医科大学学报(社会科学版),15(1),63-66.

徐瑞荣,施春华.(2014).高中生同伴自我表露与自我同一性的关系.中国健康心理学杂志,22(8),1257-1260.

徐勤,郭平.(1999).老龄化社会需要提倡老年人自立.人口学刊,(3),57-60.

徐庆春.(2014).大学生网络社会支持与网络利他行为的关系:一个有调节的中介模型(硕士学位论文).华中师范大学,武汉.

徐维东,吴明证,邱扶东.(2005).自尊与主观幸福感关系研究.心理科学,28(3),562-565.

许颖.(2002).浅谈儿童自尊心的发展及其培养.辽宁师专学报(社会科学版),(1),62-64.

许又新.(1993).神经症.北京:人民卫生出版社.

徐圆圆.(2012).大学生中庸自我结构、测量及其与冲突应对策略的相关研究(硕士学位论文).苏州大学.

薛松,李永鑫.(2007).大学新生的集体自尊、个体自尊与抑郁、焦虑的关系.中国临床心理学杂志,15(6),612-613.

燕国材. (2006). 非智力因素与学习. 上海：上海教育出版社.

严标宾, 郑雪. (2006). 大学生社会支持、自尊和主观幸福感的关系研究. *心理发展与教育*, 22(3), 60-64.

闫俊, 崔玉华. (2004). 强迫症的自尊和自我和谐研究. *中国心理卫生杂志*, 18(4), 251-253.

严婷丹. (2018). 自尊异质性在C类人格障碍倾向和冗思间的中介效应研究. *山西青年*, (1), 9-11.

颜艳琼, 郑晓宁, 毕重增. (2012). 重庆市初中生归因方式与自信关系分析. *中国学校卫生*, 3(8), 1013-1014.

杨国枢. (1981). 中国人的性格与行为. *中华心理学刊*, 23(1), 39-55.

杨国枢. (1993). 中国人的社会取向：社会互动的观点. 见杨国枢, 余安邦(编). *中国人的心理与行为——理念及方法篇(一九九二)*. 台北：桂冠图书公司.

杨国枢. (2004). 华人自我的理论分析与实证研究. *本土心理学研究*, (22), 11-80.

杨国枢. (2008a). 本土化心理学的意义与发展. 见杨国枢, 黄光国, 杨中芳(编). *华人本土心理学*. 重庆：重庆大学出版社.

杨国枢. (2008b). 华人社会取向的理论分析. 见杨国枢, 黄光国, 杨中芳(编). *华人本土心理学*. 重庆：重庆大学出版社.

杨国枢, 刘奕兰, 张淑慧, 王琳. (2010). 华人双文化自我的个体发展阶段：理论构建的尝试. *中华心理学刊*, 52(2), 113-132.

杨国枢, 陆洛. (2005). 社会取向与个人取向自我实现者的心理特征：概念分析与实证研究. *本土心理学研究*, (23), 71-143.

杨红升, 黄希庭. (2007). 中国人的群体参照记忆效应. *心理学报*, 39(2), 235-241.

杨红升, 朱滢. (2004). 老年中国人自我记忆效应的研究. *心理科学*, 27(1), 43-45.

杨锦. (2011). *高中生不同类型的高自尊与心理健康的关系研究*（硕士学位论文）. 辽宁师范大学, 大连.

杨娟. (1998). 中国心理学"本土化"的几点思考. *湖南师范大学教育科学学报*, (3), 80-85.

杨娟, 张庆林. (2009). 不同自尊者在赌博情境下的风险规避行为. *心理发展与教育*, 25(1), 61-65.

杨丽珠, 于松梅. (2002). 儿童自我延迟满足心理机制的研究综述. *心理科学*, 5(6), 712-715.

杨盼盼, 王卫红. (2016). 大学生家庭教养方式与自信的关系研究. *心理学进展*, 6(1), 1-7.

杨文龙. (2017). 大学生学业拖延与自尊的相关研究. *社会心理科学*, 32(1),

46-48.

杨鑫辉. (2002). 西方心理学名著提要. 南昌：江西人民出版社.

杨雄, 黄希庭. (1999). 青少年学生自我价值感特点的初步研究. 心理科学, 22(6), 484-487, 573.

杨烨. (2008). 自我价值感二维模型的理论架构与实证研究(博士学位论文). 北京大学.

杨宜音. (1999). "自己人"：信任建构过程的个案研究. 社会学研究, (2), 40-54.

杨昭宁, 槐玲玲, 王晓明. (2009). 内隐和外显不一致自尊与自尊不稳定性的关系. 心理科学, (6), 1352-1354.

杨中芳. (1993). 试论如何深化本土心理学研究：兼评现阶段之研究成果. 本土心理学研究, (1), 122-183.

杨中芳. (2009a). 回顾港台"自我"研究：反省与展望. 见杨国枢, 陆洛(编). 中国人的自我：心理学的分析. 重庆：重庆大学出版社.

杨中芳. (2009b). 试论中国人的"自己"：理论与研究方向. 见杨国枢, 陆洛(编). 中国人的自我：心理学的分析. 重庆：重庆大学出版社.

杨中芳. (2009c). 中国心理学本土化概论. 见杨中芳(编). 如何研究中国人：心理学研究本土化论文集. 重庆：重庆大学出版社.

杨中芳. (2009d). 中国人的世界观：中庸实践思维初探. 见杨中芳(编). 如何理解中国人：文化与个人论文集. 重庆：重庆大学出版社.

杨中芳. (2009e). 传统文化与社会科学结合之实例：中庸的社会心理学研究. 中国人民大学学报, 23(3), 53-60.

杨中芳. (2010a). 中庸实践思维体系探研的初步进展. 本土心理学研究, (34), 3-96.

杨中芳. (2010b). 一个中庸、各自表述. 本土心理学研究, (34), 159-165.

杨中芳. (2014). 中庸社会心理学研究的构念化：兼本辑导读. 中国社会心理学评论(第七辑), 1-17.

杨中芳, 林升栋. (2012). 中庸实践思维体系构念图的建构效度研究. 社会学研究, 4(21), 167-186, 245.

杨中芳, 赵志裕. (1997). 中庸实践思维初探. 华人心理与行为科际学术研讨会, 台北.

阳中华. (2012). 中庸实践思维与家庭功能和心理健康关系研究(博士学位论文). 中南大学, 长沙.

姚芳传. (1998). 情感性精神障碍. 长沙：湖南科学技术出版社.

叶程成. (2015). 积极情绪启动下学业自尊影响注意偏向的实验研究(硕士学位论文). 安徽师范大学, 合肥.

叶刚, 姚方敏, 付文青, 孔明. (2011). 回避型人格障碍大学生的自尊与情感. 中国心理卫生杂志, 25(2), 141-145.

叶浩生, 郭本禹, 彭运石, 杨绍刚. (1996). *西方心理学的历史与体系*. 北京: 人民教育出版社.

叶景山. (2003). 大学生自我同一性与心理健康的关系研究. *中国健康心理学杂志*, 11(5), 335-337.

易小明. (2015-08-05). 文化自信的内在意蕴. *光明日报*, 13.

尹天子, 黄希庭. (2012). 自尊的神经机制. *西南大学学报(社会科学版)*, 38(2), 62-67.

殷晓旺, 邱达明, 黄斌. (2008). 体育锻炼对中老年人一般自尊、生活满意感的影响. *体育学刊*, 15(3), 27-30.

余丽, 梁洁. (2017). 领悟社会支持与青少年内化问题的关系: 自尊的调节作用. *中国健康心理学杂志*, 25(2), 227-230.

余思贤, 林以正, 黄金兰, 黄光国, 张仁和. (2010). 长期取向与心理适应之关系. *中华心理卫生学刊*, (23), 347-375.

乐国安, 崔芳. (1996). 当代大学生新生自我概念特点研究. *心理科学*, 19(4), 240-242.

乐国安, 李文姣, 王雪松. (2011). 亲子关系对自尊的影响: 一项基于贫困大学生的研究. *应用心理学*, (1), 3-9.

翟学伟. (2014). 中国与西方: 两种不同的心理学传统. *本土心理学研究*, (41), 3-51.

詹姆斯. (2010). *心理学原理*(田平, 译). 北京: 中国城市出版社.

张斌, 蔡太生. (2010). 大学生学业拖延与自尊、应对方式的相关性研究. *中国临床心理学杂志*, 18(4), 501-503.

张春兴. (1992). *张氏心理学辞典*. 上海: 上海辞书出版社.

张春兴. (2004). 心理学研究本土文化取向的理论与实践. *心理科学*, 27(2), 420-422.

张国礼, 仇悦, 曹美. (2017). 体育活动与青少年外显问题行为的关系: 自尊的中介作用. *中国运动医学杂志*, 36(6), 521-525.

张海芳, 陈青萍. (2007). 高中生家庭环境与心理健康关系. *中国公共卫生*, 23(11), 1339-1340.

张建人, 杨喜英, 熊恋, 凌辉. (2010). 青少年自我同一性的发展特点研究. *中国临床心理学杂志*, 18(5), 651-653.

张静. (2002). 自尊问题研究综述. *南京航空航天大学学报(社会科学版)*, 35(6), 83-86.

张蕾. (2012). 初中生情绪智力、父母教养方式及自尊的关系研究(硕士学位论文). 湖南师范大学, 长沙.

张力, 周天罡, 张剑, 刘祖祥, 范津, 朱滢. (2005). 寻找中国人的自我: 一项fMRI研究. *中国科学(C辑)*, 35(5), 472-478.

张丽华. (2003). 论自尊研究的历史发展趋向. *辽宁师范大学学报(社会科学

版),26(2),48-52.
张丽华,李红霞.(2009).高自尊异质性与心理健康的关系.心理研究,2(3),44-48.
张丽华,施国春,张一鸣.(2016).脆弱型高自尊高中生攻击性线索注意偏向.心理与行为研究,14(1),36-41.
张丽华,张索玲,侯文婷.(2009).青少年自尊发展特点研究.辽宁师范大学学报(社会科学版),32(2),56-58.
张丽华,张索玲,宁微.(2009).师生关系、同伴关系影响青少年自尊的路径分析.中国健康心理学杂志,17(11),1378-1381.
张林.(2004).青少年自尊结构、发展特点及其影响因素的研究(博士学位论文).东北师范大学,长春.
张楠楠.(2014).小学生父母心理控制、自尊与社会退缩的关系研究(博士学位论文).云南师范大学,昆明.
张萍,毕重增.(2012).个人评价问卷的中文修订.西南大学学报(自然科学版),37(2),114-118.
张仁和.(2010).聚焦中庸实践思维体系于心理空间与大我系统.本土心理学研究,(34),145-157.
张日昇.(1993).青年心理学:中日青年心理的比较研究.北京:北京师范大学出版社.
张日昇.(2000).同一性与青年期同一性地位的研究——同一性地位的构成及其自我测定.心理科学,23(4),430-434,510.
张荣娟,李文虎,胡芸.(2005).不同自尊的大学生防御方式及其人际冲突解决方式比较研究.心理发展与教育,21(3),108-111.
张瑞平,李庆安.(2011).广东省高中生网络成瘾影响因素研究.中国健康心理学杂志,19(6),714-716.
张索玲.(2009).中小学生自尊结构、发展特点及其相关影响因素研究(硕士学位论文).辽宁师范大学,大连.
张索玲,张丽华.(2009).大学生归因方式与内隐自尊、外显自尊关系研究.中国健康心理学杂志,17(3),327-329.
张婷丹,喻承甫,许倩,魏昶,严金雄.(2015).亲子关系与青少年网络游戏成瘾:自尊的中介作用.教育测量与评价,(2),40-44.
张文新.(1997).初中生自尊特点的初步研究.心理科学,20(6),504-508.
张文新.(1999).儿童社会性发展.北京:北京师范大学出版社.
张文新,林崇德.(1998).青少年的自尊与父母教养方式的关系——不同群体间的一致性与差异性.心理科学,21(6),489-493.
张向葵,田录梅.(2005).自尊对失败后抑郁、焦虑反应的缓冲效应.心理学报,37(2),240-245.
张向葵,田录梅.(2006).自尊只有高低之分吗?——高自尊的异质性及其启示. 心理学探新, 26(3), 20-22.

张向葵, 吴晓义. (2003). 自我尊重: 学校教育不容忽视的心理资源. 教育研究, (1), 53-57.

张向葵, 张林, 赵义泉. (2004). 关于自尊结构模型的理论建构. 心理科学, 27(4), 791-795.

张晓宏. (2005). 论大学生自我同一性危机及其调适. 高等教育研究, 21(2), 54-56.

张晓洁, 张莉. (2007). 青少年自我概念与父母养育方式研究. 中国临床心理学杂志, 15(4), 386-388.

张艳红, 佐斌. (2012). 民族认同的概念、测量及研究述评. 心理科学, 35(2), 467-471.

张圆圆. (2014). 中学生完美主义、自尊与学业拖延关系的研究. 社会心理科学, (5), 50-52.

张远兰, 冯正直, 单丽娅, 熊超. (2009). 自尊、社会支持与离退休老干部主观幸福感关系的追踪研究. 中国健康教育, 25(7), 519-521.

张志学. (1995). 传统文化对中国人"自我"的影响. 中州学刊, (6), 135-139.

章柏成. (2012). 自我概念研究新进展——《探索语言自我概念》评介. 当代外语研究, (10), 74.

赵彩花, 黄希庭, 岳彩镇, 蔡亮, 赵天一. (2009a). 从《四库全书》看大我自强的人格特征. 西南大学学报(社会科学版), 35(3), 1-6.

赵彩花, 黄希庭, 岳彩镇, 蔡亮, 赵天一. (2009b). 从《四库全书》看个我自强的人格特征. 西南大学学报(社会科学版), 35(6), 11-14.

赵彩花, 黄希庭, 岳彩镇, 蔡亮, 赵天一. (2010). 从《四库全书》看小我自强的人格特征. 西南大学学报(社会科学版), 36(1), 6-10.

赵大亮, 曾芊. (2016). 父母教养方式对高中生运动员自我同一性地位的影响. 广州体育学院学报, 36(6), 35-38.

赵帆. (2010). 工读学校学生依恋及其与自我同一性关系的研究(硕士学位论文), 华东师范大学, 上海.

赵锋, 王卫平. (2009). 当代大学生自我同一性混乱的原因及调适. 山西高等学校社会科学学报, 21(2), 132-135.

赵景欣. (2004). 青少年的同一性建构及其影响因素. 中国青年研究, (7), 81-89.

赵志裕. (2000). 中庸思维的测量——一个跨地区研究的初步结果. 香港社会科学学报, (18), 33-35.

赵志裕. (2010). 中庸实践思维的道德性、实用性、文化特定性及社会适应性. 本土心理学研究, (34), 137-144.

曾庆. (2012). 粤港澳青年自我同一性的跨文化研究. 中国临床心理学杂志, 20(2), 240-242.

曾蓉. (2009). 父母教养方式对初中生自立人格的影响(硕士学位论文). 西南大学, 重庆.

曾守锤. (2009). 流动儿童的自尊及其稳定性和保护作用的研究. 华东师范大学学报(教育科学版), 27(2), 64-69.

甄瑞, 马琳, 姚本先, 全莉娟. (2014). 社区工作者的社会支持、自尊与主观幸福感的关系. 中国卫生事业管理, 31(7), 538-541.

甄育玲. (2011). 社会赞许性反应量表的修订(硕士学位论文). 湖南师范大学, 长沙.

郑剑虹. (2004). 自强的心理学研究: 理论与实证(博士学位论文). 西南大学, 重庆.

郑剑虹. (2009). 论自强人格. 合肥: 安徽教育出版社.

郑剑虹, 黄希庭. (2007). 论儒家的自强人格及其培养. 心理科学进展, 15(2), 230-233.

郑剑虹, 吴燕飞. (2009). 贫困大学生自强意识的调查及启示. 河北师范大学学报(教育科学版), 11(12), 81-86.

郑全全, 陈秋燕. (2002). 初中学生攻击行为的心理特征测量. 心理科学, 25(6), 680-682.

郑思雅, 李秀丽, 赵志裕. (1999). 辩证思维与现代生活. 香港社会科学学报, (15), 1-25.

郑信军. (2007). 处境不利学生的内隐、外显自我概念及其与社会支持的关系. 心理科学, 30(1), 108-112.

郑雪. (2017). 人格心理学. 广州: 暨南大学出版社.

郑涌, 黄希庭. (1997). 自我概念的结构: 大学生"我是谁"反应的内容分析. 西南师范大学学报(哲学社会科学版), (1), 72-77.

郑涌, 黄希庭. (1998). 自我概念的结构: 大学生自我概念维度的因素探析. 西南师范大学学报(哲学社会科学版), (5), 51-56.

钟慧. (2003). 高中生自立结构问卷的初步编制(博士学位论文). 西南师范大学, 重庆.

钟毅平, 郭文姣, 黄俊伟. (2011). 大学生自尊与主观幸福感的关系研究. 宁波大学学报(教育科学版), 33(1), 80-85.

钟佑洁, 张进辅. (2011). 大学生评价恐惧在自尊与社交焦虑间的中介效应分析. 心理发展与教育, 27(5), 506-512.

周国韬, 贺岭峰. (1996). 11~15岁学生自我概念的发展. 心理发展与教育, 3, 37-42.

周海咏, 丁云霞, 郑希付. (2003). 关于欺负类儿童自我概念的研究. 心理学探新, 23(1), 59-62.

周红梅, 郭永玉. (2006). 自我同一性理论与经验研究. 心理科学进展, 14(1), 133-137.

周济全，刘国华，王逸尘，罗予然，周娟．(2018)．大学生主动性人格、社会支持和自我同一性的关系．*中国健康心理学杂志*，*26*(2)，264－268．

周丽，苏彦捷．(2008)．实际亲密度对恋人参照效应的影响．*心理学报*，*40*(4)，487－495．

周晓虹．(1996)．*现代社会心理学*．上海：上海人民出版社．

周亚男，焦彬，刘铁桥，陈冲，付兆亮．(2011)．自尊在大学生应激性生活事件和抑郁之间的中介效应．*中国临床心理学杂志*，*19*(3)，370－371．

周耀红．(2007)．*自尊、情绪调节预期对积极情绪一致性效应的影响*(博士学位论文)．首都师范大学，北京．

周宗奎．(1999)．*现代儿童发展心理学*．合肥：安徽人民出版社．

朱晶．(2015)．*老年人自我同一性问卷编制及应用研究*(硕士学位论文)．南京师范大学．

祝平燕，叶慧芳．(2013)．学校社会工作介入流动青少年自我同一性发展的研究．*重庆工商大学学报*，*30*(2)，8－16．

朱艳丽．(2010)．自我研究的叙事取向．*河南教育学院学报*(哲学社会科学版)，*29*(4)，134－137．

朱滢，张力．(2001)．自我记忆效应的实验研究．*中国科学(C辑)*，*31*(6)，537－543．

朱智贤．(1989)．*心理学大词典*．北京：北京师范大学出版社．

庄颖，李梦迪，陶芳标，姚荣英，韩慧，李竞．(2009)．不同学习阶段学生焦虑抑郁自尊水平及其相关性分析．*中国学校卫生*，*30*(4)，313－314．

Abouserie, R. (1995). Self-esteem and achievement motivation as determinants of students' approaches to studying. *Studies in Higher Education*, *20*(1), 19–26.

Achenbach, T. M. (1966). The classification of children's psychiatric symptoms: A factor-analytic study. *Psychological Monographs*, *80*(7), 1–37.

Achenbach, T. M. (1991). *Integrative guide for the 1991 CBCL/4-18, YSR, and TRF Profiles*. Burlington, VT: University of Vermont.

Adams, G. R., Berzonsky, M. D., & Keating, L. (2006). Psychosocial resources in first-year university students: The role of identity processes and social relationships. *Journal of Youth and Adolescence*, *35*(1), 78–88.

Adams, G. R., Dyk, P., & Bennion, L. D. (1987). Parent-adolescent relationships and identity formation. *Family Perspective*, (21), 249–260.

Adams, G. R., & Fitch, S. A. (1983). Psychological environments of university departments: Effects on college students' identity status and ego stage development. *Journal of Personality and Social Psychology*, *44*(6),

1266-1275.

Adams, G. R., Gullotta, T. P., & Montemayor, R. (1992). *Adolescent identity formation*. London: Sage Publications.

Adams, G. R., & Marshall, S. K. (1996). A developmental social psychology of identity: Understanding the person-in-context. *Journal of Adolescence*, 19(5), 429-442.

Ainsworth, M. D. (1989). Attachments beyond infancy. *American Psychologist*, 44(4), 709-716.

Akhtar, S., & Byrne, J. P. (1983). The concept of splitting and its clinical relevance. *American Journal of Psychiatry*, 140(8), 1013.

Aldridge, J. M., Ala'I, K. G., & Fraser, B. J. (2016). Relationships between school climate and adolescent students' self-reports of ethnic and moral identity. *Learning Environments Research*, 19(1), 1-15.

Ali, M. M., Fang, H., & Rizzo, J. A. (2010). Body weight, self-perception and mental health outcomes among adolescents. *The Journal of Mental Health Policy and Economics*, 13(2), 53-63.

Allport, F. (1924). *Social psychology*. New York: Houghton Mifflin.

American Psychiatric Association. (2000). *Diagnostic and statistical manual of mental disorders* (4th ed., text revision). Washington, DC: American Psychiatric Association.

Anastasi, A. (1979). *Psychological testing* (5th ed.). New York: Macmillan.

Anderson, E. R., Hetherington, E. M., & Clingempeel, W. G. (1989). Transformations in family relations at puberty effects of family context. *The Journal of Early Adolescence*, 9(3), 310-334.

Ang, R. P., Neubronner, M., Oh, S. A., & Leong, V. (2006). Dimensionality of Rosenberg's Self-Esteem Scale among normal-technical stream students in Singapore. *Current Psychology*, 25(2), 120-131.

Anthony, D. B., Wood, J. V., & Holmes, J. G. (2007). Testing sociometer theory: Self-esteem and the importance of acceptance for social decision-making. *Journal of Experimental Social Psychology*, 43(3), 425-432.

Assor, A., Roth, G., & Deci, E. L. (2010). The emotional costs of parents' conditional regard: A self-determination theory analysis. *Journal of Personality*, 72(1), 47-88.

Atkinson, J. W. (1964). *An introduction to motivation*. Oxford, England: Van Nostrand.

Aydin, B., & San, S. V. (2011). Internet addiction among adolescents: The role of self-esteem. *Procedia-Social and Behavioral Sciences*, 15, 3500-3505.

Backer-Fulghum, L. M., Patock-Peckham, J. A., King, K. M., Roufa, L., & Hagen, L. (2012). The stress-response dampening hypothesis: How self-esteem and stress act as mechanisms between negative parental bonds and alcohol-related problems in emerging adulthood. *Addictive Behaviors*, *37*(4), 477-484.

Bailey, S. D., & Ricciardelli, L. A. (2010). Social comparisons, appearance related comments, contingent self-esteem and their relationships with body dissatisfaction and eating disturbance among women. *Eating Behaviors*, *11*(2), 107-122.

Balistreri, E., & Busch, N. A. (1995). Development and preliminary validation of the ego identity process questionnaire. *Journal of Adolescence*, *18*(2), 179-192.

Baltes, P. B., & Baltes, M. M. (1990). Psychological perspectives on successful aging: The model of selective optimization with compensation. *Successful Aging: Perspectives from the Behavioral Sciences*, *1*(1), 1-34.

Bang, H., & Zhou, Y. (2014). The function of wisdom dimensions in ego-identity development among Chinese university students. *International Journal of Psychology*, *49*(6), 434-445.

Bateman, T. S., & Crant, J. M. (1993). The proactive component of organizational behavior: A measure and correlates. *Journal of Organizational Behavior*, *14*(2), 103-118.

Baumeister, R. F. (1993). *Self-esteem: The puzzle of low self-regard*. New York: Plenum Press.

Baumeister, R. F., Campbell, J. D., Krueger, J. I., & Vohs, K. D. (2003). Does high self-esteem cause better performance, interpersonal success, happiness, or healthier lifestyles? *Psychological Science in the Public Interest*, *4*(1), 1-44.

Baumeister, R. F., Smart, L., & Boden, J. M. (1996). Relation of threatened egotism to violence and aggression: The dark side of high self-esteem. *Psychological Review*, *103*(1), 5-33.

Beck, A. T. (1975). *Depression: Caves and treatment*. Philadelphia: University of Pennsylvania Press.

Beilock, S. L., Gunderson, E. A., Ramirez, G., & Levine, S. C. (2010). Female teachers' math anxiety affects girls' math achievement. *Proceedings of the National Academy of Sciences of the United States of America*, *107*, 1860-1863.

Belfi, B., Goos, M., Fraine, D., & Damme, J. V. (2012). The effect of class composition by gender and ability on secondary school student's school well-being and academic self-concept: A literature review. *Educational Research Review*, 7(1), 62 - 74.

Bennion, L. D., & Adams, G. R. (1986). A revision of the extended verson of the objective measure of ego-identity status: An identity instrument for use with late adolescents. *Journal of Adolescent Research*, 1 (2), 183 - 197.

Benson, M. J., Harris, P. B., & Rogers, C. S. (1992). Identity consequences of attachment to mothers and fathers among late adolescents. *Journal of Research on Adolescence*, 2(3), 187 - 204.

Bentler, P. (1972). Review of the Tennessee Self Concept Scale. In O. Buros (Ed.), *The seventh mental measurements yearbook* (pp. 366 - 367). Highland Park, NJ: Gryphon Press.

Bergh, S., & Erling, A. (2005). Adolescent identity formation: A swedish study of identity status using the EOM - EIS - II. *Adolescence*, 40(158), 377 - 396.

Berzonsky, M. D. (1989). Identity style: Conceptualization and measurement. *Journal of Adolescent Research*, 4(3), 268 - 282.

Berzonsky, M. D. (1992a). Identity style and coping strategies. *Journal of Personality*, 60, 771 - 788.

Berzonsky, M. D., & Adams, G. R. (1999). Reevaluating the identity status paradigm: Still useful after 35 years. *Developmental Review*, 19 (4), 557 - 590.

Berzonsky, M. D., & Cieciuch, J. (2016). Mediational role of identity commitment in relationships between identity processing style and psychological well-being. *Journal of Happiness Studies*, 17(1), 145 - 162.

Berzonsky, M. D., & Kuk, L. S. (2000). Identity status, identity processing style, and the transition to university. *Journal of Adolescent Research*, 15 (1), 81 - 98.

Berzonsky, M. D., Soenens, B., Luyckx, K., Smits, I., Papini, D. R., & Goossens, L. (2013). Development and validation of the revised identity style inventory (ISI - 5): Factor structure, reliability, and validity. *Psychological Assessment*, 25(3), 893 - 904.

Beyers, W., Goossens, L., Vansant, I., & Moors, E. (2003). A structural model of autonomy in middle and late adolescence: Connectedness, separation, detachment, and agency. *Journal of Youth and Adolescence*, 32(5), 351 - 365.

Beyers, W., & Luyckx, K. (2016). Ruminative exploration and reconsideration of commitment as risk factors for suboptimal identity development in adolescence and emerging adulthood. *Journal of Adolescence*, 47, 169 – 178.

Birch, S. H., & Ladd, G. W. (1997). The teacher-child relationship and children's early school adjustment. *Journal of School Psychology*, 35(10), 67 – 79.

Birkeland, M. S., Melkevik, O., Holsen, I., & Wold, B. (2012). Trajectories of global self-esteem development during adolescence. *Journal of Adolescence*, 35 (1), 43 – 54.

Blaine, B., & Crocker, J. (1993). Self-esteem and Self-serving biases in reactions to positive and negative events: An integrative review. In R. F. Baumeister (Ed.), *Self-esteem: The puzzle of low self-regard* (pp. 55 – 85). New York, NY: Plenum Press.

Bleidorn, W., & Ködding, C. (2013). The divided self and psychological (mal) adjustment: A meta-analytic review. *Journal of Research in Personality*, 47(5), 547 – 552.

Block, J., & Robins, R. W. (1993). A longitudinal study of consistency and change in self-esteem from early adolescence to early adulthood. *Child Development*, 64(3), 909 – 923.

Blomfield Neira, C. J., & Barber, B. L. (2014). Social networking site use: Linked to adolescents' social self-concept, self-esteem, and depressed mood. *Australian Journal of Psychology*, 66(1), 56 – 64.

Boduszek, D., Hyland, P., Dinghra, K., & Mallet, J. (2013). The factor structure and composite reliability of the Rosenberg Self-Esteem Scale among ex-prisoners. *Personality and Individual Differences*, 55(8), 877 – 887.

Boduszek, D., Shevlin, M., Mallett, J., Hyland, P., & O'Kane, D. (2012). Dimensionality and construct validity of the Rosenberg Self-Esteem Scale within a sample of recidivistic prisoners. *Journal of Criminal Psychology*, 2(1), 19 – 25.

Borton, J. L. S., Crimmins, A. E., Ashby, R. S., & Ruddiman, J. F. (2012). How do individuals with fragile high self-esteem cope with intrusive thoughts following ego threat? *Self and Identity*, 11(1), 16 – 35.

Borton, J. L. S., Oakes, M. A., & Lengieza, M. (2016). Fixated on rejection: Attentional blindness following socially rejecting faces in people with defensive self-esteem. *Self and Identity*, 16(1), 1 – 20.

Bosma, H. A., & Kunnen, E. S. (2001). Determinants and mechanisms in ego identity development: A review and synthesis. *Developmental Review*, 21(1), 39 – 66.

Bosson, J. K., Brown, R. P., Zeigler-Hill, V., & Swann, W. B. (2003). Self-enhancement tendencies among people with high explicit self-esteem: The moderating role of implicit self-esteem. *Self and Identity*, *2*(3), 169–187.

Bosson, J. K., Swann, W. B., & Pennebaker, J. W. (2000). Stalking the perfect measure of implicit self-esteem: The blind men and elephant revisited? *Journal of Personality and Social Psychology*, *79*(4), 631–643.

Bowlby, J. (1982). Attachment and loss: Retrospect and prospect. *American Journal of Orthopsychiatry*, *52*(4), 664–678.

Bradley, R. H., & Corwyn, R. F. (2002). Socioeconomic status and child development. *Annual Review of Psychology*, *53*(1), 371–399.

Branden, N. (1994). *The six pillars of self-esteem*. New York: Bantam Books.

Brandtstaedter, J., & Greve, W. (1994). The aging self: Stabilizing and protective processes. *Developmental Review*, *14*(1), 52–80.

Brennan, K. A., Clark, C. L., & Shaver, P. R. (1998). Self-report measurement of adult attachment: An integrative overview. In J. A. Simpson & W. S. Rholes (Eds.), *Attachment theory and close relationships* (pp. 46–76). New York: Guilford Press.

Bronson, G. W. (1959). Identity diffusion in late adolescents. *Journal of Abnormal and Social Psychology*, *59*(3), 414–417.

Brown, B. B., Eicher, S. A., & Petrie, S. (1986). The importance of peer group ("crowd") affiliation in adolescence. *Journal of Adolescence*, *9*(1), 73–96.

Brown, J. D., & Cai, H. (2010). Self-esteem and trait importance moderate cultural differences in self-evaluations. *Journal of Cross-Cultural Psychology*, *41*(1), 116–123.

Brown, J. D., & Mankowski, T. A. (1993). Self-esteem, mood, and self-evaluation: Changes in mood and the way you see you. *Journal of Personality and Social Psychology*, *64*(3), 421–430.

Bullock, M., & Luetkenhaus, P. (1990). Who am I? Self-understanding in toddlers. *Merrill-Palmer Quarterly*, *36*(2), 217–238.

Burns, R. (1982). *Self-concept development and education*. Henry Ling Ltd.

Burwell, R. A., & Shirk, S. R. (2010). Self processes in adolescent depression: The role of self-worth contingencies. *Journal of Research on Adolescence*, *16*(3), 479–490.

Buunk, B. P., Gibbons, F. X., & Buunk, A. (2013). *Health, coping, and well-being: Perspectives from social comparison theory*. Psychology Press.

Byrne, B. M. (1986). Self-concept/academic achievement relations: An investigation of dimensionality, stability, and causality. *Canadian Journal of Behavioral Science*, 18(2), 173-186.

Byrne, B. M., & Shavelson, R. J. (1986). On the structure of adolescent self-concept. *Journal of Educational Psychology*, 78(6), 474-481.

Byrne, B. M., & Shavelson, R. J. (1987). Adolescent self-concept: Testing the assumption of equivalent structure across gender. *American Educational Research Journal*, 24(2), 365-385.

Cai, H., Brown, J. D., Deng, C., & Oakes, M. (2007). Self-esteem and culture: Differences in cognitive self-evaluations or affective self-regard? *Asian Journal of Social Psychology*, 10(3), 162-170.

Cakir, S. G., & Aydin, G. (2005). Parental attitudes and ego identity status of Turkish adolescents. *Adolescence*, 40(160), 847-859.

Cambron, M. J., Acitelli, L. K., & Steinberg, L. (2010). When friends make you blue: The role of friendship contingent self-esteem in predicting self-esteem and depressive symptoms. *Personality and Social Psychology Bulletin*, 36(3), 384-397.

Campbell, E., Adams, G. R., & Dobson, W. R. (1984). Familial correlates of identity formation in late adolescence: A study of the predictive utility of connectedness and individuality in family relations. *Journal of Youth and Adolescence*, 13(6), 509-525.

Carpenter, S., & Meade-Pruitt, S. M. (2008). Does the Twenty Statements Test elicit self-concept aspects that are most descriptive? *World Cultures eJournal*, 16 (1), 1-11.

Carstensen, L. L., Isaacowitz, D. M., & Charles, S. T. (1999). Taking time seriously: A theory of socio emotional selectivity. *American Psychologist*, 54(3), 165-181.

Chabrol, H., Rousseau, A., & Callahan, S. (2006). Preliminary results of a scale assessing instability of self-esteem. *Canadian Journal of Behavioural Science*, 38(2), 136-141.

Chhangur, R. R., Weeland, J., Overbeek, G., Matthys, W., Bram, O. D. C., Danielle, V. D. G., & Belsky, J. (2016). Genetic moderation of intervention efficacy: Dopaminergic genes, the incredible years, and externalizing behavior in children. *Child Development*, 88(3), 796-811.

Chiao, J. Y., Harada, T., Komeda, H., Li, Z., Mano, Y., Saito, D., ..., Iidaka, T. (2009). Dynamic cultural influences on neural representations of the self. *Journal of Cognitive Neuroscience*, 22 (1), 1-11.

Chiao, J. Y., Harada, T., Komeda, H., Li, Z., Mano, Y., Saito, D., ..., Iidaka, T. (2010). Neural basis of individualistic and collectivistic views of self. *Human Brain Mapping*, *30*(9), 2813 - 2820.

Church, A. T., Anderson-Harumi, C. A., Del Prado, A. M., Curtis, G. J., Tanaka-Matsumi, J., & Valdex Medina, J. L. (2008). Culture, cross-role consistency, and adjustment: Testing trait and cultural psychology perspectives. *Journal of Personality and Social Psychology*, *95*(3), 739 - 755.

Clancy, S. M., & Dollinger, S. J. (1993). Identity, self, and personality: Identity status and the five-factor model of personality. *Journal of Research on Adolescence*, *3*(3), 227 - 245.

Coatsworth, J. D., & Conroy, D. E. (2009). The effects of autonomy-supportive coaching, need satisfaction, and self-perceptions on initiative and identity in youth swimmers. *Developmental Psychology*, *45*(2), 320.

Cole, D. A. (1991). Change in self-perceived competence as a function of peer and teacher evaluation. *Developmental Psychology*, *27*(4), 682 - 688.

Cooley, C. H. (1902). *Human nature and the social order*. New York: Charles Scribner's Sons.

Coopersmith, S. (1967). *The antecedents of self-esteem*. San Francisco: W. H. Freeman.

Corbin, C. B., Stewart, M. J., & Blair, W. O. (1981). Self-confidence and motor performance of preadolescent boys and girls studied in different feedback situations. *Journal of Sport Psychology*, *3*(1), 30 - 34.

Costa, P. T., & McCrae, R. R. (1992). Revised NEO Personality Inventory (NEO‐PI‐R) and NEO Five Factor Inventory (NEO‐FFI) professional manual. *Psychological Assessment Resources*, *4*, 26 - 42.

Côté, J. E. (1996). Sociological perspectives on identity formation: The culture-identity link and identity capital. *Journal of Adolescence*, *19*(5), 417 - 428.

Côté, J. E. (1997). An empirical test of the identity capital model. *Journal of Adolescence*, *20*(5), 577 - 597.

Côté, J. E., & Schwartz, S. J. (2002). Comparing psychological and sociological approaches to identity: Identity status, identity capital, and the individualization process. *Journal of Adolescence*, *25*(6), 571 - 586.

Cremer, D. D., Vugt, M. V., & Sharp, J. (1999). Effect of collective self-esteem on ingroupevaluations. *The Journal of Social Psychology*, *139*(4), 530 - 532.

Crocetti, E., Cieciuch, J., Gao, C. H., Klimstra, T., Lin, C. L., Matos, P. M., & Meeus, W. (2015). National and gender measurement invariance of the Utrecht-Management of Identity Commitments Scale (U-MICS): A 10-nation study with university students. *Assessment*, *22*(6), 753-768.

Crocetti, E., Rubini, M., Luyckx, K., & Meeus, W. (2008). Identity formation in early and middle adolescents from various ethnic groups: From three dimensions to five statuses. *Journal of Youth and Adolescence*, *37*(8), 983-996.

Crocetti, E., Rubini, M., & Meeus, W. (2008). Capturing the dynamics of identity formation in various ethnic groups: Development and validation of a three-dimensional model. *Journal of Youth and Adolescence*, *31*(2), 207-222.

Crocetti, E., Schwartz, S. J., Fermani, A., Klimstra, T., & Meeus, W. (2012). A cross-national study of identity status in Dutch and Italian adolescents: Status distributions and correlates. *European Psychologist*, *17*(3), 171-181.

Crocker, J., Luhtanen, R. K., Cooper, M. L., & Bouvrette, A. (2003). Contingencies of self-worth in college students: Theory and measurement. *Journal of Personality and Social Psychology*, *85*(5), 894-908.

Crocker, J., & Wolfe, C. T. (2001). Contingencies of self-worth. *Current Directions in Psychological Science*, *108*(3), 593-623.

Crowne, D. P., & Marlowe, D. (1960). A new scale of social desirability independent of psychopathology. *Journal of Consult Psychology*, *24*(4), 349-354.

Damon, W., & Hart, D. (1982). The development of self-understanding from infancy through adolescence. *Child Development*, *53*(4), 841-864.

Darling, N., & Steinberg, L. (1993). Parenting style as context: An integrative model. *Psychological Bulletin*, *113*(3), 487-496.

Davidson, K., & Youniss, J. (1991). Which comes first, morality or identity. In W. M. Kunines & J. L. Gewfrtz (Eds.), *Handbook of moral behavior and development* (Vol. 1). Hillsdale, NJ: Erlbaum.

Deci, E. L., & Ryan, R. M. (1987). The support of autonomy and the control of behavior. *Journal of Personality and Social Psychology*, *53*(6), 1024-1037.

Deci, E. L., & Ryan, R. M. (1995). Human autonomy: The basis for true self-esteem. In M. H. Kernis (Ed.), *Efficacy, agency, and self-esteem*. New York: Springer.

Diener, E., & Diener, M. (1995). Cross-cultural correlates of life satisfaction and self-esteem. *Journal of Personality and Social Psychology*, 68(4), 653–663.

Donnellan, M. B., Trzesniewski, K. H., Robins, R. W., Moffitt, T. E., & Caspi, A. (2005). Low self-esteem is related to aggression, antisocial behavior, and delinquency. *Psychological Science*, 16(4), 328–335.

Du, H., Chi, P., Li, X., Zhao, J., & Zhao, G. (2015). Relational self-esteem, psychological well-being, and social support in children affected by HIV. *Journal of Health Psychology*, 20(12), 459–461.

Du, H., Jonas, E., Klackl, J., Agroskin, D., Hui, K. P., & Ma, L. (2013). Cultural influences on terrormanagement: Independent and interdependent self-esteem as anxiety buffers. *Journal of Experimental Social Psychology*, 49(6), 1002–1011.

Du, H., King, R. B., & Chi, P. (2012). The development and validation of the Relational Self-Esteem Scale. *Scandinavian Journal of Psychology*, 53(3), 258–264.

Du, H., King, R. B., & Chu, S. K. (2016). Hope, social support, and depression among Hong Kong youth: Personal and relational self-esteem as mediators. *Psychology Health and Medicine*, 21(8), 926–931.

Dunn, D. S. (2013). Self-esteem and positive psychology: Research, theory, and practice. *Choice: Current Reviews for Academic Libraries*, 50(12), 2322.

Eccles, J. S., Jacobs, J. E., & Harold, R. D. (1990). Gender role stereotypes, expectancy effects, and parents' socialization of gender differences. *Journal of Social Issues*, 46(3), 183–201.

English, T., & Chen, S. (2011). Self-concept consistency and culture: The differential impact of two forms of consistency. *Personality and Social Psychology Bulletin*, 37(6), 838–849.

Epstein, S. (1985). The implications of cognitive-experiential self-theory for research in social psychology and personality. *Journal for the Theory of Social Behaviour*, 15(3), 283–309.

Epstein, S. (1994). Integration of the cognitive and the psychodynamic unconscious. *American Psychologist*, 49(8), 709–724.

Erikson, E. H. (1956). The problem of ego identity. *Journal of the American Psychoanalytic Association*, 4(1), 56–121.

Erikson, E. H. (1963). *Childhood and society* (2nd ed.). New York: Norton.

Erikson, E. H. (1968). *Identity, youth, and crisis*. New York: Norton.

Erikson, E. H. (1974). Dimensions of a new identity: The 1973 Jefferson lectures in the humanities. *Journal of American History*, 2(9), 1-2.

Erol, R. Y., & Orth, U. (2011). Self-esteem development from age 14 to 30 years: A longitudinal study. *Journal of Personality and Social Psychology*, 101(3), 607-619.

Evans, G. W., Brennan, P. L., Skorpanich, M. A., & Held, D. (1984). Cognitive mapping and elderly adults: Verbal and location memory for urban landmarks. *Journal of Gerontology*, 39(4), 452-457.

Fazel, A., & Stein, A. (2003). Mental health of refugee children: Comparative study. *British Madical Journal*, 327(7407), 134.

Fennell, M. J. V. (1997). Low self-esteem: A cognitive perspective. *Behavioural and Cognitive Psychotherapy*, 25(1), 1-26.

Fendrich, M., Weissman, M. M., & Warner, V. (1990b). Screening for depressive disorder in children and adolescents: Validating the center for epidemiologic studies depression scale for children. *American Journal of Epidemiology*, 131(3), 538-551.

Fitch, S. A., & Adams, G. R. (1983). Ego identity and intimacy status: Replication and extension. *Developmental Psychology*, 19(6), 839-845.

Fitts, W. H. (1965). *Manual for the Tennessee Self Concept Scale*. Los Angeles: Western Psychological Services.

Fleming, J. A., & Courtney, B. E. (1984). The dimensionality of self-esteem: II. Hierarchical facet model for revised measurement scales. *Journal of Personality and Social Psychology*, 46(2), 404-421.

Fong, R. S., Vogel, B. L., & Vogel, R. E. (2008). The correlates of school violence: An examination of factors linked to assaultive behavior in a rural middle school with a large migrant population. *Journal of School Violence*, 7(3), 24-47.

Fredericks, J. A., & Eccles, S. E. (2002). Children's competence and value beliefs from childhood through adolescence. Growth trajectories in two male-sex-typed domains. *Developmental Psychology*, 38(4), 519-533.

Fredrickson, B. L., & Branigan, C. (2005). Positive emotions broaden the scope of attention and thought-action repertoires. *Cognition and Emotion*, 19(3), 313-332.

Freud, A. (2002). The ego and the mechanisms of defence. *Australian and New Zealand Journal of Psychiatry*, 36(3), 430-434.

Frome, P. M., & Eccles, J. S. (1998). Parents' influence on children's achievement-related perceptions. *Journal of Personality and Social Psychology*, 74(2), 435-452.

Frost, J., & McKelvie, S. (2004). Self-esteem and body satification in male and female elementary school, high school, and university students. *Sex Roles*, *51*(1), 45–54.

Galambos, N. L., Barker, E. T., & Krahn, H. J. (2006). Depression, self-esteem, and anger in emerging adulthood: Seven-year trajectories. *Developmental Psychology*, *42*(2), 350–365.

Gardner, W. L., Gabriel, S., & Lee, A. Y. (1999). "I" value freedom, but "we" value relationships: Self-construal priming mirrors cultural differences in judgment. *Psychological Science*, *10*(4), 321–326.

Gecas, V., & Mortimer, J. T. (1987). Stability and change in the self-concept from adolescence to adulthood. In T. Honess & K. Yardley (Eds.), *Self and identity: Perspectives across the lifespan*. London: Routledge & Kegan Paul.

Gecas, V., & Schwalbe, M. L. (1983). Beyond the looking-glass self: Social structure and efficacy-based self-esteem. *Social Psychology Quarterly*, *46*(2), 77–88.

Gerin, W., Milner, D., Chawla, S., & Pickering, T. G. (1995). Social support as a moderator of cardiovascular reactivity in women: A test of the direct effects and buffering hypotheses. *Psychosomatic Medicine*, *57*(1), 16–22.

Goetz, T., Cronjaeger, H., Frenzel, A. C., Lüdtke, O., & Hall, N. C. (2010). Academic self-concept and emotion relations: Domain specificity and age effects. *Contemporary Educational Psychology*, *35*(1), 44–58.

Goodenow, C. (1993). Classroom belonging among early adolescent students: Relationships to motivation and achievement. *Journal of Early Adolescence*, *13*(1), 21–43.

Gough, H. G., & Heilbrun, A. B. (1983). *The adjective check list manual*. Consulting Psychologists Press.

Gove, W. R., Ortega, S. T., & Style, C. B. (1989). The maturational and role perspectives on aging and self through the adult years: An empirical evaluation. *American Journal of Sociology*, *94*(5), 1117–1145.

Greenberg, J., Solomon, S., Pyszezynski, T., Rosenblatt, A., Burling, J., Lyon, D., Simon, L., & Pinel, E. (1992). Why do people need self-esteem? Converging evidence that self-esteem serves an anxiety-buffering function. *Journal of Personality and Social Psychology*, *63*(6), 916–921.

Greenwald, A. G., & Farnham, S. D. (2000). Using the implicit association test to measure self-esteem and self-concept. *Journal of Personality and Social Psychology*, *79*(6), 1022–1038.

Greenwald, A. G., Mcghee, D. E., & Schwartz, J. L. (1998). Measuring individual differences in implicit cognition: The implicit association test. *Journal of Personality and Social Psychology*, 74(6), 1464-1480.

Grotevant, H. D. (1987). Toward a process model of identity formation. *Journal of Adolescent Research*, 2(3), 203-222.

Grotevant, H. D., & Adams, G. R. (1984). Development of an objective measure to assess ego identity in adolescence: Validation and replication. *Journal of Youth and Adolescence*, 13(5), 419-438.

Grotevant, H. D., & Cooper, C. R. (1981). Assessing adolescent identity in the areas of occupation, religion, politics, friendships, dating, and sex roles: Manual for the administration and coding of the interview. *Journal Supplement Abstract Service Catalog of Selected Documents in Psychology*, 11, 52-53.

Grotevant, H. D., & Cooper, C. R. (1985). Patterns of interaction in family relationships and the development of identity exploration in adolescence. *Child Development*, 56(2), 415-428.

Grotevant, H. D., Dunbar, N., & Kohler, J. K. (2000). Adoptive identity: How contexts within and beyond the family shape developmental pathways. *Family Relations*, 49(4), 379-387.

Gruen, W. (1960). Rejection of false information about oneself as an indication of ego identity. *Journal of Consulting Psychology*, 24, 231-233.

Guindon, M. H. (2002). Toward accountability in the use of the self-esteem construct. *Journal of Counseling and Development*, 80(2), 204-214.

Gundeson, E. A., Ramirez, G., Levine, S. C., & Beilock, S. L. (2012). The role of parents and teachers in the development of gender-related math attitudes. *Sex Roles*, 66(3-4), 153-166.

Haddock, G., & Gebauer, J. E. (2011). Defensive self-esteem impacts attention, attitude strength, and self-affirmation processes. *Journal of Experimental Social Psychology*, 47(6), 1280-1284.

Hakanen, J. J., & Roodt, G. (2010). Using the job demands-resources model to predict engagement: Analysing a conceptual model. In A. B. Bakker & M. P. Leiter (Eds.), *Work engagement: A handbook of essential theory and research* (pp. 85-101). New York: Psychology Press.

Hamachek, D. E. (1992). *Encounters with the self*. Harcourt Brace Jovanovich.

Harder, D. W. (1984). Character style of the defensively high self-esteem man. *Journal of Clinical Psychology*, 40(1), 26-35.

Hardy, L., & Leone, C. (2008). Real evidence for the failure of the Jamesian perspective or more evidence in support of it? *Journal of Personality*, 76(5), 1123–1136.

Harris, M. A., Gruenenfelder-Steiger, A. E., Ferrer, E., Donnellan, M. B., Allemand, M., Fend, H., & Trzesniewski, K. H. (2015). Do parents foster self-esteem? Testing the prospective impact of parent closeness on adolescent self-esteem. *Child Development*, 86(4), 995–1013.

Hart, C. H., Yang, C., Nelson, L. J., Robinson, C. C., Olsen, J. A., Nelson, D. A., ..., Wu, P. (2000). Peer acceptance in early childhood and subtypes of socially withdrawn behavior in China, Russia, and the United States. *International Journal of Behavioral Development*, 24(1), 73–81.

Harter, S. (1982). The perceived competence scale for children. *Child Development*, 53, 87–97.

Harter, S. (1985a). Competence as a dimension of self-evaluation: Toward a comprehensive model of self worth. In R. L. Leahy (Ed.), *The development of the self*. New York: Academic Press.

Harter, S. (1985b). *Manual for the self-perception profile for children*. Denver, Co: University of Denver.

Harter, S. (1986). *Manual: Self-perception profile for adolescents*. Denver, Co: University of Denver.

Harter, S. (1990). Causes, correlates, and the functional role of global self-worth: A life-span perspective. In J. Kolligian & R. Sternberg (Eds.), *Perceptions of competence and incompetence across the life-span*. New Haven, CT: Yale University Press.

Harter, S. (1993). Causes and consequences of the self-esteem. In R. F. Baumeister (Ed.), *Self-esteem: The puzzle of low self-regard* (pp. 88–166). New York: Plenum.

Harter, S. (1998). The development of self-representations. In W. Damon (Series Ed.) & N. Eisenberg (Vol. Ed), *Handbook of child psychology: Vol. 3. Social, emotional, and personality development* (5th ed., pp. 553–617). New York: Wiley.

Harter, S. (1999). *The construction of the self*. New York: Guildford Press.

Harter, S. (2012). *The construction of the self: A developmental perspective* (2nd ed.). New York: Guilford Press.

Harter, S., & Pike, R. (1984). The pictorial scale of perceived competence and social acceptance for young children. *Child Development*, 55(6),

1969 - 1982.

Harter, S. , & Whitesell, N. R. (1996). Multiple pathways to self-reported depression and adjustment among adolescents. *Development and Psychopathology*, 8(4), 836 - 854.

Hartup, W. W. (1996). The company they keep: Friendships and their developmental significance. *Child Development*, 67(1), 1 - 13.

Hattie, J. A. (1992). *Self-concept*. New York: Lawrence Erlbaum Associates.

Hauser, S. T. , Powers, S. I. , Noam, G. G. , Jacobson, A. M. , Weiss, B. , & Follansbee, D. J. (1984). Familial contexts of adolescent ego development. *Child Development*, 55(1), 195 - 213.

Heatherton, T. F. , & Polivy, J. (1991). Development and validation of a scale for measuring state self-esteem. *Journal of Personality and Social Psychology*, 60(6), 895 - 910.

Heaven, P. , & Ciarrochi, J. (2008). Parental styles, gender and the development of hope and self-esteem. *European Journal of Personality*, 22(8), 707 - 724.

Heine, S. J. , Lehman, D. R. , Markus, H. R. , & Kitayama, S. (1999). Is there a universal need for positive self-regard? *Psychological Review*, 106(4), 766 - 794.

Helson, R. , Mitchell, V. , & Moane, G. (1984). Personality and patterns of adherence and nonadherence to the social clock. *Journal of Personality and Social Psychology*, 46(5), 1079 - 1096.

Henriques, G. R. , & Calhoun, L. G. (1999). Gender and ethnic differences in the relationship between body esteem and self-esteem. *The Journal of Psychology*, 133(4), 357 - 368.

Heppner, W. L. , & Kernis, M. H. (2011). High self-esteem: Multiple forms and their outcomes. In S. Schwartz, K. Luyckx & V. Vignoles (Eds.), *Handbook of identity theory and research* (pp. 329 - 355). New York: Springer.

Herbozo, S. , & Thompson, J. K. (2006a). Appearance-related commentary, body image, and self-esteem: Does the distress associated with the commentary matter? *Body Image*, 3(3), 255 - 262.

Herbozo, S. , & Thompson, J. K. (2006b). Development and validation of the verbal commentary on physical appearance scale: Considering both positive and negative commentary. *Body Image*, 3(4), 335 - 344.

Herz, L. , & Gullone, E. (1999). The relationship between self-esteem and parenting style: A cross-cultural comparison of Australian and Vietnamese

Australian adolescents. *Journal of Cross-Cultural Psychology*, 30(6), 742-761.

Herzog, A., Rodgers, W. L., & Woodworth, J. (1982). *Subjective wellbeing among different age groups*. Michigan: Institute for Social Research.

Hetts, J. J., Sakuma, M., & Pelham, B. W. (1999). Two roads to positive regard: Implicit and explicit self-evaluation and culture. *Journal of Experimental Social Psychology*, 35(6), 512-559.

Hill, S. D., & Tomlin, C. (1981). Self-recognition in retarded children. *Child Development*, 52(1), 145-150.

Hormuth, S. E. (1990). *The ecology of the self: Relocation and self-concept change*. Cambridge University Press.

Howard, M. C. (2017). Measuring self-esteem instability through a single-administration scale: Still a fruitless endeavor? *Personality and Individual Differences*, 104, 522-532.

Howell, A. J., & Watson, D. C. (2006). Academic procrastination: The pattern and correlates of behavioural postponement. *Personality and Individual Difference*, 40(8), 1519-1530.

Hsu, F. L. K. (1981). *American and Chinese: Passage to differences* (3rd ed.). Honolulu, HA: University of Hawaii Press.

Huang, C. (2010). Mean-level change in self-esteem from childhood through adulthood: Meta-analysis of longitudinal studies. *Review of General Psychology*, 14(3), 251-260.

Jackson, L. A., Von Eye, A., Fitzgerald, H. E., Witt, E. A., & Zhao, Y. (2011). Internet use, videogame playing and cell phone use as predictors of children's body mass index (BMI), body weight, academic performance, and social and overall self-esteem. *Computers in Human Behavior*, 27(1), 599-604.

Jackson, L. A., Von Eye, A., Fitzgerald, H. E., Zhao, Y., & Witt, E. A. (2010). Self-concept, self-esteem, gender, race and information technology use. *Computers in Human Behavior*, 26(3), 323-328.

Jacobs, J. E., Davis-Kean, P. E., Bleeker, M., Eccles, J. S., & Malanchuk, O. (2005). "I can't, but I don't want to": The impact of parents, interests, and activities on gender differences in math. In A. M. Gallagher & J. C. Kaufman (Eds.), *Gender differences in mathematics: An integrative psychological approach* (pp. 246-263). New York: Cambridge University Press.

James, W. (1890). *The principles of psychology*. New York: Dover Publications.

James, W. (1999). The self. In R. F. Baumeister (Ed.), *The self in social psychology* (pp. 69–77). Philadelphia: Psychology Press.

Janis, I. L., & Field, P. B. (1956). A behavioral assessment of persuasibility: Consistency of individual differences. *Sociometry*, 19(4), 241–259.

Jordan, C. H., Spencer, S. J., Zanna, M. P., Hoshinobrowne, E., & Correll, J. (2003). Secure and defensive high self-esteem. *Journal of Personality and Social Psychology*, 85(5), 969–978.

Josephs, R. A., Markus, H. R., & Tafarodi, R. W. (1992). Gender and self-esteem. *Journal of Personality and Social Psychology*, 63(3), 391–402.

Judge, T. A. (2009). Core self-evaluations and work success. *Current Directions in Psychological Science*, 18(1), 58–62.

Kalpidou, M., Costin, D., & Morris, J. (2011). The relationship between Facebook and the well-being of undergraduate college students. *Cyberpsychology, Behavior, and Social Networking*, 14(4), 183–189.

Katz, P., & Zigler, E. (1967). Self-image disparity: A developmental approach. *Journal of Personality and Social Psychology*, 5(2), 186–195.

Kawash, G. F., Kerr, N., & Clewes, J. L. (1985). Self-esteem in children as function of perceivable behavior. *Journal of Psychology*, 113(3), 235–242.

Kazemi, M., & Nazari, L. (2015). Studying the effect of schools environment architecture on students identity formation in Iran high schools. *International Journal of Architecture and Urban Development*, 5(3), 43–52.

Keller, A., Ford, L. H., & Meacham, J. A. (1978). Dimensions of self-concept in preschool children. *Developmental Psychology*, 14(5), 483–489.

Kelly, E. V., Newton, N. C., Stapinski, L. A., Slade, T., Barrett, E. L., Conrod, P. J., & Teesson, M. (2015). Suicidality, internalizing problems and externalizing problems among adolescent bullies, victims and bully-victims. *Preventive Medicine*, 73, 100–105.

Kenny, M. E. (1987). The extent and function of parental attachment among first-year college students. *Journal of Youth and Adolescence*, 16(1), 17–29.

Kernis, M. H. (2001). Following the trail from narcissism to fragile self-esteem. *Psychological Inquiry*, 12(4), 223–225.

Kernis, M. H. (2003). Toward a conceptualization of optimal self-esteem. *Psychological Inquiry*, 14(1), 21–26.

Kernis, M. H. (2013). *Self-esteem issues and answers: A sourcebook of current perspectives*. London: Psychology Press.

Kernis, M. H., Brockner, J., & Frankel, B. S. (1989). Self-esteem and reactions to failure: The mediating role of overgeneralization. *Journal of Personality and Social Psychology*, 57(4), 707–714.

Kernis, M. H., Cornell, D. P., Sun, C. R., Berry, A., & Harlow, T. (1993). There's more to self-esteem than whether it is high or low: The importance of stability of self-esteem. *Journal of Personality and Social Psychology*, 65(6), 1190–1204.

Kernis, M. H., Grannemann, B. D., & Barclay, L. C. (1989). Stability and level of self-esteem as predictors of anger arousal and hostility. *Journal of Personality and Social Psychology*, 56(6), 1013–1022.

Kernis, M. H., Grannemann, B. D., & Barclay, L. C. (2010). Stability of self-esteem: Assessment, correlates, and excuse making. *Journal of Personality*, 60(3), 621–644.

Kernis, M. H., Grannemann, B. D., & Mathis, L. C. (1991). Stability of self-esteem as a moderator of the relation between level of self-esteem and depression. *Journal of Personality and Social Psychology*, 61(1), 80–84.

Kernis, M. H., Greenier, K. D., Herlocker, C. E., Whisenhunt, C. R., & Abend, T. A. (1997). Self-perceptions of reactions to doing well or poorly: The roles of stability and level of self-esteem. *Personality and Individual Differences*, 22(6), 845–854.

Kernis, M. H., Lakey, C. E., & Heppner, W. L. (2008). Secure versus fragile high self-esteem as a predictor of verbal defensiveness: Converging findings across three different markers. *Journal of Personality*, 76(3), 477–512.

Kernis, M. H., & Paradise, A. W. (2002). Distinguishing between secure and fragile forms of high self-esteem. In E. L. Deci & R. M. Ryan (Eds.), *Handbook of self-determination research* (pp. 339–351). New York: University of Rochester Press.

Kiefer, A. K., & Sekaquaptewa, D. (2007). Implicit stereotypes, gender identificationm and math-related outcomes. *Psychological Science*, 18, 13–18.

Kiviruusu, O., Huurre, T., Aro, H., Marttunen, M., & Haukkala, A. (2015). Self-esteem growth trajectory from adolescence to mid-adulthood and its predictors in adolescence. *Advances in Life Course Research*, 23, 29–43.

Kiviruusu, O., Konttinen, H., Huurre, T., Aro, H., Marttunen, M., &

Haukkala, A. (2016). Self-esteem and body mass index from adolescence to mid-adulthood. A 26-year follow-up. *International Journal of Behavioral Medicine*, 23(3), 355-363.

Knee, C. R., Canevello, A., Bush, A. L., & Cook, A. (2008). Relationship-contingent self-esteem and the ups and downs of romantic relationships. *Journal of Personality and Social Psychology*, 95(3), 608-627.

Koch, E. J., & Shepperd, J. A. (2008). Testing competence and acceptance explanations of self-esteem. *Self and Identity*, 7(1), 54-74.

Koole, S. L., Dijksterhuis, A., & Van Knippenberg, A. (2001). What's in a name: Implicit self-esteem and the automatic self. *Journal of Personality and Social Psychology*, 80(4), 669-685.

Kort-Butler, L. A., & Hagewen, K. J. (2011). School-based extracurricular activity involvement and adolescent self-esteem: A growth-curve analysis. *Journal of Youth and Adolescence*, 40(5), 568-581.

Kroger, J. (1993). *Discussions on ego identity*. London: Lawrence Erlbaum Associates.

Kroger, J. (2001). Identity development adolescence through adulthood. *Identity*, 1(1), 95-96.

Kroger, J. (2004). *Identity in adolescence: The balance between self and other*. New York: Routleder.

Kroger, J. (2015). Identity development through adulthood. *The Oxford Handbook of Identity Development*, 3, 65-80.

Kroger, J., & Haslett, S. J. (1988). Separation-individuation and ego identity status in late adolescence: A two-year longitudinal study. *Journal of Youth and Adolescence*, 17(1), 59-79.

Kuhn, M. H. (1960). Self-attitudes by age, sex, and professional training. *Sociological Quarterly*, 1(1), 16.

Laible, D. J., Carlo, G., & Roesch, S. C. (2004). Pathways to self-esteem in late adolescence: The role of parent and peer attachment, empathy, and social behaviors. *Journal of Adolescence*, 27(6), 703-716.

Lamborn, S. D., Mounts, N. S., Steinberg, L., & Dornbusch, S. M. (1991). Patterns of competence and adjustment among adolescents from authoritative, authoritarian, indulgent, and neglectful families. *Child Development*, 62(5), 1049-1065.

Lannegrand-Willems, L., & Bosma, H. A. (2006). Identity development-in-context: The school as an important context for identity development. *Identity*, 6(1), 85-113.

Lannegrand-Willems, L., Perchec, C., & Marchal, C. (2016). Vocational identity and psychological adjustment: A study in French adolescents and emerging adults. *Journal of Adolescence*, *47*, 210–219.

Lay, C. H., & Schouwenburg, H. C. (1993). Trait procrastination, time management, and academic behavior. *Journal of Social Behavior and Personality*, *8*(4), 647–662.

Lenney, E., Gold, J., & Browning, C. (1983). Sex differences in self-confidence: The influence of comparison to others' ability level. *Sex Roles*, *9*(9), 925–942.

Levenson, H. (1981). Differentiating between internality, powerful others, and chance. In H. M. Lefcourt (Ed.), *Research with the locus of control construct* (Vol. 1, pp. 15–63). New York: Academic Press.

Levesque, R. J. R. (2016). *Adolescent crisis*. New York: Springer.

Lewis, M., & Brooks-Gunn, J. (1979). *Social cognition and the acquisition of self*. New York: Plenum.

Lewis, M., Sullivan, M. W., Stanger, C., & Weiss, M. (1989). Self development and self-conscious emotions. *Child Development*, *60*(1), 146–156.

Lewis, T. L. (2011). Internalizing problems: A potential pathway from childhood maltreatment to adolescent smoking. *Journal of Adolescent Health*, *48*(3), 247–252.

Lindwall, M., Asci, F. H., Palmeira, A., Fox, K. R., & Hagger, M. S. (2011). The importance of importance in the physical self: Support for the theoretically appealing but empirically elusive model of James. *Journal of Personality*, *79*(2), 303–334.

Long, B. H., Henderson, E. H., & Ziller, R. C. (1990). *Manual for the Self-Social Symbols Tasks and Children's Self-Social Constructs Test*. Baltimore: Goucher College.

Loose, F., Régner, I., Morin, A. J. S., & Dumas, F. (2012). Are academic discounting and devaluing double-edged swords? Their relations to global self-esteem, achievement goals, and performance among stigmatized students. *Journal of Educational Psychology*, *104*(3), 713–725.

Lord, S. E., Eccles, J. S., & McCarthy, K. A. (1994). Surviving the junior high school transition: Family processes and self-perceptions as protective and risk factors. *Journal of Early Adolescence*, *14*(2), 162–199.

Low, J. M. (1999). Differences in cognitive complexity of adolescents with foreclosed and achieved identity status. *Psychological Reports*, *85*(2), 1093–1099.

Lu, L. (2008). The individual-oriented and social-oriented Chinese bicultural self: Testing the theory. *Journal of Social Psychology*, *148*(3), 347–374.

Lundeberg, M. A., Fox, P. W., Brown, A. C., & Elbedour, S. (2000). Cultural influences on confidence: Country and gender. *Journal of Educational Psychology*, *92*(1), 152–159.

Luyckx, K., Goossens, L., & Soenens, B. (2006a). A developmental contextual perspective on identity construction in emerging adulthood: Change dynamics in commitment formation and commitment evaluation. *Developmental Psychology*, *42*(2), 366–380.

Luyckx, K., Klimstra, T. A., Duriez, B., Schwartz, S. J., & Vanhalst, J. (2012). Identity processes and coping strategies in college students: Short-term longitudinal dynamics and the role of personality. *Journal of Youth and Adolescence*, *41*(9), 1226–1239.

Luyckx, K., Schwartz, S. J., Berzonsky, M. D., Soenens, B., Vansteenkiste, M., Smits, I., et al. (2008a). Capturing ruminative exploration: Extending the four-dimensional model of identity formation in late adolescence. *Journal of Research in Personality*, *42*(1), 58–82.

Ma, Y., & Han, S. (2011). Neural representation of self-concept in sighted and congenitally blind adults. *Brain*, *134*(1), 235–246.

Machover, B. K. (1949). *Personality projection in the drawing of the human figure: A method of personality investigation*. Springfield, Ill.: Charles C Thomas.

MacKinnon, C. E., & King, D. (1988). Day care: A review of literature, implications for policy, and critique of resources. *Family Relations*, *37*(2), 29–36.

Major, B., Barr, L., Zubek, J., & Babey, S. H. (1999). Gender and self-esteem: A meta-analysis. In W. Swann & J. Langlois (Eds.), *Sexism and stereotypes in modern society: The gender science of Janet Taylor Spence* (pp. 223–253). Washington, DC: American Psychological Association.

Makros, J., & McCabe, M. P. (2001). Relationships between identity and self-representations during adolescence. *Journal of Youth and Adolescence*, *30*(5), 623–639.

Marcia, J. E. (1966). Development and validation of ego identity status. *Journal of Personality and Social Psychology*, *3*(5), 551–558.

Marcia, J. E. (1980). Identity in adolescence. In J. Adelson (Ed.), *Handbook of adolescent psychology* (pp. 159–187). New York: Wiley.

Marcia, J. E., Waterman, A. S., Matteson, D. R., Archer, S. L., & Orlofsky, A. J. L. (1993). *Ego identity: A handbook for psychosocial research*. New York: Springer.

Markus, H. R. (1977). Self-schemata and processing information about the self. *Journal of Personality and Social Psychology*, *35*(2), 63–78.

Markus, H. R., & Kitayama, S. (1991). Culture and the self: Implications for cognition, emotion, and motivation. *Psychological Review*, *98*(2), 224–253.

Markus, H. R., & Kitayama, S. (2003). Culture, self, and the reality of the social. *Psychological Inquiry*, *14*(3–4), 277–283.

Markus, H. R., & Kitayama, S. (2010). Cultures and selves: A cycle of mutual constitution. *Perspectives on Psychological Science*, *5*(4), 420–430.

Marmar, C. R. (1982). Conitive styles: Essence and origins. *Journal of the American Academy of Child Psychiatry*, *21*(6), 589–590.

Marsh, H. W. (1989). Age and sex effects in multiple dimensions of self-concept: Preadolescence to early adulthood. *Journal of Educational Psychology*, *81*(3), 417–430.

Marsh, H. W. (1990a). A multidimensional, hierarchical self-concept: Theoretical and empirical justification. *Educational Psychology Review*, *2*(2), 77–172.

Marsh, H. W. (1990b). The structure of academic self-concept: The Marsh/Shavelson model. *Journal of Educational Psychology*, *82*(4), 623–636.

Marsh, H. W. (1993a). Academic self-concept: Theory, measurement, and research. In J. Suls (Ed.), *Psychological perspectives on the self* (Vol. 4, pp. 59–98). Hillsdale, NJ: Erlbaum.

Marsh, H. W. (1993b). The multidimensional structure of academic self-concept: Invariance over gender and age. *American Educational Research Journal*, *30*(4), 841–860.

Marsh, H. W. (2008). The elusive importance effect: More failure for the Jamesian perspective on the importance of importance in shaping self-esteem. *Journal of Personality*, *76*(5), 1081–1121.

Marsh, H. W., & Ayotte, V. (2003). Do multiple dimensions of self-concept become more differentiated with age? The differential distinctiveness hypothesis. *Journal of Educational Psychology*, *95*(4), 687–706.

Marsh, H. W., & Craven, R. G. (2006). Reciprocal effects of self-concept and performance from a multidimensional perspective: Beyond seductive pleasure and unidimensional perspectives. *Perspectives on Psychological Science*, *1*(2), 133–163.

Marsh, H. W., & Redmayne, R. S. (1994). A multidimensional physical self-

concept and its relation to multiple components of physical fitness. *Journal of Sport and Exercise Psychology*, 16(1), 45–55.
Marsh, H. W., & Shavelson, R. (1985). Self-concept: It's multifaceted, hierarchical structure. *Educational Psychologist*, 20(3), 107–123.
Marsh, H. W., & Yeung, A. S. (1998). Top-down, bottom-up, and horizontal models: The direction of causality in multidimensional, hierarchical self-concept models. *Journal of Personality and Social Psychology*, 75(2), 509–527.
Martin, A. J., Marsh, H. W., Williamson, A., & Debus, R. L. (2003). Self-handicapping, defensive pessimism, and goal orientation: A qualitative study of university students. *Journal of Educational Psychology*, 95(3), 617–628.
Martínez, I., & García, J. F. (2008). Internalization of values and self-esteem among Brazilian teenagers from authoritative, indulgent, authoritarian, and neglectful homes. *Adolescence*, 43(169), 13–29.
Maslow, A. H. (1943). Conflict, frustration, and the theory of threat. *Journal of Abnormal Social Psychology*, 38(1), 81–86.
Maslow, A. H. (1962). Toward a psychology of being. *Philosophy and Phenomenological Research*, 25(2), 57–64.
Maslow, A. H. (1970). *Motivation and personality*. New York: Harper & Row.
Mboya, M. M. (1995). Perceived teachers' behaviours and dimensions of adolescent self-concepts. *Educational Psychology*, 15(4), 491–499.
McFarland, C., Buehler, R., Von Riiti, R., Nguyen, L., & Alvaro, C. (2007). The impact of negative moods on self-enhancing cognitions: The role of reflective versus ruminative mood orientations. *Journal of Personality and Social Psychology*, 93(5), 728–750.
McLeod, B. D., Weisz, J. R., & Wood, J. J. (2007). Examining the association between parenting and childhood depression: A meta-analysis. *Clinical Psychology Review*, 27(8), 986–1003.
Mcpartland, K. T. S. (1954). An empirical investigation of self-attitudes. *American Sociological Review*, 19(1), 68–76.
Mead, G. H. (1934). *Mind, self and society*. Chicago: University of Chicago Press.
Mehdizadeh, S. (2010). Self-presentation 2.0: Narcissism and self-esteem on Facebook. *Cyberpsychology, Behavior, and Social Networking*, 13(4), 357–364.
Meier, L. L., Orth, U., Denissen, J. J. A., & Kühnel, A. (2011). Age

differences in instability, contingency, and level of self-esteem across the life span. *Journal of Research in Personality*, *45*(6), 604–612.

Mendelson, B. K., Mendelson, M. J., & White, D. R. (2001). Body-Esteem Scale for adolescents and adults. *Journal of Personality Assessment*, *76*(1), 90–106.

Mendelson, B. K., White, D. R., & Mendelson, M. J. (1995). Children's global self-esteem predicted by body-esteem but not by weight. *Perceptual and Motor Skills*, *80*(1), 97–98.

Mendelson, M. J., Mendelson, B. K., & Andrews, J. (2000). Self-esteem, body esteem, and body-mass in late adolescence: Is a competence × importance model needed? *Journal of Applied Development Psychology*, *21*(3), 249–266.

Mercer, S. (2011). *Towards an understanding of language learner self-concept*. New York: Springer.

Michael, H. K. (2003). Toward a conceptualization of optimal self-esteem. *Psychological Inquiry*, *14*(1), 1–26.

Mitchell, V., & Helson, R. (1990). Women's prime of life: Is it the 50's? *Psychology of Women Quarterly*, *14*(4), 451–470.

Morgan, C. D., & Murray, H. A. (1935). A method for investigating fantasies. *Archives of Neurological Psychiatry*, *34*(2), 289–306.

Moshman, D. (2005). *Adolescent psychological development: Rationality, morality, and identity*. London: Lawrence Erlbaum Associates.

Moskowiz, J. T., Epel, E. S., & Acree, M. (2008). Positive affect uniquely predicts lower risk of mortality in people with diabetes. *Health Psychology*, *27*(1), 73–82.

Mruk, C. J. (2013a). Self-esteem: Research, theory, and practice. *Journal of Psychosocial Nursing and Mental Health Services*, *39*(3), 53.

Mruk, C. J. (2013b). Defining self-esteem as a relationship between competence and worthiness: How a two-factor approach integrates the cognitive and affective dimensions of self-esteem. *Polish Psychological Bulletin*, *44*(2), 157–164.

Nagumey, A. J., Reich, J. W., & Newsom, J. (2004). Gender moderates the effects of independence and dependence desires during the social support process. *Psychol Aging*, *19*(1), 215–218.

Negru-Subtirica, O., Pop, E. I., & Crocetti, E. (2015). Developmental trajectories and reciprocal associations between career adaptability and vocational identity: A three-wave longitudinal study with adolescents. *Journal of Vocational Behavior*, *88*, 131–142.

Newman, L. S., & Wadas, R. F. (1997). When stakes are higher: Self-esteem instability and self-handicapping. *Journal of Social Behavior and Personality*, 12(1), 217–232.

Ng, S. H., Han, S., Mao, L., & Lai, J. C. L. (2010). Dynamic bicultural brains: A fMRI study of their flexible neural representation of self and significant others in response to culture priming. *Asian Journal Social Psychology*, 13(2), 83–91.

Noltemeyer, A. L., & Bush, K. R. (2013). Adversity and resilience: A synthesis of international research. *School Psychology International*, 34(5), 474–487.

Øverup, C. S., Brunson, J. A., & Acitelli, L. K. (2015). Presenting different selves to different people: Self-presentation as a function of relationship type and contingent self-esteem. *The Journal of General Psychology*, 142(4), 213–237.

Okada, R. (2010). A meta-analytic review of the relation between self-esteem level and self-esteem instability. *Personality and Individual Differences*, 48(2), 243–246.

Öngen, D. E. (2014). Vocational identity status among Turkish youth: Relationships between perfectionisms and decision making style. *Procedia-Social and Behavioral Sciences*, 116, 472–476.

Orth, U., Maes, J., & Schmitt, M. (2015). Self-esteem development across the life span: A longitudinal study with a large sample from Germany. *Developmental Psychology*, 51(2), 248.

Orth, U., Robins, R. W., & Widaman, K. F. (2012). Life-span development of self-esteem and its effects on important life outcomes. *Journal of Personality and Social Psychology*, 102(6), 1271–1288.

Orth, U., Trzesniewski, K. H., & Robins, R. W. (2010). Self-esteem development from young adulthood to old age: A cohort-sequential longitudinal study. *Journal of Personality and Social Psychology*, 98(4), 645–658.

Osgood, C., Suci, G., & Tannenbaum, P. (1957). *The measurement of meaning*. Urbana: University of Illinois Press.

Palmore, E. B., Fillenbaum, G. G., & George, L. K. (1984). Consequences of retirement. *Journal of Gerontology*, 39(1), 109–116.

Paradise, A. W., & Kernis, M. H. (2002). Self-esteem and psychological well-being: Implications of fragile self-esteem. *Journal of Social and Clinical Psychology*, 21(4), 345–361.

Park, L. E., Sanchez, D. T., & Brynildsen, K. (2011). Maladaptive responses to relationship dissolution: The role of relationship contingent self-worth. *Journal of Applied Social Psychology*, *41*(7), 1749–1773.

Parker, J. S., & Benson, M. J. (2004). Parent-adolescent relations and adolescent functioning: Self-esteem, substance abuse, and delinquency. *Adolescence*, *39*(155), 519–530.

Parkhurst, J. T., & Asher, S. R. (1992). Peer rejection in middle school: Subgroup differences in behavior, loneliness, and interpersonal concerns. *Developmental Psychology*, *28*(2), 231–241.

Patrick, H., Neighbors, C., & Knee, C. R. (2004). Appearance-related social comparisons: The role of contingent self-esteem and self-perceptions of attractiveness. *Personality and Social Psychology Bulletin*, *30*(4), 501–514.

Pavlickova, H., Turnbull, O. H., & Bentall, R. P. (2014). Discrepancies between explicit and implicit self-esteem and their relationship to symptoms of depression and mania. *Psychology and Psychotherapy: Theory, Research and Practice*, *87*(3), 311–323.

Perosa, L. M., Perosa, S. L., & Tam, H. P. (1996). The contribution of family structure and differentiation to identity development in females. *Journal of Youth and Adolescence*, *25*(6), 817–837.

Perozzo, C., Sablonnière, R., Auger, E., & Caron, D. M. (2016). Social identity change in response to discrimination. *British Journal of Social Psychology*, *55*(3), 438–456.

Phillips, D. A., & Zigler, E. (1980). Children's self-image disparity: Effects of age, socioeconomic status, ethnicity, and gender. *Journal of Personality and Social Psychology*, *39*(4), 689–700.

Piaget, J. (1962). *Play, dreams, and imitation in childhood*. New York: Norton.

Piers, E. V., & Harris, D. B. (1964). Age and other correlates of self-concept in children. *Journal of Educational Psychology*, *55*(2), 91–95.

Pieters, S., Burk, W. J., Vorst, H. V. D., Dahl, R. E., Wiers, R. W., & Engels, R. C. M. E. (2015). Prospective relationships between sleep problems and substance use, internalizing and externalizing problems. *Journal of Youth and Adolesence*, *44*(2), 379–388.

Piotrowski, C. (1983). Factor structure on the semantic differential as a function of method of analysis. *Educational and Psychological Measurement*, *43*(1), 283–288.

Piotrowski, C., & Guyette, R. J. (2010). The case for the semantic differential in organizational and business research. *Journal of*

Instructional Psychology, *37*(4), 337 – 339.
Pliner, P., Chaiken, S., & Flett, G. L. (1990). Gender differences in concern with body weight and physical appearance over the life span. *Personality and Social Psychology Bulletin*, *16*(2), 263 – 273.
Polce-Lynch, M., Myers, B. J., Kilmartin, C. T., Forssmann-Falck, R., & Kliewer, W. (1998). Gender and age patterns in emotional expression, body image, and self esteem: A qualitative analysis. *Sex Roles*, *38*(11 – 12), 1025 – 1048.
Polkinghorne, D. (1988). *Narrative knowing and the human sciences*. Albany: Suny Press.
Porfeli, E. J., Lee, B., Vondracek, F. W., & Weigold, I. K. (2011). A multi-dimensional measure of vocational identity status. *Journal of Adolescence*, *34*(5), 853 – 871.
Prezza, M., Pilloni, S., Morabito, C., Sersante, C., Alparone, F. R., & Giuliani, M. V. (2001). The influence of psychosocial and environmental factors on chindren's independent mobility and relationship to peer frequentation. *Journal of Community and Applied Social Psychology*, *11*(6), 435 – 450.
Priel, B., & De Schonen, S. (1986). Self-recognition: A study of a population without mirrors. *Journal of Experimental Child Psychology*, *41*(2), 237 – 250.
Pugh, M. J., & Hart, D. (1999). Identity development and peer group participation. *New Directions for Child and Adolescent Development*, *1999*(84), 55 – 70.
Pullmann, H., & Allik, J. (2008). Relations of academic and general self-esteem to school achievement. *Personality and Individual Differences*, *45*(6), 559 – 564.
Rahiminezhad, A., Farahani, H., Amani, H., Varzaneh, M. J. Y., Haddadi, P., & Zarpour, S. (2011). Developing Academic Identity Statues Scale (AISS) and studying its construct validity on Iranian students. *Procedia-Social and Behavioral Sciences*, *15*(1), 738 – 742.
Rahman, O., Wing-Sun, L., & Cheung, H. M. (2012). "Cosplay": Imaginative self and performing identity. *Fashion Theory: The Journal of Dress, Body and Culture*, *16*(3), 317 – 342.
Raphael, D., Feinberg, R., & Bachor, D. (1987). Student teachers' perceptions of the identity formation process. *Journal of Youth and Adolescence*, *16*(4), 331 – 344.
Reddy, M. (1983). Study of self-confidence and achievement motivation in

relation to academic achievement. *Journal of Psychological Researches*, (27), 87-89.

Reise, S. P., & Wink, P. (1995). Psychological implications of the Psychopathy Q-Sort. *Journal of Personality Assessment*, 65(2), 300-312.

Richardson, J. T. E. (1998). Field independence in higher education and the case of distance learning. *International Journal of Educational Research*, 29(3), 241-250.

Ricoeur, P. (1984). *Time and narrative*. Chicago: University of Chicago Press.

Riekie, H., & Aldridge, J. M. (2016). The role of the school climate in high school students' mental health and identity formation: A South Australian study. *British Educational Research Journal*, 43(1), 95-123.

Rizeanu, S. (2013). Pathological gambling in relation to anxiety and identity status. *Procedia-Social and Behavioral Sciences*, 78(2), 748-752.

Roberts, B. W., & Del Vecchio, W. F. (2000). The rank-order consistency of personality traits from childhood to old age: A quantitative review of longitudinal studies. *Psychological Bulletin*, 126(1), 3-25.

Robins, R. W., Tracy, J. L., Trzesniewski, K., Potter, J., & Gosling, S. D. (2001). Personality correlates of self-esteem. *Journal of Research in Personality*, 35(4), 463-482.

Robins, R. W., Trzesniewski, K. H., Tracy, J. L., Gosling, S. D., & Potter, J. (2002). Global self-esteem across the life span. *Psychology and Aging*, 17(3), 423-434.

Rogers, C. R. (1959). A theory of therapy, personality, and interpersonal relationships, as developed in the client-centered framework. In S. Koch (Ed.), *Psychology: A study of a science* (Vol. 3). New York: McGraw-Hill.

Rogers, C. R. (1966). *Client-centered therapy* (p. xi). American Psychological Association.

Roosa, M., & Vaughan, L. A. (1984). Comparison of teenage and older mothers with preschool children. *Family Relationship*, 33(2), 259-265.

Rorschach, H. (1942). *Psychodiagnostics*. New York: Grune & Stratton.

Rosenberg, M. (1965). *Society and the adolescent self-image*. Princeton, NJ: Princeton University Press.

Rosenberg, M. (1979). *Conceiving the self*. New York: Basic Books.

Rosenberg, M. (1986). Self-concept from middle childhood through adolescence. In J. Suls & A. G. Greenwald (Eds.), *Psychological perspectives on the self* (pp. 107-136). Hillsdale, NJ: Erlbaum.

Rosenberg, M. , Schooler, C. , Schoenbach, C. , & Rosenberg, F. (1995). Global self-esteem and specific self-esteem: Different concepts, different outcomes. *American Sociological Review*, 60(1), 141-156.

Rowe, I. , & Marcia, J. E. (1980). Ego identity status, formal operations, and moral development. *Journal of Youth and Adolescence*, 9(2), 87-99.

Ruble, D. N. , Boggiano, A. K. , Feldman, N. S. , & Loebl, J. H. (1980). Developmental analysis of the role of social comparison in self-evaluation. *Developmental Psychology*, 16(2), 105-115.

Runfola, C. D. , Holle, A. V. , Trace, S. E. , Brownley, K. A. , Hofmeier, S. M. , Gagne, D. A. , & Bulik, C. M. (2012). Body dissatisfaction in women across the lifespan: Results of the UNC-SELF and Gender and Body Image (GABI) studies. *European Eating Disorders Review*, 21(1), 52-59.

Salmivalli, C. (2001). Feeling good about oneself, being bad to others? Remarks on self-esteem, hostility, and aggressive behavior. *Aggression and Violent Behavior*, 6(4), 375-393.

Salmivalli, C. , Kaukiainen, A. , Kaistaniemi, L. , & Lagerspetz, K. M. J. (1999). Self-evaluated self-esteem, peer-evaluated self-esteem, and defensive egotism as predictors of adolescents' participation in bullying situations. *Personality and Social Psychology Bulletin*, 25(10), 1268-1278.

Salmon, G. , & James, A. (1998). Bullying in schools: Self-reported anxiety, depression, and self-esteem in secondary school children. *British Medical Journal*, 317(7163), 924-925.

Sanders, J. , & Munford, R. (2016). Fostering a sense of belonging at school-five orientations to practice that assist vulnerable youth to create a positive student identity. *School Psychology International*, 37(2), 155-171.

Sato, T. , & Cameron, J. E. (1999). The relationship between collective self-esteem and self-construal in Japan and Canada. *The Journal of Social Psychology*, 139(4), 426-435.

Scalas, L. F. , & Marsh, H. W. (2008). A stronger latent-vairable methodology to actual-ideal discrepancy. *European Journal of Personality*, 22(7), 629-654.

Schimmack, U. , & Diener, E. (2003). Predictive validity of explicit and implicit self-esteem for subjective well being. *Journal of Research in Personality*, 37(2), 100-106.

Schneider, D. J. , & Turkat, D. (1975). Self-presentation following success or failure: Defensive self-esteem models. *Journal of Personality*, 43(1), 127-135.

Schraml, K., Perski, A., Grossi, G., & Simonsson-Sarnecki, M. (2011). Stress symptoms among adolescents: The role of subjective psychosocial conditions, lifestyle, and self-esteem. *Journal of Adolescence*, 34(5), 987-996.

Schwartz, S. J. (2001). The evolution of Eriksonian and neo-Eriksonian identity theory and research: A review and integration. *Identity*, 1(1), 7-58.

Seery, M. D., Blascovich, J., Weisbuch, M., & Vick, S. B. (2004). The relationship between self-esteem level, self-esteem stability, and cardiovascular reactions to performance feedback. *Journal of Personality and Social Psychology*, 87(1), 133-145.

Selman, R. L. (1980). *The growth of interpersonal understanding*. New York: Academic Press.

Senol, D. E., & Durak, M. (2011). The mediator roles of life satisfaction and self-esteem between the affective components of psychological well-being and the cognitive symptoms of problematic Internet use. *Social Indicators Research*, 103(1), 23-32.

Shaffer, D. R. (2000). *Social and personality development* (4th ed.). California: Wadsworth.

Shavelson, R. J., Hubner, J. J., & Stanton, G. C. (1976). Self-concept: Validation of construct interpretations. *Review of Educational Research*, 46(3), 407-441.

Shavelson, R. J., & Bolus, R. (1982). Self-concept: The interplay of theory and methods. *Journal of Educational Psychology*, 74(1), 3-17.

Shell, D. F., & Husman, J. (2008). Control, motivation, affect and strategic self-regulation in the college classroom: A multidimensional phenomenon. *Journal of Educational Psychology*, 100(2), 443-459.

Sherman, D. K., & Cohen, G. L. (2010). Accepting threatening information: Self-affirmation and the reduction of defensive biases. *Current Directions in Psychological Science*, 11(4), 119-123.

Shrauger, J. S., & Schohn, M. (1995). Self-confidence in college students: Conceptualization, measurement, and behavioral implications. *Assessment*, 2(3), 255-278.

Simmons, R. G., & Blyth, D. A. (1987). *Moving to adolescence: The impact of pubertal change and school context*. Hawthorne, NJ: Aldine.

Skaalvik, S., & Skaalvik, E. M. (2004). Gender differences in math and verbal self-concept, performance expectations, and motivation. *Sex Roles*, *50*(3-4), 241-252.

Slee, P. T., & Rigby, K. (1993). The relationship of Eysenck's personality factors and self-esteem to bully-victim behavior in Australian school boys. *Personality and Individual Differences*, *14*(2), 371-373.

Smokowski, P. R., Bacallao, M. L., Cotter, K. L., & Evans, C. B. (2015). The effects of positive and negative parenting practices on adolescent mental health outcomes in a multicultural sample of rural youth. *Child Psychiatry and Human Development*, *46*(3), 333-345.

Snider, J. G., & Osgood, C. E. (1969). *Semantic differential technique*. Chicago, IL: Aldine.

Soenens, B., & Vansteenkiste, M. (2010). A theoretical upgrade of the concept of parental psychological control: Proposing new in-sights on the basis of self-determination theory. *Developmental Review*, *30*(1), 74-99.

Solomon, S., Greenberg, J., & Pyszczynski, T. (1991). Terror management theory of self-esteem. In C. R. Snyder & D. Forsyth(Eds.), *Handbook of social and clinical psychology: The health perspective* (pp. 21-40). New York: Pergamon Press.

Somech, A. (2000). The independent and the interdependent selves: Different meanings in different cultures. *International Journal of Intercultural Relations*, *24* (2), 161-172.

Song, I. S., & Hattie, J. (1984). Home environment, self-concept, and academic achievement: A causal modeling approach. *Journal of Educational Psychology*, *76*(6), 1269-1281.

Sowislo, J. F., & Orth, U. (2013). Does low self-esteem predict depression and anxiety? A meta-analysis of longitudinal studies. *Psychology Bulletin*, *139*(1), 213-240.

Spalding, L. R., & Hardin, C. D. (2010). Unconscious unease and self-handicapping: Behavioral consequences of individual differences in implicit and explicit self-esteem. *Psychological Science*, *10*(6), 535-539.

Steel, P. (2012). The nature of procrastination: A meta-analytic and theoretical review of quintessential self-regulatory failure. *Psychological Bulletin*, *133*(1), 65-94.

Steel, P., Brothen, T., & Wambach, C. (2001). Procrastination and personality, performance, and mood. *Personality and Individual Differences*, *30*(1), 95-106.

Steele, C. M. (1988). The psychology of self-affirmation: Sustaining the integrity of the self. *Advances in Experimental Social Psychology*, *21*,

261-302.
Steele, J. P., & Fullagar, C. J. (2009). Facilitators and outcomes of student engagement in a college setting. *Journal of Psychology*, *143*(1), 5-27.
Steffenhagen, R. A. (1983). *Hypnotic techniques for increasing self-esteem*. Irvington Pub.
Steffenhagen, R. A. (1990). *Self-esteem therapy* (pp. 1-25), New York: Praeger.
Steiger, A. E., Fend, H. A., & Allemand, M. (2015). Testing the vulnerability and scar models of self-esteem and depressive symptoms from adolescence to middle adulthood and across generations. *Developmental Psychology*, *51*(2), 236-247.
Steinberg, L. (2005). *Adolescence* (7th ed.). New York: McGraw-Hill.
Steinfield, C., Ellison, N. B., & Lampe, C. (2008). Social capital, self-esteem, and use of online social network sites: A longitudinal analysis. *Journal of Applied Developmental Psychology*, *29*(6), 434-445.
Stephen, J., Fraser, E., & Marcia, J. E. (1992). Moratorium-achievement (Mama) cycles in lifespan identity development: Value orientations and reasoning system correlates. *Journal of Adolescence*, *15*(3), 283-300.
Stephenson, P. H., Wolfe, N. K., Coughlan, R., & Koehn, S. D. (1999). A methodological discourse on gender, independence, and frailty: Applied dimensions of identity construction in old age. *Journal of Aging Studies*, *13*(4), 391-401.
Stephenson, W. (1953). *The study of behavior*. Chicago: University of Chicago Press.
Steptoe, A., Dockray, S., & Wardle, J. (2009). Positive affect and psychological processes relevant to health. *Journal of Personality*, *77*(6), 1747-1776.
Sterling, C. M., & Van Horn, K. R. (1989). Identity and death anxiety. *Adolescence*, *24*(94), 321-326.
Stipek, D. J., Granlinski, J. H., & Kopp, C. (1990). Self-concept development in the toddler years. *Developmental Psychology*, *26*(6), 972-977.
Stoeckli, G. (2009). The role of individual and social factors in classroom loneliness. *The Journal of Educational Research*, *103*(1), 28-39.
Stubbs, J., Whybrow, S., Teixeira, P., Blundell, J., Lawton, C., Westenhoefer, J., & Gilbert, P. (2011). Problems in identifying predictors and correlates of weight loss and maintenance: Implications for weight control therapies based on behaviour change. *Obesity Reviews*,

12(9), 688–708.
Sui, J., Liu, C. H., & Han, S. (2009). Cultural difference in neural mechanisms of self-recognition. *Social Neuroscience*, 4(5), 402–411.
Sullivan, A. (2009). Academic self-concept, gender and single-sex schooling. *British Educational Research Journal*, 35(2), 259–288.
Sullivan, H. S. (1953). *The interpersonal theory of psychiatry*. New York: Norton.
Suls, J., & Mullen, B. (1982). From the cradle to the grave: Comparison and self-evaluation across the life-span. In J. Suls (Ed.), *Psychological perspectives on the self* (Vol. 1, pp. 97–125). Hillsdale: Lawrence.
Sun, C. R. (2017). An examination of the Four-Part Theory of the Chinese self: The differentiation and relative importance of the different types of social-oriented self. *Frontiers in Psychology*, 8, 1106.
Swann, W. B., & Schroeder, D. G. (1995). The search for beauty and truth: A framework for understanding reactions to evaluations. *Personality and Social Psychology Bulletin*, 21(12), 1307–1318.
Swann, W. B., Chang-Schneider, C., & Larsen, M. K. (2007). Do people's self-views matter? Self-concept and self-esteem in everyday life. *American Psychologist*, 62(2), 84–94.
Tafarodi, R. W., & Swann, W. B. (1996). Individualism-collectivism and global self-esteem: Evidence for a cultural trade-off. *Journal of Cross-Cultural Psychology*, 27(6), 651–672.
Tallis, F., Rosen, K., & Shafran, R. (1996). Investigation into the relationship between personality traits and OCD: A replication employing a clinical population. *Behaviour Research and Therapy*, 8(34), 649–653.
Thomaes, S., Bushman, B. J., Castro, B. O., Cohen, G. L., & Denissen, J. J. A. (2009). Reducing narcissistic aggression by buttressing self-esteem: An experimental field study. *Psychological Science*, 20(12), 1536–1542.
Thompson, R. A. (2006). The development of the person: Social understanding, relationships, self, conscience. In W. Damon & R. M. Lerner (Eds.), *Handbook of child psychology* (Vol. 3). New York: Wiley.
Tiggermann, M. (2005). Body dissatisfaction and adolescent self-esteem: Prospective findings. *Body Image*, 2(2), 129–135.
Tomasello, M., & Akhtar, N. (1995). Two-year-olds use pragmatic cues to differentiate reference to objects and actions. *Cognitive Development*, 10(2), 201–224.

Tovee, M. J., Emery, J. L., & Cohen-Tovee, E. M. (2000). The estimation of body mass index and physical attractiveness is dependent on the observer's own body mass index. *Proceedings Biological Sciences*, 267 (1456), 1987-1997.

Tracy, J. L., & Robins, R. W. (2003). "Death of a (narcissistic) salesman": An integrative model of fragile self-esteem. *Psychological Inquiry*, 14 (1), 57-62.

Trautwein, U., Lüdtke, O., Marsh, H. W., & Nagy, G. (2009). Within-school social comparison: How students perceive the standing of their class predicts academic self-concept. *Journal of Educational Psychology*, 101 (4), 853-866.

Trent, M. Y., & Cooney, G. (1994). Assenssment of self-concept in early adolescence. *Australian Journal of Psychology*, 46(1), 21-28.

Trzesniewski, K. H., Donnellan, M. B., & Robins, R. W. (2003). Stability of self-esteem across the life span. *Journal of Personality and Social Psychology*, 84(1), 205-220.

Turner, R. H. (1976). The real self: From institution to impulse. *American Journal of Sociology*, 81(5), 989-1016.

Twenge, J. M., & Campbell, W. K. (2002). Self-esteem and socioeconomic status: A meta-analytic review. *Personality and Social Psychology Review*, 6(1), 59-71.

Tylka, T. L., & Sabik, N. J. (2010). Integrating social comparison theory and self-esteem within objectification theory to predict women's disordered eating. *Sex Roles*, 63(1 2), 18-31.

Umana-Taylor, A. J., Yazedjian, A., & Bámacagómez, M. (2004). Developing the Ethnic Identity Scale using Eriksonian and social identity perspectives. *Identity*, 4(1), 9-38.

Van Tuijl, L. A., Glashouwer, K. A., Bockting, C. L. H., Penninx, B. W. J. H., & De Jong, P. J. (2018). Self-esteem instability in current, remitted, recovered, and comorbid depression and anxiety. *Cognitive Therapy and Research*, 42(6), 813-822.

Vater, A., Schröder-Abé, M., Schütz, A., Lammers, C. H., & Roepke, S. (2010). Discrepancies between explicit and implicit self-esteem are linked to symptom severity in borderline personality disorder. *Journal of Behavior Therapy and Experimental Psychiatry*, 41(4), 357-364.

Vauth, R., Kleim, B., Wirtz, M., & Corrigan, P. W. (2007). Self-efficacy and empowerment as outcomes of self-stigmatizing and coping in schizophrenia. *Psychiatry Research*, 150(1), 71-80.

Verkuyten, M. (1994). Self-esteem among ethnic minority youth in Western countries. *Social Indicators Research*, *32*(1), 21-47.

Vickery, C. D., Evans, C. C., Sepehri, A., Jabeen, L. N., & Gayden, M. (2009). Self-esteem stability and depressive symptoms in acute stroke rehabilitation: Methodological and conceptual expansion. *Rehabilitation Psychology*, *54*(3), 332-342.

Ville, I., & Khlat, M. (2007). Meaning and coherence of self and health: An approach based on narratives of life events. *Social Science and Medicine*, *64*(4), 1001-1014.

Vispoel, W. P. (1995). Self-concept in artistic domains: An extension of the Shavelson, Hubner, and Stanton (1976) model. *Journal of Educational Psychology*, *87*(1), 134-153.

Wagner, J., Hoppmann, C., Ram, N., & Gerstorf, D. (2015). Self-esteem is relatively stable late in life: The role of resources in the health, self-regulation, and social domains. *Developmental Psychology*, *51*(1), 136-149.

Wang, Y., & Ollendick, T. H. (2001). A cross-cultural and developmental analysis of self-esteem in Chinese and western children. *Clinical Child and Family Psychology Review*, *4*(3), 253-271.

Waterman, A. S. (1985). *Identity in adolescence: Processes and contents*. London: Jossey-Bass Social Inc, Publishers.

Waterman, A. S. (1992). Identity as an aspect of optimal psychological functioning. *Adolescent Identity Formation*, *4*, 50-72.

Waterman, A. S., & Archer, S. L. (1990). A life-span perspective on identity formation: Developments in form, function, and process. *Life Span Development and Behavior*, *10*(1), 29-57.

Watkins, D., & Dong, Q. (1994). Assessing the self-esteem of Chinese school children. *Educational Psychology*, *14*(1), 129-137.

Watkins, D., Fleming, J. S., & Alfon, M. C. A. (1989). A test of Shavelson's hierarchical, multifaceted self-concept model in a Filipino college sample. *International Journal of Psychology*, *24*(1-5), 367-379.

Watson, D. C. (2001). Procrastination the five-factor model: A facet level analysis. *Personality and Individual Differences*, *30*(1), 149-158.

Watson, D., Suls, J., & Haig, J. (2002). Global self-esteem in relation to structural models of personality and affectivity. *Journal of Personality and Social Psychology*, *83*(1), 185-197.

Weeden, J., & Sabini, J. (2005). Physical attractiveness and health in Western societies: A review. *Psychological Bulletin*, *131*(5), 635-653.

Welchman, K. (2000). *Erik Erikson: His life, work and significance*. Philadelphia: Open University Press.

Wells, L. E., & Marwell, G. (1976). *Self-esteem: Its conceptualization and measurement*. Beverly Hills: Sage Publications.

Whitfield, M., & Jordan, C. H. (2009). Mutual influence of implicit and explicit attitudes. *Journal of Experimental Social Psychology*, 45(4), 748–759.

Wigfield, A., & Eccles, J. S. (1994). Children's competence beliefs, achievement values, and general self-esteem: Change across elementary and middle school. *Journal of Early Adolescence*, 14(2), 107–138.

Wigfield, A., & Karpathian, M. (1991). Who am I and what can I do? Children's self-concepts and motivation in achievement situations. *Eduactional Psychologist*, 26(3–4), 233–261.

Wilson, T. D., Lindsey, S., & Schooler, T. Y. (2000). A model of dual attitudes. *Psychological Review*, 107(1), 101–126.

Wood, J. V., Heimpel, S. A., & Michela, J. L. (2003). Savoring versus dampening: Self-esteem differences in regulating positive affect. *Journal of Personality and Social Psychology*, 85(3), 566–580.

Wright, G. N., & Phillips, L. D. (1980). Cultural variation in probabilistic thinking: Alternative ways of dealing with uncertainty. *International Journal of Psychology*, 15(1–4), 239–257.

Wuyts, D., Vansteenkiste, M., Soenens, B., & Assor, A. (2015). An examination of the controlling dynamics involved in parental child-invested contingent self-esteem. *Parenting*, 15(2), 55–74.

Wylie, R. C. (1974). *The self-concept: A review of methodological considerations and measuring instruments. 1*. Lincoln: University of Nebraska Press.

Wylie, R. C. (1979). *The self-concept: Theory and research on selected topic. 2*. Lincoln: University of Nebraska Press.

Yahya, M., Khaduje, A. M., Mahmoud, G., & Sima, K. (2017). The relationship of parenting styles, self-confidence and students' academic achievement. *Future of Medical Education Journal*, 9(3), 9–13.

Yamaguchi, S., Greenwald, A. G., Banaji, M. R., Murakami, F., Chen, D., Shiomura, K., ..., Krendl, A. (2007). Apparent universality of positive implicit self-esteem. *Psychological Science*, 18(6), 498–500.

Yang, K. S. (2006). Indigenized conceptual and empirical analyses of selected Chinese psychological characteristics. *International Journal of Psychology*, 41(4), 298–303.

Yao, X., Yang, Q., Dong, N., & Wang, L. (2010). Moderating effect of Zhong Yong on the relationship between creativity and innovation behavior. *Asian Journal of Social Psychology*, *13*(1), 53–57.

Yates, J. F., Zhu, Y., Ronis, D. L., Wang, D. F., Shinotsuka, H., & Toda, M. (1989). Probability judgment accuracy: China, Japan, and the United States. *Organizational Behavior and Human Decision Processes*, *43*(2), 145–171.

Yee, D. K., & Eccles, J. S. (1988). Parent perceptions and attributions for children's math achievement. *Sex Roles*, *19*(5), 317–333.

Yeung, M. A. S. (1998). Longitudinal structural equation models of academic self-concept and achievement: Gender differences in the development of math and english constructs. *American Educational Research Journal*, *35*(4), 708–738.

Yigiter, K. (2014). The effects of participation in regular exercise on self-esteem and hopelessness of female university students. *Social Behavior and Personality: An International Journal*, *42*(8), 1233–1244.

Young, K. S., & Rogers, R. C. (1998). The relationship between depression and internet addiction. *Cyber Psychology Behavior*, *1*(1), 25–28.

Youniss, J., & Yates, M. (2000). Adolescents' public discussions and collective identity. In N. Budwig, J. Wertsch & C. Uzgiris (Eds.), *Verbal and nonverbal facets of communication: Social interaction, cultural practices, and development*. Mahwah: Erlbaum.

Zeigler-Hill, V. (2014). Will I ever think I'm thin enough? A moderated mediation study of women's contingent self-esteem, body image discrepancies, and disordered eating. *Psychology of Women Quarterly*, *39*(1), 109–118.

Zeigler-Hill, V., Besser, A., & King, K. (2011). Contingent self-esteem and anticipated reactions to interpersonal rejection and achievement failure. *Journal of Social and Clinical Psychology*, *30*(10), 1069–1096.

Zeigler-Hill, V., Clark, C. B., & Beckman, T. E. (2011). Fragile self-esteem and the interpersonal circumplex: Are feelings of self-worth associated with interpersonal style? *Self and Identity*, *10*(4), 509–536.

Zeigler-Hill, V., & Wallace, M. T. (2012). Self-esteem instability and psychological adjustment. *Self and Identity*, *11*(3), 317–342.

Zhang, L. F., & Postiglione, G. A. (2001). Thinking styles, self-esteem, and socio-economic status. *Personality and Individual Differences*, *31*(8), 1333–1346.

Zimmermann, G., Lannegrand-Willems, L., Safont-Mottay, C., & Cannard,

C. (2015). Testing new identity models and processes in French-speaking adolescents and emerging adults students. *Journal of Youth and Adolescence*, *44*(1), 127–141.

Zinbarg, R., Uliaszek, A., & Adler, J. (2008). The role of personality in psychotherapy for anxiety and depression. *Journal of Personality*, *76*, 1649–1687.

Zywica, J., & Danowski, J. (2008). The faces of Facebookers: Investigating social enhancement and social compensation hypotheses; predicting Facebook and offline popularity from sociability and self-esteem, and mapping the meanings of popularity with semantic networks. *Journal of Computer-Mediated Communication*, *14*(1), 1–34.

图书在版编目（CIP）数据

自我 / 凌辉著. — 上海：上海教育出版社，2022.10
（人格心理研究丛书 / 郭永玉主编）
ISBN 978-7-5444-7846-5

Ⅰ.①自… Ⅱ.①凌… Ⅲ.①自我－研究 Ⅳ.①B017.9

中国版本图书馆CIP数据核字(2022)第174212号

责任编辑　徐凤娇
书籍设计　陆　弦

人格心理研究丛书
郭永玉　主编
Ziwo
自我
凌　辉　著

出版发行　上海教育出版社有限公司
官　　网　www.seph.com.cn
地　　址　上海市闵行区号景路159弄C座
邮　　编　201101
印　　刷　上海展强印刷有限公司
开　　本　640×965　1/16　印张 21.75　插页 3
字　　数　310 千字
版　　次　2022年11月第1版
印　　次　2022年11月第1次印刷
书　　号　ISBN 978-7-5444-7846-5/B·0131
定　　价　69.00 元

如发现质量问题，读者可向本社调换　电话：021-64373213